师者如斯

《论语》注译评析

中国古代经典咀华丛书主编 韩兆琦

冯 捷 著

上册

团结出版社
UNITY PRESS

图书在版编目（CIP）数据

师者如斯：《论语》注译评析 / 冯捷著 . -- 北京：团结出版社 , 2022.6

ISBN 978-7-5126-9463-7

Ⅰ . ①师… Ⅱ . ①冯… Ⅲ . ①儒家②《论语》–注释③《论语》–译文 Ⅳ . ① B222.2

中国版本图书馆 CIP 数据核字 (2022) 第 108085 号

出　　版：	团结出版社
	（北京市东城区东皇城根南街84号　邮编：100006）
电　　话：	(010) 65228880　65244790
网　　址：	http://www.tjpress.com
E – mail：	zb65244790@vip.163.com
经　　销：	全国新华书店
印　　刷：	三河市华东印刷有限公司

开　　本：	170mm×240mm　16开
印　　张：	32
字　　数：	450千字
版　　次：	2022年6月第1版
印　　次：	2022年6月第1次印刷

书　　号：	978-7-5126-9463-7
定　　价：	88.00元（全二册）

（版权所属，盗版必究）

明代仇英绘、文徵明题跋的《孔子圣绩图》
(此为其中的《累累说圣图》,描绘了《史记·孔子世家》中记载的郑国人口中
"累累若丧家之狗"的孔子形象)

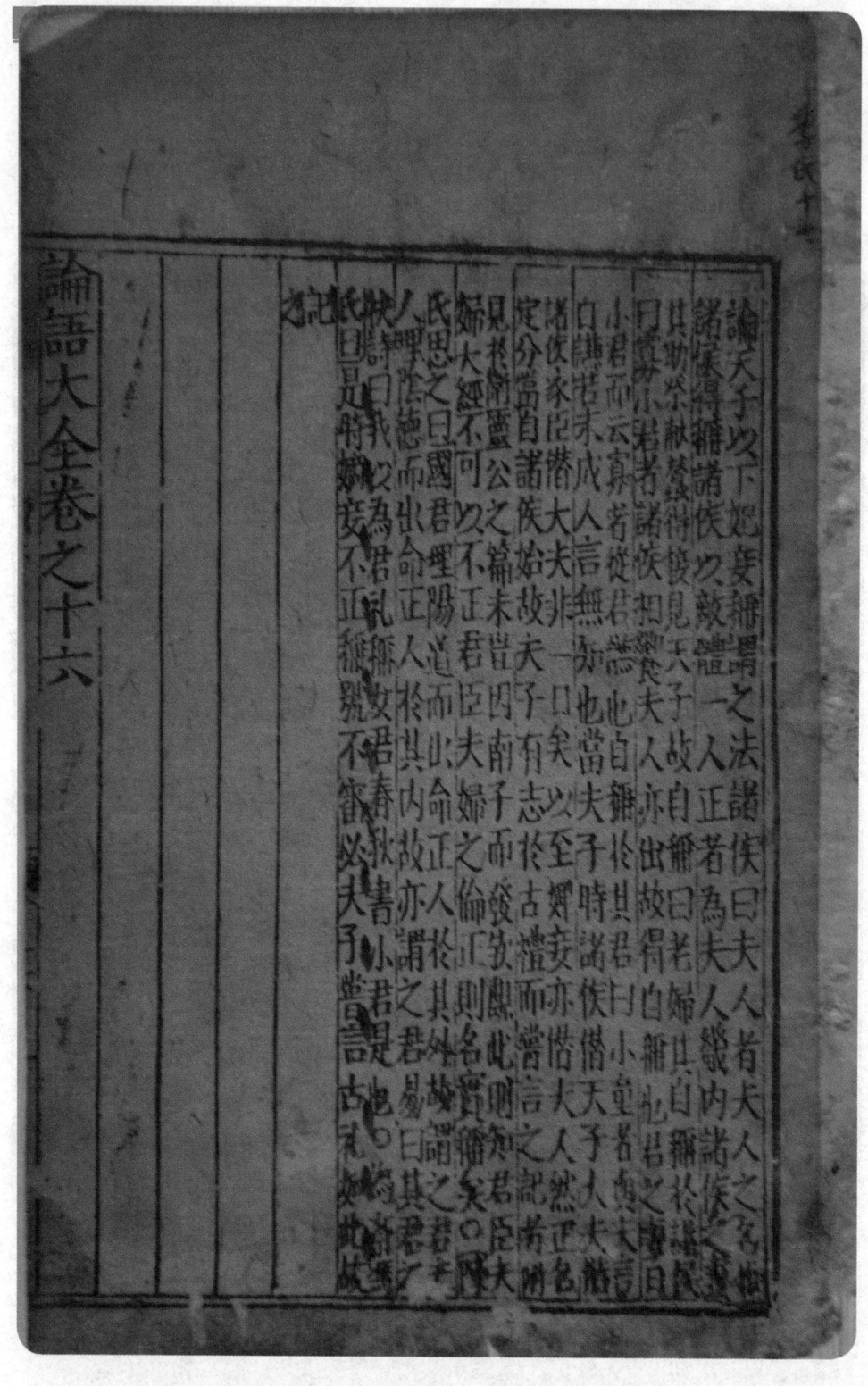

明代胡广纂《论语集注大全》残本（一）
（明嘉靖八年福建余氏双桂堂刻本，目前国内仅浙江金华图书馆有公藏）

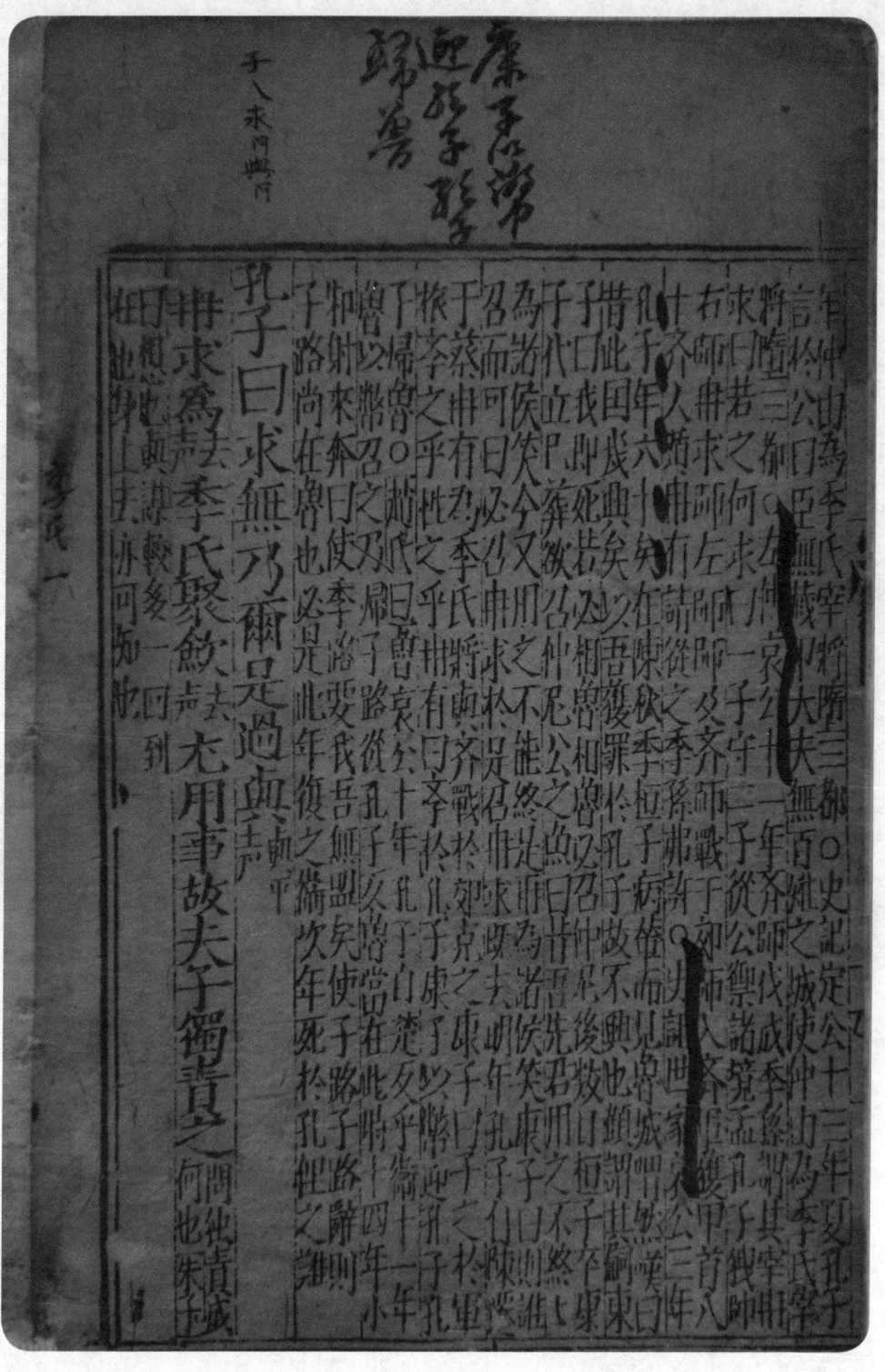

明代胡广纂《论语集注大全》残本（二）
（明嘉靖八年福建余氏双桂堂刻本，目前国内仅浙江金华图书馆有公藏）

西方人想象中的孔子形象

写在《师者如斯——〈论语〉注译评析》书前

本书是我和王强、张俊等发起编撰的"中国古代经典咀华"丛书中的一册。原本的设想,是"取其精华,去其糟粕",从中国古代经典中选取其代表作,再"精中选精",择其尚未过时、仍能适用于今日,对当下的社会人心仍有裨益的篇章、段落加以注释,翻译为白话文并附以评析,以帮助读者更好地理解和品味这些先人留给我们的精神财富,给广大青少年与非专业的古代文化爱好者提供最便捷的普及性读本,讲解最基本、最原始的经典文本内容,故名之曰"经典咀华"。

后来张俊提出,希望将《论语》做成"全本",我同意了这个提议。因为一来,将原著以全注、全译、全评的形式展现给读者,将"去粗取精"的"选择权"交给读者,让读者在"比较"中对"经典"有所扬弃,也是一种"咀华";二来,让读者通读原著,有利于读者加深对原著的全面理解,构建起对孔子这位被后世人为神化、歪曲、误解过多的先贤的想象,这又是"选本"所不能及的。

关于这个注本,我认为相比目前市面上常见的本子,有以下几个特点:一、注释较为详细而全面,既不拘于一家之说,又不像某些古代注本一样求全求备而流于繁琐,而是选取一些合理而有代表性的说法呈现给读者,令读者能够了解历代不同注家观点间的异同,在比较和辨析中自然理清原著的内在逻辑;二、译文明白晓畅,用语规范,并且作者在不影响阅读体验的前提下,尽可能地采用了"直译"的方式，使译文最大限度地贴近原文；三、点评简要精到，思想与时俱进，既能回到原文所处的历史语境中去思考问题，又能站在今天新时代的立场上对其加以客观的评价和分析，做到了"同情之理解"与"理解之同情"，这也是本书的一大亮点。

　　本书的作者，是我晚年的学生，他虽然年轻，却热爱中国文化与古典文学，多年来一直研习不辍。当我问他是否有兴趣承担本书的撰写工作时，他表现出了极大的热情并全身心投入。在近两年的过程中，他搜集并阅读了大量相关资料和前人的研究成果，参以自己的心得体会，最终博观约取而形成了眼前的这本小书。我不敢说这部书有多么大的成就或突破，但至少是颇尽了一番心力的。像《论语》这样一部"经典中的经典"，要想在前人成果的基础上哪怕前进一小步也是不容易的，而我在这部书中看到了不少小小的闪光点，虽然有的只是某些具体观点或细节上的新论述、新看法，但毕竟也是难能可贵的进步，是应该肯定的。本书的每一章书稿，我都认真审阅过，在许多问题上我与作者都有深入的探讨和交流，甚至也有过意见不尽相同的时候。真理不辩不明，我认为，这些都是有益且必要的。至于个别观点上的差异，并不影响本书的质量，也不应强求一致，其中的是非对错，理应交由读者来评判。但作为一位年轻的学人，能够有"初生牛犊不怕虎"的锐气和"板凳甘坐十年冷"的沉潜心态，毅然担纲这样一部重要经典的注解工作，让我看到了中国文化的传承后继有人的希望，也坚信中华民族的经典不会在历史的长河中被湮没，相反，其中的精华与智慧，将成为全人类共同的文明结晶，千古不朽！因此，在本书即将付梓之际，作者请我作序，我便写下了上面的话，既是对本书的推介，也是对作者的鼓励吧。

　　是为序。

韩兆琦

2022.2.26 于京师园

师者的形象
——《师者如斯——〈论语〉注译评析》自序

鲁迅先生曾有言:"历史上都写着中国的灵魂,指示着将来的命运,只因为涂饰太厚,废话太多,所以很不容易察出底细来。"(《华盖集·忽然想到》)而孔子,大概可以算是中国历史上"涂饰"最"厚"也最"不容易察出底细来"的名人了。各种"圣"、"王"乃至"神"的"纸糊的高冠",一度层层戴满这位老夫子的头顶,令人望而生畏;然而在某些时期,他又是被人痛骂乃至打倒在地的过街老鼠,正如两千年前司马迁在《孔子世家》中借郑国人之口给他"画"的"像":"东门有人,其颡似尧,其项类皋陶,其肩类子产,然自要(腰)以下不及禹三寸。累累若丧家之狗。"——除了脑门和脖子有点"圣人"的影子(比例还不太协调),剩下的只有一身狼狈。而在两千年后的鲁迅印象中,孔子则是这样一副形象:"这位先生是一位很瘦的老头子,身穿大袖口的长袍子,腰带上插着一把剑,或者腋下挟着一枝杖,然而从来不笑,非常威风凛凛的。"(《在现代中国的孔夫子》)时间转到当代,王朔一句话直接把他"踹"到了地上:"譬如孔子,搁今天就是一傻×",连"形象"都谈不上了。(《数你最思想》)那么,这么多的"孔子像",哪一个才最接近老夫子的"本来面目"?

其实,几千年前的历史和人物于今人而言,某种程度上是凭借"道理"(或者说"规律")存在于后人文字和传说中的"想当然耳"的产物。但所谓"想当然",就不是"胡思乱想"、"胡编乱造",而是要符合历史、社会发展的"当然"规律,并且尊重基本的"事实"。而在我的想象中,孔子始终是他的"老本行"——一个师者的形象。

何为师者？除了韩愈说的"传道、授业、解惑"之外，更重要的是有理想、有操守，并能以此深刻地影响学生。北大李零教授说："学《论语》，有两条最难学，一是'三军可夺帅，匹夫不可夺志'，二是'不义而富且贵，于我如浮云'。"前者即是坚守理想和志趣，后者则是坚持操守和原则。乍听之下，这似乎不算很高的要求，但细想想，再征诸今日之社会，真正能做到的人却实在是"多乎哉？不多也"。孔子一生，除了出任鲁国大司寇那段很短暂的"得志"之外，其余大部分时间都是四处碰壁、颠沛流离的。当然，在如此时乖命蹇的境遇中，他也有过牢骚、抱怨甚至失望、绝望，但他却从未放弃过前行，也从未在原则问题上让步，更不曾有后世某些无行文人的奴颜媚骨。如果说孔子真的称得上"万世师表"，那么这两条当是核心要义。

孔子令我喜欢的另一点，是他和学生们的关系。《论语》中的孔子（也就是学生们眼中的孔子），是个真性情的老头，高兴了会弹琴唱歌，悲伤时会捶胸顿足，生气了不但君子动口，甚至还动手，概言之，是个有血有肉的活生生的"人"，而不是"神像"。他对学生们是真心爱护，学生们对他也是衷心地尊崇，但这都不妨碍老师严厉地批评学生，学生也会不服气地顶撞老师。然而骂完了、顶撞过了，先生还是先生，弟子还是弟子，依然亲如父子，且上下有礼、长幼有序。严格来说，这也是"师父"和"老师"、"学生"和"弟子"的区别，你可以说这种关系带有封建色彩，但它也自有其可爱甚至不可替代之处。"从夫子游"，与单纯地从课堂和职业教师身上获得知识技能，是有本质区别的。"从游"，你看到的就不是一个板着面孔说教的教书匠，而是一个立体的、全息的、能够感染和影响你的前辈、师长甚至是亲人。我曾有幸"从游"于几位知名的学界前辈门下，包括为本书付出极大心血的我的恩师韩兆琦教授，我与他们那种超越一般师生关系的"师徒"情谊，在我这一代人中恐怕是不多的，非亲身经历者也不易体会。但也正因如此，才更令我对孔子与他的弟子们之间的关系感到亲切甚至感动。

下面，我想就本书的一些重要"技术"问题向读者略作说明，以便读者更好地理解本书的编写意图和思路：

一、体例。本书采用"注、译、评"三位一体的体例，即每章除原文外皆由注释、白话译文及对该章的评析三部分构成。注释部分个别通俗易懂的章节不加注，部分有分歧或争议的词句则尽可能全面地列举古今注者对该处词句的不同注解，由此拓宽读者视野，既不拘于一家之言，亦可在对诸家说法的甄别分析中体会"诗无达诂"的治学之趣。译文部分尽可能采用直译法，对原文中省略、缺失或因其它语法问题出现颠倒、错位的内容，都以"（ ）"形式标出，以方便读者（尤其是广大中学生）与原文对照。评析部分一章一评，有些存在直接承续关系或相互间关系紧密、逻辑相通相近的章节则合而论之，或在文中提醒读者与某章互参，以达相互印证、融会贯通之目的。

二、参考文献。正如前文所言，历朝历代对《论语》的注本汗牛充栋，及至现当代又有了白话文译本，本书作为一个新的注译本，必然绕不开前贤的诸多成果。但这些前人的著作不仅浩如烟海，翻检不便，且水平参差不齐，一一罗列显然不现实也无必要。因此本书选取了几个有代表性和特点的本子作为核心参考文献：（一）清人阮元的十三经注疏本《论语集解》（三国魏人何晏注，北宋邢昺疏），这是《论语》最经典的古代注本之一，本书即以此为底本；（二）清末民国学者程树德的《论语集释》，此书乃近代《论语》集解本的集大成之作，几乎囊括了所有前代的重要注解；（三）现代著名学者杨伯峻先生的《论语译注》，这是《论语》最重要的现代注本之一，注释和译文齐备，明白晓畅；（四）我国台湾学者毛子水的《论语今注今译》，此书亦有注释和译文，并在一些具体观点上有所创见；（五）北京大学中文系教授李零的《丧家狗——我读〈论语〉》（山西人民出版社2007年版），此书兼具细节考证和宏观解读，尤其是对孔子思想的评析，观念与时俱进却又不趋时逢迎，犀利深刻，时有敏锐洞见，对本书的写作启发很大。但同时，这些本子因为种种原因也存在一些不足，如有的没有注释或白话译文，有的注释过简或过繁，有的思想过于陈旧保守已不合时宜，等等。本书即希望通过举要删芟,在博采众家之长的基础上写出自己的特色。

此外,在一些具体的论据和观点上,本书也吸纳了许多国内学者的最新研究成果和论文(已在文中一一注明出处),试图在"经典诠释"之外为读者增添一些新的认知。

三、其它细节问题。注释中凡涉及人物生卒年的,年号后的公元纪年只在第一次出现;同一字词,用法、意义相同的,一般只注释一次,个别地方确需再次加注以帮助读者理解的除外。重出(重复)章节一般只注译评一次。

当然,限于篇幅和个人能力,各种毛病、瑕疵、舛误在本书中都在所难免,比如注释中对前人成果的挂一漏万,对某些版本、考证问题的一笔带过甚至语焉不详,都是无可争辩的"硬伤",不容否认。因此,我也热切地期待读者提出中肯而严肃的批评,以便我将它修订得更加完善,并在适当的时候让它再次面对读者的检验。总之,对这本小书,作为注者,我已然全力以赴,可以说,我是"有惭"而"无愧"的。

最后,我要感谢我的恩师韩兆琦教授,没有他的牵线搭桥,就没有这本书的诞生。在撰写的过程中,先生又以近九旬的高龄,对本书的一字一句都细细审读,有时就某个字词的注释都能提出许多极具洞察力和启发性的意见。先生这种敬畏学术、孜孜以求的精神,实在令我感佩不已,也印证了我上文所说的"从游"与"课堂教学"的不同——这种"手把手"的教学,即使是一般的博士生也不容易有的。可以说,这次著书的过程,让我同时亲近并切身感受到了两个高大而充满光辉的师者的灵魂——一个是孔子,一个便是韩师。

师者如何?师者如斯!

冯捷

2022年上元之日于广东汕头

目 录

上 册

学 而 …………………………………… 1
为 政 …………………………………… 21
八 佾 …………………………………… 47
里 仁 …………………………………… 73
公冶长 …………………………………… 97
雍 也 …………………………………… 126
述 而 …………………………………… 155
泰 伯 …………………………………… 190
子 罕 …………………………………… 210
乡 党 …………………………………… 235

下 册

先　进 …………………………………… 259

颜　渊 …………………………………… 287

子　路 …………………………………… 310

宪　问 …………………………………… 336

卫灵公 …………………………………… 376

季　氏 …………………………………… 407

阳　货 …………………………………… 423

微　子 …………………………………… 449

子　张 …………………………………… 466

尧　曰 …………………………………… 487

学 而

【原文】

1.1 子曰①:"学而时②习③之,不亦说④乎?有朋⑤自远方来,不亦乐乎?人不知而不愠⑥,不亦君子乎?"

【注释】

① "子曰",即孔子说。《论语》中不称名而直接称"子曰"者,皆为孔子所说;如为其他人所说,则称名(或字),如下文的"有子"。

② 时,按时。关于"时"的含义,今存两说,一为三国魏人何晏《论语集解》引魏人王肃"学者以时诵习之"说,作"按时"解;二为南宋朱熹《论语集注》"既学而又时时习之",作"时常"解。语言学家杨伯峻《论语译注》认为"时"在周秦时若作副词用,与《孟子》中"斧斤以时入山林"含义类同,意为"在一定的时候",即按时;而朱熹注则是以后代的词义解释古书,不可取。今从杨说。

③ 习,复习。

④ 说,通"悦",愉悦。

⑤ "朋"与"友"常常并称,早在《诗·大雅·抑》中即有"惠于朋友,庶民小子"等提法,可见在春秋时"朋"与"友"的界线已不太明显。但"朋"与"友"其实有所区别:"朋"在甲骨文和金文中作为象形字(两串玉系在一起),其本义是作为货币单位使用,东汉许慎《说文解字》释"朋":"朋,

古文鳳。象形。鳳飞群鸟从以万数,故以为朋党字。"而"友"在甲骨文和金文中作两手相握状,会意结交、相好。《说文解字》释"友":"友,同志为友。从二又。相交友也。"后郑玄注《周礼·地官·大司徒》中"五曰联朋友"中的"朋友"时解释得更为简洁明了:"同师曰朋,同志曰友"。也就是说,师出同门的同学关系称之为"朋",志同道合者称之为"友",这种区别显然比我们今天使用的"朋友"要严格。

⑥愠(yùn),含怒、生气。

【译文】

孔子说:"学习了(新的知识)之后又按时复习,不也是很愉悦的事吗?有同学从远方来,不也是很快乐的事吗?别人不了解自己却并不生气,不也是君子(所为)吗?"

【评析】

孔子的第一身份是教育家,《论语》以"学而时习之"三句作为开篇,颇有开宗明义的作用,类似于老师对新生的入学教育。这三句话乍看似乎并无关联,实则有其内在逻辑。孔子是对学生阐明了学习的三大乐趣:学到了新知识并且按时温习巩固,类似于后文的"温故而知新",一乐也;有同学从远方来,大家聚于师门,济济一堂,互相切磋砥砺,二乐也;通过学习,修养提高了,别人不了解自己也不因此生气,有君子的风范(让学生成为君子是孔子教育思想的核心内容之一),三乐也。同时,《论语》也是许多成语的出处,我们今天常用的"不亦乐乎"即来源于此,但词义已经变为表示"非常、淋漓尽致"的程度副词了。

【原文】

1.2 有子①曰:"其为人也孝弟②,而好犯上者,鲜③矣;不好犯上而好作乱者，未之有也。君子务本④，本立而道⑤生。孝弟也者，其为仁⑥之本与⑦！"

【注释】

①有子，有姓（相传源出上古有巢氏），名若，字子有（一说字子若），其后学弟子尊称为"有子"，鲁国人。其生年有两说，据《史记·仲尼弟子列传》所言，他比孔子小四十三岁，应为公元前508年；而《孔子家语·七十二弟子解》说他小孔子三十三岁，则当为前518年；其卒年史书无明确记载，惟《礼记·檀弓》有"有若之丧，（鲁）悼公吊焉"句，若此记载可信，其当卒于鲁悼公在位期间（公元前466—前429年）。有若是孔子晚年周游列国时期招收的第三批学生之一。《孟子》中说他"似圣人"（但未说明是哪方面"似"），《史记》则明确说他"状似孔子"，孔子去世后，一些弟子推举他代孔子，以师事之，但曾参不同意。后来有学生向有若提出两个问题请他回答，有若无言以对，于是被众人黜退。唐开元二十七年（739年）追封"汴（biàn）伯"；北宋大中祥符二年（1009年）加封"平阴侯"；明嘉靖九年（1530年）改称"先贤有子"；清乾隆三年（1738年）将有若升格为"十二哲"之一。

②弟，通"悌"（tì），敬爱兄长，引申为敬重、顺从长上。

③鲜（xiǎn），少。

④本，根本的东西，此处指孝（弟）悌。

⑤"道"在中国哲学中是一个极其宽泛而复杂的概念。大到天道（天地万物的运行规律）、治国之道，小到孝道、为人处世之道等等，都可以囊括到"道"的范畴中来。因此本书对"道"一般不做阐释性翻译，或有时译为"真理"，以尽量保留其作为一个整体性概念的原始面貌。

⑥"仁"是孔子思想体系的核心概念之一,孔子将其视为最高的道德准则和境界。其内涵和范畴有时近于仁爱、仁德、仁义等,但又常常远超一般的仁爱、仁德或仁义;在《论语》中,孔子对"仁"也有各种不同角度的阐释,因此将其翻译为白话文时不宜一律简单地译为"仁爱"或"仁德"等,故本书凡涉及"仁"的译文亦根据具体语境之不同而有所差异,有时保留原貌,有时译为"仁德"等。

⑦与,通"欤"(yú),句尾表疑问、感叹或反诘的语气助词,无实义,下文类似情形同此。此处表感叹。

【译文】

有子说:"(一个人的)为人,(如果)孝顺父母,敬重尊长,却喜欢冒犯上级,是很少见的;不喜欢冒犯上级,却喜欢造反的,从来没有过。君子致力于根本的东西,根本立住了,'道'就应运而生(笔者按:从上下文语境分析,此处所谓道应运而生,当指'本立'则顺应了天道)。孝顺父母、敬爱兄长,这就是'仁'的根本吧!"

【评析】

先秦时期的中国是以宗法制为基础发展起来的"家国",也就是说"国"是以一个个小家庭为单位,通过血缘或姻亲关系聚而成家族、乡里乃至于小国,最后通过兼并、融合而为大国。家庭、家族是一个国家的基本构成要件,这与西方以"个体"(独立的人)作为社会单位不同。维持家庭的秩序、团结、和谐就要靠各种各样的规范(伦理或称伦常),孟子将其概括为"父子有亲,君臣有义,夫妇有别,长幼有序,朋友有信"的"五伦"。而父子、夫妇、长幼(兄弟)、朋友都是日常最基本的人际关系,只有做好了这四伦,才能实现"君臣有义"。在这一点上,有若与孟子的思路基本一致,即认为一个人只要懂得如何侍奉好父亲和兄长(在当时男本位的语境下,女性是几乎被忽略或作为男子的从属的),就足以使家和国安。做到家和国安,就是实现"仁"的最基本的一步。这显然是一种保守主义色彩浓厚的以家治国、甚至以家代国的简单化的想法。即便是在当时的宗法制社会也很难实现。秦汉以降,宗法社会逐渐分崩离析,这种天真的理想就更不可能推广了。但孝悌之义,对我们今天处理家庭关系还是颇具借鉴意义的。

【原文】
1.3 子曰:"巧言令色①,鲜矣仁!"

【注释】
①言,言辞,巧言即花言巧语;色,脸色、面貌,令色即善于伪装出一副和善的面貌。《尚书·虞书·皋陶谟(gāo yáo mó)》曰:"何畏乎巧言令色孔壬?"今天已成为常用成语,古义与今义基本相同。

【译文】
孔子说:"花言巧语、面貌伪善(的人),很少有仁义的。"

【评析】
孔子最推崇君子,但最恨伪君子。伪君子有什么特征?最主要的一点就是"巧言令色":说话特别中听,面貌极其友善,看起来一副人畜无害甚至是让人如沐春风的样子。然而就是这些人,往往会在关键时刻从你背后捅刀子、落井下石,让你栽跟头,比起让人一眼看穿的真小人更可恶。因此孔子提醒我们要提防这类人。

【原文】
1.4 曾子①曰:"吾日三省②吾身:为人谋③而不忠④乎?与朋友交而不信⑤乎?传⑥不习乎?"

【注释】

①曾子，姒（sì）姓，曾氏，名参（cān，通"骖"，盖取骖乘之意，另一说读shēn），字子舆，其后学弟子尊称为"曾子"，鲁国人。生于公元前505年，卒于前435年。他在孔门弟子中的地位原本不高，并不在"四科十哲"之列。但自唐代始其地位逐渐上升，唐开元二十七年追封"郕（chéng）伯"；北宋大中祥符二年加封"郕侯"；元至顺元年（1330年）加封"郕国宗圣公"；明嘉靖九年改称"宗圣"。《论语》中的许多名言和思想都出自曾参，孔子之孙孔伋（jí，字子思）师事之，其后学又再传孟子，故后世认为他是思孟学派的开创者。

②省（xǐng），反省。

③谋，谋事、办事。

④忠，此处有真诚之意，即真心实意、全心全意。

⑤信，诚信。

⑥传，传授，此处指老师传授的知识。

【译文】

曾子说："我每天都从三个方面反省自己：替人谋事是否尽心竭力？和朋友交往是否诚信？老师传授的知识是否复习（掌握）了？"

【评析】

杨伯峻认为曾参所谓的"三省"之"三"并非确指，而是以"三"代"多"，即每天多次反省自己。其实这"三省"存在内在逻辑关系，即强调了"诚"在人际交往中的重要性——替人办事尽心竭力是"诚"，与朋友交往讲究诚信是"诚"，老师传授的知识课后老老实实认真复习也是"诚"。这种"诚"不一定是表现在外在的，而更多的是一个君子自我内在的要求。曾子这种时时自省、自律的精神是非常可贵的。

【原文】

1.5 子曰："道①千乘之国②，敬事③而信，节用而爱人④，使⑤民以时。"

【注释】

①道，通"导"，领导，引申为治理。
②乘（shèng），古代战车的计量单位，这里指古代军队的基层单位。每乘拥有四匹马拉的兵车一辆，车上甲士3人，车下步卒72人，后勤人员25人，共计100人。千乘之国，即拥有一千辆战车的诸侯国。在战争频发的春秋时期，兵车的多寡反映了一个国家的规模和实力。在当时，拥有此等军事实力者属于中等以上规模的国家（也可泛指大国）。
③敬事，认真负责地对待工作。
④人，在古汉语中有广义和狭义之分，广义指一切的人，狭义则特指士大夫以上阶层的人，与"民"（老百姓）相对。下文有"使民以时"句，可知此处之"人"乃狭义用法，指官吏。
⑤使，驱使、役使。

【译文】

孔子说："治理中等以上规模的国家，（必须）认真负责，忠于职守，诚信无欺；节约用度，爱护官吏；役使百姓要根据时令（有所节制）。"

【评析】

这里孔子讲了治理大国需要注意的三件事，即官员对待本职工作要恪尽职守，树立诚信的形象；在工作中不能大手大脚浪费公帑，要懂得节约，同时爱护僚属；役使百姓也要根据时令（这与孟子所谓"斧斤以时入山林"异曲同工），不能无节制地滥用民力。孔子虽然是站在封建统治者的角度说这番话，但对于今天的从政者来说，这些朴素的道理依然值得记取。

【原文】

1.6 子曰："弟子①入②则孝，出③则弟，谨④而信，泛爱众⑤而亲仁⑥，行有余力，则以学文⑦。"

【注释】

① 弟子，一说谓后生小子，一说指学生，从老师的角度来说，两说皆可通。
②③ 入、出，杨伯峻认为"入"是"入父宫"，即在父母家；"出"是"出己宫"，即离开自己家。笔者认为，对"出""入"的理解不妨宽泛些，"入"即在家，"出"即在外。
④ 谨，谨言，即言辞谨慎，少说话。
⑤ 众，即"民"，大众。
⑥ 仁，仁人、仁者，此处为指代用法。
⑦ 文，泛指文化知识，尤指与礼乐有关的学问，亦称"文学"（比今之"文学"含义要广）。

【译文】

孔子说："学生们在家要孝顺父母，出门要敬事兄长（笔者按：此处未必仅仅指敬事兄长，而是指像敬事兄长一样对周围的人恭敬友善）；出言谨慎，但言必诚信；博爱大众，（特别）亲近仁者。（如此）躬行实践，还有富余的精力，就去学习文化。"

【评析】

孔子的教育理念是先学做人，后学文化。如何做人？概括起来说，只有做到孝顺父母，对人恭敬、说话诚信、爱众亲贤，才有资格学习文化。而我们今天的教育往往重文化轻做人，学校、教师在"教书"的同时常有意无意地忽视了"育人"，在这一点上我们应当好好向孔子学习。

【原文】

1.7 子夏①曰："贤贤易色②；事父母，能竭其力；事君，能致③其身；与朋友交，言而有信。虽曰未学，吾必谓之学矣。"

【注释】

①子夏，姬姓，卜氏，名商，字子夏，后学尊称"卜子"，晋国人。生于公元前507年，卒于前400年，孔门十哲中"文学"科的高材生之一。战国初期法家重要代表人物之一李悝（kuī）、卫国著名军事家吴起都是其弟子。唐开元二十七年追封"魏侯"；北宋大中祥符二年加封"河东公"，南宋咸淳三年（1267年）改封"魏公"；明嘉靖九年改称"先贤卜子。"

②贤贤，前一个"贤"是意动用法，"以贤为贤"，即推崇、尊尚；后一个"贤"指贤德或贤人。易，前人有三种解释：代替、改换、轻视。三者虽有程度的不同，但并无根本性矛盾，今以"代替"说较近本意。色，指美色。

③致，奉献。

【译文】

子夏说："（对一个人），重视其贤德超过重视其美色；侍奉父母，能够尽心竭力；侍奉君上，能够献出身命；与朋友交往，说话诚信。（这样的人）即使说他没有学习过，我一定会说他已经学习过了。"

【评析】

　　子夏的这段话,历来争议较大的在于对"贤贤易色",尤其是"易"字的理解上。如前注所说,前人有代替、改换、轻视三说。杨伯峻将其译为"对妻子,重品德,不重容貌",取的是"轻视"义,且将"色"的范围限定于妻子;北大教授李零认为当取"代替"义,也就是一般认为的"以推崇贤德(之人)来代替好色",证据是孔子主张"好德如好色"。在笔者看来,这两说各有偏重,但无根本龃龉。爱美之心人皆有之,"贤贤"与"好色"并非一对对立的矛盾,而是孰轻孰重的问题。所谓轻重,是相对而言,不是绝对的偏废。子夏未必主张戒色,只是认为不能"重色"超过"重德"("色"也未必仅限于女子,亦适用于男子),也就是我们通常所说的"人不可貌相"——看人要以品行(贤德)为首,"色"(外表)不是衡量一个人的第一要素,必须把"贤"放在比"色"更重要的位置来看待。笔者据此将其意译为"(对一个人),重视其贤德超过重视其美色"。对这句话的辨析,也有助于我们树立正确的人生观和价值观。

【原文】

　　1.8 子曰:"君子不重①则不威②,学则不固。主③忠信④,无⑤友⑥不如己者,过⑦则勿惮⑧改。"

【注释】

　　①重,庄重。

　　②威,威严。

　　③主,意动用法,以……为主。

　　④忠信,与前文曾子所言之"忠"、"信"同义,指真诚信实。

　　⑤无,同"毋",不要。

　　⑥友,与……交友。

　　⑦过,过失、过错。

⑧惮（dàn），害怕。

【译文】

孔子说："君子（如果）不庄重就没有威严，（即使）学习，所学的知识也难以掌握牢固。（应当）以（待人）真诚和（言行）信实（这两大原则）为主，不要和不如自己的人交朋友，（如果）有过错就不要怕改正。"

【评析】

孔子这段话有两个重点。

一是"君子不重则不威"与"学则不固"的关系。一个人是否庄重，乍看起来与学习似乎并无关系。但在孔子看来，庄重是衡量一个人内在修养的重要标准，也是"君子"的必备条件之一。如果一个人容貌举止不庄重，说明他的修养（尤其是礼乐道德方面）不足，往深了说就是心不静，自然学习知识也就不固了。验诸现实，这基本也是正确的。

二是"无友不如己者"的含义。这句话表面上并不难解，但历来争议很大。如果按字面解，那就是孔子要求弟子只能和比自己强的人交友，而不要和不如自己的人交友。这似乎显得非常势利，鲁迅就持此观点（详见鲁迅《坟·杂忆》）。于是有些人出于为孔子辩护的考虑，就产生了多种不同的解释，有认为"如"作"似"解，也就是说友分为"胜己"、"如己"和"不如己"三种，"胜己"者当师事之，"如己"（和自己水平相近）者当友之，"不如己"者则不可交（元·陈天祥《四书辨疑》）；更有甚者认为"无友不如己者"是说没有一个朋友不如自己，那就完全走向另一面，显得孔子谦逊至极（李泽厚、南怀瑾等持此说）。但事实果真如此吗？其实，孔子说这句话时的想法可能非常简单，就是想让弟子多和高明的人交往以提升自己的水平。至于这在逻辑上是否说得通（比如苏轼就提出"如必胜己而后友,则胜己者亦不与吾友矣"),孔子未必想得那么多。在实际的人际交往中,谁又能用量化标准去清晰地标注一个人到底是胜己、如己还是不如己呢?如果孔子真是势利眼,他也不会有"三人行,必有我师焉"的说法了。所以,对这句话的理解我们只需抓住其核心的内涵即可,若死抠字眼或穷究逻辑,反而显得拘谨小气。

【原文】

1.9 曾子曰:"慎终①追远②,民德归③厚矣。"

【注释】

①慎,慎重;终,(父母的)逝世。"慎终"即郑重地办理父母的丧事。
②追,追念;远,远祖。"追远"即(恭敬地)祭祀、追念祖先。
③归,趋向,趋于。

【译文】

曾子说:"郑重地办理父母的丧事,恭敬地祭祀祖先,追念他们(生平的美德),民众的德行(自然)就会趋于淳厚了。"

【评析】

孔子讲究礼,因此对待父母,要"生,事之以礼;死,葬之以礼,祭之以礼"(《为政》2.5)。必须注意的是,孔子说的虽是办理丧事和祭祀要慎重恭敬,但慎终追远的本质不在形式,而是不忘本。何谓不忘本?就是继承先人优秀的品德和家风,否则丧礼和祭礼办得再隆重,和"民德"有什么关系呢?今天许多地方仍时兴丧礼、祭礼大操大办,但民风并不淳厚,原因就是只重形式而忘了本质,与孔子的本意相去甚远。

【原文】

1.10 子禽①问于子贡②曰:"夫子③至于是邦也,必闻④其政。求⑤之与?抑与⑥之与?"子贡曰:"夫子温、良、恭、俭⑦、让以得之。夫子之求之也,其诸⑧异乎人之求之与!"

【注释】

①子禽,妫(guī)姓,名亢(gāng),字子亢,一字子禽,陈国人,陈胡公妫满第20世孙。后因陈国屡遭外敌入侵,为避战乱,遂以陈为氏而徙于卫国河阳,故又名陈亢。生于公元前511年,卒年不详(一说卒于前430年)。陈亢18岁入孔子门下,也有认为其系子贡弟子者。其曾为单父(shàn fǔ,今山东菏泽单县)邑宰,在任时广施德政,甚得民心。唐开元二十七年追封"颍伯";北宋大中祥符元年(1008年)封孔子为"玄圣文宣王",陈亢同时被加封为"南顿侯";明嘉靖九年改称孔子为"至圣先师",陈亢陪祀孔庙。

②子贡,芈(mǐ)姓,端木(《史记》作"端沐")氏,名赐,字子赣(后"赣"字体简化为"贡"),卫国人,其祖上源出楚国先祖鬻(yù)熊。生于公元前520年,卒年不详(一说卒于前456年),孔门十哲中"言语"科的高材生。子贡巧言善辩,还善于经商和外交,家资巨万,与许多诸侯贵族皆有来往,孔子晚年周游列国,他是主要的赞助人。将孔子推为圣人,使儒学逐渐成为显学,子贡在孔门弟子中居功至伟,后世对其评价颇高。唐开元二十七年追封"黎侯";北宋大中祥符二年加封"黎阳公",南宋咸淳三年改封"黎公";明嘉靖九年改称"先贤端木子"。

③夫子,弟子对老师的尊称,《论语》中多指孔子。

④闻,闻知、获得信息。

⑤求,此处指主动打听。

⑥与,给予,此处指别人告知(给予信息)。

⑦俭，谦卑，《荀子·非十二子》有"俭然恀（shì）然"句。
⑧其诸，表推测语气，义近于"或许"、"大概"。

【译文】

子禽问子贡："孔夫子（每）到一个国家，一定能够闻知该国的施政情况。（这些信息是夫子）主动问来的呢？还是别人（主动）告诉他的呢？"子贡说："夫子是靠他的温和、善良、恭敬、谦卑、逊让得来的。他老人家获得信息（的方式），大概和别人不同吧！"

【评析】

子禽在这段话中问的是孔子所获得的信息到底是主动打听来的，还是别人主动告诉他的。子贡没有直接回答，因为说孔子主动打听，似乎有失身份；说是别人主动告诉他，又不太合乎情理。他的回答很巧妙，说孔子是靠他温和友善、彬彬有礼的态度获得这些信息的，特别强调了虽然是"求"，但和一般人的"求"不一样。言下之意，虽是打听，但人们一见孔子的风范，就很愿意把情况告诉他，和主动说差不多。"温良恭俭让"时至今日还经常被人们提起，如能切实做到，在人际交往中必定广受欢迎。

【原文】

1.11 子曰："父在，观其志；父没①，观其行；三年无改于父之道，可谓孝矣。"

【注释】

①没，通"殁"，死亡。

【译文】

孔子说："（考察一个人），父亲在世的时候，要看他的志向；父亲去世之后，要看他的行为。（如果）三年内都能不改变父亲（生前的）为人处世方式，就可以说是孝了。"

【评析】

在中国古代的家庭中，父亲的地位至高无上。汉代出现"三纲五常"之说，其中之一就是"父为子纲"，父亲健在时，儿子只能听父亲的；父亲不在了，儿子才有自主的空间。这段话有争议的是"三年无改于父之道"一句，什么是"父之道"？为何三年不能改？杨伯峻认为，"三年"是虚指，是"长期"之意，"父之道"是指"父亲的合理部分"，整句话的意思是"长期不改变父亲的合理部分"。而北大李零教授认为，三年是服丧三年，是实指而非虚指；因此"父之道"如果是指"父亲的合理部分"，那难道三年后反而可以将父亲的合理部分改掉吗？笔者认为，杨说略显牵强。对孔子的话的理解，要将其放到历史语境中去，不要过于机械。如前所说，在父权思想笼罩下，对儿子而言，父亲自然是被"默认"为好人甚至完人的，"父之道"——也就是父亲的为人处世方式——理所当然地被认为都是合理的。但实际上这又是不可能的。因此，孔子说儿子要在三年内坚守父亲的为人处世方式，主要还是从"孝"的角度出发，与"慎终追远"的意思相近，并没有过多地考虑是否合理的问题。况且若"父之道"确有错失，一则儿子是在守丧，还有其他礼制约束；二则三年后也就可以改了。但无论如何这句话现在看来已不太合时宜，这也是毋庸讳言的。

【原文】

1.12 有子曰："礼之用①，和②为贵。先王之道③，斯④为美。小大由⑤之，有所不行：知和而和，不以礼节⑥之，亦不可行也。"

【注释】

①用，功用。
②和，和谐。

③先王，指前代的明君圣主。"先王之道"指前代明君圣主的治国之道。

④斯，此。

⑤由，顺着，遵循。

⑥节，节制。

【译文】

有子说："礼的功用，以和谐为贵。以前的明君圣主治理国家，这是最美好（而可贵）之处。（但如果）大事小情都遵照这个原则（死板地执行），（也）有行不通的地方：（只）知道（为了）和谐而和谐，不以礼来节制，也是行不通的。"

【评析】

"礼之用，和为贵"是有若提出的最著名的学说之一，至今还被广泛引用。但今人在运用此说时，最常见的误区恰恰在于忽视了下文的"有所不行"，而"小大由之，有所不行"也是理解这段话的核心难点。对这两句话，历来有多种不同理解和阐释，此处不一一赘述。但总的来说，有若的意思还是基本明白的：礼的作用，固然是以使人际关系、社会国家和谐为贵，但如果什么事情都以"和"为标准来执行，不加节制，也是不可行的。"礼"本身就是一种规矩，如果为"和"而"和"，只是为了大家一团和气就不讲规矩，反而是"越礼"，等同于和稀泥、滥好人，这不仅是有若反对的，也是孔子所反对的。

【原文】

1.13 有子曰："信近于义①，言可复②也。恭近于礼，远耻辱也。因不失其亲，亦可宗也。③"

【注释】

①义，在中国古代哲学和伦理学中也是一个和"道"、"仁"等一样，涵义丰富的概念。对"义"的理解也根据语境、情境之不同有所差异。《礼记·中庸》释"义"为"义者，宜也"，即合乎事理就是义。本书对"义"同样不做阐释性翻译，径直译出。

②复，践行、兑现。

③末句的涵义历来争议极大，详见评析。

【译文】

有子说："诚信近于义，所说的话就是可以践行的。恭敬近于礼，就可以远离耻辱。亲依自己的亲人，也是可敬的。"

【评析】

有子这三句话，前两句的意思比较明白：讲诚信固然对，但必须是"近于义"的"大信"，这样的"信言"才是可以兑现的；如果脱离了义，则是"小信"，如春秋五霸之会盟，虽"信"而非"义"，故最终无法兑现。恭敬也是对的，但要近于礼，否则就是谄媚阿谀，容易自取其辱，正如上一章所说，"不以礼节之，亦不可行也"。但最后一句的涵义却极为晦涩，围绕这句话历代聚讼不已，参与注释、辨疑者不下数十家，始终莫衷一是。其中福州大学赵映环的《〈论语〉新解二则——"因不失其亲"、"有耻且格"》（《厦门教育学院学报》第13卷第1期）和重庆大学刘光洁的《人伦规范与价值重建——〈论语·学而〉"因不失其亲，亦可宗也"疏解》（《海南大学学报（人文社科版）》2019年第1期）二文之论似较为合理。赵、刘的共同点是都认为有子这三句话是有内在联系的并列关系，前两句对应"义"和"礼"，"亲"是指有血缘关系的亲人或亲族，"宗"乃尊敬之意；所不同者，赵认为这句话对应的是"仁"，"因"即"仁"，意思是"怀有仁爱之心不失去自己的亲人，也就值得推崇了。"而刘认为此句对应的是"亲",是对"仁"的进一步发扬,"亲其亲"是孔子的价值取向,故"因"乃"亲依"之意,意思是在"亲依"对象的选择上,分得清远近亲疏,也就值得尊敬了。综合考量,刘说在考辩之详尽、分析之透彻上较赵说更胜一筹,故取之。但赵说也有合理之处,故聊备一说,供读者参考。

【原文】

1.14 子曰:"君子食无求饱,居无求安,敏①于事而慎于言,就②有道③而正④焉。可谓好学也已。"

【注释】

①敏,勤敏。
②就,接近,亲近。
③有道,有道德学问之人。
④正,指正,匡正。

【译文】

孔子说:"(作为)君子,吃饭不求饱足,居住不求安逸,做事勤敏,说话谨慎,(经常)亲近有道德学问的人,请他们指正(自己的言行学问)。(这就)可以说是好学了。"

【评析】

一个君子,尤其是好学的君子需要具备什么样的素质?这里孔子提出了几点要求:一是不追求物质享受,也就是安贫乐道,因为一个追求物质享受的人很容易受外界环境变化的影响,是不可能全身心地追求学问,更不可能坚守"道"的;二是要多做事、会做事,少说话,也就是行胜于言,一个夸夸其谈的人不可能"板凳甘坐十年冷"地去钻研学问;三是要经常向道德学问俱佳的高人请教,请他们指出自己的不足,这样才能进步。而这三条恰是今人所普遍缺乏的。

【原文】

1.15 子贡曰："贫而无谄①，富而无骄②，何如？"子曰："可也。未若贫而乐，富而好礼者也。"子贡曰："《诗》云：'如切如磋，如琢如磨③'，其斯之谓与？"子曰："赐也，始可与言《诗》已矣，告诸往而知来者④。"

【注释】

①谄，谄媚。
②骄，骄横、自大。
③此句出自《诗·卫风·淇奥》。切，切割；磋，磨光；琢，雕琢；磨，打磨。四者原意都是将骨、牙、玉、石等制作成器物的工艺，后引申为砥砺德行之意。《诗》为我国最早的一部诗歌总集，相传为周宣王太师尹吉甫收集，经孔子删订，共收录西周初期至春秋中期的诗歌305篇（另有6篇仅存标题而无内容，称为"笙诗"），内容上分为《风》、《雅》、《颂》三个部分。汉武帝以《诗》、《书》、《礼》、《易》、《春秋》为"五经"，故后世又将《诗》称为《诗经》。
④诸，犹"之"，此处指子贡；往，字面意思是去路，这里指老师的点拨和教诲；来，字面意思是来路，这里指学生领会后的发挥。

【译文】

子贡说："贫穷却不谄媚奉承，富有却不骄横自大，（这样的人）怎么样？"孔子说："可以了。（但）不如贫穷却（依然）乐在其中，富有而爱好礼的人。"子贡说："《诗》上说：'如切如磋，如琢如磨'，说的就是这个意思吗？"孔子说："赐啊，现在开始可以和你讨论《诗》了，（因为）告诉你去路你就知道来路，（能有所发挥了）。"

【评析】

子贡与孔子的这段对话对于我们理解孔子的价值观，进而树立我们的价值观非常重要。子贡对贫富的态度是贫时不低三下四；富也不骄傲张狂。孔子认为这只是初步"达标"，更高的境界应该是不仅安贫，还能乐道；不仅低调，还能好礼。换言之，子贡说的是一般意义上的不卑不亢，而孔子所言是精神贵族的标准。因此子贡才举出《诗》中的两句，问君子砥砺德行，是否也正像打磨骨牙玉石一样，要精益求精？孔子听后表示赞许，夸子贡一点就通，终于可以和他讨论《诗》了。可见孔子授徒的条件何等严格，德行没有达到一定的水准，未能融会贯通、学以致用的，连和老师探讨学问的资格都没有。

【原文】

1.16 子曰："不患①人之不己知②，患不知人也。"

【注释】

①患，忧虑，担心。
②不己知，倒装句，即"不知己"。

【译文】

孔子说："不要担心别人不了解自己，（应该）担心自己不了解别人。"

【评析】

人心难测，看来孔子也深有体会，因此他提醒弟子真正应该担心的是自己不了解别人。至于"不患人之不己知"，意思与开篇的"人不知而不愠，不亦君子乎"相近，《论语》后文还有三处类似的说法，都是说不要在乎外在的"名"。但其实孔子并非真的不在乎，甚至可以说相当在乎。只是他在乎的是君子之名，出名要出得正当，名副其实，而不是欺世盗名。

为 政

【原文】

2.1 子曰:"为政以德,譬如北辰①,居其所而众星共②之。"

【注释】

① 北辰,指北极星,即最靠近北天极的一颗星,其位置不变,但由于岁差的原因,具体的星体会变。目前所说的北极星是指勾陈一,即小熊座α星;在孔子的时代,北极星是指帝星,即小熊座β星。

② 共,"拱"的本字,拱卫、环绕。

【译文】

孔子说:"以道德来治理国政,(施政者)就像北极星,处在恒定的位置上,别的星辰都围绕着他。"

【评析】

"以德治国"是儒家的基本主张之一,孔子认为,如此就能永保其位。这当然未免有些理想化。但不少人据此以为孔子重道德而轻制度,甚至想以道德代制度,多少也是对孔子的一种误解,在后文中我们还将对此作一番辨析。制度与道德,两者不可偏废,只是何者为先的问题。显然孔子把"德"放在了第一位。我们今天大力提倡依法治国,是把制度建设放在第一位,把权力关进制度的笼子,将"性恶"的影响最小化；同时强调为政者要有道德，执政为民，将"性善"的影响最大化。只有制度与道德双措并举，两条腿走路，才是治理好国家的基本保障。

【原文】

2.2 子曰："《诗》三百，一言以蔽①之，曰：'思无邪'②。"

【注释】

①蔽，概括。
②思无邪，语出《诗·鲁颂·駉（jiōng）》，对此句历来有多种解释，详见评析。

【译文】

孔子说："《诗》中的三百篇，用一句话来概括，就是'思想没有邪僻'。"

【评析】

这一章表面上看不难理解，但问题很多，历来争论的焦点主要集中在"思无邪"的本意和孔子引用这句话的用意上。

先说本意。东汉郑玄对此句的笺注是"（鲁僖公）思伯禽（鲁国第一任国君）之法，专心无复邪意也"。但这种说法多今人多不认可。其实"思"在《诗》中多作为句首或句末语助词使用，无实意，这方面例证很多，如《鲁颂·泮水》中的"思乐泮水"，《大雅·文王有声》中的"无思不服"等，不胜枚举。"无邪"，李零认为其在原文中与"无疆"、"无期"、"无斁（yì）"并列，后三者都是没完没了的意思，"无邪"的意思应该与之相近。而台湾大学傅佩荣教授认为"邪"通"斜"，本意应为群马奔腾向前，不偏不斜。

那么孔子引用这句话的用意究竟何在？今人多认为，孔子引此句只是用其文字"借题发挥",与原句的本意无关。傅佩荣说,孔子说的"思无邪"应该是指"(《诗》中的作品)无不出于真情",言下之意,是由群马奔腾向前之"直"而引申出"真"。此说颇具新意,也很有人文情怀,但未必符合孔子的真实想法。以孔子的思想来推测,他未必会从"情"的角度来考察和概括《诗》。北宋邢昺对此句的疏解是"止僻防邪,大抵皆归于正,故此一句可以当之",应该是比较接近孔子的原意的。

【原文】
2.3 子曰:"道①之以政②,齐③之以刑④,民免⑤而无耻。道之以德,齐之以礼,有耻且格⑥。"

【注释】
①道,通"导",引导。
②政,政令、法规。
③齐,治理。
④刑,刑罚。
⑤免,何晏引孔安国注释为"苟免(于罪刑)";一说认为是逃避(法律)之意,此处不取。
⑥格,前人说法不一。邢昺疏为"能自修而归正也"。杨伯峻引《礼记·缁衣》中的"格心"与"遁(dùn)心"(逃避之心)概念,认为"格"乃"人心归服"之意;毛子水释"格"为"革",即改过;而李零认为,"格"是指严格遵守法律。日本汉文字学研究大家白川静《常用字解》一书释"格":"依据神意来纠正错咎、具有告诫之义、正确的话语谓'格言'。"也就是说,"格"有纠错趋正之意,邢疏、毛说、白川氏说皆有相通处。据此笔者认为,"格"是指主动地纠正自身错误而趋于正道。

【译文】

孔子说:"用政令法规来引导民众,用刑罚来治理民众,民众只能苟免于罪刑,却缺乏廉耻之心;用道德来引导民众,用礼教来治理他们,民众不但有廉耻之心,而且能主动纠正自身的错误而趋于正道。"

【评析】

前文提到孔子以德治国的思想。当然,相较于后来的法家和西方社会所持的"性恶论",孔子还是更重视和相信道德的力量。但这并不表示孔子是一个天真的道德说教者,相反,曾任鲁国大司寇的他是非常清楚制度的重要性的。《吕氏春秋·察微》所记"子路受牛"、"子贡拒金"一事,就说明孔子对于道德和制度之间的关系有深刻的认识。只是他并不认为只靠制度的外在约束就能治理好国家,而是认为只有让每个人都具备廉耻之心,有内在的自我约束力,政令法规才能得到落实,否则即使颁布政令,上下都是想钻空子的人,政令迟早也是形同虚设。应当说,孔子的这一思辨,还是比较深刻的。

【原文】

2.4 子曰:"吾十有①五而志②于学,三十而立③,四十而不惑④,五十而知天命⑤,六十而耳顺⑥,七十而从心所欲,不逾矩⑦。"

【注释】

①有,通"又",用以连接整数和零数。
②志,矢志,立志。
③立,指达到成人的标准。所谓达到成人标准,历来有两说,一说指有家室,但此义与本章其它内容不谐,显然不对;另一说以孔子本人所言"不知礼,无以立也"作注,认为"知礼"

方为"立",此说较为合理。

④不惑,字面意思是不迷惑。如何谓之不惑?杨伯峻以《子罕》和《宪问》中"知者不惑"句释为"掌握了知识",笔者认为稍欠准确。因为掌握了知识未必就足以称为"知者",故译为"通达事理"或更妥当。

⑤天命,也是中国古代哲学中一个玄而又玄的概念。大意是指上天的意志或由上天的意志所决定的众生的命运。此处不作阐释性翻译。

⑥耳顺,是此章中比较令人费解的一个词,首见于《论语》,后人释义众多,但基本出于推测。清代焦循《论语补疏》曰:"耳顺即舜之察迩言,所谓善与人同,乐取于人以为善也。顺者,不违也。舍己从人,故言入于耳,隐其恶,扬其善,无所违也。"简言之,顺即通达无碍,入耳即入心。不固执己见,能听取他人意见,任何话听来都不违于心、不逆于耳,能够明辨是非,对正确者予以显扬,错误者亦不挂怀。此说较为合理。

⑦逾矩,逾越规矩。

【译文】

孔子说:"我十五岁就立志(钻研)学问,三十岁就(知书识礼)足以立身了;四十岁就(通达事理)不再迷惑了;五十岁就明白天命了;六十岁对听到的任何话都不会感到违心逆耳,能明辨是非了;七十岁时(即便)随心所欲,也不会逾越规矩了。"

【评析】

这一章相当于孔子的人生总结:十五岁后知书;三十岁后达礼;四十岁后事理通达;五十岁后明白自己生来何为,应该何往;六十岁后世事洞明,是非了然于胸;七十岁后即便不刻意约束自己,行为举止也不会出格。总之,是越活越明白,越活越通透,越活越洒脱。但这只是孔子晚年对自己一生的回顾，并没有让大家都来学习他、以他为标准的意思。若把这段话作为人生指南式的金科玉律，则是典型的刻舟求剑。其实每个人都是独一无二的个体，也都有自己的"天命"——该完成的使命、该负的责任和该走的路。别人的经验可供参考，但不能代替自己的摸索和闯荡。因此，笔者更欣赏鲁迅先生的两段话：

> 要前进的青年们大抵想寻求一个导师。然而我敢说：他们将永远寻不到。寻不到倒是运气；自知的谢不敏，自许的果真识路么？……青年又何须寻那挂着金字招牌的导师呢？不如寻朋友，联合起来，同向着似乎可以生存的方向走。你们所多的是生力，遇见深林，可以辟成平地的，遇见旷野，可以栽种树木的，遇见沙漠，可以开掘井泉的。(《华盖集·导师》)
>
> 其实地上本没有路，走的人多了，也便成了路。(《呐喊·故乡》)

孔子的路，也是靠自己一步步走过来的。

【原文】

2.5 孟懿子①问孝②。子曰："无违③。"樊迟④御⑤，子告之曰："孟孙问孝于我，我对曰'无违'。"樊迟曰："何谓也？"子曰："生，事之以礼；死，葬之以礼，祭之以礼。"

【注释】

①孟懿（yì）子，姬姓，仲氏，也称孟氏（后世多称其为"仲孙氏"或"孟孙氏"，其实不然，"孙"是敬称而非氏，只适用于家族宗主一人，家族及族中其他人只能称"孟氏"，"三桓"之季氏、叔氏皆同此），名何忌，把持鲁国朝政的贵族"三桓"之一孟氏家族的第九代宗主，谥号"懿"。生年不详，卒于公元前481年。其父孟僖子临终前让他和弟弟南宫敬叔师事孔子。但从其身份以及孔子后来的境遇分析，孟懿子未必真

的对孔子执弟子礼。

②孝，孝道。

③无违，一说为不违逆父母意愿，一说为不违背礼节。从上下文来看，当取后者。

④樊迟，子姓，樊氏，名须，字子迟，齐国人（一说鲁国人）。孔门七十二贤之一，生于公元前515年，卒年不详。他出身贫寒，但求学认真刻苦，且有勇有谋。鲁哀公十一年齐军伐鲁，冉求率鲁国左师迎敌，他为冉求献计，鲁军大胜。樊迟好学，除道德文章外，还曾向孔子问农事，但受到孔子斥责。唐开元二十七年封其为"樊伯"；北宋大中祥符二年加封"益都侯"；明嘉靖九年改称"先贤樊子"。

⑤御，驾车。

【译文】

孟懿子（向孔子）问孝道。孔子说："不违背礼节。"樊迟（为孔子）驾车，孔子告诉他："孟懿子向我问孝道，我回答说不违背礼节。"樊迟道："这是什么意思？"孔子说："（父母）生前，按照（应有的）礼节侍奉他们，（父母）去世后，按照（应有的）礼节安葬、祭祀他们。"

【原文】

2.6 孟武伯①问孝。子曰："父母唯其疾之忧②。"

【注释】

①孟武伯，孟懿子之子，姬姓，名彘（zhì），孟氏第十代宗主，谥号"武"。生卒年不详。

②这是一个倒装句，相当于"父母唯忧其疾"。对于"其"有两解，东汉王充、高诱认为是指"父母之（疾）"，杨伯峻引马融说认为是指"孝子之（疾）"。应以前说为当。

【译文】

孟武伯（向孔子）问孝道。孔子说："（对于父母），（子女）只是为他们的疾病感到忧虑。"

【原文】

2.7 子游①问孝。子曰："今之孝者，是谓能养②。至于犬马皆能有养③，不敬④，何以别乎？"

【注释】

①子游，姬姓，言氏，名偃（yǎn），字子游，吴国人。生于公元前506年，卒于公元前443年，孔门十哲之一，与卜商同为"文学"科的高材生。言偃曾为鲁国武城宰，任内以礼乐教化士民，颇得孔子赞许。孔子逝后，他受曾参一派排挤，回南方设帐授徒，弘扬孔子学说，故又被后人称为"南方夫子"。唐开元二十七年追封"吴侯"；北宋大中祥符二年加封"丹阳公"，南宋咸淳三年改封"吴公"；元大德十一年（1307年）封"吴国公"；明嘉靖九年改称"先贤言子"；清康熙时特批于言偃后裔中设五经博士一员，世袭。

②能养，能够养活。

③此句有歧义，历来有三说：一是说犬马对于也人能够养活，但对人无敬意，故奉养父母若不敬，则与犬马养人无异；二是说人对于犬马也能够养活，若不敬，则养活父母与养活犬马无异；三是说犬马对自己的父母也能够养活，若不敬父母，则与犬马无异。三说从逻辑上皆可通，但杨伯峻认为犬马并不能养活父母，故不取第三说。然而我们在自然界常可以看到动物反哺的事例，则第三说也未必不通。今取第二说。

④敬，恭敬、不怠慢。

【译文】

　　子游(向孔子)问孝道。孔子说:"今天所谓的孝,是说能养活(父母就行了)。(但)人对于犬马都能够养活,(如果对父母不恭敬),和(养活犬马)有什么区别呢?"

【原文】

2.8 子夏问孝。子曰:"色难①。有事,弟子②服其劳;有酒食,先生③馔④,曾⑤是⑥以为孝乎?"

【注释】

①色难,有两说,一说是对父母保持好脸色很难;一说是看父母脸色行事,使父母保持愉悦很难。今多取前说。
②弟子,此处指晚辈。
③先生,此处指长辈。
④馔,吃。
⑤曾(zēng),乃、竟之意。
⑥是,此。

【译文】

　　子夏(向孔子)问孝道。孔子说:"对父母保持和颜悦色很难。有事时晚辈效劳,有吃的东西时长辈(先)吃,(难道)这样竟就可以认为是孝了吗?"

【评析】

　　2.5、2.6、2.7和本章都是孔子论孝道,集中体现了孔子的孝道观,故合而论之。总的来说,孔子认为对父母应该"敬"重于"养"——物质、身体上的奉养只是最基本的东西,而精神上的慰藉更为重要。在这四章中,只有一章是单独谈到应该重视父母的健康,其余三章,都不同程度地强调了要让父母精神愉悦。在当时有神论的时代背景下，甚至是葬礼和祭礼，也包含有令（已故的）父母获得精神慰藉的一重意味。值得一提的是孔子并不提倡愚孝，他认为对父母的孝是要"事之以礼"，越礼、过分了也是不可取的。换言之，父母物质和精神上的合理需求必须尽可能满足，但不合理的要求也不能盲从。孔子这一番议论，对今人如何对待父母极具启发意义。

【原文】

2.9 子曰："吾与回①言终日，不违②，如愚。退而省其私③，亦足以发④。回也不愚。"

【注释】

①回，曹姓，颜氏，名回，字子渊，又称颜渊，鲁国人。生于公元前521年，卒于公元前481年，是最受孔子称许和看重的学生，"孔门十哲"之首。颜回以德行著称，寡言少语，属于孔子赞赏的行胜于言的典范，故其留下的言论和学说并不多。后人了解颜回，主要是通过孔子和其他弟子的描述。自汉代起，颜回被列为孔门七十二贤之首，有时祭孔时独以颜渊配享。唐开元二十七年追封"兖（yǎn）公"；北宋大中祥符二年加封"兖国公"，南宋咸淳三年从"十哲"之一升为"四配"（颜回、曾参、孟子、子思）之一，配享孔庙；元至顺元年加封"兖国复圣公"；明嘉靖九年改称"复圣"。

②违，一说指质疑，一说指违逆（老师的意见）。杨伯峻两说并用，译为"反对意见和疑问"，较为稳妥。

③退而省（xǐng）其私，历来有两解：邢昺疏解为"既退还而省察，其在私室，与二三子说释道义，亦足以发明大体"；朱熹解为孔子退而省颜回之"私"（私下里的言行举止），也觉得有所发挥。笔者认为，"私"非私室或举止，释为"个人意见"

或更妥。

④发，发挥。

【译文】

孔子说："我整天对颜回讲学，他从不提反对意见和质疑，好像愚笨（的样子）。但我事后仔细思考他的一些个人看法，也能够进一步发挥（我的学说）。颜回（其实）不笨。"

【评析】

这一章可以看作孔子对"好学生"的评判标准：在老师面前非常恭敬，从不顶嘴，但又有个人的意见，能够阐扬老师的学说，这样的学生是大智若愚。虽然提倡学生"不违"未必正确，也没有必要，但我们今天也常见两种学生，一种太叛逆，不把老师放在眼里；另一种太听话，对老师唯唯诺诺，全无个人看法。两者都不如颜回有分寸。从老师的角度来说，也并不因为学生对自己"不违"就自以为是，而是课后也要认真思考学生的看法，这才是真正的"教学相长"。

【原文】

2.10 子曰："视其所以，观其所由，察其所安①，人焉廋②哉？人焉廋哉？"

【注释】

①"视其所以"三句向有争议，详见评析。

②廋（sōu），藏匿。

【译文】

孔子说："（对于一个人），考量他所做的事，观察他的经历，考察他安处之处，他怎么能隐藏得住呢？他怎么能隐藏得住呢？"

【评析】

理解本章的难点在前三句。先列举两种近人总结的较有代表性的看法：杨伯峻将此三句译为"考查一个人所结交的朋友；观察他为达到一定目的所采用的方式方法；了解他的心情，安于什么，不安于什么"。李零则引何晏《论语集解》和朱熹《论语集注》对"以"、"由"、"安"三字做了一番辨析。他认为《集解》释"以"为"用"，指过去；释"由"为"经"，指现在；《集注》则释"以"为"为"，指现在；释"由"为"从"，指过去；两书释"安"相同，皆为"乐"，指最后的习而处之之所。他个人取《集注》说。应该说杨、李二人观点，皆有一定道理，但也存在一定问题：若按杨译，则此三句的内在逻辑联系很松散，且思路太绕；若依李说，又过于拘执过去现在之分。其实邢昺对何晏《集解》注的疏解就很灵活："'视其所以'者，'以'，用也，言视其所以行用。'观其所由'者，'由'，经也，言观其所经从。'察其所安'者，言察其所安处也。"笔者认为，"以"既可表示过去所为，也可表示当下所为；"由"既可表示过去所经过的道路，也可表示当下正在走的道路，不必将过去现在分得太清楚。孔子的意思，无非是说从一个人的所作所为、个人经历到最后的归宿，就可以看清他的真面目，让他无所遁形。从这个角度理解，大致也比较符合我们客观评判一个人的方法。

【原文】

2.11 子曰："温故而知新①，可以为师矣。"

【注释】

①故，指已掌握的旧知识；新，指新的体悟和发现。

【译文】

孔子说:"在温习旧知识时,能够有新的体悟和发现,就可以当老师了。"

【评析】

本章在《论语》中非常有名,今人常引用,多年来一直被选入中学语文教材。但对这句话的理解长期存在偏差。"温故"易懂,"知新"却常被简单地认为是"学习新的知识"。若如此说,学生每天都在"温故而知新",老师还未必比得上学生。其实老师和学生(指一般的学生,特别优异者除外)的区别,主要是老师有研究和反思能力,能够在温习旧知识的同时从中挖掘新意,有新的发现、体悟或创见,一般的学生则未必具备这种能力,只能由老师传授,这才是师者所以为师的"优势"所在。当然这也可以看作是对老师的一种要求和鞭策,若做不到,这个"老师"恐怕也站不住脚。

【原文】

2.12 子曰:"君子不器。"

【译文】

孔子说:"君子不(应该)像器物一样(局限于现实的小用,更应该追求大道大用)。"

【评析】

本章是论语中最简短的一章,却可谓微言大义。前人注解多认为是强调君子不应像器物一样,只有一用,而应该博学多才。如杨伯峻译为"君子不像器物一般,(只有一定的用途)。"此种说法不能说错,但略嫌片面。西南政法大学董卫国在《德性与知识的融通——孔子"君子不器"思想辨析》(原载 2012 年《孔子学刊》第

3辑）一文中对此句的历代注解做了系统梳理，指出：

> 仅仅把"君子不器"理解为君子应博学多才，无所不能，并不符合孔子的思想。……在儒家看来，道德修养的重要性优先于知识技能的学习，知识、技能必须融摄于道德人格的养成。……德为才本，才为德用，道德非知识不能落实，知识非道德不能致福。……因此，依孔子君子不器思想，人必须由"志道据德"来确立其人生的终极目的，立志以求道，……才能实现其生命的终极价值。……"君子不器"的思想强调个人修养过程中德性与知识的统一性，以本原于人之道德理性的人文精神贯通于知识技能的学习，以价值统摄知识，既保证了道德人格的整全性，又充分承认知识技能的现实必要性。

简言之，"器"有大小之分，如果只有知识技能，那么哪怕博学多才，也不过是小器小用；只有追求大道、德才兼备者才是大器，可堪大用。这种理解应该是比较全面的。

【原文】

2.13 子贡问君子。子曰："先行其言，而后从之。"

【译文】

子贡问（怎样才能算）君子。孔子说："先实践你想说的话，然后再（把话）说出来，（才能算君子）。"

【评析】

孔子提倡"敏于事而慎于言"，凡事做了再说。故邢昺对本章的疏解直截了当："此章疾小人多言而行之不周也。……言行相副，是君子也。"当然，对君子的要求远不止于此，言行一致只是其中之一。

【原文】

2.14 子曰:"君子周①而不比②,小人比而不周。"

【注释】

①周,亲和,此处指靠忠信团结他人。
②比,旧读"bì",指为了利益互相勾结。

【译文】

孔子说:"君子(靠忠信)团结他人,却不拉帮结派;小人(为了利益)互相勾结,却无法靠人格力量团结别人。"

【评析】

本章孔子指出了君子和小人的重要区别之一。邢昺疏曰:"忠信为周,阿党为比,言君子常行忠信而不私相阿党,小人则反是"。概而言之,前者是靠人格的力量得人,而后者只能靠利益拉拉扯扯,最终往往还只能落得树倒猢狲散。《孟子·尽心下》曰:"充实之谓美,充实而有光辉之谓大"。充实和光辉的人格魅力,才是真正能够凝聚人心的"大美"。孔子此议可谓深刻。

【原文】

2.15 子曰:"学而不思则罔①,思而不学则殆②。"

【注释】

①罔,通"惘",迷惘。
②殆,历来有三说,一说为危殆,一说为疲殆(精疲力竭),一说为困惑。依上下文义,当取第三说为当。

【译文】

孔子说:"(只)学习却不思考就会迷惘,(只)思考却不学习就会困惑。"

【评析】

人们常把学习和思考的关系比作吃饭和消化,这个比喻很贴切。学习是吃进东西,如果不经过思考消化,面对各种知识、各家学说,难免囫囵吞枣,一头雾水,这是小糊涂;但如果只是空想却不学习,那根本就是无米之炊,又哪来的材料可供消化呢?这就是大糊涂了。故《荀子·劝学》有云:"吾尝终日而思矣,不如须臾之所学也",可为此句下一注脚。

【原文】

2.16 子曰:"攻①乎异端②,斯害③也已④。"

【注释】

①攻,一说为"攻治",即钻研;一说为"攻伐",杨伯峻引申为批判。今取杨说。
②异端,一说为异端邪说,一说为杂学小道,杨伯峻译为"不正确的议论",今取杨说,略加修正,解为"奇谈怪论"。
③害,一说为形容词,即"有害的";一说为名词"祸害"。今取后者。
④已,一说为句末语气助词,无实义;一说为"止",即停止、消除。今取后者。

【译文】

孔子说:"批判那些奇谈怪论,其祸害就会消除了。"

【评析】

　　本章虽然简短，但歧义甚多。依据前文注释，大致可有两种理解：一是"攻治（钻研）杂学小道，是有害的"；二是"批判异端邪说，其祸害可消除"。单论逻辑，两说皆可通。清末民国学者程树德先生在《论语集释》中取前说，认为："此章诸说纷纭，莫衷一是，此当以本经用语例决之。……所谓小道，即异端也。君子止于不为。若夫党同伐异，必至是非蜂起，为人心世道之害，故夫子深戒也。"这种解释虽然较为开明，但未必符合孔子本意。孔子倾心于先王之治，其思想倾向是偏于保守的，故无论是异端邪说还是杂学小道，孔子鼓励对其进行批判都在情理之中。当然，前人也指出，在孔子的时代，诸子百家只是在萌芽期，尚未呈现百家争鸣的局面，儒家也只是一家之言，故无所谓"异端邪说"。但若译为"不正确的议论"，似又略嫌宽泛且平庸。故笔者以"奇谈怪论"译"异端"，或更切当。

【原文】

　　2.17 子曰："由①！诲②女③知之乎？知之为知之，不知为不知，是知④也。"

【注释】

①由，姬姓，仲氏，名由，字子路，又字季路，鲁国人。生于公元前542年，卒于公元前480年，"孔门十哲"之一，擅长政事。子路秉性刚直，好勇尚武，《史记》记载他曾欺凌孔子，后被孔子以礼教感化，转而师事之，对孔子忠心耿耿。孔子周游列国，他是最得力的护卫。后出任卫国大夫孔悝的蒲邑宰，政绩卓著，域内大治。鲁哀公十五年，卫国内乱，子路为救孔悝冒死返回卫国都城，其间被人击断冠缨，子路言："君子死而冠不免"，从容结缨遇难。唐开元二十七年追封"卫侯"；

北宋大中祥符二年加封"河内公",南宋咸淳三年改封"卫公";明嘉靖九年改称"先贤仲子"。

②诲,教诲。

③女,通"汝",即"你"。

④知,有两解,一说通"智",指明智、智慧;一说如本字解,指真正的知道。两说皆可通,今取后说。

【译文】

孔子说:"仲由!(我应该)教过你(什么是真正的)知道吧?知道就是知道,不知道就是不知道,这才是真正的知道。"

【评析】

这一章的后三句也是今人时常用来教育晚辈或学生的名言。何谓"真正的知道"?古希腊著名哲学家柏拉图在他的《申辩篇》里,记载了他的老师苏格拉底临死前谈到他与某个政治家对话后得出的结论:"虽然我和他,我们两个都不真正懂得什么美丽的正义的东西,我还是比他强一点。因为他虽然一无所知,却以为自己知道;我同样一无所知,却没有认为自己知道什么。……我发现人世间名声叫得最响的人恰恰是最无知的人,其实有些看上去比他们差的人反而比他们好一些,也更理智。"孔子也从不认为自己是无所不知的圣人,所以他直言"吾有知乎哉?无知也"(《子罕》9.8),提倡"敏而好学,不耻下问"(《公冶长》5.15)。显然,东西方大哲几乎一致认为,意识到并勇于承认自己的无知,才是迈向"真知"的第一步,也是正确认识自己的开端。这个道理,知易而行难。子路好勇,难免有时骄傲自大,以为自己本事了得,故孔子此言,或许也是因材施教,有感而发。

【原文】

2.18 子张①学干禄②。子曰："多闻阙③疑，慎言其余，则寡尤④；多见阙殆⑤，慎行其余，则寡悔。言寡尤，行寡悔，禄在其中矣。"

【注释】

①子张，妫姓，颛（zhuān）孙氏，名师，字子张，祖籍陈国，生长于鲁国。生于公元前503年，卒年不详。子张是孔子晚年所收的第三批学生之一，他为人豪爽勇武，不拘小节，性格与子路有相似之处。孔子逝后，子张受曾参、颜路（颜回之父）等人排挤，被迫离开鲁国，自立门户。韩非子所谓"儒分为八"，子张之儒为八派之一。后世将子张视为儒家忠信的代表，唐开元二十七年追封"陈伯"；北宋大中祥符二年加封"宛丘侯"，南宋咸淳三年进封"陈国公"，不久又称"陈公"；明嘉靖九年改称"先贤颛孙子"。
②干（gān）禄，指谋求官职获取俸禄。
③阙（quē），空缺，此处指搁置，存而不论。
④寡，少；尤，错误。
⑤与"思而不学则殆"之"殆"同义，指困惑。

【译文】

子张（向孔子）学习（做官）获取俸禄的方法。孔子说："多听，有疑问之处就搁置起来，其余（确信正确无疑的）谨慎地说出来，便可少犯错误；多看，有困惑的地方就存而不论，其余（有信心做好的）谨慎地去实行，便可减少后悔。说话少犯错，做事少后悔，官职俸禄就在这里面了。"

【评析】

本章是孔子教导子张仕进之道。孔子是主张积极入世的，因此他并不反对甚至大力支持有才能的弟子出仕。但求官、做官都是学问，一着不慎很可能身败名裂。孔子本就主张多做少说，此处更强调要谨言慎行，没把握的话不说，没把握的事不做。子张性格外向，有些像子路，豪爽有余，细腻不足，故孔子此番议论也是有的放矢，特意针对子张的弱点提出来的，并非为官的万应灵药。今天的从政者可以有所借鉴，提醒自己要时刻注意言行举止，不可草率莽撞，但也不可过于小心，否则遇事缩手缩脚、畏首畏尾，就很容易走向消极不作为的另一个极端。

【原文】

2.19 哀公①问曰："何为则民服？"孔子对曰："举直错诸枉②，则民服；举枉错诸直，则民不服。"

【注释】

①哀公，即鲁哀公，姬姓，名将，鲁定公之子，春秋时期鲁国第二十六任国君，生于公元前521，卒于公元前468年；公元前494～前468年在位。
②举，选拔；直，正直，此处指正直之人；错（cù），通"措"，放置；诸，"之于"的合音；枉，弯曲，此处指邪曲不正之人。

【译文】

鲁哀公问（孔子）："怎么做才能使民众信服？"孔子回答："把正直的人选拔出来置于邪曲不正的人之上，民众就会信服；把邪曲不正的人选出来置于正直的人之上，民众就不会信服。"

【评析】

鲁哀公问使民心归服之法，孔子提出一个最简单的原则：将正直之人置于邪曲不正之人的上位。若从广义理解，孔子所言不仅适用于选官，也适用于社会的各个领域，核心就是倡导一种清正的社会风气。《礼记·礼运》说"选贤与能",显然孔子认为"贤"应当先于"能",这与他重视道德作用的理念是一致的。当然,作为领导者,仅仅只是正直也还不够,只有德才兼备之人才能令民众信服。但最简单的往往也最深奥复杂,如何能让"正者上,邪者下"成为常态化的制度,一直以来都是考验人类政治智慧的重大课题。

【原文】

2.20 季康子①问:"使民敬②忠③以④劝⑤,如之何?"子曰:"临⑥之以庄,则敬;孝慈,则忠;举善⑦而教不能⑧,则劝。"

【注释】

①季康子,姬姓,季氏,名肥。鲁国正卿,"三桓"之首季氏家族第六代宗主,谥号"康"。其任内在孔子弟子冉求的协助下击退了进犯的齐军;同时改革田赋,对挽救衰颓的鲁国国势起到了一定的积极作用。鲁哀公十一年,冉求说服季康子,派人以币迎回孔子,使被三桓逼出鲁国、在外漂泊十四年之久的孔子最终得以回国。

②敬,此处指(民众对统治者)恭敬。

③忠,有两说,一说为忠诚,另一说为尽心竭力,即与"为人谋而不忠乎"之"忠"同义,杨伯峻主此说。今取前说。

④以,有两说,一说认为通"与";一说释为"而",义相近,皆可通。

⑤劝,劝勉,指民众之间互相劝勉为善。

⑥临,对待。

⑦⑧历代注解对"善"与"不能"多语焉不详,杨伯峻译"善"为"好人",译"不能"为"能力弱的人",也不尽准确。根据上下语境,笔者以为,"善"当译为"德才兼备之人","不能"当译为"德薄才疏之人",似更妥帖。

【译文】

季康子问（孔子）："怎么做才能使民众（对统治者）恭敬、忠诚,而且能互相劝勉为善呢？"孔子说："（统治者）以庄重（的态度）对待民众,（民众）就会恭敬；（统治者）孝顺父母,爱护幼小,（民众）就会忠诚；选用德才兼备之人来教化那些德薄才疏之人,（民众）就会（互相）劝勉（从善）了。"

【评析】

关于孔子到底是坚持群众立场,还是站在统治者一边,历来争论不休。维护孔子者往往说孔子已经有民本思想甚至是民主思想,这显然是对孔子的过度美化。孔子虽然不乏同情民众、主张统治者要体恤民情民意的一面,但他始终是站在统治者的立场讲话的。本章中季康子的问题与上一章中鲁哀公的问题在本质上完全相同,都是想知道治民之术,只不过季康子的要求更具体,他希望民众不仅听话,还要恭敬、忠诚,能互相劝勉从善,让统治者省心。而孔子的回答是,这一切都要从统治者自身做起。只有统治者率先垂范,同时推行教化,以榜样的力量才能引导民众向善。然而具有讽刺意味的是,历代封建统治者总是用孔子的话来教导民众,自身却很少遵从孔子的教诲,更谈不上做什么好榜样了。但如果忽略孔子的立场问题,就他要求统治者率先垂范这一点而言,则无论何时何地都是绝对正确的。

【原文】

2.21 或①谓孔子曰："子奚②不为政？"子曰："《书》③云：'孝乎惟孝,友于兄弟,施于有政。'④是亦为政,奚⑤其为为政？"

【注释】

①或,有人。

②奚，为何。
③《书》，先秦称《书》，自汉始称《尚书》。"尚"通"上"，"尚书"意即上古的史书，记事时间上起尧舜，下讫春秋中期秦穆公，是我国先秦时期历史文献的汇编。其记事内容多是君主训誓臣民和近臣告诫君主之辞，另有少数叙事篇章，为儒家"五经"之一，故又称《书经》。今本《尚书》共五十九篇，经后人考订，分为今文《尚书》和伪古文《尚书》两部分。今文《尚书》普遍认为较为可信，而伪古文《尚书》争议极大。尤其2008年"清华简"（其本身真伪亦有争议）一出，《尚书》真伪之争更趋激烈。孔子所引句出自《书·周书·君陈》，正属于所谓伪古文《尚书》部分。但因为《论语》本身也有各种版本，故若通行本《论语》中孔子此言可信，似可反证《君陈》非伪；若《君陈》可断伪，则孔子此言亦当存疑。
④施，延及；有，结构助词，无义。"孝乎惟孝"一句，前人注译皆不甚详明，杨伯峻对此句的译文较为妥帖："孝呀，只有孝顺父母，友爱兄弟，把这种风气影响到政治上去。"
⑤此"奚"与注②之"奚"语意略有差异，当作"如何"解。

【译文】

有人对孔子说："你为何不参与政治呢？"孔子说："《书》上说：'孝乎惟孝，友于兄弟，施于有政。'这也是参与政治啊，（还要）怎样才算是参与政治？"

【评析】

朱熹认为本章的对话应当发生在孔子早年出仕之前。有人问孔子为何不出来做官？孔子说我就像《书》上说的那样，在实践孝友之道，并且将其影响推及于政治，这也是从政的一种形式，何必非要当官才算从政呢？孔子的回答虽然很超然，但如此迂阔的话，恐怕他自己都未必当真。其实孔子内心一直是希望能够早日学以致用，通过出仕来推行他的理想的。然而或许是机缘未到，"待业"中的孔子只能以这番话自我安慰，也给自己找个台阶下。我们可以想象，他当时的心情必定是无奈而复杂的。

【原文】

2.22 子曰："人而无信，不知其可①也。大车无輗②，小车无軏③，其何以行之哉？"

【注释】

①可，杨伯峻译为"可以"，失之简略。下文言"何以行之"，"可"即"可行之"的方式。
②大车，古代一般指牛车；輗（ní），大车车辕和前端横木（轭）衔接之处的销钉。
③小车，古代一般指马车，尤指驷马所拉的车。軏（yuè），小车前端连接轭与辀（zhōu，马车上弯曲的独木车辕）的销钉。

【译文】

孔子说："（作为）一个人，却没有诚信，（我）不知道他可以（靠什么在世上行走）。（就像）大车没有輗，小车没有軏，怎么能行走呢？"

【评析】

"人而无信，不知其可也"是孔子的经典名言。孔子认为，人如果没有了诚信，就像车子失去了重要零部件一样，根本无法在社会上行走。今人在强调诚信的重要性时，常引此语。

【原文】

2.23 子张问："十世①可知②也③？"子曰："殷因④于夏礼，所损益⑤，可知也；周因于殷礼，所损益，可知也。其或⑥继周者，虽百世可知也。"

【注释】

①十世，古人以三十年为一世（代），十世即三百年。
②知，根据上下文分析，此处指预知。
③也，通"耶"，此处表疑问语气。
④因，承袭、沿袭。
⑤损，减少，此处指废除；益，增加。
⑥或，倘或。

【译文】

子张问："（从今往后）三百年（的礼仪制度）可以预知吗？"孔子说："殷（商）朝承袭夏朝的礼仪制度，所废除的、增加的，都可以知道；周朝承袭殷朝的礼仪制度，所废除的、增加的，（也）都可以知道。（因此）倘或以后有继承周代（执政）的（朝代），即使是三千年后，（他们的礼仪制度）也是可以预知的。"

【评析】

《诗·大雅·荡》有一句名言："殷鉴不远,在夏后之世。"孔子所说，异曲同工，也是鉴往知来、鉴古知今之意。但孔子只注意到了历史"不变"的一面，却无意中忽视了历史"变"的一面。我们虽然可以通过研究历史来总结一些规律，甚至对历史、社会的走向做一些预判，但说"虽百世可知也"，未免还是过于自信了。孔子生活的时代距今不过 2500 年左右，然而当今社会翻天覆地的巨变——哪怕仅限于礼仪制度——他老人家恐怕也是做梦都想不到的。

【原文】

2.24 子曰："非其鬼①而祭之，谄也；见义不为，无勇也。"

【注释】

①鬼，一般认为是指死去的祖先，但也偶有泛指一切鬼神的，杨伯峻和李零皆以为此处是泛指，今从其说。

【译文】

孔子说："不是（自己应该祭祀的）鬼神而去祭祀，这是谄媚；见到应该挺身而出的事却不去做，这是怯懦。"

【评析】

"不是自己应该祭祀的鬼神"，这是杨伯峻的译法。那么何谓"不应该祭祀的鬼神"？对此，李零分析得很好：

> 古代祭祀，本来都是祭自己信奉的神祇和祖先，不是，绝对不能祭。他们相信，鬼神对献祭的食物，不是用嘴吃，而是用鼻子闻。如果不是自己的祖先，祖先不接受，连闻都不会闻，这叫"神不歆非类，民不祀非族"（《左传》僖公十年），"鬼神非其族类，不歆其祀"（《左传》僖公三十一年）。但《左传》之所以强调这类原则，正是因为，春秋战国以来，例外的事越来越多。前人举过很多例子，如郑、鲁易田，鲁国替郑国祭泰山，郑国替鲁国祭周公（《左传》隐公八年），等等。还有反映民族同化趋势的禘祫（音"dì xiá"）之礼，也是把不同族姓的祖先搁在一块儿祭。这种祭非其鬼的现象，孔子看不惯，认为是拍马屁。

本章孔子抨击了两件事：祭非其鬼，是不当为而为之，属于谄媚，谄媚者自然是小人；义者，宜也，杨伯峻译为"应该挺身而出的事"，很贴切，见义不为，是当为而不为，属于懦夫。孔子既厌恶小人，也鄙视懦夫。我们今天常说的"见义勇为"，就是根据孔子后一句话演变而来。

八 佾

【原文】

3.1 孔子谓①季氏②:"八佾③舞于庭④,是可忍⑤也,孰⑥不可忍也?"

【注释】

①谓,评论、说及。

②季氏,此处具体所指之人不明,前人有季平子、季桓子、季康子三说,皆属推测;清代学者刘宝楠、杨伯峻、李零等倾向于指季平子,但亦不确定。

③佾(yì),古代乐舞的列。东汉马融"佾,列也。天子八佾,诸侯六,卿大夫四,士二。八人为列,八八六十四人。"

④庭,中庭、庭院。刘宝楠、近代学者毛子水认为此"庭"应为家庙(之中庭)。

⑤忍,前人注多作"容忍"、"忍耐"解;杨伯峻则认为应作"狠(下)心"解。依上下文义,仍取前说为妥。

⑥孰,一说作"谁"解,指人;一说作"什么"解,指事,皆可通。此处取后说。

【译文】

孔子论及季氏(时说):"(季氏)在庭院中演奏六十四人的乐舞,这种事(如果)可以容忍,(还有)什么不能容忍的?"

【原文】

3.2 三家①者以《雍》②彻③。子曰:"'相维辟公,天子穆穆'④,奚取于三家之堂⑤?"

【注释】

① 三家,即鲁庄公时被封为卿,自鲁宣公时起逐渐把持鲁国国政的季氏、孟氏、叔氏三大贵族势力,因其为庄公之父桓公后裔,故又称"三桓"。
② 《雍》,亦作"雝",出自《诗·周颂》,是周天子在宗庙祭祀后撤去祭品及礼器时演奏的乐歌。
③ 彻,通"撤",撤除,此处指祭祀后撤下祭品。
④ 此句出自《雍》。相(xiàng),助祭,此处指助祭者;维,语助词,用于句首或句中;辟(bì)公,东汉包咸注:"辟公谓诸侯及二王之后",即"辟"指诸侯,"公"指二王之后裔(毛子水注为"夏后的杞和殷后的宋"),后人多以为泛指诸侯;穆穆,容止庄敬貌。此句大意为"助祭者(都是)诸侯,天子(在)庄重诚敬(地主祭)。"
⑤ "奚取"句,包咸注曰:"三家但家臣而已,何取此义而作之于堂?"杨伯峻据此译为"这两句话,用在三家祭祖的大厅上在意义上取它哪一点呢?"而毛子水译为:"这种情景,怎么能在三家的庙堂里见到呢?"毛译虽简洁明了,但更接近意译。杨译更为精确。

【译文】

三桓(祭祖结束之后)奏唱《雍》诗来撤下(祭品)。孔子说:"(《雍》诗有)'相维辟公,天子穆穆'(这句话),在三家(祭祖的)厅堂之上(奏唱《雍》),(到底是)取(它的)哪一点意义呢?"

【评析】

3.1、3.2两章都是孔子批评以季氏为首的三桓僭礼越制的行为。孔子非常重视等级观念,在他看来,僭礼即是非礼,等同于无礼,这是不能容忍的。

【原文】

3.3 子曰:"人而不仁,如礼何①?人而不仁,如乐何?"

【注释】

①如……何,杨伯峻译为"怎样来对待……",毛子水译为"怎么够得上……",邢昺疏曰:"'何'者,如'奈'也。言人而不仁,奈此礼乐何?谓必不能行礼乐也。"也就是说,礼乐要靠"仁"为根本才能施行。但从前文季氏舞八佾、以《雍》彻来看,即使"不仁",也可以在表面上行礼乐。只是这种礼乐不合制度,违背"仁"的根本要求,因此笔者认为"如……何"当译为"怎么能(正确)运用"更为贴切。

【译文】

孔子说:"(作为人)却不仁,怎么能(正确)运用礼呢?(作为)人却不仁,怎么能(正确)运用乐呢?"

【评析】

本章是谈"仁"与礼乐的关系。南朝梁皇侃《论语集解义疏》认为此章也是孔子在批评季氏的僭礼,有这种可能。孔子认为,"仁"是礼乐的根本依归,礼乐是"仁"的体现,也有助于更好地实现"仁"。如果为人不仁,那么仅从形式上行礼乐不但缺乏意义,而且也必不能恰如其分。"仁"与礼乐是互为表里、一体两面,无论做人还是做事,孔子强调的都是表里如一。

【原文】

3.4 林放①问礼之本。子曰:"大②哉问！礼,与其奢也,宁俭;丧③,与其易④也,宁戚⑤。"

【注释】

① 林放,身份不明,历史无考。古今注家多语焉不详,郑玄仅注为鲁人,后人多沿用其说;又有说为孔子弟子、比干之后等,不知何据。李零推测也有可能是为季氏掌礼的官员,聊备一说。

② 大,(意义)重大。

③ 丧(sāng),丧礼。

④⑤ 易,包咸注、邢昺疏均释为"和易",即温和平静,郑玄注为"易,简也",均欠准确;刘宝楠、杨伯峻均引《礼记·檀弓》中子路所言释为"哀不足而礼有余",朱熹释为"节文习熟而无哀痛惨怛之实也",释义较为全面。戚,哀痛、悲戚。刘宝楠引其兄刘宝树《经义说略》将"易"和"戚"概括为:"易者哀不足,戚者哀有余。"大体正确。

【译文】

林放问(什么是)礼的根本。孔子说:"(这个)问题意义重大啊！(就一般的)礼仪(而言),与其奢侈,宁可节省一些;(就)丧礼(而言),与其形式上周到却缺乏真正的哀痛之情,不如(发自内心地)哀痛一些。"

【评析】

这一章再次体现了孔子更重视礼的本质而非形式的思想。孔子认为林放的问题意义重大,却没有直接回答,而是以一般性的礼仪和丧礼为例说明,无论哪种礼,重点都不在于形式的隆重与否,而在于参加者心诚与否、情真与否。本章可与前一章孔子对"仁"和礼乐的关系论述互为注脚。

【原文】
3.5 子曰："夷狄①之有君②，不如③诸夏④之亡⑤也。"

【注释】
①古代称东方各少数民族为"夷"，北方各少数民族为"狄"，"夷狄"即泛指除华夏族之外的异族人。毛子水、杨伯峻均认为夷狄是以文化程度区分，而非以民族区分。但客观来说，当时少数民族地区的文化总体上确实落后于华夏族，故夷狄既是以民族分，也是以文化程度分。
②君，一般认为即国君；毛子水认为泛指政府，此处取前说。
③不如，有两说，一说解为"不像"，另一说解为"比不上"。从历史语境分析，应以后说为当。
④诸夏，指周王室分封的诸侯国，此处指中原地区诸国。
⑤亡，通"无"。

【译文】
孔子说："那些落后地区的异族人（虽然）有君主，还比不上中原诸国没有君主（的好）。"

【评析】
我们现在提倡各民族和谐团结，这是时代的进步，但在孔子的时代不可能有这样的思想，这是需要辩证看待的。而且仅从文明程度来说，当时的少数民族地区确实远不如华夏族地区（尤其不如中原地区）发达。在孔子心目中，君主固然是国家的代表，但他的代表性还不如文化（礼教）的代表性强。故夷狄之人虽有君主，但因其文化不盛、礼教不昌，还不如中原诸国没有君主的强。当然，这是一种略带优越感的假设，事实上，"有君"的"诸夏"也依然难免礼崩乐坏的悲剧。

【原文】

3.6 季氏①旅②于泰山。子谓冉有③曰："女④弗⑤能救⑥与？"对曰："不能。"子曰："呜呼！曾谓泰山不如林放乎⑦？"

【注释】

①下文孔子与冉有的对话显然是发生在冉有任季氏宰之时，故此处之季氏应指当时在位的季康子。

②旅，一种祭山的礼仪。

③冉有，姬姓，冉氏，名求，字子有，又称冉有，鲁国人。生于公元前522年，卒年不详。孔门十哲中"政事"科的高材生。其擅长理财，于公元前492年接替冉雍为季康子家宰（总管），任内率军击败入侵鲁国的齐军；同时为季氏改革田赋，聚敛钱财，此举令孔子极其不满，几乎将其逐出师门。但冉求多才多艺，执政能力出众，孔子晚年得以回归并安居鲁国，实赖冉求之功。唐开元八年(720年)配享孔子，开元二十七年追封"徐侯"；北宋大中祥符二年加封"彭城公"，南宋咸淳三年改封"徐公"；明嘉靖九年改称"先贤冉子"。

④女，通"汝"，你。

⑤弗，不。

⑥救，阻止。

⑦此句具体含义不甚明晰。祭泰山本应天子或公侯才有资格，季氏祭泰山是僭礼，故前人多认为孔子此言是说泰山之神难道还不如林放懂礼，竟然接受不合乎礼的祭祀，以此暗讽季氏。李零则别有一解，认为季氏祭泰山很有可能是林放的馊主意，故孔子的意思大概是说以泰山之神（的威严）难道还

挡不住一个林放的主意吗？但李零之说与前文林放问礼一事似有矛盾，故取前人说法为当。

【译文】

季氏去祭泰山。孔子对冉有说："你不能阻止吗？"（冉有）回答："不能。"孔子说："唉！难道说泰山（之神）还不如林放（懂礼）吗？"

【评析】

本章再次提到季氏和林放。虽然孔子最后一句话的意思不太明确，但从林放问礼一事来推断，林放应该是知礼——至少是守礼的。孔子对季氏的僭礼之举难以容忍，故借讽刺泰山之神不如林放懂礼，来对季氏旁敲侧击。

【原文】

3.7 子曰："君子无所争，必①也射②乎！揖让而升、下，而饮。③ 其争也君子④。"

【注释】

①必，一定。
②射，指射（箭）礼。先秦六经之一《仪礼》中的《乡射礼》《燕礼》《大射仪》等篇详细记载了射礼的仪轨。
③关于此句之断句，大致有几种说法。古人多作"揖让而升，下而饮"；李零则认为"揖让"（作揖谦让）是贯穿"升"（始射登堂）、"下"（射毕下堂）、"饮"（饮射爵）的，故应整句连读，作"揖让而升下而饮"；杨伯峻、毛子水等人在"揖让"贯穿"升"、"下"、"饮"方面看法与李零相近，但杨伯峻仍断为"揖让而升，下而饮"，毛子水则断为"揖让而升、下，而饮"。毛说较为合理，故取之。
④君子，此处为形容词，即如君子一般的，君子式的。

【译文】

孔子说:"君子没有什么可争的事,(如果)一定(要说有的话),那就是射礼了吧!(射礼开始时),互相作揖谦让着登堂;(射毕互相作揖谦让着下堂),(再互相作揖,胜者请负者)饮酒。这种竞争是君子式的。"

【评析】

《周礼·保氏》云:"养国子以道,乃教之六艺:一曰五礼,二曰六乐,三曰五射,四曰五御,五曰六书,六曰九数。"也就是说,周朝的官学要求学生掌握六种基本技能,即礼(礼仪)、乐(音乐)、射(射箭)、御(驾车)、书(识字)、数(算术)。而"射"既是一种实用技能,也有礼仪性质,本章所说的"射"就属于后者。孔子认为,射固然不免有竞争的意味,但作为一种礼仪,它的每个环节都要体现君子风度。而春秋时的射礼也确实非常精致繁复,环节多达十几个,仪式感很强,胜负已非首要内容了。

【原文】

3.8 子夏问曰:"'巧笑倩兮,美目盼兮,素以为绚兮'①,何谓也?"子曰:"绘事②后素③。"曰:"礼后乎?"子曰:"起④予者商也,始可与言《诗》已矣。"

【注释】

①子夏此处所引三句诗,前二句出自《诗·卫风·硕人》,马融"倩,笑貌;盼,动目貌。"大体是形容女子美丽动人、顾盼有情。后一句不见于今本《诗》,一说认为是孔子删《诗》时删掉的一句,一说认为是来源于另一首逸诗的句子。关于此句争议甚多:"素"的本意是素净洁白,"绚"即绚丽多彩。一说引《礼记·礼器》"白受采"之说认为此句意为"在白底上绘制纹样";一说则引《考工记》"绘画之事后素功"之

说认为此句意为"以白色为彩画钩边"。程树德、杨伯峻、李零皆主前说,而郑玄注、皇侃疏、毛子水等主后说。此二说争议的焦点其实在于"素"到底比喻的是什么?这又与下文密切相关,详见注③。

②绘事,即绘画之事。

③后素,有两说,一说解为"后于素",即与《礼器》篇之义同;一说解为"后加素",则与《考工记》之义同。若依前说,则"绘事"当喻下文之"礼",而"素"则比喻更本质的东西(杨伯峻释为"仁义");若依后说,则"素"比喻"礼",而"绘事"喻"仁"。综合考量,似取前说较为合理。

④起,通"启",启发。

【译文】

子夏问:"'巧笑倩兮,美目盼兮,素以为绚兮',(这三句诗)是什么意思?"孔子说:"先铺好白底子再在上面画画。"(子夏)说:"(那么),礼也(和画画一样)是(在仁义)之后的(事)了?"孔子道:"(卜)商真是能启发我的人啊!(现在)开始可以和你谈论《诗》了。"

【评析】

本章再次涉及"仁"、"礼"之辩,可与3.3互参。前人对此章的理解虽有差异,但大体意思还算清晰。如果我们的分析不错,则此章与3.3中孔子的思想是一致的,即"仁"为礼乐本,礼乐以成"仁"。不论是"后于素"还是"后加素",礼之于"仁"都是锦上添花,本末先后不可倒置。

【原文】

3.9 子曰:"夏礼吾能言之,杞①不足徵②也;殷礼吾能言之,宋③不足徵也。文献④不足故也,足则吾能徵之矣。"

【注释】

①杞，国名，国君姒姓，传为夏禹的直系后裔，周初分封于河南杞县，后因国力弱小，屡次迁徙，直至公元前445年被楚国吞并。

②徵（zhēng），验证、证明，此处指作为证据使用。

③宋，国名，国君子姓、宋氏，西周初期，周公旦辅政，遵"兴灭继绝"之例，于公元前1039年封商纣王的兄长微子启于商丘，建立宋国，为公爵，特准其用天子礼乐奉商朝宗祀。公元前286年，为齐、楚、魏三国所灭。

④文献，指典籍和贤人。朱熹《集注》："文，典籍也；献，贤也。"

【译文】

孔子说："夏朝的礼制我能说出来，（但）杞国（的礼制）是不足为证的；商朝的礼制我能说出来，（但）宋国（的礼制）是不足为证的。（这是他们的）历史典籍和贤人不足的缘故，（如果这些都）充足的话我就可以引以为证了。"

【评析】

孔子崇尚复古，夏礼、殷礼都是古礼，但杞和宋作为夏、殷的后裔，孔子却认为这两国既缺乏足够的历史资料，也缺乏能知古礼的贤德之人，物证、人证俱亡，其现存礼制自然不足为凭。这有点像今天许多百年老店，招牌还是那块招牌，但味道早已不是当初的味道了。

【原文】

3.10 子曰："禘①自既②灌③而往④者，吾不欲观之矣。"

【注释】

①禘（dì），即禘祭（礼），古代天子或诸侯才有资格举行的一

种极为隆重的大祭仪式，但关于其具体内涵（如举行时间、祭祀对象、主礼人资格等），尚存争议（具体分析可参阅景红艳《论周代天子大禘礼及文化功能》一文）。

②既，表完成之意，相当于"已经"。

③灌，即灌礼，禘礼的其中一个环节，以圭瓒（guī zàn，古代一种玉制的祭祀用酒器，形似勺）酌"鬱鬯"（yù chàng，一种调和香草煮成的酒）灌地以求祖先神灵降临的仪式。

④往，（以）后。

【译文】

孔子说："（现在的）禘礼从灌礼完成以后的（环节），我就不想看了。"

【原文】

3.11 或问禘之说①。子曰："不知也。知其说者之于天下也，其②如示③诸斯乎！"指其掌。

【注释】

①说，指（关于某方面的）理论、学说、知识。

②其，表推测语气，相当于"应该"。

③示，出示（给人看）。杨伯峻认为是"置"的假借字，即摆放，意义相近。另一说认为同"视"，即看，亦可通，但无必要。

【译文】

有人问（孔子）关于禘礼的学问。孔子说："（我）不知道。知道这方面学问的人对于（治理）天下，应该就像（把东西）放在这里给人看（一样清楚明了）吧！"（边说边）指着自己的手掌。

【评析】

3.10、3.11两章都是孔子讲禘礼。禘礼是国家的大祭,一般认为是天子或诸侯的祭祖大典。邢昺疏说灌礼之后就要"列尊卑,序昭穆(宗庙神主牌的摆放制度,始祖居中,左昭右穆。父为昭,子为穆;二四六世为昭,三五七世为穆;先世为昭,后世为穆;长为昭,幼为穆;嫡为昭,庶为穆)",也就是要按照长幼尊卑的次序来祭祀先祖。而当时鲁国把后继位的鲁僖公置于前任鲁闵公之前,所谓"失先后之义",故孔子说他不想往下看了,可见孔子是完全知道禘礼的仪轨的。但别人问他关于禘礼的学问,他又推说不知,这是孔子在对待那些他不想说或不便说的问题时的一种无奈之举。这大概是因为禘礼毕竟是国家大祭,批评禘礼之非就等于批评国君,这是重视上下等级关系的孔子不愿做的。但他又忍不住说如果能懂得禘礼的学问,那么对于治国就了如指掌(这个成语也是由此而来)了。这充分体现了孔子的礼教思想,即礼之道与治国之道是一致的。

【原文】

3.12 祭①如在,祭神如神在。子曰:"吾不与②祭,如不祭。"

【注释】

①此处之"祭",前人注多指祭祀祖先(即祭鬼)。而李零认为这是添字解经,不可取;此句与后句应是语义递进关系,此句是泛指祭什么就应当如什么正在眼前一样,下一句是举例说明。两说皆可通,从严守原文的角度出发,李说或更稳妥,故取之。

②与(yù),参与。

【译文】

祭祀时(应该)像(祭祀的对象)就在眼前一样(恭敬),(比如)祭祀神灵时(应该)像神灵就在眼前一样(恭敬)。孔子说:"我(如果)不(亲自)参与祭祀,就等于没有祭祀。"

【评析】

这一章与3.4有异曲同工之处,强调的是祭祀时的虔诚与恭敬,也就是真心真情。孔子认为,如果自己不亲自参与(比如请人代祭),这样的祭祀等于不祭。

【原文】

3.13 王孙贾①问曰:"'与其媚②于奥③,宁媚于灶④',何谓也?"子曰:"不然⑤。获罪于天,无所祷也。"

【注释】

①王孙贾(gǔ),卫灵公的大夫,郑玄认为他是以周王孙的身份"自周出仕于卫",当时执卫国朝政。
②媚,献媚、讨好。
③奥,室内的西南角,乃主人所居,其位最尊。古人认为其位有神,为一家之主神。
④灶,即生火做饭之处,此处指灶神。民间认为灶神是上天派来考察一家善恶的,故又有"司命"之称,对其极为尊崇。
⑤不然,不是这样的,即不对。

【译文】

王孙贾问(孔子):"'与其讨好家里的主神,不如讨好灶神',(这句话)是什么意思?"孔子说:"不对。(如果)得罪了上天,祈祷也是没用的。"

【评析】

王孙贾的这两句话,后人推测可能是当时的民间俗语,通俗地说,类似于"县官不如现管"的意思。但他所谓的"奥"和"灶"

分别指谁，存在争议。一说这是王孙贾在向孔子请教自己的事，想知道自己是不是该去巴结卫灵公的宠臣弥子瑕；另一说则认为"奥"是指卫灵公，而"灶"是指灵公的夫人南子或王孙贾本人，又或是指弥子瑕，意在暗示孔子与其讨好灵公，不如讨好当权执事者。但无论是哪一种，孔子的回应方式是你以曲，我以直：如果得罪了最高当权者，求什么神都没用。言下之意，除了国君，不看任何人的脸色。

【原文】

3.14 子曰："周监①于二代②，郁郁③乎文④哉！吾从⑤周。"

【注释】

①监，通"鉴"，参考、借鉴。
②二代，即周之前的夏、商二代。
③郁郁，多文采貌。
④文，文采。
⑤从，采取某种方式或态度，此处引申为赞赏、欣赏之意。

【译文】

孔子说："周借鉴夏商二代（的礼制来制定自己的礼制），（显得）多么有文采啊！我更欣赏周（的礼制）。"

【评析】

孔子尚古，但又并不认为凡事越古越好。在礼制方面，他就认为夏、商二代不如周代有文采。从现存的史料记载来看，周代的各种礼仪确实比夏商要精致典雅得多，这方面的详细论述可参看湖南大学陈戍国教授的《中国礼制史》一书。

【原文】

3.15 子入太庙①，每事问。或曰："孰谓鄹人之子②知礼乎？入太庙，每事问。"子闻之，曰："是礼也。"

【注释】

①太庙，此处指鲁国的祖庙，即周公庙。
②鄹，亦作"郰"（zōu），地名。孔子之父叔梁纥（hé）曾为鄹邑大夫，《史记·孔子世家》言孔子即出生于此。古人有将某地大夫称为某人的习俗，故称孔子为鄹人之子。

【译文】

孔子进入（鲁国的）太庙，每件事（都要向人）请教。有人说："谁说那个鄹人的儿子懂礼？到了太庙，每件事（都要向人）请教。"孔子听了这话，说："这正是礼啊！"

【评析】

关于孔子入太庙，事事向人请教一事，后人有两种推测，以孔安国注、邢昺疏等为代表的一派认为这是孔子对礼极为慎重的表现，"以宗庙之礼，当须重慎，不可轻言。虽已知之，当更复问，"当然也体现了孔子谦虚的态度；以清代学者刘逢禄、俞樾为代表的一派则认为孔子此举是以故作不知来讽刺鲁国僭用禘礼。但综合分析，还是前说较为合理，也更符合孔子的为人和行事方式。

【原文】

3.16 子曰："射不主皮①，为力不同科②，古之道也。"

【注释】

①主皮，历来争议甚多，一说"主"意为"以……为主要目的"，"皮"是以兽皮做的箭靶，即"皮侯"。"主皮"意即"以（射穿）箭靶为主要目的"。李零则认为未见以"皮"指称"皮侯"之例，将"主皮"释为"射穿箭靶"从语法上也难以通顺，故其认

为"皮"应读为"破",即"射破(箭靶)"。程树德对此作了详细分析,认为"主皮"之射属于军礼,即"力射"或曰"贯革之射",即以射穿皮侯为主要目的的"武射";而"不主皮"之射为"礼射",主要是礼仪性质或燕(宴)乐时的助兴节目,不以射穿箭靶为目的,甚至是否射中也不重要,箭靶也不一定由皮制成,也可代之以布。程说较为详尽合理。

②为力不同科,此句争议亦多。一说"为"读"wèi",即"因为","力"是(拉弓射箭的)力量,"科"相当于"等",全句大意为"因为力量不等(同)";另一说认为"为"犹"效","力"为"力役之事","科"为"程",即等级,全句大意为"使人民服役,须因各人的体力而分科。"(毛子水译)此二说句意均可通,毛子水则从语法角度认为前说欠通,亦是一家之言,但未能完全否定前说。笔者认为,此处孔子也可能是以射礼喻使民之道。

【译文】

孔子说:"(礼)射不以射中箭靶为主要目的,(正如)役使民力也要(根据其具体情况分出)不同等级,这是古时的规矩。"

【评析】

此章历来说法不一。"射不主皮"的争议还不算太大;但对"为力不同科"的理解则大相径庭。笔者认为,此句也可能是孔子的一语双关。马融注:"为力,力役之事。亦有上、中、下,设三科焉,故曰不同科。"孔子推崇先王之道,借说射礼而言使民之道,即射箭视乎其性质不同,其主要目的也不同;役使民力也要考虑各人的力量不同分别对待,并特别强调这是古代的规矩,从逻辑上似也成立。

【原文】

3.17 子贡欲去告朔之饩羊①，子曰："赐也！尔爱②其羊，我爱其礼。"

【注释】

①周制，天子于每年秋冬之交把第二年的历书颁发给诸侯，谓之"颁朔"；诸侯接受历书后藏于祖庙，于每月初一（即朔日）在祖庙杀一活羊祭祀，谓之"告朔"，然后回朝听政，谓之"视朔"；其羊杀而不烹，谓之"饩（xì）羊"。
②爱，吝惜、舍不得。

【译文】

子贡想要去掉告祭（鲁国太庙用）的活羊。孔子说："赐啊！你舍不得的是那头羊，我舍不得的是那套礼仪。"

【评析】

告朔本是周礼，国君须亲临致祭。据包咸注，鲁国自文公开始，告朔礼已废弛数代，子贡认为既然礼已名存实亡，何必再浪费一头羊？而孔子的意思是，只要那头羊还在，礼就不算彻底消亡。孔子的理想是复兴礼乐，现在却眼看着礼崩乐坏而无能为力，只能以这种方式表达对理想的坚守，可悲可叹。

【原文】

3.18 子曰："事君尽礼，人以为谄也。"

【译文】

孔子说："尽（臣子的）礼节去服事君主，别人却认为这是谄媚。"

【评析】

在孔子看来,君主即是尊长,自然要尽礼服事。其实"尽礼"并不仅仅是处处恭敬这么简单,从另一方面讲,"礼"也可视为一种约束,即所谓"以礼节之"。但在当时一些人的眼里,这就是谄媚。此种小人,古今不绝,即便孔子也不能免于流言蜚语的困扰。

【原文】

3.19 定公①问:"君使臣,臣事君,如之何?"孔子对曰:"君使臣以礼,臣事君以忠。"

【注释】

①定公,即鲁定公,姬姓,名宋,春秋时鲁国第二十五任国君,鲁昭公之弟,生于公元前556,卒于公元前495年;公元前509~前495年在位。

【译文】

(鲁)定公问(孔子):"君主役使臣子,臣子服事君主,(应该)怎么做?"孔子回答:"君主役使臣子(应该)按照礼节,臣子服事君主(应该)尽忠。"

【评析】

上一章孔子说臣事君要尽礼,本章又加了一条,就是尽忠。但这并不是无条件的,孔子认为君待臣也要有礼。先秦时期,君主如果对士大夫轻视或无礼,士大夫随时可以另寻明主。孔子的话,表明当时的君臣关系并不像后来那样不平等,相比清代那样畸形的主奴关系,当时的知识分子更具有独立的人格、尊严和气节。

【原文】

3.20 子曰:"《关雎》①,乐而不淫②,哀而不伤③。"

【注释】

①《关雎》,即《诗·周南·关雎》,是《诗》的首篇,古注多以为其主要内容是言"后妃之德",而今人如胡适、刘大白等多认为其是爱情诗。

②淫,过分、放纵。

③伤,(过分)悲伤。

【译文】

孔子说:"《关雎》(这首诗),快乐却不过分放荡,哀婉却不过分悲伤。"

【评析】

《关雎》是《诗》的开篇,也是最著名的一篇。古注多认为其内容是言"后妃之德",而今人多以其为爱情诗。但近年来又有研究指出,《关雎》中的"琴瑟"、"钟鼓",在当时绝非寻常人家所能具备,必是天子或诸侯贵胄才能有,故郑玄《毛诗传笺》中说《关雎》是后妃为君王求贤女而不得,以致辗转反侧、难以入眠的说法不无道理。一说认为《关雎》既是诗,也是乐,孔子所说的是作为音乐的《关雎》,因此"乐而不淫"指的是《关雎》、《葛覃》,"哀而不伤"指的是《卷耳》。但抛开内容不论,在孔子看来,以《关雎》为代表的艺术作品快乐而有节制,哀婉却不过分,是最美的。这与孔子主张的"中庸"(即适度,不偏不倚)之道也是吻合的。

【原文】

3.21 哀公问社①于宰我②,宰我对曰:"夏后氏③以松,殷人以柏,周人以栗,曰使民战栗。"子闻之,曰:"成事不说④,遂事不谏⑤,既往不咎⑥。"

【注释】

①社，原指社神，即土地神，古本《论语》有两种写法，一作"社"，一作"主"，"主"即神主牌位。但"社"是指社树还是社主，"主"是指其他神主还是社主，存在争议，多数学者认为是指社主。

②宰我，姬姓，宰氏，名予，字子我，鲁国人，生卒年不详。孔门十哲中"言语"科的高材生。孔子周游列国期间，宰予常受派遣出使齐、楚等国。而孔子对其总体评价却很低，甚至说他"朽木不可雕也"（《论语·公冶长》），但宰予依然对老师十分崇敬。唐开元二十七年追封"齐侯"；北宋大中祥符二年加封"临沂公"，南宋咸淳三年改封"齐公"；明嘉靖九年改称"先贤宰子"。

③夏后氏，夏朝君主的氏称，夏朝王族以国为氏，为夏后氏，"后"即"王"。此处指夏朝人。

④成事不说，已经做过的事不必再讨论。

⑤遂事，已经完成或已经开始而势不能止之事，此处当指后者；谏，劝阻。遂事不谏，已经开始而势不能止之事不必再劝阻。

⑥咎，追究（责任）。既往不咎，已经过去的事不必再追究。

【译文】

（鲁）哀公问宰我社庙的神主牌（应该用什么材料做）。宰我回答："夏朝人用松（木），殷朝人用柏（木），周朝人用栗（木），（意思是）说使民众战栗。"孔子听说（此事后），说："已经做过的事不必再讨论，已经开始又势不能止的事不必再劝阻，已经过去的事不必再追究。"

【评析】

此章中宰予的话不太容易理解，有点像隐语，暗有所指；而孔子的话与宰予的话之间有何联系，更是令人费解。后人注解，基本出于猜测，总结起来，大抵可以归为两类：认为"社"是指社树的一派，多认为这是哀公不明立社之礼，故问于宰予，但宰予信口开河，说周人用栗树为社树的用意是使民众恐惧战栗，而孔子的话是说宰予话已出口，无可挽回，提醒弟子以后说话要慎重。认为"社"是指社主的一派，则认为"社"是杀人为殉之处，哀公此问是暗示有意除掉三桓，问宰予是否可行，而宰予会意，也以暗语对之，示意哀公杀一儆百；孔子的话则是在原则上同意宰予的意见，但认为有可能成功的事不要事先说出，已经箭在弦上不得不发的事就不要再劝阻，凡是过去了的事，不论成败都不要追究。然而此说过于迂曲，且以当时哀公之能力、宰予之胆识，恐也难以成立。笔者认为，此章的真实背景和含义可不必深究，但"成事不说"、"遂事不谏"、"既往不咎"都已成为成语，今人应当知其出处。

【原文】

3.22 子曰："管仲①之器②小哉！"或曰："管仲俭乎？"曰："管氏有三归③，官事不摄④，焉得俭？""然则管仲知礼乎？"曰："邦君树⑤塞门⑥，管氏亦树塞门；邦君为两君之好，有反坫⑦，管氏亦有反坫。管氏而知礼，孰不知礼？"

【注释】

①管仲，春秋时期著名政治家、军事家、经济学家、改革家，姬姓，管氏，名夷吾，字仲，谥"敬"，祖籍楚国颍上，为周穆王之后，其父管庄为齐国大夫。约生于公元前723年，卒于公元前645年。齐僖公三十三年（公元前698年），管仲开始辅佐公子纠。齐桓公元年（公元前685年），得鲍叔牙推荐，担任齐国国相，被尊为"仲父"。任职期间，对内厉行改革、富国强兵；对外尊王攘夷，辅佐齐桓公九合诸侯，一匡天下，成为春秋五霸之首，后世尊其为"管子"。

②器，器局（器量格局）。

③三归，历代说法不一。前人有五说，一说为娶三姓女，僭用天子之礼；一说为管仲筑三台（一解"台"为府库）以藏女

子财帛；一说为三处私宅；一说为管仲采邑之地名；一说为市租之常例管仲取其三（成）。从上下文来看，似以第二、三说较为合理，此处取第二说。

④摄，兼职、兼任。

⑤树，（树）立。

⑥塞（sè）门，即影壁、照壁。

⑦反坫（diàn），一种土筑的平台。周代诸侯宴会礼仪，国君互相敬酒后把空酒杯放还到坫台上。

【译文】

孔子说："管仲的器局太小了！"有人问："管仲节俭吗？"（孔子）说："管仲有三处府库（来囤积财富），（他手下管理）官方事务（的人员）从不兼职,怎么说得上节俭？""那么管仲懂得礼吗？"（孔子）说："齐君（在宫门口）立了一块照壁,管仲也（在家门口）立一块照壁；齐君为了两国国君的交好,（在宴会上）用反坫,管仲也有反坫。管仲（如果算）懂礼,（还有）谁不懂礼的？"

【评析】

管仲是辅佐齐桓公称霸的首功之臣,其治国理政之能,不仅在春秋时享有盛名,也对后世影响深远。这样的人,一般都认为是"大器",但孔子却说他器局（器量格局）太小。原因是他一不知俭,二不知礼。此前我们分析过孔子的"君子不器"思想,在孔子看来,"大器"之材必是德才兼备之人,而管仲只是有才,德行方面却乏善可陈,自然只能是"小器"而已。

【原文】

3.23 子语①鲁大师乐②,曰："乐其③可知也：始作④,翕如⑤也；从⑥之,纯如⑦也,皦如⑧也,绎如⑨也,以成。"

【注释】

①语（yù），告诉、对……讲。

②大师乐，大，通"太"。一说以"大师"为乐官名，认为"（语）大师乐"是"（对）大师（讲）乐理"，历代学者主此说者多；而何晏注、邢昺疏皆以"大师乐"为官名，认为"犹《周礼》之大司乐也"。两说皆可通，今从前说。

③其，语助词，无义。

④作，演奏。

⑤翕（xī）如，一说释"翕"为"起"，一说释"翕"为"合"，又一说解为"盛（大）"。笔者认为，从"始作"这个环节来看，解为"合而起之"似较为合理。

⑥从，通"纵"，继续（下去）。

⑦纯如，何晏注为"纯纯和谐也"。

⑧皦（jiǎo）如，（声音）清晰。

⑨绎（yì）如，（余音）袅袅不绝。

【译文】

孔子对鲁国的大师讲乐理："乐理是可以知道的：刚开始演奏时，（各个声部）一齐合奏；接下去，（声音逐渐）纯正和谐，清澈明晰，（最后余音）袅袅不绝，然后完成。"

【评析】

礼和乐是一体两翼，乐是礼的重要组成部分。因此孔子也非常重视乐——当然，这里的"乐"是指雅乐，也是贵族身份的象征。孔子与鲁国执掌宫廷乐舞的乐官论乐理，可见孔子对音乐的精深研究。

【原文】

3.24 仪封人①请见，曰："君子之至于斯也，吾未尝不得见也。"

从者^②见^③之。出曰："二三子^④何患于丧^⑤乎？天下之无道也久矣，天将以夫子为木铎^⑥。"

【注释】

①仪，郑玄注为卫邑，具体地点不明。封人，管理、巡查边境封树（古时两国边界封土植树，以为界标）的小官。
②从者，指跟随孔子出行的弟子。
③见（xiàn），使……见。
④二三子，犹"你们（各位）"，指孔子的弟子们。
⑤丧，朱熹《集注》："丧，谓失位去国"（杨伯峻主此说）；另一说解为"丧（德）"或"丧（文）"，皆可通。今取前说。
⑥木铎（duó），大约起源于夏商，一种以金属为外框、用以警众的响器，形似铃铛，体腔内有舌可摇击发声。舌分铜制与木制两种，铜舌者为金铎，木舌者为木铎。文事振木铎，武事振金铎。

【译文】

仪邑管理边界的小官求见（孔子），说："（凡是有）君子到了这个地方，我没有不见一面的。"孔子的弟子让他见了孔子。（他）出来之后说："你们何必担心（现在）没有官位又背井离乡呢？天下已经混乱很久了，上天是要让夫子来充当（警醒教化世人）的木铎啊。"

【评析】

本章的争议主要在于"丧"字上。一说"丧"指的是孔子和弟子们当时颠沛流离不得志的状态，另一说则认为"丧"指"圣德之将丧亡"的"天下无道"状态。且不论何说为是，但仪封人的意思很明白，那就是劝慰孔门弟子不必担心目前这种状况，因为这是上天要让孔子来担当警醒世人的木铎，发出振聋发聩的声音。今天北京师范大学的校徽就是一只木铎，其寓意即取于此。然而事实是，在孔子生前，他春风得意的时间非常短暂，更没有看到自己的理想实现。儒家学说在先秦也只是诸子百家中的一家，即便是出于封建统治需要的"独尊儒术"，也是他去世三百多年后的事了。

【原文】

3.25 子谓《韶》①："尽美矣，又尽善也。"谓《武》②："尽美矣，未尽善也。"

【注释】

① 《韶》，又称《大韶》，传说为舜所创制的一种集诗、乐、舞为一体的综合艺术，夏、商、周三代天子均把《韶》作为国家大典用乐。周武王定天下，封赏功臣，姜太公以首功封于营丘，建立齐国，《韶》传入齐。
② 《武》，又称《大武》，周代的一种手持武器表演的战舞，主要内容是描绘、歌颂周武王为推翻商纣暴政而进行的战争及平定天下的武功。

【译文】

孔子论及《韶》时（说）："（《韶》）美妙极了，又好极了。"论及《武》时说："（《武》）美妙极了，但还不够好。"

【评析】

孔子是古典乐迷，《韶》和《武》都是当时的古典音乐。此处他对《韶》和《武》的评价标准是"美"和"善"，一般认为"美"是指乐声美妙动听，而"善"则是指内容而言。孔子认为这两部作品都很动听，但之所以说《韶》尽善尽美（现已是成语），大概是因为相传它是舜时的音乐，而舜是凭禅让得天下，是和平过渡。而《武》是歌颂周武王推翻商纣王的战争，虽然当时普遍认为这是正义之战，但一来不免以下弑上之嫌，二来杀伐之事也有悖于雅乐中正典雅的原则。对于精研乐理又严守等级观念的孔子来说，自然是高下立判的。

【原文】

3.26 子曰："居上①不宽②，为礼不敬，临丧不哀，吾何以观之哉？"

【注释】

①居上，居于上位，即地位高。
②宽，宽容。

【译文】

孔子说："居于上位却不宽容，行礼却不庄敬，参加丧礼却没有悲哀之情，（对这种人）我怎么还有什么可看的呢？"

【评析】

"吾何以观之哉"，一说认为孔子是说这种情形他看不下去，一说认为孔子是说一个人如果犯了这三条，就不足观了。其实，事在人为，人与事岂能截然分开？一般认为，本章是泛论居上位者的三种毛病，实际其着眼点也在于"礼"。这三种错误的行为都容易失去人心，非礼之举、无礼之人，自然无法成为众人的表率，即使今天看来也是应该注意的。

里 仁

【原文】

4.1 子曰:"里①仁为美。择②不处仁,焉得知③?"

【注释】

①里,本意为古代居民聚居之处,《毛诗故训传》举《周礼》为例释曰:"里,居也。二十五家为里。"另有五十户、百户等说。此处亦可视为动词,即"以(仁)为里"或"与(仁)为里",与下文的"处(chǔ)仁"相近,有居住、相处之意。

②择,选择(居所)。

③知,通"智",明智。

【译文】

孔子说:"居住的地方以有仁风为好。选择(居所)却不在有仁风(之处),怎么算得上明智呢?"

【评析】

中国人重视邻居,故有"远亲不如近邻"之说,但这往往是从获得帮助的便利性,即功利性出发而言的。而孔子讲择邻而居,首先考虑的是当地的民风。人以群分,善人、仁者、君子自然也要择善而处,才能互相熏陶、彼此促进,这便是所谓"风化";否则,仁善之人落于恶邻包围中,彼此都痛苦,当然不是明智之举。

【原文】

4.2 子曰:"不仁者不可以久处约①,不可以长处乐。仁者安仁②,知者利仁③。"

【注释】

①约,穷困。

②安仁,邢昺疏曰:"仁者安仁者,谓天性仁者,自然安而行之也",又补充道:"天性仁者,非关利害,自然泛爱施生,体包仁道。"刘宝楠注更为简要:"'安仁'者,心安于仁也。"综上所述,当解为"(不计利害地)安守于仁"。

③知者,即"智者",有智慧的人。利仁,关于其涵义历来争议颇多,详见评析。笔者认为,应解为"(正确地)利用仁"较为妥帖。

【译文】

孔子说:"不仁的人不能长久地处于穷困中,也不能长久地处于安乐中。仁者(能够不计利害地)安守于仁,智者(能够正确地)利用仁。"

【评析】

本章理解的难点也是历来的争议焦点主要集中在"利仁"一词上。对此,复旦大学博士杨根东的《未能安仁须学利仁——以朱子对"知者利仁"的诠释为中心》一文(2018年06期《道德与文明》)做了较为全面的总结:

在《论语》的诠释史上,对"利仁"之"利"字的理解不同,造成了两种性质不同的诠释:第一种,将"利"字解为"利用",作如此解的话,智者行仁,就是为了利用仁,从行仁之中获取私利(姑且称此说为"借仁济私"说);第二种,将"利"

字训为"贪","贪，欲也"，即"欲得之"或"欲有之"之义，作如此解的话，"智者利仁"就应理解为智者想要得到仁德，智者的人生目标是成就仁德，"仁"对于智者来说不是谋利之手段，而是目的（姑且称此说为"以仁为利"说）。

而这两派解释，前者以皇侃疏和邢昺疏为代表，后者以朱熹的《论语集注》为代表。杨氏倾向于赞同朱熹的说法，认为：

> 安仁、利仁的区别在于安仁者"不知有仁"，而利仁者"见仁为一物"。

> 安仁者浑然天理，安而行之，利仁者天理小失，尚须着以克己复礼之工夫。

按杨氏的分析，安仁是纯出本心，毫无私意（功利之心）；而利仁则尚存私心，因此"安仁"基本只有圣人能为，余者只能退而求其次，努力做到"利仁"，经过不断磨炼克己复礼的工夫，或许可以有朝一日达到"安仁"的境界。这种解释虽也不乏道理，但未免迂阔保守，将孔子的思想抬高到了不食人间烟火的地步。孔子固然推崇"仁者安仁"，但"知者利仁"是否就一定等而下之？又是否只能在"私心"、"天理"的范畴内和"安仁"作比较？其实未必。从前文孔子对"不仁者"的批判不难看出，"不仁者"之所以既不能长久地处于贫困之中（久困则为非作歹），也不能长久地处于安乐之中（久乐则骄奢淫逸），正是因为他们既不能像仁者那样不为外部环境所影响、无条件地安守于仁，又不能像智者那样正确地利用仁。何谓正确利用仁？笔者认为，应当指人我两利之举。前人注解（包括杨氏的分析）的缺陷，就在于当他们将"利"解释为"利用"时，仅仅将其理解为利己。但"利"为何只能利己而不能利人呢？孔子绝非一个不切实际的空谈理想主义者，他既重视"道"，也重视"用"。"道"是要实践的，实践必然涉及现实的功用，功用就是"利"。孔子当然反对一味利己，但若能既利己又利人，又何乐而不为？仁者不为外物所牵，时刻安守于仁，这是仁的内化；智者正确地利用仁，使其造福于人,也有利于己,这是仁的外化。内外并重才是孔子的理念,而不是简单地分别高下或取此舍彼。理清这一思路,有助于我们正确地还原孔子思想的原貌。

【原文】

4.3 子曰:"唯仁者能好①人,能恶②人。"

【注释】

①好(hào),喜爱。
②恶(wù),厌恶。

【译文】

孔子说:"只有仁者能够(以正确的标准)喜爱(某些)人、厌恶(某些)人。"

【评析】

本章孔子的原话说得很模糊:"只有仁者能喜爱人,厌恶人",即便是笔者的译文,其实也还是有些模棱两可:如何算是"正确的标准"呢?对此,朱熹这样解释:"盖无私心,然后好恶当于理,程子(即程颐——笔者按)所谓得其公正是也。"也就是说,仁者在评判一个人时,不从个人的喜好和利益角度出发,而是站在公正客观的立场看问题,因此他对一个人的喜好和厌恶是符合公理的,这就是"正确的标准"。所谓"偏私",私则生偏,用掺杂了私心和个人好恶的有色眼镜去看人,自然很难客观全面地评判一个人的真实面貌。孔子认为只有"仁者"才能做到好恶皆合于理,可见"公正无私"之难。

【原文】

4.4 子曰:"苟①志于仁矣,无恶②也。"

【注释】

①苟,如果。

②恶,一说读为"è",即恶行或坏处;一说认为前一章谈仁者之好恶,本章与前一章存在关联,故此处亦应读"wù"。此处取前说。

【译文】

孔子说:"如果立志于(践行)仁道,就不会有恶行了。"

【评析】

本章内容看似简单,但"无恶"一词的音义之争却使历代注家对于此句的理解大相径庭。认为"恶"应读"è"者,如孔安国、邢昺将此句理解为"诚能志在于仁,则其余行终无恶也";杨伯峻则将此句译为"立定志向实行仁德,总没有坏处"。而认为"恶"应读"wù"者(如程树德),认为若读为"è",是一句正确的废话,因为"岂有既志于仁而为恶事者?"他引宋代苏辙《论语拾遗》的观点,认为此处的"恶"是承接上一章继续谈仁者的好恶问题,"能好能恶,犹有恶也。无所不爱,则无所恶矣。"李零则给出了一个折中的说法,认为"恶"是指"没有恶(è)可被人恶(wù)",即只要立志于仁,便不招人恨。我们仔细辨析以上说法,不难发现其得失:程树德等人之说,显然存在逻辑问题,如果此章与上一章有所关联,两"恶"都读为"wù",那为何先说仁者有好恶,接下来又说志于仁则无恶呢?难道身为"仁者"却不"志于仁"吗?杨伯峻之说虽逻辑可通,但嫌过于粗浅。李零之说比较取巧,亦可通,但"志于仁"就不会招人恨这个说法却可商榷。孔子无疑是志于仁的，然而他自己在当时就是一个很招人嫉恨的人，他又怎会天真地认为只要志于仁就不会招人恨呢？笔者认为，前代注者大多无意中低估了"无恶"的分量。其实"无恶"是一个很高的境界，人的一生要做到纯善而无任何恶行，只怕是非神即圣了。毛泽东的名言"一个人做点好事并不难，难的是一辈子做好事，不做坏事"，可为本章下一注脚。

【原文】

4.5 子曰："富与贵，是人之所欲也；不以其道①得之，不处也。贫与贱，是人之所恶也；不以其道得之②，不去也。君子去③仁，恶乎④成名？君子无终食⑤之间违⑥仁，造次⑦必于是⑧，颠沛⑨必于是。"

【注释】

①其道，此处指正当的方式、途径。
②此句据上下文而言，本当作"不以其道去之"方为通顺，但原文仍作"得之"，故历来争议颇多，详见评析。
③去，离开、摆脱。
④恶（wū）乎，恶，何处，恶乎即"于何处"，引申为如何、怎样之意。
⑤终食，吃完一顿饭。
⑥违，离开，此处亦可解为违背（仁道）。
⑦造次，仓促、匆忙。
⑧于是，即（坚守）于此，此处指坚守仁道。
⑨颠沛，狼狈、困顿。

【译文】

孔子说："富和贵，是人人都想要的；（但若）不以正当的方式得以（处在这种位置），（宁可）不处。贫和贱，是人人都厌恶的；（但若)不以正当的方式得以(摆脱这种地位),(宁可)不摆脱。君子(如果)离开了仁,怎么成就(自己的)名声呢?君子不会在(哪怕是)吃完一顿饭的时间里离开仁,(无论是)仓促匆忙之间,还是狼狈困顿之时,都会坚守仁道。"

【评析】

本章的争议主要在于第二句中的"不以其道得之"。如注②所言,按照文义,孔子的意思应该是贫贱虽然人人厌恶,但若不以正当的方式摆脱这种境遇,那么宁可不摆脱。如此则此句当作"不以其道去之"才通顺。对此,历代注家大致有几种不同的解释:何晏注认为"时有否泰,故君子履道而反贫贱,此则不以其道得之,虽是人之所恶,不可违而去之。"也就是说,时运有穷通,君子践行仁道,本当富贵却反而贫贱,这显然是不应该的(不以其道得之)。但君子要坚守仁道,所以不能因为厌恶贫贱就想避开。朱熹看法与此相近但更为直截明了:"不以其道得之,谓不当得而得之。然于富贵则不处,于贫贱则不去,君子之审富贵而安贫贱也如此。"东汉王充在《论衡·问孔》中则直言此句有误,应作"去之";杨伯峻认为不必在字面上较真,等于间接认同了王充的说法。而毛子水认为是句读有问题,他将"不以其道得之"的"得之"属下句,断为"不以其道,得之不处/去也",也就是将"得"释为"得以"而非"获得","之"则指代后面的"处"和"去"而非前面的"富贵"和"贫贱"。比较以上诸说,何注、朱注实际上是将两个"不以其道得之"的句意做了差别处理,即前一个"不以其道得之"是"如果不应当得到(富贵而得到富贵)",为假设句;后一个"不以其道得之"是"虽然不应当得到(贫贱却得到贫贱)",为转折句。此二说单论逻辑可通,但两个字面完全相同的句式,在句意上是否有此差异,值得商榷。王充、杨伯峻、毛子水三说在基本意思上一致,但王、杨二说直接改动原文,又未免不够慎重。唯毛子水之说于文法、文义均较为合理，且即使不改句读其义亦可通。但这些争议并不影响我们对本章主旨的把握。总的来说，本章强调的是"仁"对于君子的重要性。君子行事，无论何时、身处何境，都不可背离仁的原则。面对富贵，若得来不正当，亦不接受；面对贫贱，若不正当地摆脱（比如需要出卖人格或原则），宁可忍受。这段话可以说是孔子的人生座右铭，也可视为其一生的鲜明写照，足为后世垂范。

【原文】

4.6 子曰："我未见好仁者，恶不仁者。好仁者，无以尚之①；恶不仁者，其为仁矣②，不使不仁者加③乎其身。有能一日用其力于仁矣乎？我未见力不足者。盖④有之矣，我未之见也。"

【注释】

①无以尚之，尚，通"上"，无以尚之即至高无上、无法超越。但此处的"之"是指"好仁者"，还是"仁"本身，向来有争议。从下句的后半句是谈"恶不仁者"对待"不仁"的态度来看，本句相应也应该是谈"仁者"对待"仁"的态度，故取后说为当。

②其为仁矣，"矣"同"也"，表停顿。此句存两说，一说认为是践行仁道，一说认为"仁"通"人"，即"其为人也"。今取前说。

③加，施及。

④盖，大概、或许，表推测语气。

【译文】

孔子说："我没有见过（真正）爱好仁的人和（真正）厌恶不仁的人。（真正）爱好仁的人，将仁（视为）至高无上；（真正）厌恶不仁的人，他践行仁道（的方式是）不使不仁的事物施及自己身上。

有（谁）能（哪怕）一天在仁道上用（尽全）力的吗？我没有见过力量不足的。或许有（这种人）吧，（只是）我没有见过。"

【评析】

"好仁者"和"恶不仁者"其实是一体两面，佛教所提倡的"诸恶莫作，众善奉行"与此异曲同工。笔者译文之所以在"好仁者"和"恶不仁者"前加上"真正"二字，是因为表面上的"好仁者"和"恶不仁者"并不少：有些人口口声声"恶不仁"，但对于"不仁"之举却并不拒斥，甚至还有意无意地参与其中；有些人口口声声"好仁"，但对于仁善之举、仁义之心却并不热衷，不过是叶公好龙、借此沽名钓誉而已。这就是"假仁"。因此孔子才会感叹，他从未见过哪怕只用一天时间去尽力追求仁却力不足的。言下之意，只要真正下决心去做，"仁"是不难实现的，可惜，真正追求仁道者少之又少。毕竟，要做到彻底地弃恶扬善，须放弃的东西和自我约束的方面很多，这其实也就是孔子所说的"克己复礼为仁"(《颜渊》12.1)。对于一般人而言，说不难，也很难。但知难而进、知难而为，不正是圣贤与一般人最大的区别之一吗？

【原文】

4.7 子曰："人之过也，各于其党①。观过，斯知仁矣②。"

【注释】

①党，类型。
②斯知仁矣，向有争议，详见评析。

【译文】

孔子说："人的过失，有各自不同的类型。看他所犯的过错，就知道（他）是仁（还是不仁）了。"

【评析】

关于"斯知仁矣",历来大致有三种解释:以孔安国、邢昺为代表的观点认为此句意为"观人之过,使贤愚各当其所。若小人不能为君子之行,非小人之过,当恕而勿责之,斯知仁者之用心矣。"言下之意,此句说的是仁者观他人之过,能以不同的标准区别对待,不一律苛求,此为仁者之心。但本章前一句说的是人的过失,后句应当接续前句,而不应突然转而谈论仁者之心。朱熹则引北宋程颐和尹焞(tūn)观点:"程氏曰:'人之过也,各于其党。君子常失于厚,小人常失于薄。君子过于爱,小人过于忍。'尹氏曰:'于此观之,则人之仁不仁可知矣。'"即本章前一句言君子与小人之过不同,君子失之宽厚,小人失之刻薄;后一句讲观其过失之类型,可知其人仁与不仁。用李零的话说:"只有知道什么是'不仁',才能知道什么是'仁'。"杨伯峻则认为"仁"通"人",即看其人所犯过失的类型,即可知其为何种人。此两说皆可成立,程朱之说不改原文且义、理皆通,最为恰当;杨说是从《后汉书·吴祐传》对此句的引用而来,证据稍嫌单薄,但释义明白晓畅,且更具开放性,可备一说。从事理而言,以一个人所犯的过错来将人分门别类,乃至判断其仁与不仁,虽然相对于从正面来评判人不失为另一种新的视角,但也同样有可能失之偏颇——毕竟错误面前人人平等,"仁者"未必就不会犯"不仁者"的错误。因此对于孔子的话,我们不能也不必机械地理解,只将其作为一种从反面考量品行的补充手段即可。

【原文】

4.8 子曰:"朝闻道①,夕②死可矣。"

【注释】

①朝闻道,朝(zhāo),早上;闻,听到;道,此处指真理。
②夕,傍晚,一说指夜晚。

【译文】

孔子说:"(如果)早上听到了真理,(即使让我)傍晚死去也可以。"

【评析】

何晏的《论语集解》说,此章是"言将至死,不闻世之有道也。"表示孔子对当时社会的无道状态已经近乎绝望了。但如果我们不作如此消极的理解,而将此章看作孔子对真理的一种极致的渴求,那么孔子的这种精神至今都是极为可贵而感人的。只有具备为真理而献身的精神,才会有人类文明史上一个个伟大的发现、发明;人类的每一步前进,都是一代代先贤对真理舍命忘身的追求开出的花朵。

【原文】

4.9 子曰:"士①志于道,而耻②恶衣恶食③者,未足与议也。"

【注释】

①士,也称"士人"、"士君子",在古汉语中根据语境不同,其涵义和所指范畴也不尽相同,一般指有一定地位或官阶的知识分子,也是最基层的贵族。《汉书·食货志》云:"学以居位曰士"。"士"除了要有一定的文化修养,也要有实践的能力,前人有将其译为"读书人"的,但这并不能全面概括"士"的特征。故本书不作阐释性翻译,仅作"士人"。

②耻,以……为耻。

③恶衣恶食,粗劣的衣服和食物。

【译文】

孔子说:"士人(如果)有志于(追求)大道,却以粗劣的衣食为耻的,不足以和他论事。"

【评析】

4.6 的评析中我们说过，"好仁"是要付出代价的，而物质享受就包括其中，这或许正是许多人对"仁"敬而远之的原因之一，因为人的物质欲望太难克制了！但孔子认为，如果一个有志于追求大道的人尚不能克制自己的物欲，还在意衣食享受，那么不能安贫自然也就不能乐道，这种人也属于叶公好龙之类，不用和他多说什么了。

【原文】

4.10 子曰："君子之于天下也，无适①也，无莫②也，义之与比③。"

【注释】

①②关于"适"、"莫"，历来众说纷纭，主要说法如下：邢昺疏曰："适，厚也；莫，薄也。"郑玄注则将"适"读为"敌"（繁体"適"、"敵"形近），即敌对或抵触；将"莫"读为"慕"，即欣羡、贪慕。朱熹认为"适"是专主，即偏重、偏向（某一方）；"莫"是不肯，即不肯（顺从某一方）。朱氏又引北宋大儒谢良佐的观点："适，可也。莫，不可也"，"无适无莫"即"无可无不可"。杨伯峻糅合朱、谢之说，译为"要怎样干"和"不要怎样干"。相较而言，杨说兼容性较强，故取杨说，详见评析。

③比（bǐ），邢昺疏曰："比，亲也"，即亲近之意。朱熹注："比，从也"，即听从、顺从之意。今从朱注。

【译文】

孔子说："君子对于天下（的人和事），并不（拘泥于一定）要如何对待，也不（拘泥于一定）不要如何对待，（只要是合乎）道义的便顺从。"

【评析】

本章的"无适无莫"虽然引起历代许多争议,至今莫衷一是,但详细分析诸家说法,便不难看出其核心意涵都殊途同归:无论是将"适"、"莫"解释为厚与薄、敌对与贪慕、可与不可、应该与不应该,主旨都是为了说明,君子对天下的一切人事,皆无成见,亦不拘执于某一种模式,而是一切以"义"为指归,唯"义"是从。只要合乎道义,便可不拘成法去做、去亲近。如果这种理解不错,那么孔子就绝非某些人想象中的老古板,而是一个既有原则又懂变通的实干家了。

【原文】

4.11 子曰:"君子怀①德②,小人怀土③;君子怀刑④,小人怀惠⑤。"

【注释】

①怀,心怀、心中想到,此处有关注、重视之意。
②德,道德、德行。
③土,指所居处的土地。
④刑,此处泛指刑法政令。
⑤惠,实惠、利益。

【译文】

孔子说:"君子重视的是道德,小人重视的是所居处的土地;君子重视法律,小人重视实惠。"

【评析】

朱熹对本章的解读是:"怀,思念也。怀德,谓存其固有之善。怀土,谓溺其所处之安。怀刑,谓畏法。怀惠,谓贪利。君子小人趣向不同,公私之间而已矣。"此说大体不差,但"怀"与其解为

"思念",不如解为"关注"、"重视"更为贴切。正如李零所言:"君子该干什么,不该干什么,都是看这两条(指德与刑)。德,可以告诉他该干什么;刑,可以告诉他不该干什么。小人不一样,他们关注的,主要是他们居住的那片土地,还有各种实惠,故土和实惠都是眼前的利益。"换言之,小人缺乏原则和底线,为了实利,往往会不择手段,无所不为;而君子既有道德的内在约束,又时刻不忘法律的外在约束,方能做到有所为,有所不为。讲原则、守底线,不仅是君子小人之辨,也是"克己复礼"之始。

【原文】

4.12 子曰:"放①于利而行,多怨。"

【注释】

①放,《说文解字》训为"逐","放利"即"逐利";一说读为"fǎng",孔安国注曰:"放,依也",即依照,亦通。此处取孔说。

【译文】

孔子说:"(如果一切都)依照(个人)利益来行事,(就会招来)很多怨恨。"

【评析】

本章的"利"当指私利。李零将本章与4.4互参,认为志于仁者,不招人恨;凡事唯利是图者,多招人怨。前一句我们已分析过,未必尽然;但后一句,基本是真理。试想,包括小人在内,有谁会喜欢一个唯利是图的人呢?

【原文】

4.13 子曰:"能以礼让为国乎,何有①?不能以礼让为国,如礼何？"

【注释】

① 清代毛奇龄《四书賸言》根据《后汉书·刘般传》、《列女传》等书记载，认为"汉时《论语》必有多'于从政'三字者，且于本文较明白。或云是古论、齐论本，非鲁论本，然亦不可考矣。"也就是说此句本应作"能以礼让为国，于从政乎何有？"此说从语法角度看较为通顺，可备一说。何有，"何难之有"的缩略，亦即不难。

【译文】

孔子说："（如果）能以礼让治理国家，有什么难的呢？（如果）不能以礼让治理国家，怎么能（正确地）运用礼呢？"

【评析】

孔子把礼让治国奉为圭臬，显然是出于他以德治国的理念。这当然是一种非常美好的理想，但他似乎忘了，以礼让治国而能使天下太平的前提，是所有人或者至少是大部分人都能遵循礼让的原则。而这无论在当时还是后世，几乎都是不可能实现的愿景。最典型的例子当属战国时燕国的第三十八任国君姬哙（kuài），这位燕王确实颇有"礼让"精神，也有"礼让"的胸怀和风范，大方地将王位禅让给了国相子之，但最后却落得国破身死。唐代司马贞的《史记索隐》给了他这么一句评价："燕哙无道，禅位子之。"这真是对孔子"礼让治国"的一个悲剧性反讽。但孔子的后一句话说得不错，如果不能以礼让治国，那么表面上的"礼"不过是一块遮羞布，是不可能被正确地运用的。这和他对季氏的批评是一致的，可与《季氏》3.3 互参。

【原文】

4.14 子曰:"不患无位①,患所以立②;不患莫己知,求为可知也。"

【注释】

①位,职位、官位。

②所以立,朱熹注为:"谓所以立乎其位者。"东汉经学家郑众认为:"古'立'、'位'同字。患所以位,谓患己所以称其位者。"两说异曲同工,皆指任职的本领、能力。

【译文】

孔子说:"不要担心没有职位,(应该)担心(自己是否具备)任职的能力;不要担心(别人)不知道自己,(应该)追求可以被别人知道(的资格)。"

【评析】

《孟子·公孙丑上》云:"仁者如射,射者正己而后发。发而不中,不怨胜己者,反求诸己而已矣。"也就是说,凡事要先从自己身上找原因,先自内求而非外求。孔子本章正是此意。孔子不反对求官,更不反对求名,但前提是自己具备了相应的能力和资格,否则便是欺世盗名。

【原文】

4.15 子曰:"参①乎!吾道②一以贯之③。"曾子曰:"唯④。"子出,门人问曰:"何谓也?"曾子曰:"夫子之道,忠恕⑤而已矣。"

【注释】

①参,指曾参。

②道,此处指学说、思想。

③一以贯之，用一个（基本）道理贯穿（始终）。
④唯（wěi），应答声，犹"是"。
⑤忠恕，忠，参见《学而》1.4注④；恕，孔子自己做了解释，即"己所不欲，勿施于人"（《颜渊》12.2），也就是将心比心、推己及人。

【译文】

孔子说："参啊！我的学说（始终）贯穿着一个（基本道理）。"曾子说："是"。孔子出门之后，（别的）学生问曾子："这是什么意思？"曾子说："夫子的学说，（概括起来就是）待人尽心诚意，能够推己及人罢了。"

【评析】

孔子学说的核心是"仁"，"仁"的涵义很丰富，但如果总结起来，就是尊重人，把人当人。如何算是尊重人？"恕"，如注⑤所言，孔子自己概括为"己所不欲，勿施于人"；"忠"，我们在《学而》中也解释过，是待人尽心诚意之意，杨伯峻用孔子的话加了一个注解，即"己欲立而立人，己欲达而达人"，非常精当——大到为政治国，小到为人处世，一个处处能为别人着想、待人真诚的人，不就是"仁者"吗？

【原文】

4.16 子曰："君子喻①于义，小人喻于利。"

【注释】

①喻，孔安国注："喻，犹晓也"，即明白、懂得。

【译文】

孔子说:"君子(才)明白道义,小人(只)懂得利益。"

【评析】

对本章的理解,需从字面上稍加深入。君子并非不讲利,只是他把利放在靠后的位置,即道义为首,公利(公共利益)次之,私利最后。而小人则不然,除了私利,什么都不讲。君子和小人的界线有时不太明显,但在面对道义和私利的抉择时,往往判然两途。

【原文】

4.17 子曰:"见贤思齐①焉,见不贤而内自省也。"

【注释】

①齐,等同、看齐。

【译文】

孔子说:"见到贤者(应该)想要向他看齐,见到不贤之人应该内心自我反省(是否有和他一样的毛病)。"

【评析】

《新唐书·魏征传》载唐太宗在魏征逝后对侍臣言:"以人为鉴,可明得失"。本章即此意。"见贤思齐"今日已是大家耳熟能详的成语,也可以说是"好仁"的表现之一,但正因如此,同样不易做到。然而即便我们一时无法和圣贤比肩,至少可以做到"时时勤拂拭",在见到不贤者时自觉反省,以之为反面教材警醒自己不要犯同样的毛病——所谓"好仁",往往是从"恶不仁"做起的。

【原文】

4.18 子曰:"事父母几①谏,见志②不从,又敬不违③,劳④而不怨。"

【注释】

①几(jī),包咸"幾者,微也。"即轻微、委婉。
②志,指(自己的)心意、想法。
③违,一说为违逆,一说为离去,此处取前说。
④劳,程树德总结有三说,一为劳苦(劳力),二为忧心(劳心),三为挞辱。笔者认为,可将前二说并解为"操劳"。

【译文】

孔子说:"侍奉父母,(如果见到他们有过失,要)委婉地劝谏;(如果看到)自己的想法不被听从,也能恭敬而不违逆(父母);(即使)操劳也不会(因此)怨恨。"

【评析】

本章是讲子女如何对待父母的错误。对于"敬不违",多数注者认为是恭敬而不违逆,但也有认为是恭敬而不离去之意(如程树德引《白虎通》)。言下之意,是说如果父母有错,自己委婉劝谏但父母依然不听,自己仍需恭敬地继续劝谏,不可就此离去,要一直劝谏到父母听从为止。单论逻辑,两说皆通。如果考虑时代因素,相对保守的孔子恐怕还是认为不能违逆父母之意的。但后一说可能更合事理,尤其从与时俱进的角度讲,要让今天的子女对父母的错误委婉劝谏已经很难,如果还要他们放弃自己正确的观点来顺从父母错误的观点,那是既无道理也无可能的。笔者认为,对父母的错误,子女的态度固然要尽量温和,但该劝谏的还是要劝谏,该坚持的还是要坚持。错误面前,人人平等,这一点中国人应该向西方学习。

【原文】

4.19 子曰："父母在，不远游，游必有方①。"

【注释】

①方，方向、去向。

【译文】

孔子说："父母在世的时候，（一般）不出远门游历，（如果）远游一定要有（明确的）去向。"

【评析】

随着社会发展，今天的年轻人出于现实的需要，无论是求学还是工作，死守一地"不远游"已经几乎不可能。何况随着通讯手段的进步，了解一个人的去向，"游必有方"已经不是什么问题。本章其实是在强调子女不应让父母为自己担心，要让父母老有所依，主旨还是在"孝"上。从这个角度讲，通讯手段的进步反而未必能解决一切问题。那些"远游"的游子们，有些或许一年到头和父母也说不上几句话，更谈不上见面尽孝。说到底，还是要看子女对父母是否有孝心。

【原文】

4.20 子曰："三年无改于父之道，可谓孝矣。"

注：本章与《学而》1.11 重出，可参看。

【原文】

4.21 子曰："父母之年①，不可不知②也。一则以喜，一则以惧。"

【注释】

①年，年龄。

②知，朱熹注："知，犹记忆也。"即由"知道"引申为"（时时）记得"。

【译文】

孔子说："父母的年龄，不能不（时时）记得。一方面因为（父母的高寿而）高兴，一方面（因为父母的衰老而）忧惧。"

【评析】

本章所谓的"知"，不仅是"知道"这么简单，而是要放在心上。因为不知道父母年龄的人不多，但时时挂念父母年岁的人也不多。因此朱熹的注非常准确。高兴也好，忧惧也罢，考验的依旧是子女对父母的孝心。

【原文】

4.22 子曰："古者言之不出①，耻躬②之不逮③也。"

【注释】

①言之不出，言语不妄出，即不随便说话。

②躬，本意为身体，引申为自身、亲自。

③不逮，不及，此处指做不到。

【译文】

孔子说："古人不随便说话，（因为他们以说到）自己却做不到为耻。"

【评析】

孔子重视守信，本章可视为从消极的角度谈言行一致。他推崇古人，说古人以做不到自己所说的话为耻，所以出言都很谨慎。本章可与《为政》2.13 以及下文的 4.24 互参。

【原文】

4.23 子曰："以约①失之者鲜矣。"

【注释】

①约，旧注多以为俭约或自我约束之意，李零认为"约"亦有约定之意，本章可能是承接前一章，谈守信的问题，可备一说。但《述而》7.26 中有"约而为泰"一语，"约"乃穷困之意，则与俭约相近，故仍取旧说。

【译文】

孔子说："因为自我约束而犯过失的（例子）是很少的。"

【评析】

如注①所言，若旧注无误，那么孔子的意思是能够在生活上俭朴或自我约束的人，就会少犯错。其实质就是"克己"的问题：一个人如果能够约束自己的欲望和行为，其人必谨慎持重，谨慎则过失必少。如果从李零说，则与 4.22 同样是谈守信的问题。两说文、义皆通顺，且无论是"克己"还是"守信"，都可以归结到"仁"的根本问题上来，不妨并存不悖。

【原文】

4.24 子曰："君子欲讷①于言而敏于行。"

【注释】

①讷（nè），出言迟钝，此处指出言谨慎、少说话。

【译文】

孔子说："君子要说话谨慎，做事勤敏。"

【评析】

本章既是《学而》1.14、《为政》2.13 的翻版，也可以看作对 4.22 的一个注脚。孔子提倡实干，反对空谈。不说而做到，是真君子；说到做不到，便是失信，失信者，小人也。

【原文】

4.25 子曰："德①不孤，必有邻②。"

【注释】

①德，此处指有德行的人。
②邻，指志同道合的人。

【译文】

孔子说："有德行的人不会孤立，一定有志同道合者（来与他为伴）。"

【评析】

所谓"同声相应，同气相求"，孔子一生，虽然屡遭小人倾轧排挤，但他依然相信他的理想能够实现，相信自己能够找到志同道合的同仁。本章可以看作孔子的自我鼓励，也可以看出他对当时的社会人心并没有彻底绝望，同时对自己的学说思想也充满了自信。

【原文】

4.26 子游曰:"事君数①,斯辱矣;朋友数,斯疏矣。"

【注释】

①数,主要有两说,一说读"shǔ",即数落、责备之意;一说读"cù",本意为密集,引申为(过分)亲密之意。刘宝楠引清末经学家吴嘉宾说:"数者,昵之至于密焉者也。"此论较为合理,故取之。

【译文】

子游说:"侍奉君主(如果过分)亲密,就会自取其辱;(与)朋友(交往如果过分)亲密,就会(反而导致)疏远。"

【评析】

本章主要谈人际交往的原则。关于"数",主要的说法有两种,一说解为责备,意思是如果对于君主的过失当面责备,最后下不来台的就是自己;如果对于朋友的过失当面责备,就会导致朋友的疏远。一说解为过度亲密,即侍奉君主如果过于讨好,过从太密,最后定会自取其辱;与朋友交往如果过分亲密,最后反而会导致关系的疏远。前一说虽然也不无道理,但未免有教人圆滑世故之嫌,未必符合孔子思想。后一说讲的是人与人之间要保持适当的距离,关系再好,也不能亲密无间,不把自己当外人,混淆了内外之别。相较而言,后一说更符合人际关系学,也符合君子之交的大原则,故取之。

公冶长

【原文】

5.1 子谓公冶长①："可妻②也。虽在缧绁③之中，非其罪也！"以其子④妻之。

【注释】

①公冶长，复姓公冶，名长，字子长，齐国人（一说为鲁国人），生卒年不详（一说生卒年约为公元前519年~公元前470年）。孔子的女婿，孔门七十二贤之一。鲁君曾多次征辟其为大夫，皆不就，而是专心治学，从事教育事业，传说其能通百禽之语。唐开元二十七年追封"莒（jǔ）伯"；北宋大中祥符二年加封"高密侯"；明嘉靖九年改称"先贤公冶子"。
②妻（qì），此处为动词，以女嫁人。
③缧绁（léi xiè），唐代为避唐太宗李世民"世"字之讳，改"绁"为"紲"，原指古代捆绑犯人的绳索，此处指监狱。
④子，此处指女儿。

【译文】

孔子论及公冶长（时说）："可以把女儿嫁给他。即使被关在监狱里，也不是他的罪过。"便将自己的女儿嫁给他。

【评析】

前人注本章，多有认为孔子说这番话时公冶长正身陷牢狱者，以至于后人还附会出公冶长因为通晓禽语而被冤枉下狱的故事。但"虽"在古汉语中多作"即使"解,孔子这番话未必是说公冶长真的被抓了,也可理解为孔子对公冶长的人品深信不疑,认为哪怕有一天他被捕下狱,也一定不是他的罪过。对这样一个人品过硬的学生,将自己的女儿托付给他也就在情理之中了。

【原文】

5.2 子谓南容①:"邦有道②,不废③;邦无道,免于刑戮④。"以其兄之子妻之。

【注释】

①南容,复姓南宫,名适(kuò,一作括),字子容,鲁国人,生卒年不详。孔子的侄女婿,孔门七十二贤之一。唐开元二十七年追封"郯(tán)伯";北宋大中祥符二年加封"龚丘侯",政和六年(1116年)改封"汝阳侯";明朝嘉靖九年改称"先贤南宫子"。
②此处的"有道"和下文的"无道"皆指政治而言,政治清明谓之"有道",政治昏暗谓之"无道"。
③废,(被)废置不用。
④刑戮(lù),受刑罚或被处死,此处泛指刑罚。

【译文】

孔子论及南容(时说):"国家政治清明时,(他)不会被废置不用;国家政治昏乱时,(他)可以免受刑罚。"便将自己哥哥的女儿嫁给他。

【评析】

梁启超在《李鸿章传》中将英雄分为"时事所造之英雄"与"造时势之英雄",前者为寻常英雄,后者是大英雄。但梁启超也承认,

"若夫造时势之英雄，则阅千载而未一遇也。"孔子欣赏的人才，自不会是庸庸碌碌之辈，但也并非那种宁折不弯、知其不可而强为之者。至少，应该是识时势，并懂得顺应时势、利用时势的"寻常英雄"，此所谓"识时务者为俊杰"。而南容正是这样的人：国家有道时不会被埋没，国家无道时足以自保。因此，把自己的侄女托付给他，孔子自然也是放心的。

【原文】
5.3 子谓子贱①："君子哉若人②！鲁无君子者，斯③焉取斯④？"

【注释】
①子贱，宓（fú）姓（相传源出上古伏羲，"宓"与"伏"通），名不齐，字子贱，鲁国人（一说为宋国人），生于公元前521年（一说为公元前502年），卒年不详（一说卒于公元前445年）。孔门七十二贤之一。曾任单父宰，任内"身不下堂而单父治"，深得孔子赞许。唐开元二十七年追封"单伯"；北宋大中祥符二年加封"单父侯"；明嘉靖九年改称"先贤宓子"。
②若人，此人。
③斯，即"斯人"之略称，此人。
④斯，即"斯德"之略称，邢昺疏解为"斯君子之德行"，大体正确。

【译文】
孔子论及子贱时说："此人是个君子啊！（如果说）鲁国没有君子，他是从哪里学到这样的德行呢？"

【评析】
孔子之世，天下礼崩乐坏，鲁国也不例外。尤其当时三桓执鲁国权柄，僭礼越制，更引起孔子诸多不满。但他并不认为鲁国就没有君子了，宓子贱就是他认可的君子，而且宓子贱之所以有如此美德，是因为鲁国有君子作他的榜样。不言而喻，能对宓子贱有如此影响的鲁国君子，孔子本人即便不是唯一一个，也必然是最主要的一个。乍听之下，孔子似乎是在借表扬弟子自夸，其实不然。作为一个老师，如果对自己的品行连这点自信都没有，也就不配当老师了。孔子此言，可谓既含蓄，又直率。

【原文】

5.4 子贡问曰："赐也何如？"子曰："女，器也。"曰："何器也？"曰："瑚琏①也。"

【注释】

①瑚琏，音 hú liǎn，古代宗庙中盛黍稷等粮食的礼器。

【译文】

子贡问（孔子）："（您认为）我（是个）怎样（的人）呢？"孔子说："你（像个）器物。"（子贡）问："什么器物呢？"（孔子）说："（就像）瑚琏（那样的器物）。"

【评析】

大多数学生都在意老师对自己的评价，自古皆然，子贡也不例外。孔子告诉他：你就像"瑚琏"。"瑚琏"为何物，过去存在较大争议，有认为当作"胡辇"者，也就是一种出行器具；而多数注者认为是宗庙中盛装粮食的礼器。从近年考古出土实物来看，基本证实了礼器说："瑚"是类似于"盨（xū）"、"簠（fǔ）"的有盖的方形或椭圆形器皿，"琏"尚未明确，但用途应该相近。孔子这个评价很含蓄，也很耐人寻味："瑚琏"既可盛装食物，也用于祭祀，可谓既实用，又贵重。验之子贡生平，既有才能，又有德行，在孔子的弟子中，像他这样德才兼备者并不多见,以"瑚琏"称之确实恰如其分。但另一方面,孔子又明说他是"器",而孔子是提倡"君子不器"的(《为政》2.12)。从这个角度说,子贡似乎又是"尽美矣,未尽善也",离孔子的最高要求还有距离。但无论如何,能做到子贡这个程度,也已是凤毛麟角了。

【原文】

5.5 或曰:"雍①也仁而不佞②。"子曰:"焉用佞?御人③以口给④,屡憎于人。不知其仁,焉用佞?"

【注释】

①雍,姬姓,冉氏,名雍,字仲弓,鲁国人,冉求的同父异母兄,生于公元前522年,卒年不详。以德行而位列孔门十哲之一,孔子对其激赏不已。曾为季氏宰,但季氏只是以礼相待,却未能完全采纳其谏议,不久后遂辞去,复随孔子学习。孔子逝后,他与闵损等人主持编纂《论语》,又独著《敬简集》6篇,秦焚书后亡佚。唐开元二十七年追封"薛侯";北宋大中祥符二年加封"下邳公",南宋咸淳三年改封"薛公";明嘉靖九年改称"先贤冉子"。

②佞(nìng),本义为巧言谄媚,此处指口才好。

③御人,此处指与人打交道。

④口给(jǐ),指口才敏捷,能言善辩。

【译文】

有人说:"冉雍(算得上)仁,但没有口才。"孔子(听后)说:"为何要有口才呢?靠能言善辩和人打交道,常常会被人憎恶。(我)不知冉雍(是否算得上)仁,(但)何必要口才好呢?"

【评析】

我们此前已多次提到孔子重行而轻言的思想。虽然孔子也不否认言语的重要性，但他对于特别伶牙俐齿之人是不以为然的。因此他直言不讳地指出，如果单靠口才和人交往，必多招人厌恶。因为油嘴滑舌、伶牙俐齿的人，往往不可靠，自然也不会受人欢迎。所谓"不知"，是孔子表达不满或否定的一种托辞，但这次不是否定学生，而是对否定学生的人不满。在孔子看来，口才不佳的冉雍恰恰更接近"仁"的标准。

【原文】

5.6 子使漆彫开①仕②。对曰："吾斯之未能信③。"子说。

【注释】

①漆彫开，姬姓，漆彫氏（"彫"同"雕"，故也有认为是漆雕工匠以职业为氏），名开（《汉书·艺文志》作漆雕启，据南宋大儒王应麟考证，"启"为原名，汉人避汉景帝讳而改为"开"），字子开，一字子若，鲁国人（一说为蔡国人）。生于公元前540年，卒年不详（一说卒于公元前489年）。其发展了孔子"性相近，习相远"的学说，认为人性有善有恶。《韩非子·显学》将其与后学弟子形成的学派列为儒学八派之一"漆彫氏之儒"。唐开元二十七年追封"滕伯"；北宋大中祥符二年加封"平舆侯"；明嘉靖九年改称"先贤漆彫子"。

②仕，出仕，做官。

③吾斯之未能信，倒装省略句，即"吾未能信于斯"；信，对……有信心。

【译文】

孔子让漆雕开去做官。（他）答道："我对此事还没有信心。"

孔子（听了）很高兴。

【评析】

孔子喜欢谦逊的人。他鼓励礼漆雕开出仕，而漆雕开说自己对此还没有足够的信心，孔子听后很高兴。因为谦逊的人往往是有自省能力的，能够发现自己的问题并加以改正，从而不断进步；这样的人也是谨慎的，不至于鲁莽行事、草率决断，而这都是从政者必备的素质。看到学生的成长符合自己的理念和期望，老师自然深感欣慰。

【原文】

5.7 子曰："道不行，乘桴①浮于海。从我者，其由与？"子路闻之喜。子曰："由也好勇过我，无所取材②。"

【注释】

①桴（fú），小木筏。
②无所取材，此句历来有争议，详见评析。

【译文】

孔子说："（如果）我的学说主张不能推行，（那我就）乘一张小木筏到海外去。（能够）跟随我的，大概只有仲由吧？"子路听到这话很高兴。孔子说："子路喜好勇武（的精神）超过我，（但这）没什么用。"

【评析】

本章的争议主要在"无所取材"。前人大致有两说，一说认为孔子说要乘筏泛海而去，不过是有感于自己的理想主张不得推行的一时激愤之辞，而子路却信以为真，所以孔子故意以"无所取材"（找不到做木筏的材料)幽默地讥刺他一下;另一说则认为"材"通"哉",意思是子路勇气超过我(所需要的限度),但没有用。从前后两句的逻辑关系来看,后一说较为通顺。笔者认为,"材"不一定要通"哉","无所取材"可理解为"材无所取",就是说子路的这种勇气可嘉,但过分了也没用。孔子不喜欢子路的争强斗勇,经常打击他的积极性,但他内心知道,如果世界上只有一个人能陪他义无反顾地走下去,一定是子路。这一点,就连颜回也比不上。

【原文】

5.8 孟武伯问:"子路仁乎?"子曰:"不知也。"又问,子曰:"由也,千乘之国,可使治其赋①也,不知其仁也。""求也何如?"子曰:"求也,千室之邑、百乘之家②,可使为之宰也,不知其仁也。""赤③也何如?"子曰:"赤也,束带④立于朝,可使与宾客⑤言也,不知其仁也。"

【注释】

① 赋,指兵赋,又称军赋,古代天子或君主向臣属征调兵役与军需用品、与农田土地制度密切相关的一种征发人力、物力的方式。周制是按田邑多少征集车马、甲士等。

② 千室之邑,有一千户人家的城郭,此处指公邑,即国君的直辖地;百乘之家,有一百乘兵车的城郭,此处指私邑,即国君封给卿大夫的私人领地。

③ 赤,姬姓,公西氏,名赤,字子华,亦称公西华,鲁国人。生于公元前509年,卒年不详。孔门七十二贤之一,长于外交。唐开元二十七年封其为"邵伯";北宋大中祥符二年加封"钜(jù)野侯";明嘉靖九年改称"先贤公西子"。

④ 束带,整束衣带,清人程大中《四书逸笺》曰:"古人无事则缓带,有事则束带",故束带表示端庄郑重。

⑤ 宾客,今二者多并称或混同,古代则有所区别,贵客(多指

天子诸侯之客）称"宾"，一般客人称"客"。

【译文】

　　孟武伯问（孔子）："子路（算得上）仁吗？"孔子说："不知道。"（孟武伯）又追问，孔子说："仲由（这个人），一个中等以上规模的国家，可以让他负责管理兵赋，（但我）不知道他（是否算得上）仁。"（孟武伯又问：）"（那么）冉求怎么样呢？"孔子说："冉求（这个人），国君的公邑或卿大夫的私邑，可以让他当邑宰，（但我）不知道他（是否算得上）仁。"（孟武伯又问：）"（那么）公西赤怎么样呢？"孔子说："公西赤（这个人），端庄郑重地立于朝堂之上，可以让他和宾客们应对晤谈，（但我）不知道他（是否算得上）仁。"

【评析】

　　子路擅长治理军政，公西赤擅长外交，二人都是实干型人才。因此当手握实权的孟武伯向孔子询问对此二人的评价时，孔子都肯定了他们的才干，实际上等于把他们举荐给了孟武伯。但对于他们是否达到了"仁"这个核心问题，孔子却避而不谈。因为除了遥不可及的"圣"之外，"仁"是最高的道德标准和人格理想，非仅限于才能而言。即便是他最看重的学生颜回，孔子也未曾正面许之以"仁"，可见要求之严苛。

【原文】

　　5.9 子谓子贡曰："女与回也孰愈①？"对曰："赐也何敢望②回？回也闻一以知十，赐也闻一以知二。"子曰："弗如也。吾与③女，弗如也！"

【注释】

　　①愈，较好、较强。

②望，通"方"，相比。

③与，历来有两说，一读为"yù"，即赞成之意；一读为"yǔ"，即连词"和"之意。《三国志》、《后汉书》引此句，作"吾与汝皆俱不如也"，包咸注亦如此，显然是取后一读，此说为是。

【译文】

孔子对子贡说："你和颜回谁更强些？"（子贡）答道："我怎么敢和颜回相比呢？颜回听到一件事就能推知十件事，我听到一件事只能推知两件事。"孔子说："（的确）不如他。我和你（都）不如他。"

【评析】

本章可以看作是孔子最得意的两个弟子间的一场"才艺比拼"。子贡虽然被孔子赞为"瑚琏"之器，但他对老师的想法心知肚明，所以在孔子问他和颜回谁更胜一筹的时候，老老实实回答自己不如颜回，因为颜回比自己聪明得多——老师当然喜欢聪明的学生，因其领悟力强，只需稍加点拨，就能一通百通，自己学起来轻松，老师教着省力。而孔子的回答，历来有两种理解，一种认为孔子是说我赞成你的说法，你就是不如颜回；另一种则认为孔子是说自己和子贡都不如颜回。以孔子的为人推断，既然子贡已经自谦说自己不如颜回，孔子即使再偏爱颜回，也不太可能让子贡下不来台；而说我和你都不如他，就显得委婉多了——连老师都自叹不如，子贡自然输得心服口服。

【原文】

5.10 宰予昼寝，子曰："朽木不可雕也，粪土之墙不可杇①也，于予与②何诛③？"子曰："始吾于人也，听其言而信其行；今吾于人也，听其言而观其行。于予与改是。"

【注释】

①杇（wū），涂饰墙壁的工具，即泥瓦刀，此处引申为动词。
②与，语助词，无实义。下文"于予与改是"之"与"同此。
③诛，责备。

【译文】

宰予白天睡觉。孔子说："腐朽的木头不能用来雕刻，粪土筑成的墙不能涂饰，对于宰予（这种人）还有什么可责备的呢？"孔子（又）说："最初我对一个人，听了他的话就相信他的行为；现在我对一个人，听了他的话还要观察他的行为。是因为宰予才改变了（我原先的）这种态度。"

【评析】

本章的前半段大概是孔子生平罕见也是最著名的一段"国骂"了，说它妇孺皆知也不为过——"朽木不可雕也"几乎成为此后中国人对一个人（尤其是老师对学生）"判死刑"的"标准用语"。而孔圣人的这番话也让不了解宰予的人很容易把他当成一个不可救药的反面教材。其实宰予是孔门十哲"言语"科的高足,而他"昼寝"这个行为，看起来也不算什么大事，何至于让一向"温良恭俭让"的老夫子大动肝火呢？于是后人有各种猜测，有人认为"昼寝"乃是"画寝"（繁体"晝"、"畫"相近）之误，也就是宰予把卧室装饰得十分奢华。比较合理的一种是从本章后半段孔子的话出发推测：或许宰予曾经向孔子立誓要夙夜勤勉，发奋用功，结果却被孔子发现白天睡大觉。孔子一向对能说会道的人不太感冒，如果这个人还说一套做一套，那就更要不得了。所以他才说过去别人说什么我就信什么，因为宰予我现在不这么天真了，听人说什么还要看他怎做。孔子如此动怒恐怕并非针对"昼寝"本身，而是针对宰予的言行不一。

【原文】
5.11 子曰："吾未见刚①者。"或对曰："申枨②。"子曰："枨也欲③，焉得刚？"

【注释】
①刚，刚正。
②申枨（chéng），姜姓，申氏，名枨（《史记·仲尼弟子列传》作"申党"，又有作"申棠"、"申堂"、"申续"、"申缭"等），字周，鲁国人，生卒年不详。唐开元二十七年追封"鲁伯"；北宋大中祥符二年加封"文登侯"；明嘉靖九年改称"先贤申子"。
③欲，欲望，此处用为形容词，指欲望太多。

【译文】
孔子说："我从未见过（算得上）刚正的人。"有人答道："申枨（就是）。"孔子说："申枨欲望太多，怎么能做得到刚正？"

【评析】
晚清重臣林则徐曾有一副名联："海纳百川，有容乃大；壁立千仞，无欲则刚。"下联可视为对本章的最佳注解。"刚"可以有很多种解释，如坚强不屈、刚直等，若与林则徐此联互参，笔者认为译作"刚正"似更贴切。一个欲望很多的人，必难免为了满足欲望而有求于人，或因有人投其所好而受制于人。所谓"吃人的嘴软，拿人的手短"，有求于人则不能硬气（刚），受制于人则不得正气（正）。孔子说生平未见刚正之人，是看透了人性的弱点，可见真要做到"刚

"正"二字何其困难。

【原文】

5.12 子贡曰："我不欲人之加①诸我也，吾亦欲无加诸人。"子曰："赐也，非尔所及也。"

【注释】

①加，前人注多训为"陵"，但"陵"亦有二义，一为"陵（凌）驾"，即超出其上；一为"凌辱"、"欺侮"。前人注（包括杨伯峻、李零等）多取后一义，但笔者认为"加"释为"强加"更直接简明，朱熹之说近此，今取此义。

【译文】

子贡说："我不希望别人强加于我的，我也希望不要强加于他人。"孔子说："赐啊，（这）不是你能做到的。"

【评析】

本章大意不难理解，重点在于对"加"字和孔子回答的理解上。如"加"训为"强加"，则子贡这番话基本就是孔子所言"己所不欲，勿施于人"的翻版，讲的是"恕"的问题。朱熹对此解释道："子贡言我所不欲人加于我之事，我亦不欲以此加之于人。此仁者之事，不待勉强，故夫子以为非子贡所及。"他又引程颐的话说："程子曰：'我不欲人之加诸我，吾亦欲无加诸人，仁也。施诸己而不愿，亦勿施于人，恕也。恕则子贡或能勉之，仁则非所及矣。'"并进一步解释道："愚谓'无'者，自然而然；'勿'者，禁止之谓。此所以为仁恕之别。"也就是说，"无加诸人"是不用刻意追求，自然而然的行为；而"勿施于人"则是有意的自我约束，两者的区别类似于禅宗的"本来无一物"和"朝朝勤拂拭"。朱熹的说法从逻辑上可通，也解释了孔子为何说"非尔所及"——子贡可以做到时时提醒自己不要以己意强加于人,已属难能;而要做到"一念不起",根本没有这种念头,恐怕是"必也圣乎"的事了。

【原文】

5.13 子贡曰:"夫子之文章①,可得而闻也;夫子之言性②与天道,不可得而闻也。"

【注释】

① 文章,此处所指不明。如果说是孔子的著述,则今天已不可见(《春秋》、《诗》等皆只是传为孔子删订,且尚无确证,并不能算孔子的个人著述),无从考证;朱熹认为"文章,德之见于外者,威仪文辞皆是也";刘宝楠、杨伯峻等则认为应指关于《诗》、《书》及礼乐方面的学问。相较而言,朱注较为宽博,可取。今意译为"言传身教"。

② 性,简言之即(人的)天性,其内涵与"天道"一样,极为丰富而复杂,难以言说。1993年湖北荆门出土的郭店一号墓楚简中有《性自命出》一篇,详细论述了"性"与"命"的关系,可以视为儒家对人性、天命、天道的哲学理解。

【译文】

子贡说:"夫子的言传身教,(我们)听得到;夫子对天性和天道的论述,(我们)听不到。"

【评析】

人的天性与天道,都属于哲学甚至玄学(宗教)讨论和研究的范畴。《易传·系辞传上》有云:"形而上者谓之道,形而下者谓之器。"老子《道德经》则说:"道可道,非常道。"可见此类问题的艰深晦涩、难以言传。过去学界普遍认为儒家对哲学问题并不重视，但从《性自命出》来看，儒家也研究这类问题，只不过研究此类问题对于现实的经世济用并没有直接的帮助，甚至对于"成教化，助人伦"也未必有用。不排除孔子本人会将其作为"副业"来研究，但就教学而言，孔子更重视礼乐道德这类"形而下"的社会学问题，他与老子选择了不同的方向——他不想让学生走向思考宇宙、人类本源的纯粹哲学领域。因此子贡说他没听过孔子谈论这类问题。

【原文】

5.14 子路有闻，未之能行，唯恐有[①]闻。

【注释】

①有，此处通"又"。

【译文】

子路（从孔子那里）听到了（某件事理），没有能够做到，唯恐又听到（新的事理）。

【评析】

子路与宰予相反，是个心直口快、言出必行的实干家。本章中他到底有"何所闻"，今人已不得而知。李零认为本章可能与《先进》11.22有关。在该章中，子路问孔子是否听到了某件事就要马上做，孔子说你还有父兄在，为何要马上去做？言下之意，子路太急躁。在子路看来，如果听到了老师的教诲，或接到了老师交代的任务，就要尽快做到；如果做不到，就深感不安，唯恐又听到新的道理或任务。总之，子路是个实诚人，有股认真劲儿和"傻"劲儿，和这样的人在一起，让人感到踏实。也无怪乎孔子说如果有一天自己要去当"海漂"，能陪着他的一定是子路了。

【原文】

5.15 子贡问曰:"孔文子①何以谓之'文'也?"子曰:"敏而好学,不耻下问,是以谓之文也。"

【注释】

①孔文子,姞(jí)姓,孔氏,名圉(yǔ),又称"仲叔圉",谥号"文",后尊称"孔文子",卫卿,历仕卫灵公、卫出公。生年不详,约卒于公元前480年前后。

【译文】

子贡问(孔子):"孔文子(的谥号)凭什么称为'文'呢?"孔子说:"(他)聪敏而好学,不以向比自己低的人请教为耻,因此(他的谥号)称为'文'。"

【评析】

本章中子贡之所以有此问,大概是因为孔文子作为卫国大夫,竟然想以下犯上,攻打卫国的太叔疾,又把自己的女儿先嫁太叔疾,后再嫁太叔疾之弟太叔遗(详情可参阅《左传·哀公十一年》和朱熹《四书集注》)。这样的人死后却得美谥"文",子贡觉得很难理解。但孔子告诉他,孔圉聪敏好学,又敢于放低身段向比自己地位低的人请教,这就足够配得上"文"这个谥号了,言下之意是瑕不掩瑜。由此也可见孔子并非迂腐刻板之人,他的许多观点其实也很开明。

【原文】

5.16 子谓子产①:"有君子之道②四焉:其行己③也恭,其事上也敬④,其养民也惠,其使民也义⑤。"

【注释】

①子产，姬姓，公孙氏，名侨，字子产，又字子美，谥"成"。春秋时期郑国著名政治家、思想家，郑穆公之孙。生年不详，公元前554年为郑卿，公元前543年执政，历仕简公、定公，卒于公元前522年。其在任期间进行了一系列自上而下的政治、经济改革，使郑国出现中兴气象。《左传·襄公三十一年》记载"子产不毁乡校（乡民议论政事之所）"一事，体现了民主思想的雏形，后世传为美谈。
②道，此处指品质、美德。
③行己，自己（的）言行举止。
④敬，此处除恭敬之意外，还有忠于职守之意。
⑤义，此处指适度、遵循事物规律。

【译文】

孔子论及子产（时说）："（子产这个人）有四点君子的品质：自己言行举止谦恭有礼，侍奉君上恭敬而忠于职守，养育民众有恩惠，役使民众合理适度。"

【评析】

孔子列举子产的四点君子之德，其中修身、事君各占一条，而对待百姓占了两条。可见君子并非只对自己和上级负责即可，更要对百姓负责，这也是"仁"的标准之一。在孔子的思想体系中，"仁"是全面完备的素质和能力要求，既要内修，也要外行。君子虽比不上"仁人"，但他也必须具备"仁"的一些品质才能算"及格"。

【原文】

5.17 子曰："晏平仲①善与人交，久而敬之。"

【注释】

①晏平仲,姬姓(一说子姓),晏氏,名婴,字仲,谥"平",史称"晏子",春秋时期齐国著名政治家、思想家、外交家。生年不详,卒于公元前 500 年。齐灵公二十六年(公元前 556 年)继其父婴弱之后为齐国上大夫,历仕灵公、庄公、景公三朝。任内辅佐齐君,屡有进谏,以过人的政治远见、出色的外交手段和不事浮华的朴素作风闻名诸侯。后世将其思想言行编纂为《晏子春秋》一书。

【译文】

孔子说:"晏平仲善于与人交往,(与他交往)越久(人们)就越敬重他。"

【评析】

本章中的"久而敬之",有人认为是晏子与人交往,对别人的恭敬持久不衰;一说认为是随着交往时间变长,别人对晏子越来越尊敬。相比之下,后说更有道理。历史上的晏子性格沉稳内敛,这样的人在交际中未必是引人注目的明星;但日久见人心,随着交往和了解的加深,别人会对其越来越敬重。能得人心,能交益友者,往往正是这种人。

【原文】

5.18 子曰:"臧文仲①居蔡②,山节藻棁③,何如其知④也?"

【注释】

①臧(zāng)文仲,姬姓,臧氏,名辰,又称臧孙辰;死后谥"文",因其为臧哀伯次子,故又称臧文仲,鲁国大夫。生年不详,卒于公元前 617 年。世袭为司寇,历仕鲁庄公、闵公、僖公、文公四朝,力主维护公室权威。任内废除关卡,为商业发展

提供便利；尽忠职守，以国事民生为重，展现了卓越的治国理政和外交才能。其从善如流、赏罚有度、从不居功自傲的美德为后世称道。

②居蔡，为保藏蔡地所产的大龟营建屋宇。包咸"蔡，国君之守龟（占卜用的龟甲——笔者按），出蔡地，因以为名焉，长尺有二寸。居蔡，僭也。"《左传·襄公二十三年》记载臧文仲之孙臧武仲将蔡龟转交其兄臧贾，请他献给鲁君以求免罪一事，可见当时蔡龟已被臧文仲变相据为己有。

③节，亦称"栭"（ér），即斗拱，中国传统建筑特有的一种结构，在立柱与横梁交接处的柱头顶端层层探出呈弓形的结构为"斗"，斗与斗之间垫的方木为"拱"，"山节"即将斗拱刻成山形；棁（zhuō），梁上的短柱，"藻棁"即对梁上的短柱进行藻饰（彩绘雕刻等）。

④知，通"智"，"何如其知也"，大致意思是孔子反对臧文仲"居蔡"之举，但具体译法不一。前注多以为孔子反话正说，作讥刺之语，如李零译为"这个人的智力怎么样，他也太聪明了吧"；杨伯峻译为"这个人的聪明怎么这样呢"；毛子水则译为"做这样的事还可称为智么"。笔者以为，此处"如"可训为"似"，"何如其知也"或可译为"这不像他这么聪明（的人该干的事）"，则义正而辞严。

【译文】

孔子说："臧文仲为保藏蔡地所产的大龟而营建屋宇，将斗拱刻成山形，对梁上的短柱大加藻饰，这不像他这么聪明（的人该干的事啊）？"

【评析】

给一只龟（严格来说只是龟甲）建豪宅，似乎有点不可思议。但当时蔡龟作为占卜大事的重要器具，是国之重宝，非天子诸侯不能有，此举也就可以理解了。因此孔子对臧文仲的不满，并非针对龟室的豪华，而是针对其僭越。从臧文仲生平来看，他是拥护鲁公的，对鲁国的贡献也很大，因此孔子最后一句话未必是故意讥刺，也可以理解为委婉的劝谏。

【原文】

5.19 子张问曰："令尹①子文②三仕为令尹，无喜色；三已③之，无愠色；旧令尹之政必以告新令尹。何如？"子曰："忠矣。"曰："仁矣乎？"曰："未知④，焉得仁？""崔子⑤弑⑥齐君，陈文子⑦有马十乘，弃而违之。至于他邦，则曰：'犹吾大夫崔子也。'违之。之一邦，则又曰：'犹吾大夫崔子也。'违之，何如？"子曰："清矣。"曰："仁矣乎？"曰："未知，焉得仁？"

【注释】

①令尹，春秋战国时楚国的最高官职，对内主持国政，对外指挥战争，总揽楚国军政大权于一身。此职主要由楚国贵族中的贤能者担任，多出于芈姓族中，但亦有极少数外姓之人为令尹者（如吴起等）。

②子文，芈姓，鬬（dòu）氏，名穀於菟，字子文，传说其因系私生子而遭遗弃，后得母虎喂乳而幸存。楚人称哺乳为"穀"，通"彀"（gòu）；称老虎为"於菟"（wū tú），故名。春秋时楚国著名的政治家、军事家。生于公元前708年，卒于公元前626年。三次出任楚国令尹，又三次退位让贤。其为楚国的强大和北上争霸贡献良多，成语"毁家纾难"即出自子文的事迹。宋哲宗元祐八年（1093年）追封为"景德侯"。

③已，停止，此处指罢官、解职。

④未知，一说认为是"不知道"；一说认为"知"应通"智"，即"不明智"。但据上下文判断，子文和陈文子的事迹都与是否明智无关，故取前说。

⑤崔子，姜姓，崔氏，名杼，谥"武"，又称"崔武子"，春秋时期齐国大夫，齐丁公后裔，后为齐国执政。生年不详，卒于公元前546年。齐灵公时曾率军伐郑、秦、鲁、莒等国。其执政二十多年间，骄横跋扈，弑庄公，立景公，甚至杀害秉笔直书的史官，使齐国政局动荡。后因家族争权内讧，被时任齐国左相庆封攻灭，被迫自杀。

⑥弑（shì），古代称下位者杀上位者，如子杀父母，臣杀君等。

⑦陈文子，妫姓，陈氏（先祖陈完改田氏），名须无，谥"文"，史称"田文子"，春秋时齐国大夫，陈厉公妫跃后裔。生卒年不详。齐国田氏家族第四代宗主。

【译文】

子张问（孔子）："令尹子文三次出任令尹，没有高兴的神色；三次解职，没有恼怒的神色；自己当令尹时的政令，一定要告诉新上任的令尹。（这个人）怎么样呢？"孔子说："（可以算是）尽忠了。"（子张又）问道："（他可以算得上）仁了吗？"（孔子）说："不知道——（这）怎么能算得上仁呢？"（子张又问：）"崔子杀掉了齐庄公，陈文子有十乘马车（的待遇），放弃不要而离开齐国。到了另一个国家，却说：'（这个国家的执政者）和我国的大夫崔子差不多。'离开了。到了另一个国家，却又说：'（这个国家的执政者）和我国的大夫崔子差不多。'又离开了。（这个人）怎么样呢？"孔子说："（可以算是）清正了。"（子张问）道："（他可以算得上）仁了吗？"（孔子）说："不知道——（这）怎么能算得上仁呢？"

【评析】

子文和陈文子，都是当时有名的政治家。尤其是子文，不仅对楚国影响巨大，甚至也在一定程度上改变了当时诸侯争霸的格局，千载之下仍有盛名。但孔子只是认可他们的忠心和清正，却对他们算不算"仁"不置可否，先说"不知"，还怕听者误会，又补充一句"焉得仁"来表明态度。可见要给予一个人"仁"的评价，孔子是何等慎重以至于三缄其口。

【原文】

5.20 季文子①三思②而后行。子闻之曰："再③，斯可矣。"

【注释】

①季文子，姬姓，名行父（xíng fǔ），又称季孙行父，"三桓"之一季氏第三代宗主，谥"文"，史称"季文子"。生年不详，卒于公元前568年，公元前601年～前568年执政鲁国。其行事谨小慎微，厉行节俭，在任期间施行"初税亩"等改革政策，使鲁国国力得以增强，也是使"三桓"势力壮大的关键人物。
②三思，反复思量，未必确切指思考三次。
③再，再次，两次。

【译文】

季文子（每件事总要）反复思量后再行动。孔子说："思考两次，这就可以了。"

【评析】

"三思而后行"现在是尽人皆知的成语，常被用来劝人行事要慎重。但在孔子看来，这是过分小心，凡事思考两遍也就可以了，如果非要想上三遍乃至多遍再做，很可能会贻误时机。明代刘基《郁离子·一志》云"多虑者鲜决"，说的就是思虑过多导致的迟疑不决，可为本章注脚。

【原文】

5.21 子曰："宁武子①，邦有道则知，邦无道则愚。其知可及也，其愚不可及也。"

【注释】

①宁武子,姬姓,宁氏,名俞,谥"武",后世尊称"宁武子",亦称"宁子"、"宵生",春秋时卫国大夫。生卒年不详。卫成公封其于宛濮(今山东菏泽市吴店镇)。

【译文】

孔子说:"宁武子(这个人),国家政治清明的时候就(表现得)聪明,国家政治昏乱的时候就(佯装)愚笨。他的聪明(别人)可以赶得上,他的愚笨(别人)赶不上。"

【评析】

5.2中孔子赞赏南容,正是因为他能识时务。而本章中的宁武子更是把"识时务"发挥得淋漓尽致,政治清明时他机智聪明,政治昏暗时他就装傻,明哲保身,比南容有过之无不及,所以孔子对他这套本事叹服之极。不过就像清人郑板桥著名的"难得糊涂"一样,孔子此言,或许也是在暗示自己很难像宁武子那样"装糊涂",此所谓"由聪明而转入糊涂更难"也。

【原文】

5.22 子在陈,曰:"归与!归与!吾党之小子①狂简②,斐然成章③,不知所以裁之④。"

【注释】

①党,乡党,即家乡。吾党之小子,我家乡的那些学生,此处指留在鲁国未随孔子出游的学生。
②狂简,孔安国注为"进取于大道,妄作穿凿";朱熹注为"志大而略于事也",即志向远大但失于疏阔,以致不切实际。

当以朱注为是。

③斐然成章，极有文采。

④此句争议较大，详见评析。

【译文】

孔子在陈国，说："回去吧！回去吧！我家乡的那些学生，志向远大但有点不切实际，文采又都很好，真不知道怎么指导他们。"

【评析】

公元前491年，孔子离卫至陈，仕陈湣（mǐn）公，至公元前489年离陈，这番话就发生在此期间。《史记·孔子世家》将其设定于季康子召冉求，冉求将行之时（公元前491年），可备一说。本章主要的争议在于"不知所以裁之"："裁"，古注多释为裁制，即裁定、节制，主语是"吾党之小子"，意思是家乡的那帮学生志向远大而流于疏阔，又文采斐然，他们不知如何裁制自己的志向和才能，甚至可能妄作篇章，误人子弟，所以孔子决定回国裁制他们；杨伯峻、李零则认为"裁"是指导，主语是孔子自己，意思是孔子表示自己不知如何指导这些志向远大、文采斐然又有点不切实际的学生。就语法、语义而言，杨、李之说更简明。孔子说不知如何指导，应该是明贬实褒、贬中有褒，类似于长辈对晚辈说"你们这帮小子真让人头疼"，是带着怜爱之情的。孔子在外漂泊日久，郁郁不得志，自然不禁会想念故乡那些曾与自己朝夕相处的学生，"不知如何指导"，其实就是想回去指导，与古注殊途同归。

【原文】

5.23 子曰："伯夷、叔齐①不念旧恶②，怨是用希③。"

【注释】

①伯夷、叔齐，商朝末年孤竹国国君的两个儿子，伯夷为长子，

叔齐为三子。相传孤竹君临终遗命传位叔齐，但他与伯夷相互推让，双双逃离孤竹国。后闻周文王有德，结伴前往周国考察。适逢文王故去，武王伐纣，二人拦马谏阻，不被采纳。周得天下后，他们立誓不食周粟，隐居首阳山中，采薇而食，最终饿死。后世以二人为义士和兄弟的榜样。

②旧恶，宿怨、旧怨。

③是用，即"用是"，犹"因此"；"希"，通"稀"，少。"怨是用希"，因此很少（与人）结怨。关于此句的理解前人有争议，详见评析。

【译文】

孔子说："伯夷、叔齐不记旧怨，因此很少（与人）结怨。"

【评析】

本章的争议集中在"怨是用希"的"怨"到底是指伯夷叔齐对别人的怨，还是别人对伯夷叔齐的怨。古注多取前者，而钱穆、李零则赞成后者。若取前者，本章的意思就是说因为伯夷叔齐不记旧怨，所以别人对他们的怨恨很少；若取后者，则意思是说因为不记旧怨，所以他二人对别人的怨恨（牢骚）很少。单论逻辑，两说皆可通，因此笔者将"怨"译为"结怨"——所谓"结怨"，则非单方面的仇怨，必是互相怨恨所致。既然伯夷叔齐能不记旧怨，说明其心胸开阔，自然不会对别人有什么牢骚；而这样的人，一般人多半也不会对他有太大的仇恨，双方也就不至于结怨了。

【原文】

5.24 子曰："孰谓微生高①直②？或乞醯③焉，乞诸其邻而与之。"

【注释】

①微生高，母族姓微，"生"即"外甥"之"甥"，名高，一作

尾生高，鲁国人，生平不详，一说为孔子弟子。相传他与一女子约定在桥下相会，但女子失约未至，河水上涨，他为守信抱桥柱而死，成语"尾生抱柱"由此而来。

②直，率直。

③醯（xī），醋。

【译文】

孔子说："谁说微生高率直？有人向他讨醋，（他自己没有却不说，）（想方设法）向他的邻居讨来给那个人。"

【评析】

"尾生抱柱"在后世成为守信的代名词，微生高的形象自然是正面的。但孔子却不以为然。他从微生高不直言自家没醋，却向邻居讨醋来满足别人要求这件小事，看出微生高有曲意逢迎、刻意讨好他人之意，从而认定微生高并非传言中那样率直。这或许是因为孔子对微生高的人品有全面的了解，故以乞醯为例而发此言。但生活中也常有为了朋友的事求诸他人的情况，还需具体问题具体分析，不能一概以逢迎讨好论之。

【原文】

5.25 子曰："巧言、令色、足恭①，左丘明②耻之，丘亦耻之。匿③怨而友其人，左丘明耻之，丘亦耻之。"

【注释】

①足，一说读"zú"，"足恭"即表面刻意表现得十分谦恭。

②左丘明，春秋时鲁国的附庸小邾（zhū）国人，历史上关于其生平的记载极少，甚至连其姓名亦众说纷纭，一说姓丘，名明，因其父曾任左史官，故称左丘明；一说复姓左丘，名明；一说单姓左，名丘明。传说《左传》（原名《左氏春秋》，

汉代改称《春秋左氏传》)、《国语》为其所著，但尚无定论。有说他是孔子弟子，不可信。然史学界仍尊其为"中国史学鼻祖"。

③匿，藏匿。

【译文】

孔子说："花言巧语、面貌伪善、表面谦恭，（这种行为）左丘明认为可耻，我也认为可耻。把（心里的）怨恨藏起来而（装作）和对方友善，（这种行为）左丘明认为可耻，我也认为可耻。"

【评析】

左丘明是与孔子同时代的人，虽然生平不明，但可以看出孔子很欣赏他，否则不会将他和自己类比。本章的核心是批判伪善，"巧言令色"一语是第二次出现（《学而》1.3）。《中庸》有云："率性之谓道"，"率性"，就是按照自己的天性、本性去做该做的事，而"巧言令色"则是违反本心和本性，矫揉造作的伪饰。孔子喜欢君子，但厌恶伪君子。他常常批评子路的"口快"，却依然重视子路，正是因其"心直"和"率性"。

【原文】

5.26 颜渊、季路侍①。子曰："盍②各言尔志？"子路曰："愿车马、衣轻裘③与朋友共④，敝⑤之而无憾。"颜渊曰："愿无伐善⑥，无施劳⑦。"子路曰："愿闻子之志。"子曰："老者安之，朋友信之，少者怀之⑧。"

【注释】

①侍，侍立，恭敬地站在尊长左右侍候。

②盍（hé），何不。

③衣轻裘，"轻"为衍字，古本所无。泛言衣物，尤其是高级的衣物。

④共,分享、共用。

⑤敝,破败、用坏。

⑥伐善,夸耀自己的优点。

⑦施劳,有两说,一说与"伐善"相近,是夸耀自己的功劳;一说"劳"是"劳事","施劳"是把自己的责任(劳事)推给别人。今取后说。

⑧安之、信之、怀之,其内涵和主体、对象争议较多,详见评析。

【译文】

颜渊、季路恭敬地站在孔子左右侍候。孔子说:"何不各自说说你们的志向?"子路说:"(我)希望把(自己的)车马衣物和朋友分享,用坏了也不觉得遗憾。"颜渊说:"(我)希望(做到)不夸耀自己的优点,也不把自己的责任推给别人。"子路说:"(我们)想听听您的志向。"孔子说:"(我的志向是)让老年人得到安养,以信义与朋友交往,让年少者得到照顾。"

【评析】

子路和颜回是两种不同类型的人,前者高调,后者低调。所以子路的志向有一股江湖豪气,而颜回的志向踏踏实实:不自夸,做好分内的事就行了。至于孔子的回答,历来说法不一,一说认为"安之、信之、怀之"的主体是孔子自己,意思是使老人能够在自己这里得以安心,使朋友信任自己,使少年人怀念自己。但这种说法虽说是"为人",却似乎过于以自我为中心。相较而言,朱熹的解释较为合理:"老者养之以安,朋友与之以信,少者怀之以恩。"这是真正的"修己以安人"(《宪问》14.42),不高不低,却尽显君子胸怀。

【原文】

5.27 子曰:"已矣乎!吾未见能见其过而内自讼①者也。"

【注释】

①自讼,自责。

【译文】

孔子说:"算了吧!我还从未见过能看到自己的过错而内心自责的人呢。"

【评析】

有些注释将"自讼"释为"自我批评",但他们都忽视了"内"字——表面的自我批评是容易的,但只有内心的自责才是触及灵魂的。口头上承认错误固然重要,但会在内心自责的人才是真正认识到了错误,并且不会重复同样的错误。孔子说,这样的人他从未见过,可见许多自我批评都只是形式而已。

【原文】

5.28 子曰:"十室之邑,必有忠信如丘者焉,不如丘之好学也。"

【译文】

孔子说:"(哪怕只有)十户人家的小村镇,也一定有像我这样真诚信实的人,(只是他们都)不如我好学。"

【评析】

孔子对"好学"非常重视,甚至认为比做到忠信("忠信"的具体内涵见《学而》1.4)还要难。求知欲是人类进步的重要动力之一,一个人要终身保持旺盛的求知欲确实不易,这方面,孔子为后人树立了极好的榜样。

雍 也

【原文】

6.1 子曰:"雍也可使南面①。"

【注释】

①南面,即"面南",古人以坐北朝南为尊,故天子、诸侯见臣下,卿大夫见僚属皆面南而坐。前人注"南面",认为指天子、诸侯、卿大夫者皆有之。笔者以为,孔子尊王,不太可能说冉雍可为天子;但如释为卿大夫,则孔门之中堪任卿大夫者不乏其人,似不必特以"南面"许之。故取诸侯之义为当。朱熹释为"人君",则兼天子、诸侯而言,较为宽博,亦可取。

【译文】

孔子说:"冉雍可以让(他)当一国之君。"

【评析】

冉雍在孔门弟子中以道德著称,极受孔子嘉许。唐以前古注多认为孔子所说的"南面"是指诸侯之位,甚至连恪守君臣之分的朱熹都明言:"南面者,人君听治之位。言仲弓宽洪简重,有人君之度也。"可见孔子对冉雍的德才气度之器重非同一般,远超其他弟子。但事实上,德才兼备者常有,德不配位者亦常有,德才兼备还能得其位者反而寥寥无几。孔子本人就属于不得其位者,因此《荀子·非十二子》中将他称为"圣人之不得势者"。这种历史的错位与吊诡，实在值得研究。

【原文】

6.2 仲弓问子桑伯子①。子曰："可也，简②。"仲弓曰："居③敬而行简，以临其民，不亦可乎？居简而行简，无乃④大⑤简乎？"子曰："雍之言然。"

【注释】

①子桑伯子，具体身份待考。前人注或认为其乃秦穆公大夫公孙支（枝），或认为即《庄子》中的鲁国隐士子桑户（雽，hù），俱未必可信。杨伯峻认为既称"伯子"，下文又说"临其民"，很可能是某位卿大夫，此说有一定道理。
②简，（行事）简易。
③居，居心、存心。
④无乃，犹"岂非"。
⑤大，通"太"。

【译文】

仲弓问（孔子）子桑伯子（这个人如何）。孔子说："还可以，（他行事）简易。"仲弓说："（如果）存心认真庄重而行事简易，（以这种方式）来治理百姓，不也可以吗？（但如果）存心简易而行事（也）简易，岂不是太简易了吗？"孔子说："冉雍的话是对的。"

【评析】

理解本章的关键在于"敬"、"简"二字。"敬"是严肃认真，"简"是简略平易。冉雍的看法是：在态度严肃认真的前提下，以简易的政令来治理民众是对的；但如果抱着省事的态度行简易之事，尤其是在自处之时，就难免过于简略而显得粗疏。换言之，"居敬而行简"是"简要"，即用心、着意而行简易之事，简而得当；"居简而行简"是"简率"，即无心放任的粗率之举，简而无当。从深层次看，冉雍的观点与漆雕开的"吾斯之未能信"（《公冶长》5.6）有内在一致性：前者强调"敬"，后者强调"慎"，而"慎"生于"敬"，行事之慎重正出于对事的严肃认真，故西汉刘向《说苑》有《敬慎》一篇，所论正是"敬"与"慎"的重要。

【原文】

6.3 哀公问："弟子孰为好学？"孔子对曰："有颜回者好学，不迁怒①，不贰过②，不幸短命死矣。今也则亡③，未闻好学者也。"

【注释】

①迁怒，将怒气转移（发泄）到别人身上。
②贰过，同样的错误犯两次。
③亡，通"无"。

【译文】

鲁哀公问（孔子）："（你的）弟子中哪个好学？"孔子回答："有一个叫颜回的好学，从不将怒气发泄到别人身上，同样的错误从不犯两次，（但）不幸短命死了。现在没有（这样的人）了，没听说过好学的人了。"

【评析】

在孔门弟子中，像颜回这样不但没有受过孔子半句批评，而且全是赞扬的学生，是极其罕见的。其学习能力甚至连孔子都自叹不如（《公冶长》5.9），以至于当鲁哀公问孔子学生中有谁好学时，除了颜回，孔子竟想不起第二个人。不仅如此，孔子还特别列举了颜回的另外两个优点：不迁怒于人，不重复犯同样的错误。前者是善于控制自己的情绪，属于"克己"；后者是善于反思并自我警醒，属于"内自省"，都与孔子的理念十分契合，也无怪乎孔子对颜回的早逝如此痛惜了。

【原文】

6.4 子华使于齐。冉子①为其母请粟②，子曰："与之釜③。"请益④。曰："与之庾⑤。"冉子与之粟五秉⑥。子曰："赤之适⑦齐也，乘肥马，衣轻裘⑧。吾闻之也：君子周⑨急不继⑩富。"

【注释】

①冉子，此处指冉求。
②粟，（未脱壳的）小米。
③釜，按周制，一釜合六斗四升。
④请益，请求增加一些。
⑤庾（yǔ），按周制，一庾合二斗四升。
⑥秉，按周制，一秉合一百六十斗。
⑦适，去往。
⑧乘肥马，此处指乘坐肥马拉的车。衣（yì）轻裘，穿着轻暖的皮袍。
⑨周，救济。
⑩继，增益。

【译文】

子华出使齐国。冉求请求（孔子）给他母亲一些小米，孔子说："给她六斗四升吧。"（冉求）请求（孔子）多给一点。（孔子）说："（那就再）给她二斗四升吧。"冉求（却）给了她八百斗小米。孔子（得知后）说："公西赤到齐国去，坐着肥壮的马拉的车，穿着轻暖的皮袍。

我听说过：君子只救济（别人）紧急的困难，而不增加（其已有的）财富。"

【评析】

前人对于本章所述情形有许多迂曲的猜测和解释，无非是围绕子华之母到底是否缺粮、冉求为何要一再坚持多给她粮、孔子拒绝多给是否合理等问题大做文章，兹不一一赘述。其实，冉求的想法或许并不复杂：他与子华私交好，又是师兄，见到子华出使在外，就想多照顾照顾他的老母，如此而已。而孔子的意思也很明白：子华并不缺钱，君子只做雪中送炭的事，不必给人锦上添花。这其实也是孔子一贯的理念：应该做好人，但要有原则，不能做老好人、滥好人。

【原文】

6.5 原思①为之宰②。与之粟九百③，辞。子曰："毋。以与尔邻里乡党乎！"

【注释】

①原思，姬姓，原氏，名宪，字子思，鲁国人（一说为宋国人）。生于公元前515年，卒年不详，孔门七十二贤之一。其个性清高狷介，生活清苦却安贫乐道。唐开元二十七年封其为"原伯"；北宋大中祥符二年加封"任城侯"；明嘉靖九年改称"先贤原子"。

②宰，此处指（孔子的）家臣。

③九百，原文未说明计量单位，包咸等旧注多认为是九百斗，程树德、李零亦主此说；刘宝楠、钱穆等则认为是九百斛。今仍取旧说。

【译文】

原思当孔子家的总管。(孔子)给他九百(斗)小米,(原思)推辞了。孔子说:"不要(推辞了吧)。(就算你用不着,也)可以给你的邻居乡亲啊。"

【评析】

与上一章中公西华阔气的情形不同,原宪是个穷人,而且个性清高,不肯求人,也不愿接受别人的施舍。因此孔子充分发挥了"君子周急"的原则,不仅慷慨地给予原宪高薪,而且在原宪推辞的时候,为了照顾他的面子,特意说如果自己用不着也可以拿去接济有需要的乡邻。可见孔子行事是既考虑他人的实际需求,也考虑其心理需求的。

【原文】

6.6 子谓仲弓,曰:"犁牛①之子骍②且角③,虽欲勿用,山川④其舍诸⑤?"

【注释】

①犁牛,耕地用的牛,形貌普通,毛色不佳。
②骍(xīng),本义为赤色马,此处指(纯正的)赤色。
③角,此处指(牛)角长得端正。
④山川,指山川之神。
⑤诸,"之乎"的合音字。

【译文】

孔子论及仲弓时说:"犁牛的儿子长着(纯)赤色的毛和端正的角,即使想不用(它来祭祀),山川之神难道就会舍弃它吗?"

【评析】

《史记》记载："仲弓父，贱人"；《孔子家语》也说他"生于不肖之父"，可见其出身之卑微。但在孔门弟子中，受孔子赞许的程度能与颜回媲美者，或许也只有冉雍。孔子这段话，既可视为对冉雍的评价，亦可看作是他对学生的鼓励。孔子自己就出身于一个与平民无异的没落小贵族家庭，自述"吾少也贱"（《子罕》9.6），从小饱尝人情冷暖。因此他"偏爱"冉雍，除了冉雍本身的德行之外，或许也是因为他在冉雍身上看到了自己少时的影子吧。

【原文】

6.7 子曰："回也，其心三月①不违仁，其余则日月②至焉而已矣。"

【注释】

①②三月、日月，前人注有认为系实指者，但大多认为系泛指长时间和短时间，今取后说。

【译文】

孔子说："颜回（这个人），他的心（能够）长久地不背离'仁'，其余（的弟子）则（只能）短时间地做到这一点而已。"

【评析】

本章主要是孔子对弟子"守仁"的能力，亦即定力（对理想信念的坚定程度和自我把控能力）的评价。孔子曾明确提出"君子无终食之间违仁"（《里仁》4.5），本章的要求则更高：不仅是行为不能"违仁"，"心"也不能"违仁"。这就接近于佛家所说的"动念即乖"——真正的仁者是时刻都要保持纯洁的心性，连一丝"违仁"的念头都不能有的。以这种严苛的标准衡量，孔子认为诸弟子中只有颜回能做到。

【原文】

6.8 季康子问："仲由可使从政也与？"子曰："由也果①，于从政乎何有？"曰："赐也可使从政也与？"曰："赐也达②，于从政乎何有？"曰："求也可使从政也与？"曰："求也艺③，于从政乎何有？"

【注释】

①果，行事果敢。
②达，通达事理。
③艺，多才多艺。

【译文】

季康子问（孔子）："仲由可以让他参与政事吗？"孔子说："仲由行事果敢，对参与政事有什么难的呢？"（季康子）说："端木赐可以让他参与政事吗？"（孔子）说："端木赐通达事理，对参与政事有什么难的呢？"（季康子）说："冉求可以让他参与政事吗？"（孔子）说："冉求多才多艺，对参与政事有什么难的呢？"

【评析】

相比前文出现的孟武伯，季康子更是当时鲁国真正的掌权者。因此当季康子问起子路、子贡和冉求三人可否从政时，孔子分别用一个字就概括了他们各自最突出的能力（实际上也是肯定和举荐）。有论者认为，孔子对弟子很少有这么直白的肯定，因此"由也果，于从政乎何有"的意思是"由于从政乎何有？果"（对子贡和冉求的评价类似）。也就是说，孔子认为他们三人都具备从政的某方面素质，但还不算是完全合格的从政者。然而将本章与《公冶长》5.8互参不难看出：后者中孟武伯问的是"仁"，更偏重综合素质；孔子也认为"仁"的标准更高，因此当孟武伯问他弟子仁否时，孔子推说不知而只论其实干能力，等于承认他们足可治国理政，却未达到"仁"。而本章季康子问的恰是实干能力，因此孔子毫不犹豫地正面回应，正是因事作答。

【原文】

6.9 季氏①使闵子骞②为费宰③。闵子骞曰："善为我辞焉。如有复④我者，则吾必在汶上⑤矣。"

【注释】

①此处之季氏所指不明，应是季桓子或季康子，明代学人张自烈《四书大全辨》认为是季康子。

②闵（mǐn）子骞，姬姓，闵氏，名损，字子骞，鲁国人。生于公元前536年，卒年不详（一说卒于公元前487年）。以德行与颜渊并为孔门十哲之一，尤以孝行著称，"二十四孝"中的"芦衣顺母"相传即闵损之事迹。唐开元二十七年封其为"费（bì）侯"；北宋大中祥符二年追封"琅琊公"，南宋咸淳三年改封"费公"；明嘉靖九年改称"先贤闵子"。

③费宰，即费邑的邑宰。费邑为季氏之私邑，旧址在今山东省济宁市鱼台县西南鱼城镇。

④复，再次（来找）。

⑤汶（wèn）上，汶水以北。汶水即今山东省大汶河，当时齐鲁国境以汶水分界，汶水之北暗指齐国。

【译文】

季氏让闵子骞做费邑的邑宰。闵子骞（对季氏派来的人）说："替我好好地推辞了吧。如果再（来找）我，我一定会到汶水之北去了。"

【评析】

孔子最重视学生的德行，因此孔门十哲中，德行优异者占了四位。其中除了颜回和冉氏兄弟，就是闵损了。关于闵损辞任费宰的原因，前人多有猜测：有说是闵损不满季氏为人，认为其不可救药者；有说是季氏无道，闵损知道在这种人手下做事，"刚则必取祸，柔则必取辱"，故辞而不就者，等等。清代学者刘沅《四书恒解》认为：费邑是季氏私邑，前任宰臣屡次叛乱，季氏欲使闵损治理费邑，一来可免后顾之忧，二来可加强其私人势力，闵损不愿为季氏利用，故力辞之。此论相对合理，可供参考。

【原文】

6.10 伯牛①有疾，子问之，自牖②执其手，曰："亡③之，命矣夫！斯人也而有斯疾也！斯人也而有斯疾也！"

【注释】

①伯牛，姬姓，冉氏，名耕，字伯牛，鲁国人，生卒年不详（一说约生于公元前544年）。以德行而为孔门十哲之一，与冉雍、冉求兄弟被后人称为"一门三贤"。唐开元二十七年封其为"郓（yùn）侯"；北宋大中祥符二年追封"东平公"，南宋咸淳三年改封"郓公"；明嘉靖九年改称"先贤冉子"。

②牖（yǒu），先秦之前的"窗"一般指开在屋顶上的天窗，而厅堂与内室之间的墙壁上的窗称为"牖"，后泛指窗户。

③亡，有两说，一说认为通"无"，即"没有（得此病的道理）"；另一说认为指死亡。今取后说。

【译文】

伯牛患病，孔子去探问他，通过窗户握着他的手，说："（如果伯牛因病）死了，这是命啊！这样的人却得了这样的病！这样的人却得了这样的病！"

【评析】

古人一般称小病为"疾",大病为"病",但从本章中孔子的语气来看,伯牛所患绝非小病。古注多认为系"恶疾",有注为"厉"(即癞疮)病者。程树德考证"厉"应为一种冬季发作的热病。总之从孔子"自牖执其手"来看,恐怕是一种传染病。这在医学不发达的春秋时代,几乎是绝症。孔子很少言"命",但眼看爱徒重病在身却回天乏力,除了悲叹命运的不公,他也无可奈何。

【原文】

6.11 子曰:"贤哉回也！一箪①食,一瓢饮,在陋巷,人不堪其忧,回也不改其乐。贤哉回也！"

【注释】

①箪(dān),古代以竹或苇编成的用来盛饭的圆形小筐。

【译文】

孔子说:"颜回(真是)贤德啊！(每天只有)一小筐饭(可吃),一瓢水(可喝),住在破陋的巷子里,别人都受不了这种困苦,颜回却从不改变他的快乐。颜回(真是)贤德啊！"

【评析】

在孔子对颜回的诸多赞扬中,本章是最著名的一段,李零戏称之为"穷开心"。但事实证明,真要做到"穷开心"需要很高的境界——起码是爱好、理想、恒心、毅力、信仰,缺一不可。因此本章也常被用来赞美那些安贫乐道之人——当然,真正配得上这种赞美的人其实也屈指可数。

【原文】

6.12 冉求曰:"非不说①子之道,力不足也。"子曰:"力不足者②,中道而废,今女画③。"

【注释】

①说,通"悦",喜欢。
②此处之"者",在语法上既表停顿,亦表假设语气。
③画,停止。

【译文】

冉求说:"(我)不是不喜欢您的学说主张,(只是)能力不够。"孔子说:"(若是因为)能力不够,(应该是走到)中途才走不动,现在你是止步不前。"

【评析】

在冉氏"三贤"中,孔子更喜欢德行突出的两位兄长冉耕和冉雍,却不太喜欢能政事的小弟冉求。或许也是因为常受老师批评,所以冉求主动向老师坦白:我不是不喜欢您说的道理,而是实在做不到。可孔子一语道破:所谓做不到,起码也要尽力去做了再说,你根本就没有努力过,甚至懒得起步,说什么"做不到"?用孟子的话说就是"是不为也,非不能也"。孔子的话很值得我们警醒:有时我们所说的"不能",并非真的力有不逮,而是自己为自己找的怠惰的借口而已。

【原文】

6.13 子谓子夏曰:"女为君子儒,无为小人儒。"

【译文】

孔子对子夏说:"你要当一个君子式的儒者,不要当一个小人式的儒者。"

【评析】

何谓"君子"、"小人",如何区分这两者,标准很多,虽有模糊界线,却很难完全统一,只能说"有大体而无定体"。再将"君子"和"小人"加于"儒"之上,问题就愈趋复杂,孔子也没有做进一步解释,这就使得后世更加众说纷纭。笔者以为,简言之,"君子儒"是有理想、有追求、有道德的儒者,其理想和追求就是"道",一切的学问都是为了"大道之行",而非为了一己私利;道德则是对自我的约束和完善,此所谓"君子喻于义"(《里仁》4.16)。"小人儒"则只重视"技"而不重视"道",除了名利之类的"稻粱谋"别无追求,亦无原则,只为一己之私,此所谓"小人喻于利"(同上)。《三国演义》四十三回"舌战群儒"中,孔明驳斥程德枢时说:"儒有君子小人之别。君子之儒,忠君爱国,守正恶邪,务使泽及当时,名留后世。若夫小人之儒,惟务雕虫,专工翰墨,青春作赋,皓首穷经;笔下虽有千言,胸中实无一策。"此虽小说家言,"忠君"云云也难免带封建色彩,但明白晓畅,倒也可从中一窥古人在其时代背景下对经典的理解。

【原文】

6.14 子游为武城宰。子曰:"女得人①焉尔②乎?"曰:"有澹台灭明③者,行不由径④,非公事,未尝至于偃之室也。"

【注释】

①得人,得到人才。

②焉尔,犹"于是(此)",在这里。

③澹(tán)台灭明，姬姓，澹台氏，名灭明，字子羽，鲁国人。生于公元前512年（一说生于公元前502年），卒年不详。《史记》说他相貌丑陋，孔子初时以为其才不堪用，不久发现其品学俱佳。后其南游至楚，从学弟子300余人，影响广远，孔子闻而感叹"以貌取人，失之子羽"。唐开元二十七年追封"江伯"；北宋大中祥符二年加封"金乡侯"；明嘉靖九年改称"先贤澹台子"。

④行不由径，走路不抄小路捷径，即行事正大光明。

【译文】

子游当武城的邑宰。孔子（问他）说："你在这里得到了什么人才吗？"（子游回答）说："有个叫澹台灭明的人，行事光明正大，不是（因为）公事，从不到我私室里来。"

【评析】

但凡人有求于人，往往喜欢私下请客送礼。反过来说，除了亲朋好友之外，无故私下造访，必是有求于人。《公冶长》5.11中孔子评价申枨说"枨也欲，焉得刚"，澹台灭明则正好是"无欲则刚"的类型——言偃虽是一邑之长，但他非因公事绝不踏进其私室一步。而言偃丝毫无怪罪之意，还向孔子夸赞澹台灭明行事正大。他二人都是自律和光明磊落的君子，言偃则更有识人的眼光和开阔的心胸。

【原文】

6.15 子曰："孟之反①不伐，奔②而殿③，将入门，策④其马曰：'非敢后也，马不进也。'"

【注释】

①孟之反，名侧，字子反，"三桓"之一孟氏的支子（按宗法制度，

嫡妻次子以下及庶出子都为支子）。

②奔，此处指军队溃退。

③殿，殿后（掩护）。

④策，鞭打（马匹等）。

【译文】

孔子说:"孟之反不夸耀（自己的功劳），（在和齐国军队的战斗中），（鲁国右翼的）军队溃退，（他）殿后（掩护），将入城门的时候,（他）抽打着他的马说:'不是（我）敢落后,是马不肯前进。'"

【评析】

不居功自傲无疑是美德，但正如谦虚可以成为另一种炫耀的手段，不居功也可以成为另一种变相邀功的手段。而孟之反则不然，他掩护大部队撤退，却用一种近乎幽默自嘲的手段"假装"自己真的落后，还煞有介事地为自己"辩解"，这就不会让人怀疑他"不伐"的动机了。可见其胸襟之开阔，而且用今天的话说,他的情商还很高。当然，这也可能是由其地位决定的，作为孟孙氏的旁支子弟，如果行事高调，很可能会为自己招来不测。因此其"不伐"或许也是一种自我保全的韬晦之策吧。

【原文】

6.16 子曰:"不有祝鮀①之佞，而有宋朝②之美，难乎免③于今之世矣。"

【注释】

①祝鮀（tuó），卫灵公在位时卫国的祝史（司祭祀祈祷之官），名鮀，字子鱼，以能言善辩著称。

②宋朝（zhāo），子姓，名朝，春秋时宋国公子，以美貌闻名。

其仕卫为大夫，既受到卫灵公的宠幸，又与卫灵公的嫡母宣姜和夫人南子有染，后伙同卫国大夫齐豹、北宫喜等人作乱，将卫灵公逐出卫国。

③免，免遭（灾祸）。

【译文】

孔子说："没有祝鮀的口才，却有宋朝的美貌，在当今这个世道（恐怕）很难免遭（灾祸）。"

【评析】

孔子这段话的意思，历来有争议：古注多认为孔子是说在当时那样的乱世，若无祝鮀之口才，却有宋朝之美貌（"美貌"除了实指，或许还喻指美德、才能之类），恐怕很难生存，与屈原在《离骚》中慨叹"众女嫉余之蛾眉兮，谣诼谓余以善淫"相似。另有一派（包括皇侃、清人王引之到今人李泽厚、李零等）则认为"而有"也是"不有"，是说如果口才、美貌都没有，那就危险了。傅佩荣别有一解，认为"有"应释为"重视"，孔子的意思不是针对个人，而是针对国家，认为如果一个国家不重视祝鮀那样的人才，却只重视宋朝那样虚有其表的人，这个国家就很难幸存了。此说单论逻辑可通，但从语言学角度讲，"有"训为"重视"缺乏充分依据，很难成立。辽宁大学毕宝魁教授在《〈论语〉"不有祝鮀之佞"章本义辨析》一文（《北京大学学报（哲社版）》2009年第2期）中梳理了诸家说法，认为第二说大体合理，但"难乎免于今之世矣"当解为"在今天这样的世道里就难免要被冷落疏远，要寂寞沉沦了"。此说有一定道理，但他忽视了后文6.19中的"幸而免"也是在谈生存问题，既然"幸而免"的"免"是免于灾祸，那么"难乎免"之"免"自然也应是此意。古注当不误也。

【原文】

6.17 子曰:"谁能出不由户①?何莫由斯道也②?"

【注释】

①户,古人称单扇的门为"户",双扇的门为"门"。
②斯道,指正道。此句前人有两解,一说将"何"训为"谁","莫"训为"非",意即"谁能(行事)不由正道呢?"一说将"何"训为"为何","莫"训为"不",意即"为何(行事)不由正道呢?"今取后说。

【译文】

孔子说:"谁能不经过房门就走出(屋子)呢?为何(行事却)不由正道呢?"

【评析】

孔子这个比喻非常形象。我们今天把不正当的请托称为"走后门",把不正当的途径或做法称为"邪门歪道",这都是"出不由户"。孔子对此深表不解。但社会风气、社会规则往往就是在少数"莫由斯道"的害群之马影响下慢慢变坏、渐渐瓦解的。作为一个"人情大国",中国要由"出不由户"转变为"行不由径",还有很长的路要走。

【原文】

6.18 子曰:"质①胜文②则野③,文胜质则史④。文质彬彬⑤,然后君子。"

【注释】

①质,(内在的)本质、实质。

②文，（外在的）文采、修饰。
③野，粗鄙。
④史，浮华。
⑤彬彬，包咸注为"文质相半之貌"，即有文有质，文与质配合得当。

【译文】

孔子说："（一个人如果内在的）本质胜过（外在的）文饰，就会（显得）粗鄙；（如果外在的）文饰胜过（内在的）本质，就会（流于）浮华。（只有）文饰与本质配合得当，这样（才能算是）君子。"

【评析】

"文质彬彬"今天已是成语，主要用来形容一个人外表气质上的斯文儒雅，偏重于"文"，很少涉及"质"。但孔子当初却解释得很清楚："文"与"质"缺一不可，只有"文""质"配合得当，外在美与内在美相统一，才算得上君子。而"质胜文"者多是粗人，"文胜质"者则多是伪君子。

【原文】

6.19 子曰："人之生①也直②，罔③之生也幸④而免。"

【注释】

①生，生存。
②直，正直。
③罔，朱熹注为"不直"，即通"枉"（曲）。
④幸，侥幸。

【译文】

孔子说："人（在世上）生存（要靠）正直，不正直而想生存（那就只能靠)侥幸(才能)免遭(灾祸)了。"

【评析】

或许有读者会有疑惑：6.16中孔子慨叹在当时需能言善辩才能生存,能言善辩即属于"罔",为何在本章又说凭"罔"难以生存呢？这个问题其实不难理解：前者孔子所叹是他针对当时某些黑暗的社会现实有感而发,但这在孔子看来是不正常的,所以这种感叹是出于愤慨；而本章中孔子所言实际上是他认为正常和理想的社会应有的状态：正道直行,善有善报,恶有恶报。然而现实中善有善报、恶有恶报、善得恶报、恶而不报都不乏实例,很难说哪种才算"正常"。但作为对自己的一种内在的自我约束和道德要求,"直"是每个人都应该追求和坚持的立身之本。这一点孔子说得很对。

【原文】

6.20 子曰："知之者不如好之者；好之者不如乐①之者。"

【注释】

①乐,以……为乐。

【译文】

孔子说："(对于任何学问或事业),(仅仅)了解它的人不如喜好它的人,喜好它的人(又)不如以它为乐的人。"

【评析】

本章也是至今广为人知的名言。如果套用美国心理学家马斯洛的需求层次理论来分析,"知之者"只是把学问或事业当作满足低层次的现实需求(生理需求、安全需求)的手段,是比较被动的。值得注意的是孔子区分出了"乐之者"与"好之者"："好之者"是将学问事业作为兴趣爱好,进阶到了中高级需求(社交需求、尊重需求或自我实现需求），但只是"喜欢"，未必"爱"，更不"痴迷"；而"乐之者"是将其当成快乐的来源，陶醉其中，离之则怅然若失，郁郁不乐，完全是高级需求，且这种高级需求又超越一般的高级需求，或可称之为"灵魂需求"。在这一点上，孔子的分类法似乎比马斯洛更进一层。

【原文】

6.21 子曰："中人①以上，可以语上②也；中人以下，不可以语上也。"

【注释】

①中人，中等资质的人。
②语（yù）上，语，告诉；上，上等的、高深的学问或道理。

【译文】

孔子说："中等以上资质的人，可以告诉他高深的学问或道理；中等以下资质的人，不可以告诉他高深的学问或道理。"

【评析】

《庄子·秋水》有言："井蛙不可以语于海者，拘于虚也；夏虫不可以语于冰者，笃于时也；曲士不可以语于道者，束于教也。"从人格尊严上讲，人生而平等，无有高下。但不可否认的是，每个人先天的禀赋、后天的出身（家庭背景、所处阶层）、接受教育的程度、眼界的宽窄、三观的差异都会直接影响其认识水平和思维模式。这种差距的产生未必是谁的错，却是客观存在的。因此，如果对低于某个水准的人谈论一些远超他的认识和思考能力的知识或道理，对双方都是一种痛苦，不如"沉默是金"。

【原文】

6.22 樊迟问知。子曰："务民之义①，敬鬼神而远②之，可谓知矣。"问仁，曰："仁者先难而后获③，可谓仁矣。"

【注释】

① 务，致力于（使）……；民之义，即民众所应遵循的义理，刘宝楠引《礼记·礼运》注曰："何谓人义？父慈、子孝、兄良、弟弟、夫义、妇听、长惠、幼顺、君仁、臣忠十者，谓之人义。"务民之义，即致力于使民众行事合乎义理。
② 远（yuàn），疏远、不亲近。
③ 先难而后获，前人有两说，一说为先付出后收获，但这基本是客观规律，无关于仁否；皇侃疏引东晋经学家范宁曰："艰难之事则为物先，获功之事而处物后，则为仁矣。"应该比较接近于对仁者的要求，故取之。

【译文】

樊迟问（怎样才算是有）智慧。孔子说："致力于使民众行事合乎义理，敬畏鬼神但疏远他们，可以算是（有）智慧了。"（樊迟又）问（怎样才算是）仁。（孔子）说："仁者遇到难事抢先去做，到收获功劳的时候却甘居人后，可以算是仁了。"

【评析】

"敬鬼神而远之"，今天简化为成语"敬而远之"。孔子不是无神论者，但他却并不迷信鬼神。对于这种既无法证伪也难以证实的存在，他的态度是保持敬畏，但不去谈论，更不去招惹。这在先秦时期是极为难得的。他更关注现实的人和社会，所以他告诫樊迟，远离玄虚的鬼神，专注于使民众循义而行，才是智者所为。而遇到艰难之事勇于率先承担，论功行赏时却甘居人后，类似于范仲淹所说"先天下之忧而忧，后天下之乐而乐"，这才是仁者之举。

【原文】

6.23 子曰："知者乐①水，仁者乐山。知者动，仁者静。知者乐，仁者寿。"

【注释】

①乐，喜爱。关于此处及下文"仁者乐山"之"乐"的读音，历代有争议：唐代经学家陆德明《经典释文》及朱熹《集注》都认为应读"yào"，而明人秦钺《慈湖家记》和清代学人翟灏《四书考异》都对此提出反对，并列举前人对《礼记》中"乐不可及"等语的注音皆为"岳（yuè）"。笔者认为，"乐"作"喜爱"解时，本就有"以……为乐"之意，可视为意动用法，不必读为"yào"或"yuè"，径读本音"lè"即可。

【译文】

孔子说："智者喜爱水，仁者喜爱山。智者活泼，仁者沉静。智者（常得）快乐，仁者（常得）长寿。"

【评析】

本章很有趣，近似于轻松的闲谈，意思明白晓畅，争议却多集中于"乐"的读音上。其实这里的"乐"与"安贫乐道"之"乐"基本同义，本质都是"以之为乐"。孔子的意思大概是：机灵的人往往比较活跃好动，故而喜欢（毛子水将"乐"译为"欣赏"，也很贴切）周流不息的水，因其活泼，故而乐观（快乐）；而仁厚之人往往沉稳持重，故而喜欢安定厚重的山，因其心气平和，故多得长寿。在中国古人的眼中，自然从来都不是与人割裂隔绝的，而是人格化的，可以寄寓无穷的内涵、理想和情思。南朝刘勰《文心雕龙·深思》所谓"登山则情满于山，观海则意溢于海"，都是这种天人合一、物我两化的中国智慧的体现。

【原文】

6.24 子曰:"齐一变①至于鲁,鲁一变至于道。"

【注释】

①变,此处指(向好的方向)变革。

【译文】

孔子说:"齐国一旦(向好的方向)变革就接近于鲁国,鲁国一旦(向好的方向)变革就接近于大道了。"

【评析】

齐国的始祖是太公姜尚,西周的开国元勋;但孔子是鲁人(虽然祖籍是宋),鲁国又是他的精神偶像周公的封国,因此他自然更推崇鲁国。从历史来看,当时的齐国比鲁国强盛,更倾向于革新;而鲁国国力虽落后于齐国,却保存了更多周的典章文献、礼法制度。对文化立场相对保守的孔子而言,他推崇的是"法先王",向往的是西周初年的周公之治("吾从周"),因此鲁国更接近于他理想的"道"。事实证明,这种"向后看"、死守祖宗成法的观点是站不住脚的。

【原文】

6.25 子曰:"觚①不觚,觚哉!觚哉!"

【注释】

①觚,本义为酒器,孔子此言究为何意,争议甚多,详见评析。

【译文】

孔子说:"觚却没有觚的样子,这还能叫觚吗!这还能叫觚吗!"

【评析】

　　本章的真实意思令人一头雾水，历来莫衷一是。一说认为觚是酒器，上圆下方，有棱，但到了春秋时，因为方器比圆器制作难度大，所以有人就干脆把觚完全做成圆形的；另一说与此大同小异，认为觚作为酒器，原本只能容二升酒，意在诫人勿酗酒，但当时的觚越做越大，有的能容三四升酒，已经失去了觚的本来意义。总之，面对这种名实不副的情形，孔子触景生情，想到当时王纲失序，君不君臣不臣的状况，大发感慨，所谓"觚不觚"即指此。李零别有一解，他认为"觚"可能是"沽"或"孤"的假借字，前者是说孔子想把自己"货与帝王家"，待价而沽；后者是说孔子感到自己很孤独。但此说缺乏依据，也很浅俗，恐不合孔子原旨。

【原文】

　　6.26 宰我问曰："仁者，虽告之曰：'井有仁①焉。'其从之也？"子曰："何为其然也？君子可逝②也，不可陷③也；可欺④也，不可罔⑤也。"

【注释】

①仁，皇侃疏在其下加"者"字，认为是"井有仁者焉"；南宋陈善《扪虱新话》考证"仁"为"人"之假借字。从事理而言，陈善之说为当。
②逝，即"往"。
③陷，指诱骗（使之落井）。
④⑤欺、罔，大意都是欺骗，但"欺"是"欺之以方"，即以合理的事情欺骗对方，而"罔"是"罔以非其道"，以不合理的事愚弄对方。

【译文】

　　宰我问（孔子）："（一个）仁者，即使（别人）告诉他说：'井里有人（掉下去了）。'他会跟着跳下去（救人）吗？"孔子说："他怎么会这样(做)呢？(一个)君子,(你)可以让他往(井边查看),(却)不能骗他（跳下去）;可以（用合理的事情）欺骗他,（却）不能（用不合理的事情）愚弄他。"

【评析】
　　解读本章，首先要区分"仁者"和"君子"。宰予所说的"仁者"，主要着眼于宅心仁厚，相当于"好人"，还不是孔子常说的那种高标准的"仁者"。宰予之问，或许是基于现实中好人常受人欺的现实而发。而孔子的回答是:对于一个君子,你可以利用他的善良,编造一个看似合理的理由暂时地欺骗他（让他到井边去），但他很快就会发现其中的不合理，因此绝不会被愚弄而盲目往下跳。君子不是傻子，没有智慧的老好人算不上君子。君子尚不可愚弄，那么真正意义上的"仁者"（或曰"仁人"）更不待言了。

【原文】
6.27 子曰："君子博学于文①，约之②以礼，亦可以弗畔③矣夫。"

【注释】
①文，文艺学术，泛指知识。
②约，规范、约束。关于"约之"的"之"何指，前人有两说，一说认为指前文的"君子"，与《论语·子罕》中"博我以文，约我以礼"一致，对象都是人；另一说认为此处的"之"与《子罕》句不同，应指"文"而非人。笔者认为，人是"学文"的主体，以礼约"文"，最后还是要落实到"人"身上，故应取前说为当。
③畔，通"叛"，违背（正道）。

【译文】

孔子说:"君子广泛地学习各种知识,用礼义来规范自己(的思想行为),也就可以不违背(正道)了。"

【评析】

司马光《资治通鉴》云:"夫聪察强毅之谓才,正直中和之谓德。才者,德之资也;德者,才之帅也。是故……才胜德谓之小人。"因此孔子说在"博学于文"之后要"约之以礼",正是看到了人的思想对知识的主观能动性。知识本身自然是越广博越好,但要看被什么样的人所掌握、运用。如果为人不知礼义廉耻,空有知识,那恐怕比目不识丁者更有害无益。德才兼备者是人才,有才无德便是人灾。

【原文】

6.28 子见南子①,子路不说。夫子矢②之曰:"予所否③者,天厌④之!天厌之!"

【注释】

①南子,春秋时卫灵公夫人,本为宋国公主,深受灵公宠爱。其与公子朝私通,灵公居然还为他们提供方便。南子是当时卫国的实权人物,因生活作风放荡而声名狼藉,但西汉《列女传》说她颇有识人之明。

②矢,发誓。

③所,此处在誓词中作假设连词,犹"如若";否,大致为否定之意,犹"行为不当"或"举止非礼"。

④厌,厌弃。

【译文】

孔子去见南子,子路不高兴。孔子发誓道:"我(若有)行为不当之处,(就让)上天厌弃我!(就让)上天厌弃我!"

【评析】

南子名声不好,孔子还是去见她。对此,后世几乎一致认为,这是因为南子是当时卫国的实际掌权者,孔子想在卫国推行他的主张,不得不过南子这一关。但显然子路不这么认为,刚直的他大概觉得老师去见这种秽名在外的女人,不但有损人格,也与他平时对弟子的教导不符。而孔子也很可爱,这次他没有批评子路,也未辩称自己有多少正当的理由,反而像学生似地指天发誓,保证自己绝无非分越礼之举。可见孔子和学生们的关系,并不似一般想象的那样刻板、等级分明。孔子虽然是等级制度的捍卫者,但他和弟子间却很"民主"——老师可以批评学生,学生也可以质疑老师甚至公开表达不满,但道理说清之后,老师还是关爱学生,学生依然尊敬老师。孔子说"君子坦荡荡","吾无隐乎尔"(《述而》7.37、7.24),他们师生之间的关系,正是君子之交的典范。

【原文】

6.29 子曰:"中庸①之为德也,其至矣乎!民②鲜久矣。"

【注释】

①中庸,是一个非常重要的儒家概念,历代对其解释不一,详见评析。
②民,此处的含义似应比"民众"更广一些,译为"世间之人"或更合适。

【译文】

孔子说:"'中庸'作为一种德行,应该是最高的了吧!世间之人缺少(这种德行)已经很久了。"

【评析】

"中庸"是孔子思想体系中一个极其重要的概念(《礼记》有《中庸》一篇,相传为孔子孙孔伋所作,为"四书"之一,专门论述这个问题),其长期被民间误读为"不左不右的平庸",这显然是对孔子的曲解。那么何谓真正的"中庸"?历代说法很多,不胜枚举,但《中庸》篇的说法就很值得参考:"喜怒哀乐之未发,谓之中;发而皆中节,谓之和;中也者,天下之大本也;和也者,天下之达道也。"也就是说,各种情绪(其实应该推广到各种事物)将发未发的状态,就是"中",引申为不走极端(如果已发就是走向某一端了);已发但都适度(即"中节"),就是"和"。"庸",《说文解字》训为"用也",古注多训为"常",亦有合而注为"可常行"或"可常用"者,类似于老子所说的"常道",即永恒的道理或原则。而"礼之用,和为贵"(《学而》1.12),因此"中庸"大体可以理解为"恰如其分、不走极端的常理和原则"。这一概念的核心,其实就是反对偏激和过分,强调"适度"的重要性,与墙头草、和稀泥式的机械折中主义根本不是一回事。当然,凡事都适度是一种理想化状态,对人的理智是一种极大的考验,因此孔子说这种最高的真理很久都没人做到了。

【原文】

6.30 子贡曰:"如有博施于民而能济众①,何如?可谓仁乎?"子曰:"何事于仁②,必也圣乎!尧舜③其犹病④诸!夫仁者,已欲立而立人,已欲达⑤而达人。能近取譬⑥,可谓仁之方也已。"

【注释】

①济众,利益大众,杨伯峻译为"帮助大家生活得很好",比较准确。

②何事于仁,邢昺疏为"何止事于仁,谓不啻于仁"。

③尧,又称"唐尧",舜,又称"虞舜",上古传说中的两位圣

君，分别为"五帝"之一。传说尧在位70年，大公无私，选贤任能，后禅位于舜；舜事亲至孝，继承尧的遗志，令天下大治，晚年又禅位于禹。他们是儒家理想中的圣人，也是中华民族的道德始祖。

④病，对……感到为难、担忧。

⑤达，行事畅达无碍。

⑥近取譬，就近打比方，意即将心比心、推己及人。

【译文】

子贡说："如果有（人）对民众广施恩惠，又能帮助他们生活得很好，（这个人）怎么样？可以说是仁吗？"孔子说："何止是仁，（这）一定是圣人（的作为）了！尧舜在这一点上（恐怕）还担心（做不到）呢！（至于）仁，自己想要安身立命，（就要）让别人也能安身立命；自己想要行事畅达无碍，（就要）让别人行事也能畅达无碍。（如果凡事）能推己及人，就可以说是（践行）仁道的方法了。"

【评析】

"博施于民"，是授人以鱼，给民众发福利；"济众"，是授人以渔，教大家过上幸福生活的方法。子贡问孔子如果能做到这两点，能否算"仁"？孔子说得很干脆：这简直是圣人的作为，连尧舜这样的圣人对此都感到头疼，又岂止是"仁"而已？言下之意，这个要求太高，一般人根本做不到。所以"仁"是退而求其次，能够将心比心、推己及人，就可算"仁"。对这个问题，子贡也曾说过"我不欲人之加诸我也，吾亦欲无加诸人"（《公冶长》5.12），孔子更有名言"己所不欲，勿施于人"，但这都是从消极的角度说的。本章中孔子从积极的角度阐释了如何推己及人，就是自己想要成就，必须同时成就他人，甚至先成就他人。这正是我们今天倡导的"双赢"的意义。

述 而

【原文】

7.1 子曰:"述①而不作②,信而好古,窃③比于我老彭④。"

【注释】

①述,祖述,即继承或阐述前人的学说、做法。
②作,创作、发明。
③窃,犹"私",表示个人内心想法的谦词。
④老彭,前人主要有三说:一说认为指老聃(dān),即孔子问礼之老子,但与著《道德经》之李耳(后世也称老子)并非一人;一说认为指老子和彭祖,但此说不太被认可;一说认为即彭祖,因其以长寿著称(讹传其寿800岁),亦称老彭,此说较为可靠。但关于彭祖的身份,说法也很多:一说他姓籛(jiān)名铿,受封于彭城建立大彭氏国,为彭姓始祖,故称彭祖;《史记·五帝本纪》说他是尧舜时的臣子,《楚世家》说他是上古帝王颛顼(zhuān xū)后裔陆终之第三子,而殷商时以他命名的家族"彭祖氏"尚为侯伯,至商末被灭;郑玄注则说他是"殷贤大夫",此说可能性较大。

【译文】

孔子说:"(我只)祖述(前人)却不(随意)创作,深信并且爱好古代(的文化),我内心(将自己)和彭祖相比。"

【评析】

孔子是复古主义者，他力主向古人学习，所以说自己只继承不创新。但任何一个能在文化史上留下足迹的人，岂能毫无创见？实际上孔子只是反对毫无根据的随意编造，即下文7.28所谓"不知而作"，并非绝对不创新。至于为何要和彭祖相比，可能因为彭祖是古代的贤人，所处时代和思想都非常符合好古的孔子的喜好，所以也成了孔子的偶像之一。"述而不作"今天已是成语，但常被误用为"只口述不著作"的意思，这是读者需要注意的。

【原文】

7.2 子曰："默而识①之，学而不厌②，诲③人不倦，何有于我哉④？"

【注释】

①识（zhì），通"誌"，记住。
②厌，满足；一译为厌倦，亦可通。
③诲，教导，教诲。
④何有于我哉，此句争议甚大，详见评析。

【译文】

孔子说："（将学到的东西）默默地记在心里，（努力）学习而不感到满足，教导他人而不感到疲倦，对我来说（即使做到了这些），又有什么（可夸耀的）呢？"

【评析】

本章是《论语》中的名篇，尤其是"默而知之，学而不厌"两句，后来常被老师用来教育学生。但引起极大争议的却是末句"何有于我哉"，历代对此句的注解趋于两极化，分歧甚大，有必要做一番辨析。首先，"何有于我哉"在《论语》中出现了两次，除本章外，还见于《子罕》9.16；而"何有"单独出现了三次,分别见于《里仁》4.13、《雍也》6.8和《子路》13.13,基本都是"有何难"之意。那么"何有于我哉"中的"何有"与单独出现的"何有"是否同义？"何有于我哉"又是何意？以郑玄为代表的一派认为"何有于我哉"意为"于我有何难"或"何有如我哉",总之是极度自信的表现,与"何有"一致；以朱熹为代表的一派却认为是"何者能有于我"之意,乃"谦而又谦之辞",与单独的"何有"不同。两派观点截然相反。笔者认为,"何有于我哉"若解释为极度自信,未免过于夸张,不符合孔子行事的作风；若解释为极度谦虚,则又几近虚伪。因此"何有于我哉"的意思,应该是"对我来说（即使做到了这些）,又有什么（可夸耀的）呢"。这是既有谦虚,又隐含自信的说法——既然做到了也不值得夸耀,那么言下之意自然是"有何难"。这也使"何有"与"何有于我哉"具有了内在一致性,解决了前人解释中的前后矛盾之处。

【原文】

7.3 子曰："德之不修,学之不讲①,闻义不能徙②,不善不能改,是吾忧也。"

【注释】

①讲,讲习,互相研究、讨论。

②徙,本义为迁移,此处引申为向某个方向（努力）做。

【译文】

孔子说："不修行品德,不相互研讨学问,听到正确的事理不能（努力）去做,不好的方面不能改正,这（都是）我所忧虑的。"

【评析】

孔子曾说："不患无位,患所以立；不患莫己知,求为可知也。"

(《里仁》4.14）而本章中说的四个问题，正是他所"患"者。那么如何能"立"？又如何"求为可知"？显然，修德、进学、择善而从、知过能改是必备的条件。后两条还将在下文7.22中再次提到。

【原文】

7.4 子之燕居①，申申如也，夭夭如②也。

【注释】

①燕居，一作"宴居"，朱熹注为"闲暇无事之时"，通俗易懂。

②申申如、夭夭如，前人见解各异：三国魏人张揖《广雅》注为"容也"，语焉不详；马融注为"和舒之貌"，也比较笼统；隋唐时经学家颜师古将"申申如"释为"整饬之貌"，杨伯峻取此说，但不知何据。北师大邹晓丽教授在《基础汉字形义释源》一书中从文字学角度对"申"、"夭"二字分别解析如下：申，邹著引《玉篇》、《六书故》云："古伸字，象脊骨之伸"，即伸展之意；夭，邹著云："吴式芬、许印林等以为'矢（cè，古同"侧"——笔者按）或云夭'。故'矢'、'夭'本为一字，后来分化成左倾头为'矢'，右倾头为'夭'，均为不正的意思。"据此，则"申申如"可引申为肢体之伸展，"夭夭如"可引申为侧坐（古人在正式场合一般为跪坐，即"正坐"），都是轻松自然的姿态。

【译文】

孔子在闲暇无事的时候，肢体舒展，形貌轻松自然。

【评析】

本章是描述孔子在闲居（即非正式场合）时的仪态。圣贤也是人，孔子虽然讲究礼仪，但在非正式场合的闲适状态下，也不可能总是端着架子正襟危坐，随意放松才合乎情理。

【原文】

7.5 子曰："甚矣吾衰也！久矣吾不复梦见周公①。"

【注释】

①周公，姬姓，名旦，周文王姬昌第四子，武王姬发之弟。西周初期杰出的政治家、军事家、思想家、改革家，被尊为"元圣"。因其采邑在周，封爵上公，故称周公，生卒年不详。周公是辅佐武王克商建周的元勋之一，武王崩逝，他又辅佐年幼的周成王迁都洛阳，平定了殷商遗民和东方诸国的叛乱，分封诸侯并制定礼乐，进一步完善了宗法制、分封制、嫡长子继承制和井田制。他还提出"敬天"、"明德"、"保民"思想，对西周政权的建立和巩固居功至伟。摄政七年之后，周公归政于成王，三年后病逝。《史记》记载，成王葬之于文王墓地，以示不敢以之为臣。周公封地在原奄国故土，因其辅佐成王无法亲到，遂遣长子伯禽代为赴任，建立鲁国，故周公为鲁国始祖。

【译文】

孔子说："我衰老得厉害了！我已经很久没有梦见周公了。"

【评析】

这段话应是孔子晚年所说。我们说过，周公是孔子的精神偶像，也是他尊崇的圣人。周公治下的西周初年，是孔子认为礼乐仁和的理想社会，也是他一生孜孜以求想要复兴的盛世。但其实孔子也明白，以他一己之力，是难以扭转历史大势的。"不复梦见周公"，意味着实现梦想的可能日益渺茫。片言只语，道尽了一个理想主义者理想破灭的悲凄。

【原文】

7.6 子曰："志于道，据于德，依于仁，游于艺①。"

【注释】

①艺，本义指礼、乐、射、御、书、数"六艺"，亦泛指各类技艺、艺术；游于艺，即广泛地学习、从事各类技艺或艺术以陶冶身心。

【译文】

孔子说："以（行）大道为志向，以德行为根据，以仁为依归，以各类技艺和艺术作为陶冶身心的手段。"

【评析】

在孔子看来，"道"是人生的终极目标，"德"是需要据守的原则，而这一切都要依靠"仁"来实现，即"不违仁"。至于"艺"，只可"游"，朱熹注为"玩物适情之谓"，通俗地说就是"玩"。但这个"玩"不是玩物丧志，而是"游心"——借游艺以养心，"玩"只是形式和手段，不是目的。中国近现代有许多世家出身的大"玩家"，如张伯驹、王世襄等，无不多才多艺，"玩"出了大学问、大名堂，为保存民族文化瑰宝做出了巨大贡献，可谓"艺进乎道"的典范，也可视为对孔子此言的生动诠释。因此本章也常被一些艺术界人士所引用。

【原文】

7.7 子曰："自行束脩①以上，吾未尝无诲焉。"

【注释】

①脩（xiū），干肉，十条干肉为一束，是古代师生初见时学生奉赠给老师的见面礼，后亦引申为学费的代名词，但束脩与学费其实并非一事。

【译文】

孔子说："（只要能）自备一点见面礼（向我请教的人），我从没有不教诲的。"

【评析】

本章很有意思，表面上看，说的是孔子教学的收费问题。《朱子语类》记载："（宋）真宗时，讲筵说至此，云：'圣人教人也要钱'。"令人捧腹，却是实情，毕竟老师再高尚，也要吃饭。但孔子之所以规定这样的拜师"门槛"，真实用意在于既强调学生对老师应有的尊重，又不至于因过高的费用将家境一般的学生拒之门外。十条干肉，在今天看来不值一提，但在孔子的时代，肉还不是普通百姓经常能享用的。因此"束脩"在当时虽不算厚礼，却也不像朱熹所说是礼中"至薄者"，而是比较适中的标准。当然只要学生的资质和对老师的敬意都足够，即便出不起束脩，相信孔子也不会计较，否则像颜回这样的贫困学生就无从入门了。

【原文】

7.8 子曰："不愤①不启②，不悱③不发④。举一隅⑤不以三隅反⑥，则不复也。"

【注释】

①愤，本义为愤懑、内心郁结，此处指因求知不得而内心抑郁。
②④启、发，犹今之"启发"、点拨。

③悱（fěi），朱熹注为"口欲言而未能之貌"，即内心想说却说不出来。

⑤隅（yú），角落。此处指老师教给学生的知识或事理的某个方面。

⑥反，反推、推测。

【译文】

孔子说："（对于学生），不到（他因求知不得而）郁闷的时候不去启发（他），不到（他）内心想说却说不出来的时候不去点拨（他）。（如果我）举出一个方面（他）还不能推知（其它）方面，就不用再（教他）了。"

【评析】

本章是成语"举一反三"的出处。"举一反三"，即子贡评价颜回的"闻一以知十"（《公冶长》5.9），一点就通，是悟性高的表现。而"愤"和"悱"则是好学的表现，不好学的人缺乏求知欲，更不会因为求知不得而影响心情。孔子虽然说"有教无类"（《卫灵公》15.39），但并非完全不挑学生——老先生明确表示：不好学或太鲁钝的学生，自己是不会上赶着去教他的。好学和聪明，显然是他判断"孺子可教"与否的重要标准。平心而论，又有几个老师不是如此呢？关于孔子的教育原则，后文还将详加论析。

【原文】

7.9 子食于有丧者之侧，未尝饱也。

【译文】

孔子在家有丧事的人旁边吃饭，从未吃饱过。

【原文】

7.10 子于是日哭①，则不歌。

【注释】

①此处之"哭"，除本义之外，亦有吊（丧）之意。

【译文】

孔子在一天内（如果因丧事）哭过，便不再唱歌。

【评析】

7.9 和本章都是讲孔子对待丧事、丧礼的态度。孔子主张"丧，与其易也，宁戚"，反对"临丧不哀"（《八佾》3.4、3.26）。因此 7.9 是表达对带丧之人的同情，本章则更凸显对待丧礼的郑重和哀悼的真诚。作家蒋子龙曾写过一篇散文《喜丧》，含蓄地讽刺了将丧事办成"喜事"、大吃大喝又唱又跳的"时髦丧礼"。不知孔子若见到这样的场面，会作何感想？

【原文】

7.11 子谓颜渊曰："用之则行，舍①之则藏②，惟我与尔有是夫！"子路曰："子行③三军，则谁与？"子曰："暴虎冯河④，死而无悔者，吾不与也。必也临事而惧，好谋而成者也。"

【注释】

①舍，舍弃不用。
②藏，此处指隐居不仕。
③行，此处指率领、指挥（军队）。
④暴虎冯（píng，通"凭"）河，语出《诗·小雅·小旻》："不敢暴虎，不敢冯河"，又见《诗·郑风·大叔于田》："袒裼（tǎn

xī）暴虎"。暴虎，古注皆认为是不用武器徒手搏虎，李零引复旦大学裘锡圭教授考证认为"暴"本作"虣"（bào），甲骨文中是执戈搏虎之象，本义应指不乘田猎之车搏虎，而非不用武器，此说较为合理；冯河，不乘舟楫涉水渡河。

【译文】

孔子对颜渊说："（如果当权者能）任用我，（我）就出来做事；不用我，（我）就隐居起来。（大概）只有我和你才有这样（的心态）吧！"子路说："（如果）您率领三军，（您会）和谁（共事）呢？"孔子说："不乘田车与老虎搏斗，不乘舟楫涉水渡河，（白白）死了还不后悔的人，我是不会和（他共事）的。（如果要选择共事的人），一定要是面对任务戒惧谨慎，善于谋划而能完成的人（才行）。"

【评析】

颜回和子路其实都是孔子喜爱的学生，但在《论语》中却对比鲜明：孔子对颜回是一有机会就表扬，对子路却是一有机会就敲打。本章中他又将颜回与自己相提并论，说只有颜回能和自己一样顺势而为、乐天知命。子路显然不服气，反问如果您行军打仗，谁陪着您呢？言下之意，颜回只能"舍藏"，只有自己才能在"用行"之时陪着老师出生入死。可惜孔子不买账，并讽刺说：自己根本不屑和一身血气之勇的莽夫为伍，只有谨小慎微、思虑周密的人方可与之共事。换言之，无谓的冒险毫无价值，子路的"舍生忘死"不值得提倡。鲁迅先生也说："正无需乎震骇一时的牺牲，不如深沉的韧性的战斗。"（《坟·娜拉走后怎样》）可看作对孔子此言的现代诠释和发展。

【原文】

7.12 子曰："富而可求也，虽执鞭之士①，吾亦为之；如不可求，从吾所好②。"

【注释】

①执鞭之士，按《周礼·秋官司寇》记载，当时有两种官吏执鞭：一是王侯贵族出入时为其执鞭清道的"条狼氏"；一是为市场守门的小卒。还有一说是为国君驾车的车夫。总之，都是低级的小吏。

②好，本义是喜好，此处当指志向、志愿。

【译文】

孔子说："富贵如果是（合理）可求的，即便是低级的小吏，我也做；如果是不应当追求的，（那我还是）坚守我的志愿。"

【评析】

本章的重点在"可求"二字。前人对"可求"大致有两说：一说着眼于"命"，即富贵之求得是取决于人力还是天命，亦即可行性。主此说者认为孔子的意思是，富贵取决于天命，无法人为强求，因此他宁可坚守自己的志向，至于能否富贵则交由上天决定。另一说着眼于"义"，即富贵是否可求，取决于其本身及追求的手段是否合于义理，亦即正当性。主此说者认为孔子之意是，只要富贵得来正当，即便通过低贱的工作获得也无妨；若是来路不正，则宁可不取而坚守志向。两说相较，征之后文7.16"不义而富且贵，于我如浮云"一语，可知后一说更接近孔子本意。这是孔子思想中非常宝贵的部分，我们将在7.16中详析。

【原文】

7.13 子之所慎：齐①，战，疾。

【注释】

①齐，通"斋"，斋戒。

【译文】

孔子（有三件）慎重对待的事：斋戒、战争、疾病。

【评析】

本章所说的三件事，表面看来似乎并无联系，实则有其内在逻辑：斋戒关乎鬼神，也就是关乎大到国家社稷、小到个人宗族的前途命运，对古人来说极其重要；战争，无论对于主动发起者还是被动面对者，都是动辄生灵涂炭、血流成河的大事；疾病更是直接关乎个人的生死。此三事，归根结底都是关乎每个人身家性命的大事，自然不可不慎。

【原文】

7.14 子在齐闻《韶》，三月不知肉味，曰："不图①为乐之至於斯也！"

【注释】

①不图，没想到。

【译文】

孔子在齐国欣赏到《韶》乐，三个月都尝不出肉味，说："没想到作为音乐（竟可以达）到这样（美妙的境界）！"

【评析】

在齐闻《韶》，是孔子青年时期的事，可能是他第一次欣赏这部雅乐。《八佾》3.25 中，他将《韶》评为尽善尽美，应该是后来的回忆。我们说过,在孔子的时代,肉还不是一般百姓能够经常消费的,可见肉之难得。而一部音乐作品竟能让孔子完全忽略了吃肉这件"奢侈"的事,如果没有过分夸张的话,那么除了作品本身的魅力,欣赏者的感受力也是惊人的。另有一说认为本章的句读应是"子在齐闻《韶》三月,不知肉味",较近常理,亦可通。总之,用今天的流行语来说,孔子是典型的古典音乐"骨灰级发烧友"。

【原文】

7.15 冉有曰:"夫子为①卫君②乎?"子贡曰:"诺③,吾将问之。"入,曰:"伯夷、叔齐何人也?"曰:"古之贤人也。"曰:"怨乎?"曰:"求仁而得仁,又何怨?"出,曰:"夫子不为也。"

【注释】

① 为(wèi),旧注为帮助;杨伯峻译为"赞成"。但若仅想知道孔子是否赞成卫君,似不必特意去问。故仍取旧说。
② 卫君,此处指卫出公,姬姓,名辄(zhé),春秋时卫国第二十九任国君,卫后庄公蒯聩(kuǎi kuì)之子,生年不详,约卒于公元前469年前后。公元前492年~前481年、前476年~前470年两度在位。
③ 诺,应答语,犹言"好"。

【译文】

冉有(问子贡)说:"夫子(会)帮助卫君吗?"子贡说:"好,我去问问(夫子)。"(子贡)进到(孔子屋里),说:"(您觉得)伯夷、叔齐是什么样的人?"(孔子)说:"是古代的贤人。"(子贡说):"(他们)有怨意吗?"(孔子)说:"(他们)追求仁而(最终)得到了仁,又有什么怨意呢?"(子贡)走出来,(对冉有)说:"夫子是不会帮助(卫君)的。"

【评析】

卫出公四年（公元前489年），孔子自楚返卫；卫出公九年（公元前484年），季康子遣人以币迎孔子，本章的对话很可能就发生在孔子离卫返鲁之前。这其中涉及卫国的一段"黑历史"：据《史记·卫康叔世家》记载，卫灵公三十九年（公元前496年），卫太子蒯聩与灵公夫人南子有恶，欲杀南子。事泄，南子告于灵公，蒯聩遂逃往宋国，后又投靠执政晋国的赵简子（赵鞅）。灵公四十二年（前493年）春，灵公欲立公子郢（yǐng）为太子，郢推辞不受；同年夏灵公薨后，南子遵其意欲立郢为君，郢却让位于蒯聩之子辄，是为出公。不久赵简子派人以护送蒯聩回国即位为名，欲侵略卫国；卫人闻知，发兵击蒯聩，其不得已退至宿邑自保，卫人亦罢兵。子贡以伯夷叔齐之事试探孔子，大概是因伯夷叔齐先是互相推让孤竹国君之位，与卫出公和蒯聩父子争国形成鲜明对照；后又不食周粟而饿死，不为功名利禄而折节。孔子则以"求仁得仁"表明立场：自己既不支持卫出公（其实是不支持父子争位），也不愿意为了得到卫君的重用而违心相助。子贡听懂了孔子的弦外之音，知其终不留此。后季康子派人迎回孔子，师徒就此归国。

【原文】

7.16 子曰："饭疏食，饮水①，曲肱②而枕之，乐亦在其中矣。不义而富且贵，于我如浮云。"

【注释】

①疏食，一说指粗粮，一说指糙米饭，此处取前说；水，一说指凉水，与"汤"（热水）相对，但似亦可与酒等高级饮品相对。
②肱（gōng），手臂由肩到肘的部分，亦泛指手臂。

【译文】

孔子说:"(即便)吃着粗粮,喝水,曲起手臂当枕头,乐趣也在其中。不合义理而(得到的)富贵,对我来说如同浮云。"

【评析】

孔子曾盛赞颜回的安贫乐道,而本章就是他本人的安贫乐道宣言。但他的安贫乐道,并非不要富贵,而是拒绝不正当的富贵。纵观孔子的一生,获得富贵的机会不可谓少,但他为了自己理想中的"义"和"道",不肯牺牲原则,以至颠沛流离,甚至被人讽刺为"累累若丧家之狗"(据《史记·孔子世家》),却始终未曾妥协。李零先生说,今人学《论语》,有两条最难学,此为其一。在笔者看来,最难学的未必只有两条,但面对富贵的诱惑能够坚守信念不动摇(也就是孟子所说的"富贵不能淫,贫贱不能移"),这确实是孔子最可敬的精神之一,也是今人最喜提倡却最少做到的。

【原文】

7.17 子曰:"加我数年,五十以学《易》①,可以无大过矣。"

【注释】

①《易》,指《周易》,又称《易经》(另一说认为《易经》指"三易",包括《连山易》、《归藏易》和《周易》),为"五经"之一。广义的《周易》包括《经》、《传》两部分:《经》相传为周文王被囚于羑(yǒu)里时,推演伏羲八卦而成,包含六十四卦和三百八十四爻,分别有卦辞、爻辞作为解释,主要用于占卜;《传》包含解释卦辞和爻辞的文辞七种,共十篇,统称《十翼》,相传本于孔子学说,为孔子后学所撰,但明显受到道家和阴阳家学说的影响。《易》虽被认为是卜筮之书,但实则包含着极其深奥丰富的哲学和人文思想;有些现代科

学研究甚至认为《易》中蕴藏着宇宙运行的规律，其内涵之深邃远超想象。因此《易》又被称为"大道之源"、"群经之首"。

【译文】

孔子说："（如果上天）让我多活几年，到五十岁时（深入）研究《易》，就可以不犯大的过失了。"

【评析】

关于孔子说五十学《易》一事，前人争议颇多：有的认为《史记》中说"孔子晚而喜《易》"，本章却说是五十学《易》，似乎并不算晚，于是便篡改原文，如朱熹将"五十"改为"卒"，相当于"最终开始学《易》"；或将"五十"改为"七十"、"九十"等，皆不足为据；有的认为本章是孔子五十岁前所说，有的却认为是孔子晚年所说，而孔子其实很早就开始学《易》了。对于以上问题，笔者认为：首先，在古代五十岁已算晚年，故有"人年五十不为夭"之说，陆游也有"人生五十即称翁"之句（《舟中作》），孔子在四十多岁时唯恐不寿，希望上天多给自己几年时间以学《易》，完全合情合理。若此言是孔子晚年所说，则不必再说"加我数年"了。其次，孔子何时开始学《易》，前人看法其实并不矛盾："学"有深浅，孔子年轻时未必没有接触过《易》，但"五十以学《易》"，当指深入研究而言。至于为何要到五十岁才深入研究，清末民初学者崔适《论语足征记》认为，是因为此前孔子"方以诗书执礼为事，故未暇学易，而学易必俟之年五十也"。简言之，年轻时事太多，没工夫。其实除此之外，或许还有学养、阅历的问题，以《易》之"广大悉备，未可遽学之也"（刘宝楠《论语正义》），只有到了一定年龄，才具备深入研究《易》的能力。因此何晏等注认为，孔子说"五十而知天命"（《为政》2.4）与"五十以学《易》"并非巧合，《易》乃预测未来、卜问祸福之书，"知天命"正是学《易》的成果。

【原文】

7.18 子所雅言①：《诗》、《书》、执礼②，皆雅言也。

【注释】

①雅言，又称"正言"，古代通用的上古语音系统，在此意义上相当于今之普通话。因夏商周三代的都城多在洛阳一带，故雅言即以当时的洛阳话为标准音。又因夏是三代之开端，所谓"夷夏之别"即是野蛮与文雅之别，故"雅言"亦称"夏言"。

②执礼，主持礼仪。

【译文】

孔子（有使用）普通话的时候：（诵读）《诗》、《书》和主持礼仪（的时候），都（使用）普通话。

【评析】

中原地区在古代很长一段时间内都是中国的政治、经济、文化中心，即中华文明"核心区"，地位可能比今天的北京还要高。因此，在当时能说一口标准的洛阳话，是一种上层人士（尤其是受过良好教育的贵族人士）的身份象征，大概比今天能说一口地道的北京话更有面子，故孔子在正式场合都用这种"古代普通话"。

【原文】

7.19 叶公①问孔子于子路，子路不对。子曰："女奚不曰：其为人也，发愤忘食，乐以忘忧，不知老之将至云尔②。"

【注释】

①叶（旧读"shè"）公，芈姓，沈尹氏，名诸梁，字子高，又

名沈诸梁，春秋末期楚国政治家、军事家，约生于公元前550年，卒于公元前470年前后。因其封地在叶邑，故又称叶公。公元前479年，楚平王之孙白公胜发动叛乱，囚禁楚惠王，叶公率军平叛，救出惠王，重整朝纲，被封为令尹、司马，总揽文武大权。但他并不恋权，后退位让贤，回封地养老；在叶邑时治理水患，颇有政绩，因家中墙壁画满水利图，每个水口又画着龙头，观者不解，或出于对其名誉地位的嫉妒，便讹传说他好龙却不懂画龙之法。后经西汉刘向《新序》一书的加工，便演绎出所谓"叶公好龙"的故事。

②云尔，犹"如此"。

【译文】

叶公向子路问孔子（是个什么样的人），子路没有回答。孔子（对子路）道："你为何不说：他这个人，用功起来便忘了吃饭，快乐起来便忘了忧愁，（仿佛）不知道衰老将要到来，（就是）如此。"

【评析】

描述一个人可以有很多角度，子路不答叶公之问，大概是平时常受孔子批评，生怕回答不得体，又被老师训斥。然而孔子的"自画像"却很简单：自己不过就是个特别勤奋，又能自得其乐——当然，这种"自得其乐"不是傻乐，而是安贫乐道——且心态年轻的老头而已，不要把他想得太神圣太复杂。但真要做到这几点，却正如佛家所说的"饿了吃饭，困了睡觉"，虽"如此而已"，实则并不简单。

【原文】

7.20 子曰："我非生而知之者，好古，敏以求之者也。"

【译文】

孔子说:"我不是生来就懂得(很多学问)的人,(只是)喜欢古代文化,勤勉机敏地去求得(这些学问)的人。"

【评析】

《季氏》16.9中,孔子将人(主要以智力为标准)分为四等,"生而知之者"是最高等,也可说是大圣大智,但这几乎相当于特异功能,现实中难以找到。孔子并不承认自己是这种天赋异禀的奇才,而只是通过不懈的努力和孜孜以求的勤敏获得真知的普通人,即第二等的"学而知之者"。但比起"困而学之"和"困而不学"者,却又胜之多多矣。这是孔子的又一幅"自画像"。与上一章互参可以发现两个共同点:一是孔子认为自己就是个普通人,并无异于常人之处;二是反复强调勤奋用功的重要性。我们或许应该由此反思:我们和先贤的差距到底是先天的,还是后天的?是智不如人的"不能也",还是慵懒怠惰的"不为也"?

【原文】

7.21 子不语怪、力、乱、神①。

【注释】

①怪,怪异;力,暴力;乱,有悖于礼义伦常;神,鬼神。

【译文】

孔子不谈论(有关)怪异、暴力、有悖于礼义伦常和鬼神(的事)。

【评析】

我们说过,相比于哲学和玄学,儒家更重视现实性强的社会学命题,而且更强调其"成教化,助人伦"的功能,因此孔子主张"敬鬼神而远之",子贡也说"夫子之言性与天道,不可得而闻也"(《雍也》6.22、《公冶长》5.13)。在孔子看来,"怪"与"神"这类"超自然"问题属于玄学范畴,而"力"与"乱"不但无助于世道人心,且与以德服人、以德治国的理念背道而驰,所以他对此避而不谈。至于这类话题是否真能完全避开,即使避开又是否真的有助于解决其对人心造成的困惑(或曰"惑乱"),恐怕还值得商榷。

【原文】

7.22 子曰:"三人行,必有我师焉。择其善者①而从之,其不善者②而改之。"

【注释】

①②善者、不善者,一说认为是指人,即善恶、贤愚之人;一说认为指事,即优点和缺点。从"改之"来看,若指人则无所谓"改",故应以指事为当。

【译文】

孔子说:"三人(一同)走路,其中一定有(可以当)我老师(的人)。(我)选择他们的优点来学习,(看到)他们的缺点就(反思自己是否也有这样的问题,如果有就)改正。"

【评析】

本章也是人们耳熟能详的《论语》名言之一。乍听之下无甚高论,实际上大多数人都做不到。原因无非是或固执己见,或骄傲自大,又或是只能接受"正面教材"而拒绝"反面教材"。尤其是从"反面教材"中汲取教训,引以为戒,有则改之,无则加勉,这是极为可贵的反思和自律精神的体现。子贡在《子张》19.22 中说孔子学无常师,从哪儿都能学到东西。没有这种精神,是不可能时时处处都获益而进步的。

【原文】

7.23 子曰："天生德于予，桓魋①其如予何？"

【注释】

①桓魋（tuí），子姓，向氏，名魋，春秋末期宋国人，因其为宋桓公后裔，故又称桓魋。生卒年不详。其为宋景公男宠，官至司马，后密谋叛乱，事败而逃往曹、卫。其弟司马牛为孔子门生。

【译文】

孔子说："上天赋予我（如此）美好的品质，桓魋又能把我怎么样呢？"

【评析】

《史记·孔子世家》对本章的发生背景有如下描述：孔子离开曹国，路过宋国，与弟子在大树下习礼。桓魋想杀孔子，派人将大树拔去。弟子们催孔子快走，他便说了这段话。若此为实情，则孔子当日之窘迫可想而知。但他还是一副淡定从容的样子，说自己是上天赋予了特殊品质的人，非桓魋所能加害。毛子水评论本章说，孔子是准备"守死善道，便什么都不怕了"，笔者以为未必。孔子不笨，他反对暴虎冯河，话不妨说得硬气，无谓的牺牲却不值当。大丈夫能屈能伸，《史记》的记载是："孔子走。"

【原文】

7.24 子曰："二三子以我为隐①乎？吾无隐乎尔。吾无行而不与二三子者，是丘也。"

【注释】

①隐，有所隐瞒。

【译文】

孔子说："你们（这些学生）以为我（对你们）有所隐瞒吗？我没有对你们隐瞒什么。我没有什么言行是不能与你们（分享）的，这就是我（的为人）。"

【评析】

前人在注本章的"隐"时，多将其解释为孔子教诲弟子的内容，认为这是孔门弟子中有人怀疑孔子有什么隐瞒不肯教的，故孔子表明心迹，直言自己确实是倾囊相授，并无隐瞒。但从下文的"行"字来看，"隐"似乎并不单指传授的内容，同时也应指言行，即孔子对学生不仅在教学上毫无保留，而且在本人的言行上也没有什么见不得人的，故无需隐瞒。《宋史·司马光传》所谓"平生所为，未尝有不可对人言者"，即是此义；若与下文"君子坦荡荡"一语互证互参，此义更明。

【原文】

7.25 子以四教：文①，行②，忠，信。

【注释】

①文，古代文献、典籍中的知识，泛指书本上的学问。
②行，（高尚的）行为举止。

【译文】

孔子以四种（内容）教导学生：书本上的知识，（高尚的）行为举止，（待人）真诚，（言行）信实。

【评析】

本章讲孔子教学的主要内容。"文"和"行",一为理论,一为实践;但"忠"和"信",本应为"行"的两个方面,之所以特意提出来与前两者并列,前人解释是孔子怕弟子之"行"并非出于真心,而是为邀名而矫饰诈伪,"故又进之以忠信"。"忠"与"信"是发乎内而行于外,更强调了内外一致。(南宋·金履祥《论语集注考证》)此说较为切当,且下文的"恭而安"也是着眼于外在之"行"须出于内在之"诚",可互参。

【原文】

7.26 子曰:"圣人,吾不得而见之矣;得见君子者,斯可矣。"子曰:"善人①,吾不得而见之矣;得见有恒者②,斯可矣。亡而为有,虚③而为盈④,约⑤而为泰⑥,难乎有恒矣。"

【注释】

①善人,孔子没有给出明确的标准,前人说法不一:邢昺疏将其等同于"君子",显然与前文矛盾;皇侃将其与"贤人"并论,也比较模糊;北宋大儒张载则认为"善人"就是孔子所说的"志于仁而无恶"的人(朱熹引);李零认为"善人"是大好人,下圣人一等,与"仁人"接近。但若张载所言不差,既然其"志于仁",说明尚未完全达到仁,应该是高于君子和"有恒者"而略下于"仁人"半筹。

②有恒者,即孟子所谓"有恒心"者,杨伯峻译为"有一定操守的人",较为准确。

③虚,空虚。

④盈,充盈、充实。

⑤约,紧缩、俭约,引申为穷困。

⑥泰,奢侈放纵。

【译文】

孔子说:"圣人,我是见不到了;能见到君子,这就可以了。"孔子说:"善人,我是见不到了;能见到有一定操守的人,这就可以了。(那些)没有却(假装)成有,空虚却(假装)成充实,穷困却(假装)奢侈放纵(的人),是很难坚持操守的。"

【评析】

在孔子的辞典里,"圣人"属于"超人"——不但要"生而知之",高明得不可思议,所谓"神明不测"(朱熹语),还要道德高尚,才能出众,并且有极高的地位,足以施展抱负,济世安民,只有尧、舜、周公等屈指可数的几个人才算得上,因此孔子说自己根本就不奢望能见到。至于"善人",孔子说他也见不到,唯君子和有恒者或许还有。但他又补充,要做到"有恒"也不容易:像那些爱慕虚荣、打肿脸充胖子的人,是很难坚持操守的。细思之,孔子此言很有道理:一个人困窘之际尚且大话连篇,挖空心思装门面,一旦让他看到有飞黄腾达的机会,哪怕是"不义而富且贵",也必会不顾一切去钻营,又怎能指望他有什么操守呢?

【原文】

7.27 子钓而不纲①,弋②不射宿③。

【注释】

①纲,收束渔网网口的大绳,此处指以网捕鱼。
②弋,系有丝绳的箭,此处指以系有丝绳的箭射猎物。
③宿,此处指归巢歇息的鸟。

【译文】

孔子钓鱼但不用网捕鱼,射猎但不射回巢歇息的鸟。

【评析】

先秦时已经出现了朴素的环保理念。《孟子·梁惠王上》中孟子也曾对梁惠王提出"数罟不入洿池"和"斧斤以时入山林"的谏议。当然严格来说,这一切首先是以"可持续利用"为目的的,与今天从生态环境本身和人道主义立场出发倡导的环保理念尚不能相提并论,但亦属难能可贵。值得一提的是,孔子的"弋不射宿",或许也含有"恻隐之心"的成分,若这种推测不误,则比纯粹的"可持续利用"进了一步。

【原文】

7.28 子曰:"盖有不知①而作②之者,我无是也。多闻,择其善者而从之;多见而识之,知③之次也。"

【注释】

①不知,此处同"无知"。
②作,此处指妄作,即凭空臆造虚妄之谈。
③知,此处指获得知识的途径。

【译文】

孔子说:"大概有(一种)无知却(喜欢)凭空臆造虚妄之谈的人,我没有这种(毛病)。(我会)多听,选择其中好的方面学习;多看并记在心里,(这是)次一等的获得知识的途径。"

【评析】

无知妄作之人,古已有之,于今为甚。经过他们的以讹传讹和添枝加叶,许多道听途说的谣传和小道消息变得真假难辨,轻则误人子弟,重则误人性命。当前我们接触到的大量垃圾信息和谣言,有许多正是这些人有意无意的"杰作"。大概是有感于此辈贻害不浅,孔子特别声明自己和他们不同，他的知识都是通过博闻强识、经过思考和选择得来的，这才是真知。但即使如此，孔子还说，这只是次一等的获取知识的途径。那么最高级的途径是什么？那就是"生而知之"了，即所谓"天授"，但一般人无法想象，所以还是应该像孔子一样，老老实实脚踏实地，多学少说方为正道。

【原文】

7.29 互乡①难与言②，童子③见，门人惑。子曰："与④其进也，不与其退也，唯何甚⑤？人洁⑥己以进，与其洁也，不保其往⑦也。"

【注释】

①互乡，地名，具体位置不详，有研究说是今河南商水县固墙镇，未知确否。此处指该地之人。
②难与言，究竟是何原因导致"难与言"，前人见解不一，故本书译为"难以沟通"，似较妥帖。
③童子，指少年人。
④与（yù），赞成、支持。
⑤唯何甚，何必（做得）太过分；唯，语助词。
⑥洁，本义为整洁，此处指打扮整洁，有尊重对方之意。
⑦不保其往，前人有两说，一说认为是"不死守其过往"之意，着眼于过去；一说认为是"不能保证其去后如何"，着眼于未来。两说相较，似以前说为优。

【译文】

互乡（这个地方的人）难以沟通，（有一个那里的）少年（受到孔子）接见，（孔子的）弟子们感到困惑。孔子说："（我们要）支持别人的进步，不支持别人的退步。何必（做得）太过分呢？别人将自己打扮整洁来见（我），我就要支持他的整洁，不要死守他过去（的行迹）。"

【评析】

"互乡"如何"难与言"，今已不可考。前人有将"互乡难与言童子见"作一句读的，认为是互乡的一个难沟通的少年来见孔子，而不是一乡之人都难沟通。但若是这个意思，似应作"互乡童子难与言，见"，较符合古汉语习惯。其实互乡之人难以沟通，可能是因为口音特殊难以听懂，也可能是文化观念不同导致的隔阂，这种情形至今并不少见，不足为奇。这个少年或许正是互乡中的一个另类，居然来向孔子请教，弟子因此不解。而孔子表示：既然别人打扮得整整齐齐求见，可知其诚意，就要予以鼓励，支持他追求进步的想法，不要揪住他的过去不放。既往不咎，对事不对人，是孔子"有教无类"思想的体现；凡有上进心者即给予支持，则与下文"我欲仁，斯仁至矣"的劝勉之意相合。

【原文】

7.30 子曰："仁远乎哉？我欲仁，斯仁至矣。"

【译文】

孔子说："仁（离我们）很遥远吗？我想要仁，仁就来了。"

【评析】

"仁"对于孔子而言，是仅次于"圣"的概念，也是高不可及。7.26中我们分析过，"善人"尚在"仁人"之下，孔子已说不可得见，何况"仁人"？下文7.34中他更是明言自己不敢当"仁"之誉，但在本章中却一反常态，将"仁"说得轻而易举，这种"矛盾"不免让读者疑惑。其实前人已注意到了这个问题，朱熹曰："仁者，心之德，非在外也。放而不求，故有以为远者；反而求之，则即此而在矣，夫岂远哉？"明代学者焦竑《焦氏笔乘》认为："此孔氏顿门也。

欲即是仁，非欲外更有仁；欲即是至，非欲外更有至。"也就是说，"仁"之远近，"至"与"不至"，是一个辩证的问题。恰如佛家的顿悟，"放下屠刀，立地成佛"，如果心中对"仁"有坚定的向往，自然会不遗余力地追求，"仁"自然就近在咫尺；如果对"仁"缺乏持续追求的动力，"仁"自然就遥不可及。明代大儒王阳明提出"心外无物"和"知行合一"，正与孔子此意相合。如果再简单化一点，则不妨将本章看作孔子对世人的勉励："仁"说难也不难，"为之，则难者亦易矣"（清·彭端淑《为学》），只要肯尽力去做，就有希望达到。

【原文】

7.31 陈司败①问："昭公②知礼乎？"孔子曰："知礼。"孔子退，揖巫马期③而进④之，曰："吾闻君子不党⑤，君子亦党乎？君取⑥于吴，为同姓，谓之吴孟子⑦。君而知礼，孰不知礼？"巫马期以告，子曰："丘也幸，苟有过，人必知之。"

【注释】

①陈司败，生平不详，一说以为人名，另一说认为当时陈、蔡两国称司寇为司败，而本章之对话当发生在孔子仕陈湣公期间（公元前491～前489年），"陈司败"即陈国之司寇。从文中"孔子退"等语，可看出其身份不低，故取后说为当。

②昭公，指鲁昭公，姬姓，名裯（chóu），《史记集解》作"袑"（shào），《史记索隐》作"稠"，鲁襄公之子，春秋时期鲁国第二十四任国君，生于公元前560，卒于公元前510年；公元前542～前510年在位。

③巫马期，本姓不明，"巫马"本为周朝时以巫术为马治病的兽医，后以职官为氏而为"巫马氏"，名施，字子旗（一字子期），鲁国人（一说为陈国人），生于公元前521年，卒年不详。曾任单父宰，《韩诗外传》记载他夙夜勤勉，亲力亲为，甚有治绩。唐开元二十七年追封"鄫（zēng）伯"；北宋大

中祥符二年加封"东阿侯";明嘉靖九年改称"先贤巫马子"。

④进之,一说认为是陈司败使巫马期上前,一说认为是陈司败靠近巫马期,从陈司败向巫马期作揖这个动作推测,应是他靠近巫马期较为合理。

⑤党,本意是拉帮结派,此处引申为偏袒。

⑥取,通"娶"。

⑦吴孟子,鲁昭公夫人,《左传》记载其卒于鲁哀公十二年(公元前483年)。

【译文】

陈司败问(孔子):"鲁昭公懂得礼吗?"孔子说:"懂礼。"孔子退出后,陈司败向巫马期作揖并上前说道:"我听说君子无所偏袒,(难道)君子也有所偏袒吗?鲁君从吴国娶(了一位夫人),(鲁、吴)是同姓(国家),(鲁君)便称她为吴孟子。鲁君如果懂礼,(还有)谁不懂礼?"巫马期(把这番话)转告(孔子),孔子说:"我很幸运,如果有过错,别人一定会知道。"

【评析】

"姓"与"氏",今天已经合称"姓氏",但在周代,"姓"与"氏"并非一回事:姓用以区别族群,也就是大的血缘关系;氏则用以划分家族分支。氏来源很多,有可能碰巧同氏却不同姓,也就是并非出自一个先祖,这种情况是允许通婚的;但如果同姓,就不允许通婚。这是古人避免近亲结婚的朴素的优生学观念,从今天的遗传学角度来看,当然值得商榷,但在当时是无可厚非的通行原则。鲁国是周公之后,吴国是太伯之后,同为姬姓,本不可通婚。但到春秋时期,这种原则已有松动迹象;尽管如此,同姓通婚还是容易惹人非议,故当事人都尽可能隐讳。当时国君夫人的称谓一般是其母国名加上其本姓,鲁昭公娶吴国女为夫人,本应称"吴姬",但他为了隐讳,便称其为"吴孟子"。一说认为"孟子"是其字,一说则认为是指其为吴国长女。总之，陈司败认为这是欲盖弥彰的悖礼之举，而孔子却为昭公掩饰，可见其说话也未必绝对公正，也有所偏私。其实，孔子也有苦衷：他是鲁国人，昭公毕竟是鲁国先君，让他批评先君，有违他"为尊者讳，为亲者讳，为贤者讳"（见《春秋公羊传·闵公元年》）的原则。尽管他是不得已而为之，但他有所偏袒毕竟是事实，对自己的"错误"，他勇于承认，并且为有人能指出自己的错误而感到高兴。这种敢说敢当，从善如流的态度和牺牲自己面子，保全他人声誉的精神，值得我们学习。

【原文】

7.32 子与人歌而善，必使反之，而后和①之。

【注释】

①和（hè），跟着（别人）唱歌。

【译文】

孔子与别人一起唱歌，如果（对方唱得）好，（孔子）一定让他再唱一遍，然后（自己）跟着唱。

【评析】

孔子不仅喜欢欣赏音乐，还亲自上阵演唱。他的唱功如何我们不得而知，但他唱过一遍之后还不过瘾，一定要请人再来一遍，自己也跟着唱一遍，可见他对音乐的痴迷到了何种程度。"三月不知肉味"，殆非虚言。

【原文】

7.33 子曰："文，莫吾犹人也①；躬行君子，则吾未之有得。"

【注释】

①本句历代存在争议,详见评析。

【译文】

孔子说:"书本上的学问,或许我还能比得上别人;亲身实践(当一个)君子,那我还做不到。"

【评析】

"文,莫吾犹人也"一句,前人见解不一:一说认为应读"文莫,吾犹人也",主此说者又分为两派,一派认为"文莫"是当时燕、齐等国的方言,犹言"勉强",意思是"我勉强能和人相比",但哪方面能勉强和人相比,缺乏交代;一派认为"文莫"通"忞慔(mín mù)",是黾勉、努力之意,全句意为"(我要)努力啊,我和别人没有什么两样"。一说则认为应读为"文,莫吾犹人也",主此说者也分为两派,一派认为意思是"凡是学问,我都超不过别人",但这种说法似乎过分谦虚;朱熹则认为"莫,疑辞,犹人言不能过人而尚可以及人。"言下之意,"文"即相当于"文行忠信"之"文"。从下文"躬行君子"来看,属于实践;上文应该属于书本上的知识,正对应"文",因此本句的意思应是"书本上的学问,或许我还能比得上别人"。朱熹之说,大体得之。这是孔子以自谦的方式强调知易行难:君子之道不是纸上谈兵,他自己身体力行了一辈子,还觉得一无所获。

【原文】

7.34 子曰:"若圣与仁,则吾岂敢?抑①为之不厌,诲人不倦,则可谓云尔已矣。"公西华曰:"正唯弟子不能学也。"

【注释】

①抑,如果。

【译文】

孔子说:"如果(说到)'圣'和'仁',那我怎么敢当?如果是(努力)追求(圣、仁之道)而不感到满足,(以之)教导他人而不感到厌倦,那(大概)可以说(也不过)如此而已。"公西华说:"这正是弟子学不了的。"

【评析】

本章中孔子明确拒绝将他视为圣人,甚至说自己连仁人也算不上——这也在情理之中:上一章他说自己连君子都做不到,又何况"圣"和"仁"?后人认为这都是他的谦辞,实则未必。在孔子看来,"仁人"虽较"圣人"略逊一筹,地位可能比不上圣人,也未必能"生而知之",但两者都是上流阶层,有足够的能力广施善行。单论地位,孔子就达不到,他只是一个没落小贵族的后裔,靠自己的努力才当上官,却又很快就被三桓排挤下台。唐人崔珏《哭李商隐》中的名句"虚负凌云万丈才,一生襟抱未曾开",用来形容孔子大体合适。因而他这番话,确出真心:"圣"和"仁"都离自己太远,只能是"实不能至,心向往之",竭尽所能去追求,并且教导别人也一起追求,仅此而已。就连这两点,公西华都说自己没法学,因为即使要学孔子当一个理想的朝圣者和苦行者,也绝非易事,所需忍受的孤独和不理解,远非一般人所能想象,因此公西华亦非虚言。

【原文】

7.35 子疾病,子路请祷。子曰:"有诸?"子路对曰:"有之。《诔》①曰:'祷尔于上下神祇②'。"子曰:"丘之祷久矣。"

【注释】

① 诔(lěi),清人段玉裁《说文解字注》曰:"讄,施于生者以求福。诔,施于死者以作谥。"此处应是一本古书名,今已佚。因本章中孔子尚健在,故前人有认为此处之"诔"为"讄"之误,

或"诔"与"讄"同者；但也有人认为这是子路引据失当。从尊重原文出发，姑取后说。

②神祇（qí），古人称天神为"神"，地神为"祇"，泛指神灵。

【译文】

孔子患病，子路请求（为他进行）祈祷。孔子说："有这样的道理吗？"子路回答说："有的。《诔》中说：'替你向天地神灵祈祷'。"孔子说："我已经祈祷很久了。"

【评析】

关于本章的"诔"，前人主要有两说：一说认为子路不可能混淆了生者专用的"讄"和死者专用的"诔"，两字或是后人误传，或是通假；另一说则认为这是子路用语失察，引用不当。从下文孔子的语气看来，后一种可能性较大。至于孔子的回答，前人多认为意思是自己生平问心无愧，没有什么大的过失，这就是最好的祈祷，不必再向神灵祈祷；李零别有一说，认为子路用"诔"很不得体，因此孔子内心不悦，故意讽刺说你为我祈祷很久了吧？暗指子路咒自己快死。但将"丘之祷久矣"解释为子路为孔子祈祷很久，恐不合语法；且子路不可能有此意，孔子也不可能如此小肚鸡肠。因此笔者认为，子路用词不当应是事实，人还活着就提出以死后才用的诔辞向神灵祈祷，相当于在生者面前念悼词，也难怪孔子不高兴。但毕竟子路本意并不坏，故孔子也只是轻轻讥刺他一下，说自己德行无亏，这就相当于一直都在祈祷了。"子不语怪力乱神"，孔子这番话颇有些"祸福皆自己求"的唯物主义色彩。

【原文】

7.36 子曰："奢则不孙①，俭则固②。与其不孙也，宁固。"

【注释】

①孙，通"逊"，谦顺。

②固，固陋，见识短浅。

【译文】

孔子说："（过分）奢侈（的人）就不会谦顺，（过分）节俭（的人）就会固陋。（但）与其不谦顺，不如固陋。"

【评析】

所谓"骄奢淫逸"，过分奢侈则易生骄狂，也就是"不逊"；"不逊"最直接的后果，就是以下犯上。而简朴虽是美德，过分则易流于寒酸狭隘、目光短浅，缺乏格局。但孔子认为，即便是目光短浅，也比骄狂要好。这大概含有为统治阶级考虑的因素——宁可让臣下老实一点，也不可任其骄纵。如果理解得宽泛一点，从人生实践来看，前者容易招人嫉恨，后者则难成大事（但勉强尚可自保），都不理想。当奢则奢，可俭则俭，方为"中庸"之道。

【原文】

7.37 子曰："君子坦荡荡①，小人长戚戚②。"

【注释】

①坦荡荡，朱熹注曰："坦，平也；荡荡，宽广貌。"形容人胸襟宽广光明而泰然自得。
②戚戚，忧惧貌。

【译文】

孔子说："君子（因）胸襟宽广光明而泰然自得，小人（因算计太多而）常怀忧惧。"

【评析】

本章是孔子论君子小人的心理状态差异的名句。坦荡荡，古注有的着眼于字面的"平"和"宽广"（如郑玄、朱熹等），有的则注意到了其效应，如程颐注为"舒泰"。其实，"坦荡荡"应兼因果而言之——胸襟宽广光明是"因"，泰然自得是"果"，君子心地纯洁，没有害人之心和各种算计，自然心无挂碍。明末清初大儒李颙（yóng）《四书反身录》曰："能俯仰无愧，便是坦荡荡"，极为精辟。反观小人，机关算尽，既要算计别人，又要时时提防被别人算计，岂能不常怀忧惧？

【原文】
7.38 子温而厉①，威而不猛②，恭而安。

【注释】
①厉，朱熹注为"严肃"，毛子水注为"严正"，毛说似略胜一筹。
②猛，严厉，李零译为"咄咄逼人"，亦贴切。

【译文】
孔子（为人）温和而严正，有威仪却不咄咄逼人，（举止）恭敬而安详。

【评析】
本章应该是孔门弟子对老师的印象。"温"与"厉"、"威"与"不猛"看似相反，难以并存，但如何把握其中的度，在两者之间取得平衡，考验的仍是君子的"中庸"之德。至于"恭"与"安"，似乎是一体的，但常人之"恭"，往往是刻意为之，故不免拘谨而不"安"；君子之"恭"，却是纯出本心，并不着意，因此自然安详。另有古本直指本章"子"前脱"君"字，应是"君子……"，两说在逻辑上并无抵触，甚至可以互为补充。姑存其说。

泰 伯

【原文】

8.1 子曰："泰伯①，其可谓至德也已矣。三以天下让，民无得而称②焉。"

【注释】

①泰伯，即吴太伯，周太王古公亶（dǎn）父长子，周文王伯父。相传古公亶父有意传位于三子季历（周文王之父），泰伯与二弟仲雍知其父心意，避居荆蛮，建立勾吴，是为吴国开国始祖。
②无得而称，找不到（实迹）来称颂（他）。

【译文】

孔子说："泰伯（这个人），可以说德行（高尚）至极了。三次逊让天下，民众（却）找不到（实迹）来称颂他。"

【评析】

关于泰伯的"三让"，前人说法不一，仅举主流者二例：一说是古公亶父虽欲传位季历，但临终前仍令季历三次让位于泰伯，泰伯皆坚辞不受，是为"三让"。一说是泰伯知父心意，遂于古公亶父晚年患病时，与仲雍借口入吴采药而不归，此为一让；亶父薨，泰伯回国奔丧，季历让位，泰伯又不受，此为二让；季历再让，泰伯以自己已断发文身，不堪为君而力辞之，此为三让。至于周当时只是一个小部族，何以可称"让天下"，前人也有不同看法，亦举二例：一说泰伯知季历贤德，乃出于为天下之公心而让位；一说则认为周本属泰伯，而泰伯让位于季历，季历生圣子文王，使周国力昌盛，文王又生武王而终得天下，所谓"让天下"是以最终结果而论。不论以上诸说何者为是，孔子此言之用意都很明显，就是提倡统治者的谦逊礼让。泰伯三让天下，有大德于民而又能"深藏身与名"，行大善事却无迹可寻，这就是最高的道德，亦即孔子所说的"能以礼让为国乎，何有"（《里仁》4.13）。然而，现实往往与理想相左，孔子面对的常常是"不能以礼让为国，如礼何"的局面。这也是孔子最大的无奈。

【原文】

8.2 子曰："恭而无礼则劳①；慎而无礼则葸②；勇而无礼则乱；直而无礼则绞③。君子笃④于亲，则民兴⑤于仁；故旧⑥不遗⑦，则民不偷⑧。"

【注释】

①劳，劳累。

②葸（xǐ），胆小怯懦。

③绞，（言辞）激切。

④笃，（感情）深厚。

⑤兴，旧注多训"起"，引申为趋向之意。

⑥故旧，故交和旧识，泛指熟人。

⑦遗，抛弃。

⑧偷，通"媮"（tōu），（人情）淡薄。

【译文】

孔子说:"恭敬却缺乏礼(的节制)就(难免)劳累;谨慎却缺乏礼(的节制)就(难免)胆小怯懦;勇敢却缺乏礼(的节制)就(容易)引发祸乱;直率却缺乏礼(的节制)就(容易言辞)激切。君子对待亲人感情深厚,民众就会趋向于仁;不抛弃熟人,民众就不会人情淡薄。"

【评析】

前人有将本章分为两章者,即"恭慎勇直"四句为一章,余下为一章。笔者认为,前半段是阐述"礼"的必要性,后半段是阐述"礼"的基础性,故仍应从旧说作一章。我们说过,"礼"是一种规则,即"度","越礼"就是"过度"。恭、慎、勇、直本都值得肯定,然而一旦过度,就容易走向事物的反面:过分恭敬,近于造作,见人便点头哈腰,就难免劳累;过分谨慎,做事就难免畏缩不前;过分勇敢,就容易无所顾忌,小则祸己,大则祸国;过分直率,就容易口无遮拦,言辞激切,得罪于人。概言之,即便是好事,"不以礼节之,亦不可行也"(《学而》1.12),此为"礼"之必要。后半段讲"君子",更多指上层阶级尤其是统治者而言。孔子认为,君子是老百姓的表率,所谓"推己及人",应当是先"推己"后"及人":试想一个对待自己的亲人和熟人都不厚道的人,又怎能指望他厚待那些关系更疏远的人呢?这是人际关系中最基础的"礼"——孔子倡导的"礼",是不违基本的人性的。他提出"恭近于礼"、"因不失其亲"(《学而》1.13),针对的正是这两个方面的问题。

【原文】

8.3 曾子有疾,召门弟子曰:"启①予足,启予手。《诗》云:'战战兢兢,如临深渊,如履薄冰'②。而今而后,吾知免夫,小子!"

【注释】

①启，前人有数解，详见评析。
②"战战兢兢"三句，出自《诗·小雅·小旻》，大意为"因为恐惧而小心谨慎，就像面对着深不见底的水，又像行走在薄薄的冰面上"。

【译文】

曾子患病，把门下弟子叫来说："张开我的脚，张开我的手。《诗》上说：'战战兢兢，如临深渊，如履薄冰'。从今往后，我知道（自己可以）免于（戒惧谨慎）了，学生们！"

【评析】

"启"，何晏注、邢昺疏训为"开衾而视之"，即掀开被子看；刘宝楠引清人王念孙《广雅疏证》认为"启"通"晵（qì）"，为省视之意。笔者认为，"启"可训"开"，曾参所患或为手足麻木拘挛之症，故让弟子张开其手足验看。前人多认为曾参终身谨守"身体发肤，受之父母，不敢毁伤"之训，故临终之际让弟子检视手足完好，欣慰于自己终可免于肢体毁损。李零则认为曾参是让弟子动动自己的手脚，确认它们还好好地长在身上，乃大病初愈、幸免于难后的一番感言。此说更近于人之常情，但下一章又言"曾子有疾"，两章似发生于同一时期，故此时曾参是否病愈尚存疑。中国孔子研究院刘晓霞《"启予足，启予手"——〈论语·泰伯〉的"启"示》一文认为："对'启予足，启予手'之'启'，……应理解为曾子在有疾时自己移动或者挪动自己的足和手，却非常艰难，因而引出本章想要表达的义旨：用自己病重于榻时手足挪动之艰比喻自己一生恪守道德之不易"，而"'而今而后，吾知免夫'的意涵应该不止因病将逝得以保全自身以殁之意，更多的还是在说：我这一生以仁为己任，恪守君子道德，无时无刻不在战战兢兢、如临深渊、如履薄冰，一生无违君子之道,而今终将去世,终于可以不再如此恐惧戒谨了"。从曾参的个性和《论语》编纂者的意图出发,这种"微言大义"的解释也可能更切近原旨。

【原文】

8.4 曾子有疾,孟敬子①问之。曾子言曰:"鸟之将死,其鸣也哀;人之将死,其言也善。君子所贵②乎道者三:动③容貌,斯远暴慢④矣;正颜色⑤,斯近信矣;出辞气⑥,斯远鄙倍⑦矣。笾豆之事⑧,则有司⑨存。"

【注释】

①孟敬子,孟武伯之子,姬姓,孟氏,名捷,又称"仲孙捷",孟孙氏第十一代宗主,谥号"敬",又称"孟敬伯"。生卒年不详。

②贵,重视。

③动,(外在)表现。

④暴慢,粗暴傲慢。

⑤颜色,脸色、神色。

⑥辞气,言辞和语气。

⑦鄙,粗鄙;倍,通"背",悖谬,不合理。

⑧笾(biān),古代宴会时使用的一种食器,也作为祭祀时的礼器,由"豆"演化而来,有竹、木、陶、青铜等各种材质,高足,上有平浅盘,直沿,用以盛果脯或肉脯;豆,其形制、材质和使用场景与笾类似,原用以盛黍稷等粮食,至周朝始用以盛肉酱等有汁的食物,春秋后有些带盖。此处以"笾豆之事"指代祭祀、宴飨等仪式中的具体细节。

⑨有司,主管某方面职事的官吏,此处指负责礼仪中具体环节的人员。

【译文】

曾子患病,孟敬子去探问他。曾子说:"鸟快死的时候,它的鸣声是悲哀的;人快死的时候,他的话是善意的。君子(在待人接物时)重视三个方面的问题:(以礼整饬)外在的容貌,就(可以)避免粗暴傲慢了;(以礼)端正自己的神色,就接近诚信了;(以礼规范)说话的言辞和语气,就(可以)避免粗鄙悖谬了。(至于)礼仪中的具体细节,有相关负责的人在(管理)。"

【评析】

本章与上一章一样,都是曾参在重病之时所说。"动容貌"、"正颜色"、"出辞气"具体应该如何做,曾参没有说明,前人有很多引申的解释,毛子水在翻译中加入"以礼"二字,较为精当。也就是说,君子对自己的容貌、神色和言辞、语气,都要处处以礼来规范、约束。至于"暴慢"、"信"和"鄙倍",前人有认为是指他人对自己,也有认为是指自己对他人。儒家提倡先正己后正人,曾参此言,恐怕还是更侧重于自己对他人的态度。曾参给孟敬子上这"最后一课",郑玄注说是因孟敬子忽视大节,专务小节,故以此戒之,有一定道理。李零认为,既然曾参觉得自己时日无多,本应说些真心话、有意思的话,可他还是一副一本正经的腔调,很没劲。笔者以为,曾参是个道学先生,但他不是假道学,而是真心谨守"圣人之训"的,这正是他的真心话。即便抛开其说话的背景和动机不论,他提醒孟敬子注意的三个方面,今天看来也并不过时。

【原文】

8.5 曾子曰:"以能问于不能,以多问于寡①;有若无,实若虚;犯而不校②。昔者吾友③尝从事于斯矣。"

【注释】

①寡,少,匮乏。

②校,通"较",包咸注为"报也",即报复、反击;朱熹注为"计校(较)"。两说有相通之处,朱注较为宽博,故取之。

③吾友,前人多推测指颜回。

【译文】

曾子说:"能力高却向能力低(的人)请教,(见识)丰富却向(见识)匮乏的人请教;有(学问)却(表现得)像没有(学问),(内心)充实却(表现得)像空虚;(别人)冒犯(自己)却不计较。过去我的朋友就曾这么做过了。"

【评析】

"以能问于不能,以多问于寡",是不耻下问;"有若无,实若虚",是虚怀若谷;"犯而不校",是宽宏大量。这绝非虚伪,而是体现一个人的气度,气度直接决定了人的格局。谦冲自牧而宽以待人者,必是有大格局之人。

【原文】

8.6 曾子曰:"可以托六尺之孤①,可以寄百里②之命,临大节而不可夺③也。君子人与? 君子人也。"

【注释】

①六尺之孤,身高六尺的孤儿,此处指未成年的国君。

②百里,方圆百里的小国,此处泛指国家。

③夺,强迫改变(志向或意愿)。

【译文】

曾子说:"可以把未成年的国君托付给他,可以把国家的命脉交给他,面对国家生死存亡的紧要关头却不能强迫他改变(志向)。(这样的)人是君子式的人物吗?是君子式的人物啊。"

【评析】

本章是曾参的君子观。"可以托六尺之孤",是有信义;"可以寄百里之命",是有才能;"临大节而不可夺",是有气节。简言之,他所谓的"君子",就是忠臣加能臣的代名词,这当然是从为统治者服务的角度说的。但若不拘泥于此,则不妨将君子的标准理解为德才兼备,更能把握其本质。

【原文】

8.7 曾子曰:"士不可以不弘毅①,任重而道远。仁以为己任,不亦重乎?死而后已,不亦远乎?"

【注释】

①弘毅,朱熹"弘,宽广也;毅,强忍也"。即具备远大的志向和刚强的毅力。

【译文】

曾子说:"士人不可以没有远大的志向和刚强的毅力,(因为他肩负的)责任很重,(要走的)道路很远。以(实现)仁作为自己的责任,不也很重吗?(直到)死才停止(追求),不也很远吗?"

【评析】

"士"是中国独有的文化概念,其基本属性虽是读书人,但其内涵、范畴决非普通"读书人"所能概括(可参见《里仁》4.9 注①)。

作为"士",远不止读好书、有学问这么简单,更是肩负相当大的社会责任。对儒家而言,最高的社会责任就是"天下归仁",这无疑是一个堪称伟大的理想。任重,故须有坚强的毅力,否则便容易半途而废;道远,故须有远大的志向,否则便缺乏奋斗的目标和动力。这就是立志和毅力对"士"的重要性。"任重道远"、"死而后已"都已是成语,尤其是后者,更因《后出师表》中"鞠躬尽瘁,死而后已"的精妙化用而为今人熟知。

【原文】

8.8 子曰:"兴于《诗》,立于礼,成于乐。"

【译文】

孔子说:"通过(学习)《诗》以兴起(修身向学之心),通过(学习)礼以立身,通过(学习)雅乐以完成(学问和修养)。"

【评析】

本章可视为孔子本人的学习经验,也是他的教学程序。《诗》教、礼教、乐教,在儒家的教育中是三位一体,前后相续,不可分割的。从浅层次上讲,古代在许多场合(尤其是礼仪场合)说话都要以《诗》起兴,或引用《诗》以佐证观点,又或是借题发挥,因此对《诗》是否熟悉,是否理解深刻,是衡量一个人的学习是否已经入门的重要标志之一,孔子说弟子"始可与言诗已矣",即表示对其第一阶段学习的认可;相对于《诗》考量的是会不会说话,"礼"考量的是一个人的行为举止是否得体,而《诗》又要应用于礼,也是礼的一部分;但只有《诗》和礼,是"尽善"而未"尽美",只有配以雅乐,才是尽善尽美。从深层次讲,古人认为,《诗》有助于初学者"兴起其好善恶(wù)恶(è)之心"(清·张甄陶《四书翼注》),即修身向学之心;礼是立身之基,是立足于社会的行为准则;乐则是所谓"成性"之教，即以雅乐净化人心、影响人性，从而使学问和修养并臻完善。西方认为音乐是最高的艺术形式，大教育家蔡元培也曾提出"以美育代宗教"之说，而孔子在两千多年前已有了类似的观点。

【原文】

8.9 子曰："民可使由之，不可使知之。"

【译文】

孔子说："老百姓（只）可让他们遵循（统治者定下的规则）去做，不可让他们知道（内在的原因）。"

【评析】

本章是谈驭民之术，说得更直白一点，就是愚民之术。大概是感觉这种说法过于直露，曾有前人将本章断为"民可，使由之；不可，使知之"，并解释为"对于民，其可者使其自由之，而所不可者亦使知之"（清·宦懋庸《论语稽》），又或断为"民可使，由之；不可使，知之"（康有为《论语注》），大意亦相近，都旨在维护孔子。但此说遭到古今大多数注者的反对。其实，将本章还原到历史语境中，即可知这种"为圣人讳"的做法毫无必要。孔子学说首要的服务对象和"推销"对象就是统治阶层，孔子一生从未将自己等同于普通的老百姓。换言之，他不可能超越时代的局限，成为一个真正站在人民立场上说话的民主主义者。后世的法家代表著作《商君书》、《韩非子》皆明确提出了愚民的主张，这都与儒家思想颇有关联，只是比孔子说得更露骨、更极端而已。这无疑是儒家思想中的糟粕，对此我们毋庸讳言；相反，只有正视这一点，才有利于我们客观理性地看待先贤的思想遗产，只有最大限度地还原其原貌，才是对先贤最大的尊重和爱护。

【原文】

8.10 子曰:"好勇疾①贫,乱也。人而不仁,疾之已甚,乱也。"

【注释】

①疾,憎恶。

【译文】

孔子说:"(一个人如果)崇尚勇力而憎恶贫困,(就会引起)祸乱。(对于)不仁的人,过于憎恶他,(也会引起)祸乱。"

【评析】

孔子提倡安贫乐道,"好勇疾贫"恰好与此相反,正如朱熹所言:"好勇而不安分,则必作乱"。但对于不仁之人(李零认为主要是指为富不仁者),孔子也认为不能过于憎恶,否则也是取乱之道。但这后一个"乱",到底是不仁之人引起的,还是憎恶不仁的人引起的,孔子没有说明。前人多认为,如果民众对不仁之人憎恶过甚,使其无地容身,就会迫使其作乱。笔者以为,孔子的意思恐怕是,如果民众对不仁之人的憎恶超过了一定程度,就会起而作乱了。但无论是哪种解释,显然孔子都是不赞成民众反抗不公和压迫的。孔子的主张是"不仁之人,当以风化之"(《后汉书·郭泰传》注引郑玄注),言下之意,民众若遭遇不仁的对待,也只应默默忍受。这也从侧面证明了我们上一章的论断:孔子是不可能真正站在人民立场上说话的。

【原文】

8.11 子曰:"如有周公之才之美①,使骄且吝②,其余不足观也已。"

【注释】

①美,此处指(才能)出众、卓越。

②吝,小气。

【译文】

孔子说:"即使有周公那样出众的才能,如果骄傲且小气,别的(方面)就不值得一看了。"

【评析】

对本章的解读,李零的看法很中肯:"骄奢淫逸,为富不仁,是孔子所痛恨。孔子少时贫且贱,贵族的傲慢与偏见,让他刻骨铭心。……他的话,有心理创伤。"但除了心理创伤,以孔子的观念看来,"骄"即是"不恭",也是"不逊";"吝"则必不能推己及人,更不用说"博施于民而能济众"了。这都是与孔子推崇的"圣"、"仁"甚至君子之道背道而驰的——有才无德,当然"不足观"。

【原文】

8.12 子曰:"三年学,不至于谷①,不易得也。"

【注释】

①谷,孔安国注训为"善",但缺乏根据;多数注者皆训为"禄",因中国古代以谷米作为俸禄或俸禄的计量单位,故以谷为官俸的代名词,今取此说。

【译文】

孔子说:"(一个人)求学三年而没有(想)到(做官得)俸禄,是很难得的。"

【评析】

如注①所说,若将"谷"训为"善",那么本章的意思就是"求学三年还不能变好的人是很少有的"。然而事实是,学习时间的长短与是否"善"并无直接联系,求学多年却一点没变好的人大有人在。而学习时间不长,就自认为能力不凡,想着当官发财的人也很不少。孔子应该是有见及此,故而说求学三年还没想到"为稻粱谋"的人,实在难得。在当今这个各种"速成班"遍地开花的快餐社会,孔子的话不啻于一记响亮的警钟。

【原文】

8.13 子曰:"笃信①好学,守死善道②。危邦不入,乱邦不居。天下有道则见③,无道则隐。邦有道,贫且贱焉,耻也;邦无道,富且贵焉,耻也。"

【注释】

①笃信,忠实地信仰。
②善道,即正道,泛指真理。
③见,通"现",现身,此处指出来做事(尤指为官)。

【译文】

孔子说:"忠实地信仰真理,努力学习它,誓死守护它。不进入倾危的国家,不住在动乱的国家。天下政治清明的时候就出来做事,政治昏暗的时候就隐居起来。国家政治清明的时候,(自己却)贫贱,(是一种)耻辱;国家政治昏乱的时候,(自己却)富贵,(也是一种)耻辱。"

【评析】

本章的主旨是论"守道"。"道"既是客观的真理,也是主观的信仰,因此要对其深信不疑且坚定不移。但孔子虽然提出"守死善道",却并非愚昧地"死守",明知是危乱之地,就不必去做无辜的牺牲品了。孔子曾赞赏南容和宁武子的识时务与明哲保身,可见他并不赞成"明知山有虎,偏向虎山行"的做法。但反过来说,识时务并不意味着油滑和见风使舵,在原则和底线问题上是不能妥协的。孔子的观点是,世道可为时,应当积极入世;若不可为,必须坚持"不义而富且贵,于我如浮云",才是真正的"守死善道"。本章可与《公冶长》5.2、5.21 和《述而》7.16 互参。

【原文】
8.14 子曰:"不在其位,不谋其政。"

注:本章又见于《宪问》14.26,详见该章译评。

【原文】
8.15 子曰:"师挚①之始,《关雎》之乱②,洋洋③乎盈耳哉!"

【注释】
①师挚,即《微子》18.9 中的"大师挚",很可能也是《八佾》3.23 中的"鲁大师",鲁国的乐官之长,名挚。生平不详。
②乱,此处指古代乐曲的最后一章,相当于合奏或合唱。
③洋洋,美而盛貌。

【译文】
孔子说:"(当)太师挚(演奏乐曲)的开篇和结尾(演奏)《关雎》的时候,美妙而盛大(的音乐)充满了耳中!"

【评析】

《仪礼·燕礼》详细记载了古代燕饮时奏乐的程序，其共分四节，前三节内容是《诗·小雅》中的篇章：开始是"升歌"，乐工奏唱《鹿鸣》、《四牡》、《皇皇者华》三篇；随后是"笙入"，奏《南陔》、《白华》、《华黍》三篇；然后是"间歌"，笙奏《由庚》、《崇丘》、《由仪》三篇，唱《鱼丽》、《南有嘉鱼》、《南山有台》三篇。最后一节即"乱"，也称"合乐"，内容出自国风：奏唱《周南》中的《关雎》、《葛覃》、《卷耳》三篇和《召南》中的《鹊巢》、《采蘩（fán）》、《采苹》三篇。孔子对古乐的喜爱到了"三月不知肉味"的程度，鲁国的这位太师挚的演奏技巧大概也是出神入化，故能令孔子如此激赏。

【原文】

8.16 子曰："狂而不直，侗①而不愿②，悾悾③而不信，吾不知之矣。"

【注释】

① 侗（tóng），前人，一说训"无知"，一说训"诚悫（què）"（诚朴），今取前说。

② 愿，前人一说训"善"，一说训"谨厚"（谨慎笃厚），今取后说。

③ 悾（kōng）悾，前人一说训"无能"，一说亦训"诚悫"，今取后说。

【译文】

孔子说："狂放却不率直，无知却不谨慎笃厚，（表面）诚朴却不诚信，我不知道他（算什么样的人）。"

【评析】

狂放本无伤大雅，但应该内心率直，否则便是狂而邪；无知也不是罪过，但应该有自知之明而谨慎老实，否则便是狂妄；至于表面诚朴却无信义者，则是表里不一，即"巧言令色"。这三种人，都属于"不直"之辈，孔子说"不知"，即是对其表示否定和不屑之意。

【原文】

8.17 子曰："学如不及，犹恐失之。"

【译文】

孔子说："治学要像（追求某个目标一样，唯恐）追不上，（即便追上了）还唯恐失去它。"

【评析】

本章是孔子谈治学的态度。学海无涯，每个人即使穷尽一生的时间，所得也不过是沧海一粟。因此孔子说治学要像生怕追不上某个目标一样，争分夺秒，孜孜不倦，丝毫不能懈怠；即便是获得了想要的知识，也要时刻防止其遗失，因此他又提倡"学而时习之"、"温故而知新"。先贤对待学问尚且如此勤勉而敬畏，何况今人乎？

【原文】

8.18 子曰："巍巍①乎！舜、禹②之有天下也而不与③焉。"

【注释】

①巍巍，高大貌。
②禹，又称大禹，姒姓，名文命（据《史记·夏本纪》），上古时期夏后氏部落首领，夏朝开国之君。相传他治理洪水有功，深得民心，舜晚年时禅位于他，但他死后却传位于其子启（《史记》说禹本传位于伯益，禹三年丧期结束，伯益又让位于启），

从此开启了"家天下"的世袭制度。

③不与（yù），主要有两说：一说注为"不亲临其事"，即不事必躬亲之意；一说注为"不相关"或"不以为乐"，即不占为私有之意。两说逻辑皆可通，前一说似可与下文8.20中以能臣治国呼应，前人多倾向此说；但朱熹、杨伯峻等主后一说。从本章语气来看，后一说更配得上"巍巍乎"的高度评价，今从此说。

【译文】

孔子说："舜和禹真是崇高啊！拥有天下却不把它当成私人享有的产业。"

【原文】

8.19 子曰："大哉尧之为君也！巍巍乎，唯天为大，唯尧则①之。荡荡②乎，民无能名③焉。巍巍乎其有成功④也，焕⑤乎其有文章⑥！"

【注释】

①则，效法。
②荡荡，广远貌。
③名，指称、形容。
④成功，成就的功业。
⑤焕，鲜明而有光彩。
⑥文章，朱熹注为"礼乐法度"，十分精当。

【译文】

孔子说："尧作为君王真是伟大啊！太崇高了！只有天是最高大的，只有尧能效法天道。（尧的功德之）广远，民众（简直）无法形容。他成就的功业太崇高了，他（制定的）礼乐法度太灿烂了！"

【原文】

8.20 舜有臣①五人而天下治。武王②曰:"予有乱臣③十人。"孔子曰:"才④难,不其然乎?唐虞之际⑤,于斯为盛;有妇人焉,九人而已。三分天下有其二,以服事殷。周之德,其可谓至德也已矣。"

【注释】

①臣,指贤臣,今已不可考,孔安国、朱熹皆注为禹、稷、契、皋陶、伯益五人。

②武王,即周武王,姬姓,名发,周文王姬昌次子,周朝开国之君。约生于公元前1106年,约卒于前1043年。他继承文王遗志,重用太公望、周公旦、召公奭(shì)等贤臣,励精图治,使周国力日盛。约前1046年,武王联合庸、蜀、羌等部族,发动牧野之战,讨伐商纣王。殷商军队阵前倒戈,反助武王,纣王被迫自焚,殷商灭亡,史称"武王克殷";周朝建立,史称"西周"。武王积极恢复生产,制定法令,推行封建制、宗法制和井田制,中国长达近三千年的封建帝制由此形成。

③乱臣,旧本《论语》无"臣"字,唐开成石经于"乱"下增补"臣"字,后归入正文。乱,前人训"治","乱臣"即治国之能臣。此十人具体亦不可考,马融注为周公旦、召公奭、太公望、毕公高、荣公、太颠、闳(hóng)夭、散宜生、南宫适(与孔子弟子南容同名姓)和文母(即武王之母太姒),但朱熹引北宋学者刘敞观点认为儿子没有以母为臣之理,故文母实应为邑姜(太公望之女,武王王后)。

④才,指人才。

⑤之际,本义为"之间",刘宝楠训为"之后",逻辑更通,故取之。

【译文】

舜有五位贤臣而使天下太平昌盛。武王说:"我有十位治国的能臣。"孔子(评论)说:"人才难得,不是这样吗?唐尧、虞舜之后,到(武王)这时(人才)是最鼎盛的;(而这十位能臣中)还有一位是妇人,(只能算)九人而已。(文王)得到了天下的三分之二,(仍然)臣服事奉殷朝。周的德行,可以说是(高尚)至极了。"

【原文】

8.21 子曰:"禹,吾无间然①矣。菲②饮食而致孝乎鬼神,恶衣服而致美乎黼冕③,卑④宫室而尽力乎沟洫⑤。禹,吾无间然矣。"

【注释】

① 间(jiàn)然,非议、指摘(之举)。
② 菲,(使)菲薄。
③ 黼(fǔ),古代礼服上所绣的黑白相间的斧形花纹,此处指代礼服;冕,古代帝王、诸侯所戴的礼冠,宋以后专指帝王的礼冠。
④ 卑,(使)矮小。
⑤ 沟洫(xù),本义为田间用于灌溉或排水的沟渠,此处指代水利工程。

【译文】

孔子说:"(对于)禹,我没有可非议的了。(他吃的)饮食很菲薄,却尽可能地孝敬鬼神;(他穿的)衣服很粗劣,(在礼仪场合)穿戴的礼服礼冠却尽可能华美;(他住的)宫室很矮小,却对水利工程(不惜代价)竭尽全力。(对于)禹,我没有可非议的了。"

【评析】

孔子对"先王之道"推崇备至。8.18～8.21四章，都是孔子对先王们的评价。尤其是对尧、舜、禹三位上古"圣君"，孔子更是赞美有加。总结起来，不外乎以下几点：一是虽然拥有天下，却不将其作为个人享乐的私产，也就是与天下人共天下（8.18）；二是礼乐和典章制度完备，尤其是礼乐，所谓"道之以德，齐之以礼，有耻且格"（《为政》2.3），是真正的和谐社会（8.19）；三是选贤任能，人才济济，而且还能恪守本分，恭敬顺从，不犯上作乱（8.20）；四是自己的生活简朴至极，却对鬼神、礼制和民众尽心竭力，也就是克己敬神、克己复礼、克（修）己安人（8.21）。这些赞美之辞未必是真实的历史，却从侧面反映了孔子的治国观念和政治理想。虽然其中有些观点随着时代进步已不合时宜（比如将女性排除在能臣之外），但像选贤任能、克己安民等，依然有着重要的现实意义。而孔子对先王时代的向往，也折射出其对当时社会现实的不满，以及理想难以实现、抱负难以施展的满腔忧愤。

子 罕

【原文】

9.1 子罕言①利，与命与仁。

【注释】

①罕言，很少谈论。

【译文】

孔子很少谈论利，（但）赞成安守天命和仁道。

【评析】

本章也是前人争论的焦点之一。"利"，皇侃将其理解为正面意义，解为"利万物"之"利"；但多数注家都认为是负面意义，即"利益"之"利"。若取后一说，则引出第二个问题，就是句读。有人将本章作一句读，即"子罕言利与命与仁"，将两个"与"字都当连词"和"讲，意思是孔子对"利"、"命"和"仁"都很少谈论。另一说则将本章断为"子罕言利，与命与仁"，其中又分两派，一派认为"与命与仁"是对命和仁都谈得多；另一派则认为两个"与"应读"yù"，作"赞成"解。但分析《论语》全书不难发现，孔子确实极少谈"利"，即使偶尔谈到也大体是持批判态度；他也很少谈"命"，或许是天命难测难言，因此他的态度也比较隐晦；而"仁"却是他常常谈到、赞不绝口且向往之极的，并不"罕言"。且将"与"仅解为"赞成"，也语焉不详。因此笔者认为,"与命与仁"之"与"确有"赞成"之意,但孔子"赞成"什么呢?应该是赞成要"安命"和"安仁"。安仁,乃仁者所为,在《里仁》4.2中已讲过,不再赘述;安命,并非一般理解的安于现状、任由命运摆布,而是认识到上天赋予自己的责任,坦然接受,不怨天尤人,勇于承担,敢于进取。这是一种积极向上的人生态度。

【原文】

9.2 达巷党人①曰:"大哉孔子!博学而无所成名②。"子闻之,谓门弟子曰:"吾何执③?执御乎,执射乎?吾执御矣。"

【注释】

①达巷党人,一说"达"为地名,"巷党"连读,即"闾里"(乡里);一说"达巷"为地名,五百家为"党","达巷党人"即居住在达巷的乡党之人。今取后说。前人有将其坐实为当时一神童项橐(tuó)者,未必可信。
②无所成名,一说认为是赞美孔子高不可及,与孔子赞美尧"荡荡乎,民无能名焉"相同;一说认为是讽刺孔子没有赖以成名的专长。从本章语境来看,应取后说为当。
③执,此处指专门从事(某方面工作)。

【译文】

住在达巷的乡人说:"孔子太伟大了!(他)学问广博,(可惜)却没有赖以成名的专长。"孔子听了这话,对门下的弟子说:"我专门从事什么工作(合适)呢?(是)驾车呢?(还是)射箭呢?我(还是)驾车好了。"

【评析】

前人注本章，多有认为达巷党人之语是夸赞孔子博学得无法形容，而孔子之语是谦卑至极的，这都属于刻意曲解。达巷党人的意思其实比较直白，就是讽刺孔子名虽博学，却没有站得住脚的专业技能，相当于"万金油"。李零认为，孔子的回答是一种巧妙的比喻，以射和御比喻专和博的关系：射箭是紧盯着一个目标射，只专注于一点；而驾车是拉着人到处跑，涉猎广泛。当代大儒启功先生就曾说自己上课是"猪跑学"，不拘于一点一面。我们今天的教育培养的都是"专才"（还称不上"专家"），像孔子这样视野宽广的"通才"却是凤毛麟角。相较而言，"猪跑学"更契合"素质教育"的要求。

【原文】

9.3 子曰："麻冕①，礼也；今也纯②，俭，吾从众。拜下③，礼也；今拜乎上，泰④也；虽违众，吾从下。"

【注释】

① 麻冕，以麻纤维织成的礼帽。麻纤维较粗，要制成礼帽须织得非常细密，费工费料。

② 纯，本义为丝，此处指以丝帛织成的礼冠。丝帛较细，易织成，省工省料。

③ 拜，先拱手，再俯首至手，谓之"拜手"；然后下跪磕头，谓之"稽（qǐ）首"。"拜下"指在堂下行拜礼，升堂后再拜，这是臣下向君上行礼的标准仪轨；下文"拜乎上"指不在堂下拜而仅在堂上行拜礼。

④ 泰，即骄泰，骄慢放纵。

【译文】

孔子说："（戴）麻织的礼冠，是（传统的）礼仪；今人（改戴）

丝织的礼冠，比较俭省，我跟从大众（的做法）。（臣下）在堂下（向君上）行拜礼，是（传统）的礼仪；今人（改为）在堂上行拜礼，是骄慢（的行为）；即便与大众（的做法）相背，我（也）选择在堂下行拜礼。"

【评析】

孔子好古礼，但他并非死板不知变通的唯古论者，而是有原则和前提的，即节俭和庄敬。戴麻冕虽是古礼，却不及丝冕俭省，故其宁可跟从今人做法；而拜下是庄敬之举，拜上则是骄慢倨傲，这时孔子选择维护古礼。这与他主张"礼，与其奢也，宁俭"，反对"为礼不敬"是一致的（《八佾》3.4、3.26）。孔子对"礼"重实质而轻形式的做法，值得今人借鉴。

【原文】

9.4 子绝四①：毋②意③、毋必④、毋固⑤、毋我⑥。

【注释】

①绝四，杜绝了四种毛病。

②毋，本义为"不（要）"，但从"子绝四"一语来看，下面应该是所"绝"之"四病"，似不当再加"毋"。然"毋"亦可通"无"，即"无此四病"之意，毛子水主此说，语义通达，今从之。

③意，主观猜测。

④必，本义为一定、必然，引申为绝对肯定。

⑤固，固执己见。

⑥我，以"我"为中心，认为只有自己的意见正确，杨伯峻译为"唯我独是"，甚精当。

【译文】

孔子杜绝了四种毛病：（他）没有主观猜测（的毛病），没有绝对肯定（的毛病），没有固执己见（的毛病），没有唯我独是（的毛病）。

【评析】

孔子力避之"四病"，核心都是以主观、自我为中心，不顾客观事实和他人意见，自以为是，狂妄自大。但这些恰恰都是人最容易犯的错误，因为人作出某种判断，总是难免带有主观因素、感情因素等。作为自警、自勉，告诫自己要防止这四种毛病，当然是对的；但要彻底戒断，恐怕很难实现。所谓"子绝四"，不知是否有些溢美？

【原文】

9.5 子畏①于匡②，曰："文王既没，文③不在兹④乎？天之将丧斯文也，后死者⑤不得与⑥于斯文也；天之未丧斯文也，匡人其如予何？"

【注释】

① 畏，一说为戒惧之意；一说通"围"，即拘禁之意。前人多取后说，今从之。

② 匡，地名，具体位置待考。前人有卫邑、郑邑、宋邑数说，从本章事件的发生背景来看，为郑邑的可能性较大。

③ 文，朱熹注为"道之显者谓之文，盖礼乐制度之谓"，其实除了礼乐制度，应该还包括精神影响等，杨伯峻译为"文化遗产"，较精当。

④ 兹，此。

⑤ 后死者，此处是孔子自指。

⑥ 与（yù），本义为参与，此处引申为了解、掌握之意。

【译文】

孔子被拘禁在匡地,(他)说:"文王死后,(他的)文化遗产不正在(我)这里吗?(如果)上天将要断送这些文化遗产,就不会让我掌握它;(如果)上天不想断送这些文化遗产,匡人又能把我怎么样呢?"

【评析】

关于本章发生的背景,前人有诸多推测:一说从孔子说话的语气出发,认为此事可能与桓魋拔树(《述而》7.23)有关,或许是桓魋在孔子走后又得知他经过匡地,故唆使匡人拘禁孔子。另一说则认为是把持鲁国季氏家政的家臣阳虎(又称阳货)在鲁国讨伐郑国时曾凌虐匡人,阳虎与孔子相貌相似,故孔子路过匡地时被匡人误认为阳虎而拘禁。但不论真实情形如何,孔子一如遭遇桓魋之难时般镇定自若,他始终坚信自己是天选之人,在使命没有完成之前,是不会那么轻易就遭遇不测的。我们无从得知孔子内心的真实活动,但至少从表面看来,他的这份自信和勇气令人佩服。

【原文】

9.6 太宰①问于子贡曰:"夫子圣者与?何其多能也?"子贡曰:"固天纵之将圣②,又多能也。"子闻之,曰:"太宰知我乎?③吾少也贱,故多能鄙事④。君子多乎哉?不多也。"

【注释】

①太宰,官名,历代地位和职责有所不同,西周时太宰为百官之首,掌"六典"以辅君王,总管宫廷事务;东周时随着王室权力衰微,其地位亦大不如前。此处之"太宰"为诸侯国之太宰,前人有吴、宋、鲁、陈四说,未知孰是。

②天纵之将圣,上天(有意)使他成为圣人。

③太宰知我乎,前人多认为是感叹句,即"太宰确实知我"之意;但从下文孔子的语气来看,似乎并不认为太宰很了解他,故应作问句为妥。

④鄙事,包咸注为"鄙人之事",即身份卑贱之人所从事的工作。

【译文】

太宰问子贡:"孔夫子是圣人吗?为什么会有这么多方面的才能?"子贡说:"本来上天(有意)使他成为圣人,又(让他具备)这么多才能。"孔子听说之后道:"太宰了解我吗?我年少时(身份)卑贱,所以才会这么多粗鄙的事。君子的才能很多吗?不多啊。"

【评析】

孔子曾说"若圣与仁,则吾岂敢",甚至说自己连"躬行君子"都"未之有得"(《述而》7.33、7.34)。但他的弟子们却不这么想,"造圣运动"从他生前就已开始,其中子贡当居"首功"。本章中他与太宰一唱一和,非要将孔子推上"天纵将圣"的宝座。但孔子的回答却是四两拨千斤:自己多才多艺,并非因为是天生圣明,而恰恰是因为自己出身卑微。言下之意,是社会和现实生活将他磨练出来的;而那些出身高贵的人,往往并不多能。虽然孔子不认为多能是好事,却无形中撕碎了别人强加给自己的"纸糊的高冠"(鲁迅语)。其实,靠自己努力取得成就的人,比天生聪明绝顶的人更加可敬。可惜子贡并不明白这个道理,又或许如李零所说:"树老师做圣人,是为了自己做圣人,老师不当,学生怎么当?"

【原文】

9.7 牢①曰:"子云:'吾不试②,故艺。'"

【注释】

①牢,一般认为是孔子弟子,《史记·仲尼弟子列传》无载,但《左传》、《孟子》、《庄子》等皆有"琴张"其人。《孔子家语》说他名牢,字子开,一字张(但又有说琴张与琴牢并非一人者),生平不详。唐开元二十七年追封"南陵伯";北宋大中祥符二年加封"顿丘侯",政和六年改封"平阳侯";明嘉靖九年改称"先贤琴子"。

②试,本义为考察、任用,即当官。

【译文】

琴牢说:"孔子说过:'我(因为)不被任用,所以多才多艺。'"

【评析】

本章是弟子转述孔子的话,明显是一种自嘲的口吻,但言语间充满了苦涩。与上一章联系起来看,孔子始终拒绝将自己的才能归结为"圣人"的天才。他认为,是生活的磨难和挫折将他锻炼成才的。

【原文】

9.8 子曰:"吾有知乎哉? 无知也。有鄙夫①问于我,空空如也②。我叩其两端而竭焉③。"

【注释】

①鄙夫,本义指乡下人,引申指见识浅陋之人。

②空空如也,一说"空空"通"悾悾",为诚悫貌;一说即空无一物貌,今成语"空空如也"即出自此说。从上下文义判断,当以后说为是。

③本句争议较大,详见评析。

【译文】

孔子说:"我有学问吗?没有啊。有个见识浅陋的人来向我请教,(一副)什么都不懂的样子。我从(正反)两端敲打他,竭尽所能(还是收效甚微)。"

【评析】

本章也是理解的难点之一。前人出于维护孔子形象的考虑,有许多迂曲的解释:一说认为"空空"是说鄙夫一副诚恳求教的样子,"叩其两端而竭焉"是说孔子尽心竭力从他所提问题的正反两方面去启发他;一说认为"空空"是孔子谦虚至极,说自己胸中空无一物,"叩其两端而竭焉"是说面对鄙夫的求教,虽自认无知却仍知无不言,将自己所有知识的始末倾囊相授。这都是刻意美化孔子的说法。其实从"鄙夫"一词来看,孔子根本就看不起这个人。李零认为,孔子的意思是,在傻瓜面前,自己一无所知,此说颇有道理。孔子曾经明确说过"举一隅不以三隅反,则不复也"(《述而》7.8),对于不能举一反三的人,孔子尚且不愿多费口舌,又怎么会在一个"鄙夫"身上浪费精力呢?孔子这番话,应该是反讽,意思是面对鄙夫,自己有再多的学问也和无知者一样,派不上用场。虽然这么说似乎有眼高于顶、瞧不起人之嫌,但仔细想想,两个学识、三观等等都差距过大的人,确实是很难进行有效交流的。

【原文】

9.9 子曰:"凤鸟不至,河不出图①,吾已矣夫!"

【注释】

①相传上古伏羲为王时,有龙马从黄河中浮出,背负一幅神秘的图案献给伏羲,是为"河图"(据后人研究,"河图"其实应该是银河的星象之图);伏羲据此推演出八卦,为《易》

之起源。其与前文的凤鸟一样，都是圣人降世的祥瑞之兆。河不出图，意味着不得见圣人之治。

【译文】

孔子说："凤鸟不飞来，河图也不出现，我（这一生恐怕快要）完了！"

【评析】

我们多次提到，孔子推崇先王之道、向往圣人之治。凤鸟河图，都是圣人应世的瑞象，也是孔子理想的象征。凤鸟不至，河不出图，与"不复梦见周公"一样，都暗喻着理想中的太平盛世离自己越来越远。人是靠理想支撑着的，理想一旦彻底破灭，人生也就形同结束了。孔子之悲，至此极矣。

【原文】

9.10 子见齐衰①者、冕衣裳②者与瞽③者，见之，虽少，必作④；过之必趋⑤。

【注释】

① 齐衰（zī cuī），通"縗缞"，中国古代依亲疏关系不同而分等的五种丧服（五服）之一，仅次于最重的"斩衰"。以较粗的麻布制成，下衣的摆缝齐，丧期由三个月到三年不等。此处泛指（穿）丧服。

② 冕衣裳（cháng），（穿戴）礼冠和礼服，此处是有地位的象征。

③ 瞽（gǔ），眼盲。

④ 作，起立。

⑤ 趋，小步快走。

【译文】

孔子（只要）见到穿着丧服的人、有地位的人和盲人，相见时即使（对方）年轻，也一定站起来；经过他们面前时一定小步快走（以示尊重）。

【评析】

本章也是谈礼的"敬"。起立和小步快走，都是表示尊重对方。对地位尊崇者表示尊重，不难理解；而对服丧者和身有残疾的盲人表示尊重，则是在对礼的重视和敬畏之外，更多了一层安慰的含义，使原本严肃的"礼"更具人文关怀的色彩。用今天的话说，孔子的礼，是"有温度"的礼。

【原文】

9.11 颜渊喟然①叹曰："仰之弥②高，钻之弥坚③。瞻之在前，忽焉在后。夫子循循然善诱人④，博我以文，约我以礼，欲罢不能。既竭吾才，如有所立卓尔⑤。虽欲从之，末⑥由也已。"

【注释】

①喟（kuì）然，叹气貌。

②弥，更、越。

③坚，坚实深邃。

④循循然，一说为恭顺貌，一说为有次序，前人多主后说，今从之。善诱人，善于引导别人。

⑤如有所立卓尔，卓尔，前人多注为超绝、独立之貌。朱熹认为本句是"颜子自言其学之所至也"，即颜回认为自己向孔子学习已到了可独当一面的程度（但尚难以企及孔子）；另一说则将本句断为"如有所立，卓尔"，认为是指孔子之道超绝独立，不可企及。从本章的语境来看，似以后一说更妥帖，

但不必断句亦可。

⑥末，通"蔑"，完全没有。

【译文】

颜回感叹道："（夫子的道德学识），越是仰望就越觉得高不可及，越是钻研就越觉得坚实深邃。看着似乎在前面，忽然又在后面。夫子很善于有步骤地引导别人，用各种知识使我（的学问）广博，又用礼义来规范我（的思想行为），（我哪怕）想停下来也不可能。我竭尽才能（地学习），（夫子却）像高高屹立在我面前（无法超越）。即使想要跟随他，却完全找不到（合适的）路径。"

【评析】

孔子总是对颜回赞不绝口，颜回对老师自然更是崇拜得无以复加。简言之，就是夫子之道，高不可攀、深不可测。但这些都比较"虚"，相对比较"实"的是循循善诱和博文约礼，后者在《雍也》6.27中孔子已说过，是君子的治学修身之道；前者已是大家耳熟能详的成语，也是教育的基本原则和要求之一。

【原文】

9.12 子疾病，子路使门人为臣①。病间②，曰："久矣哉，由之行诈也！无臣而为有臣，吾谁欺？欺天乎？且予与其死于臣之手也，无宁③死于二三子之手乎！且予纵不得大葬④，予死于道路乎？"

【注释】

①臣，按照周礼，诸侯死后有"小臣"负责料理丧礼事宜，尤其是为其整理遗容。但只有诸侯如此，天子及士大夫皆无。

②病间（jiàn），一作"病闲"，病势稍有好转。

③无宁，通"毋宁"，宁可、不如。

④大葬，隆重的安葬。

【译文】

孔子得了大病，子路让（孔子的）学生们充当（治丧的）小臣。（后来孔子）病逝有所好转，说："仲由做这种欺诈之事很久了！（我）本不该有小臣，（他）却非要（装出我）有小臣（的样子），我要骗谁呢？骗上天吗？况且我与其死在小臣手里，还不如死在你们这些学生手里！而且我纵然不能得到隆重的安葬，（难道）我就会死在道路上吗？"

【评析】

《述而》7.35中，子路在孔子得病时为他念谏词，让孔子很不快。而本章中他犯的错误更严重，孔子还没死，他就急着安排人（应该是他的师弟们）准备料理后事，惹得孔子勃然大怒。孔子骂他的理由倒也冠冕堂皇：自己顶多只能算卿大夫一级，还不够格使用诸侯一级的"小臣"，子路给自己装门面，是伪饰狡诈之举，莫非还想欺瞒上天吗？但实际上，老夫子生气的理由恐怕和7.35中一样，都是因为自己还活着别人就准备给自己治丧了。子路的莽撞，确实让人难以接受。

【原文】

9.13 子贡曰："有美玉于斯，韫椟①而藏诸？求善贾②而沽③诸？"子曰："沽之哉，沽之哉！我待贾者也。"

【注释】

①韫（yùn），收藏；椟，木匣。
②善贾，一说"贾"通"价"，"善贾"即好价钱，成语"待价而沽"便出自此说；另一说"贾"为商贾（gǔ），"善贾"即合适的买家。从本章语境来看，应以后一说更为恰当。
③沽，买卖，此处指出售。

【译文】

子贡说:"这里有一块美丽的玉,是把它放在木匣里收藏起来好呢?还是物色一个合适的买家卖掉好呢?"孔子说:"(当然是)卖掉啊,(当然是)卖掉啊!我就在等待(合适的)买家啊。"

【评析】

本章是子贡又一次试探孔子的心意。孔子的回答很明白,自己是在等待识货的买家,正所谓"良禽择木而栖,贤臣择主而事"是也。孔子是主张积极入世的,他并不想当隐士,但他也不愿意委曲求全、随便托身某个权贵门下,而是务必要等到那个"伯乐"出现。这也是他下文将要提到的"匹夫不可夺志"的体现,可惜事与愿违,终其一生,他也没有遇到那个真正理解他的"伯乐"。

【原文】

9.14 子欲居九夷①。或曰:"陋,如之何?"子曰:"君子居之,何陋之有?"

【注释】

①九夷,先秦时对居住于今山东东部和淮河中下游安徽、江苏一带的少数民族的统称,此处指其所居之地。

【译文】

孔子想到九夷之地去居住。有人说:"(那个地方的条件)太简陋了,怎么行呢?"孔子说:"君子住在那里,有什么简陋的?"

【评析】

孔子想迁居到所谓"蛮夷"之地,显然是对当时中原诸国的现状失望之极的气话,不可当真。但偏偏有人当真,还劝孔子说那里条件太差，怎么能住人呢？孔子的回答很有智慧：只要是君子所居，就无所谓"简陋"。唐代文学家刘禹锡《陋室铭》最后一句就直接引用了孔子这句话，成为千古传诵的名句。

【原文】

9.15 子曰："吾自卫反①鲁，然后乐正②，《雅》、《颂》各得其所。"

【注释】

①反，通"返"，返回。
②正，此处是整理、编订之意。

【译文】

孔子说："我从卫国返回鲁国，然后把乐诗整理、编订出来，使《雅》、《颂》都得到恰当的分类。"

【评析】

孔子不仅是乐迷，更是研究音乐的专家。从下文谈到《雅》《颂》来看，他所整理的应该主要是《诗》的内容。前人对孔子所"正"者到底是《诗》的乐曲还是篇章曾有过争论，但《诗》在先秦时本是配乐演唱的"乐诗"，诗与乐密不可分。孔子删《诗》与正乐，应该是一体两面。据《左传》记载，孔子自卫返鲁是在鲁哀公十一年（公元前484年）冬，故本章之事当发生在此之后。

【原文】

9.16 子曰："出则事公卿①，入则事父兄②，丧事不敢不勉③，不为酒困④，何有于我哉？"

【注释】

①公卿，"三公九卿"的简称，具体官职说法不一，此处指上级。

②父兄，父亲和兄长；但孔子之父早亡，此处当指兄。
③勉，本义为勤勉，此处杨伯峻译为"尽礼"，更贴切。
④困，本义为困扰，此处指沉湎、陷溺。

【译文】

孔子说："出门侍奉上级，在家侍奉兄长，（对待）丧事不敢不尽礼，不沉湎于饮酒，对我来说（即使做到了这些），又有什么（可夸耀的）呢？"

【评析】

侍奉上级和父兄，要义在"敬"；对丧尽礼，不贪杯误事，主旨在"慎"。因此本章所言实际上还是"敬慎"的问题，可与《雍也》6.2互参。

【原文】

9.17 子在川上①曰："逝②者如斯夫！不舍③昼夜。"

【注释】

①川上，河边。
②逝，流逝。
③不舍，本义为不舍弃（一分一秒），引申为不停息。

【译文】

孔子在河边说："流逝的（光阴）就像这（河水）一样啊！昼夜都不停息。"

【评析】

本章也是《论语》中的名篇。孔子的这番话，除了感叹光阴易逝，恐怕更蕴含着年华老去而理想抱负难以实现的悲凉，可视为另一个版本的"甚矣吾衰也"。毛泽东曾将前二句直接化用入他的《水调歌头·游泳》中，只是其心境与孔子已迥然不同。

【原文】

9.18 子曰："吾未见好德如好色者也。"

注：本章又见于《卫灵公》15.13，详见该章译评。

【原文】

9.19 子曰："譬如为山，未成一篑①，止，吾止也；譬如平地，虽覆一篑，进，吾往也。"

【注释】

①篑（kuì），装土的筐。

【译文】

孔子说："比如（堆土）成山，还差一筐土就堆成了，（这时如果）停下来，（那就是）我自己放弃的；又比如平地上，即使只倒了一筐土，（如果决心）往下做，我就（义无反顾地）坚持下去。"

【评析】

《尚书·周书·旅獒》有名言："为山九仞，功亏一篑。"所诫者，是因不注意小节而功败垂成之举。孔子所作譬喻或源出于此，但着眼点是在坚持到底，不可半途而废，简言之即"有志者，事竟成"，更强调主观能动性对成败的决定性作用。

【原文】

9.20 子曰："语之而不惰者，其回也与！"

【译文】

孔子说:"(能听我)对他讲话而(始终)不懈怠的人,大概只有颜回吧!"

【原文】

9.21 子谓颜渊,曰:"惜乎!吾见其进也,未见其止也。"

【译文】

孔子论及颜渊时说:"太可惜了!我(只)见到他(不断)进步,从未见到他停下来过!"

【评析】

以上两章,又是孔子夸赞颜回的话,主要是表扬他的勤学不倦、进步不止,用朱熹的话说就是"闻夫子之言而心解力行,造次颠沛,未尝违之"。"未见其止"之"止",既可解为"停止",亦可解为"至",即达到某种境界。孔子此言,除了褒奖,或许更是因自己未能见到最心爱的学生终成大器而痛惜万分吧!

【原文】

9.22 子曰:"苗而不秀①者有矣夫!秀而不实者有矣夫!"

【注释】

①秀,此处指禾类植物抽穗开花。

【译文】

孔子说:"(庄稼只)发芽长苗却不抽穗开花的是有的!(只)抽穗开花却不结实的也是有的!"

【评析】

人的成长亦如作物的生长，需要各种各样的条件，只有主客观条件都具备，才能顺利长成。若要成才，乃至取得一定的成就，所需的条件则更多。因此孔子以庄稼喻人，感叹于苗子虽多，而最后真正成才者却不多——许多意外，往往非人力所能左右。

【原文】

9.23 子曰："后生可畏，焉知来者之不如今也？四十、五十而无闻①焉，斯亦不足畏也已。"

【注释】

①无闻，没有名望。

【译文】

孔子说："年轻人是值得敬畏的，怎么知道后来的人就不如现在的人呢？（但如果一个人到了）四、五十岁还没有名望，这就不值得敬畏了。"

【评析】

现代女作家张爱玲曾有名言："出名要趁早"，听起来和孔子此言异曲同工，似乎颇有些功利主义色彩。但古人寿短，四五十岁已接近晚年，若这时还没有名望，再想成大器确实有点困难。然而古今中外大器晚成的例子也不少，像周朝的开国元勋姜太公，七十多岁才得遇文王而成就功业。因此孔子应该只是就一般规律而言，主要目的还是在勉励学生"及时当努力"；当然同时也是一种自勉，提醒自己也要努力，不要被"后浪"们远远甩在后面。反观孔子本人，"出名"倒是不晚，五十岁后更是声名远播，可惜得志时少，失意时多。从某种角度讲，这或许是比"无闻"更大的悲哀。

【原文】

9.24 子曰:"法语之言①,能无从乎?改之为贵。巽与之言②,能无说乎?绎③之为贵。说而不绎,从而不改,吾末如之何也已矣。"

【注释】

①法语之言,朱熹注为"正言",即严肃而合理的话。
②巽(xùn)与之言,马融注曰:"巽,恭也,谓恭孙(逊)谨敬之言",朱熹注为"婉而导之",即委婉引导的话。
③绎,本义为抽丝,此处引申为分析、探究(事理)。

【译文】

孔子说:"严肃而合理的话,能不听从吗?(还要能依言)改正才可贵。委婉引导的话,(听了)能不高兴吗?(还要)分析一下(其中的深意)才可贵。只是高兴却不加分析,只是(表面)听从却不改正,(对这种人)我就完全没办法了。"

【评析】

忠言逆耳,良药苦口,这是尽人皆知的道理,但真正能接受并且身体力行者却不多。只喜欢听顺耳的话,希望大家都顺着自己的意思说,是人性的弱点。因此孔子认为,只要是合理的话,哪怕再严肃甚至严厉,也要听,而且不能搞"虚心接受,坚决不改"那一套,必须实实在在地改正;而对于柔顺悦耳的话,也不能只是听着高兴,还要想想其中是否有深意,或许说话者是话里有话、语含劝导也未可知。所谓"耳顺",就是要对任何话(不论正面反面)都能接受,并且深入思考、分析,"择其善者而从之"。这是一个人成熟的表现,也是不断成长、自我完善的必由之路。

【原文】

9.25 子曰:"主忠信,毋友不如己者,过则勿惮改。"

注：本章与《学而》1.8后三句重出，可参看。

【原文】

9.26 子曰："三军①可夺帅也，匹夫②不可夺志也。"

【注释】

①三军，按周制，一万两千五百名士兵为一军，天子可有六军，大的诸侯国可有三军。此处泛指军队。
②匹夫，平民中的男子，此处泛指普通人。

【译文】

孔子说："军队可以（用强力使其）丧失主帅，普通人（如果意志坚定，是）无法强迫其改变志向的。"

【评析】

李零先生说，孔子最难学之处有二，一是"不义而富且贵，于我如浮云"，我们在《述而》7.16中已讲过；其二便是"匹夫不可夺志"。"志"是无形的精神力量，是支撑人格的重要基石；"志"既包含理想、信念，也包含气节、原则和操守。美国作家海明威的名著《老人与海》中最经典的一句话是："一个人并不是生来要被打败的。你尽可以消灭他，可就是打不败他。"这正是对"匹夫不可夺志"的最佳诠释。孔子若有知，或许会将海明威引为知己吧？

【原文】

9.27 子曰："衣①敝缊②袍，与衣狐貉③者立而不耻者，其由也与！'不忮不求，何用不臧？'④"子路终身诵之。子曰："是道也，何足以臧？"

【注释】

①衣（yì），此处作动词"穿"之意。
②缊（yùn），旧棉絮。
③狐貉（hé），指用狐貉之皮做的袍子。
④忮（zhì），嫉恨；求，贪求；何用，为何、何以；臧（zāng），善、好。此句出自《诗·邶（bèi）风·雄雉》，大意为"不嫉恨，不贪求，怎么会不好呢？"

【译文】

孔子说："穿着破旧的棉袍，和穿着狐貉皮袍的人站在一起却不觉得耻辱的，大概就是仲由了吧！（正如《诗》上说的）'不忮不求，何用不臧？'"子路（听后）终身都吟诵这两句诗。孔子（知道后）说："（只有）这点德行，就足以说是'好'了吗？"

【评析】

我们说过，在孔子的学生中，子路和颜回是一对鲜明的对比：对颜回，孔子是毫无保留地赞赏；对子路，却难得表扬一回，即使表扬，也往往要先扬后抑，附带一番敲打。本章中孔子用《诗》中的话夸赞子路不攀比、不贪求物质享受，但在知道子路整天把这两句话挂在嘴边时，却又讥刺他：只有这点德行，也敢拿出来炫耀？"臧"既有"善"之意，又引申为"褒扬"之意，孔子此言应该是一语双关，说子路难道认为自己这就算够好了吗？哪里值得特别表扬呢？但平心而论，嫉妒和贪求，都是人性的根本弱点，子路能做到"不忮不求"，实非易事，还是值得一表的。

【原文】

9.28 子曰："岁寒，然后知松柏之后凋①也。"

【注释】

①凋，凋零。

【译文】

孔子说："天气冷了，才知道松柏是最后凋零的。"

【评析】

松柏四季常青，故前人对"后凋"一语颇有争议：有以"后凋"为"少凋"者，亦有以"后凋"为"不凋"者（台湾学者李敖主此说），皆不足为据。清人李光地《论语札记》认为松柏并非不凋，只是"旧叶未谢，而新枝已继"，因此看起来像"不凋"，实际是"后凋"，这是符合科学事实的。但孔子的用意本在于以松柏比喻不畏严寒、凛然挺立的气节，是否有如此科学理性的认识，大可不必深究。

【原文】

9.29 子曰："知者不惑，仁者不忧，勇者不惧。"

【译文】

孔子说："有智慧的人不会迷惑，有仁德的人不会忧虑，勇敢的人不会畏惧。"

【评析】

本章乍听之下似乎有些绝对化，又有点像"正确的废话"。但实则不然。依笔者的理解，所谓"知者不惑"，并非是说智者就绝对不会感到迷惑，而是不会被假象和各种外部诱惑所迷惑；所谓"仁者不忧"，并非是说仁者就绝对没有任何忧虑之事，而是说他"君子坦荡荡"，不用也不会为一己之私而殚精竭虑；所谓"勇者不惧"，也并非是说勇者就天不怕地不怕——那是匹夫之勇，孔子就曾批评过子路的这一点——而是说应当见义勇为，在大义面前，无所畏惧，勇往直前。知者、仁者、勇者,都是人而不是神,但他们都是有勇、有谋、有原则的了不起的人。

【原文】

9.30 子曰:"可与共学,未可与适道①;可与适道,未可与立②;可与立,未可与权③。"

【注释】

①适道,趋向于大道,即追求大道。
②立,立定于道,即坚守大道。
③权,一说解为"权衡",一说解为"权变"、"变通",从上下文逻辑关系来看,应以后说为当。

【译文】

孔子说:"(有些人)可以和(他)一起学习(知识),(但)未必可以和(他一起)追求大道;(有些人)可以和(他一起)追求大道,(但)未必可以和(他一起)坚守大道;(有些人)可以和(他一起)坚守大道,(但)未必可以和(他一起)通达权变。"

【评析】

本章是讲学习的四种境界,层层递进:学习知识,只是掌握了"技"或"艺",仅属于入门功夫;学习知识是为了追求大道,"技进乎道"才是士君子的目标和责任;仅仅追求也还不够,还要能守道,不因外部因素的变化而动摇,此即"匹夫不可夺志";但坚守又不是死守,还要懂得变通,否则就是书呆子。王国维也曾提出著名的治学三境说,然而着眼点还是在学问本身。相比之下,孔子所说的四境界则突破了学问本身的藩篱,立意更为高远。

【原文】

9.31 "唐棣之华，偏其反而。岂不尔思？室是远尔。"①子曰："未之思也，夫何远之有？"

【注释】

①唐棣（dì），一种似白杨的乔木，又称"扶栘（yí）"，开白花；华，通"花"；偏，《晋书》作"翩"；反，朱熹认为通"翻"，都是形容花翻飞摇动的样子。此句应为逸诗，大意为"唐棣树的花，翩翩摇摆。我怎么会不思念你呢？只是你住得太远了。"

【译文】

（有这样几句诗：）"唐棣之华，偏其反而。岂不尔思？室是远尔。"孔子说："（只是）没有思念过罢了，（如果真的思念）哪有什么远的？"

【评析】

对于本章，程树德直言"文极费解"，前人有各种猜测和解释，但都缺乏确凿的依据。这四句逸诗出自何处？引用它有何用意？"思"的对象到底是谁（或者是"什么"）？都不甚清楚。笔者认为，若只作一般的理解，本章可以视为孔子对于"怀人"的看法，意思是只要内心真的思念，便"天涯若比邻"，无所谓"远"。但如果孔子此言确有深意或基于某种情境而说，则朱熹的看法较有参考价值：他认为本章的主旨可能与《述而》7.30所说"仁远乎哉？我欲仁，斯仁至矣"相近，都是在讲求道、求仁的主观能动性问题。南宋理学名家冯厚斋观点与此相近，认为"夫子谓道不远人，思则得之"，皆成一家之言。

乡 党

【原文】

10.1 孔子于乡党，恂恂如①也，似不能言者；其在宗庙朝庭②，便便③言，唯谨尔。朝，与下大夫④言，侃侃如⑤也；与上大夫⑥言，誾誾如⑦也。君在，踧踖如⑧也，与与如⑨也。

【注释】

①恂（xún）恂如，谦恭貌。

②朝庭，一说通"朝廷"，一说则认为"庭"与"廷"有别，前者是在宫中，有堂；后者是在平地，无堂，但皆是国君和大臣议政理政之所。

③便便言，《史记·孔子世家》作"辩辩言"，说话明白晓畅。

④⑥按周制，诸侯有三卿（司徒、司马、司空），司徒、司空下分别有二大夫，司马下有一大夫；三卿为上大夫，其余大夫为下大夫。就鲁国而言，三桓分任三卿，但自鲁成公、襄公以来，三卿之外又有"小卿"，由鲁宣公弟叔肸（xī）后人充任，亦位列上大夫。

⑤侃侃如，一说训为刚直貌，一说训为和乐貌，俱不妥帖；应是由"刚直"引申为理直气壮、从容不迫之貌。成语"侃侃而谈"出处在此。

⑦誾誾（yín）如，孔安国注为"中正之貌"，即不卑不亢；《说文解字》则训为"和悦而诤"，即和颜悦色而能尽言之貌。

此处当取前说为当。

⑧踧踖（cù jí）如，恭敬而不安貌。

⑨与与如，一说"与与"通"㺄（yǔ）㺄"，步履安详貌。

【译文】

孔子在老家时，（表现得很）谦恭，好像不会说话似的；（但）他在宗庙和朝廷上说话明白晓畅，只是（比较）谨慎。上朝的时候，（他）和下大夫说话，从容不迫；和上大夫说话，不卑不亢。国君在场（的时候），（他）恭敬而（略带）不安的样子，（但仍然）步履安详。

【评析】

本章是讲孔子在不同场合面对不同对象时的不同表现，尤其是不同的说话态度。"见什么人说什么话"听起来是贬义，实则是人际交往中必备的技巧——不仅是"说什么"，"怎么说"也很重要。若像子路那样走到哪里都一副雄赳赳气昂昂的样子，结果恐怕真的是"不得其死"了。

【原文】

10.2 君召使摈①，色勃如②也，足躩如③也。揖所与立，左右手④，衣前后⑤，襜如⑥也。趋进，翼如⑦也。宾退，必复命曰："宾不顾⑧矣。"

【注释】

①摈（bìn），接待宾客。

②勃如，一说训为"矜庄貌"，一说训为"变色貌"，笔者认为此处应兼两者而言之，即神色由放松状态变为恭敬庄重。

③躩（jué）如，一说训为"速貌"，即步伐迅捷；一说训为"盘辟貌"，即盘旋进退，形容行礼时的动作仪态。笔者认为此

处亦当兼两者而有之，即步伐迅捷而不失仪态。

④左右手，向左右拱手。

⑤前后，此处指前后摆动。

⑥襜（chān）如，一说训为"整貌"，即衣服整齐；一说训为衣服飘动貌。此处仍当兼而有之，即衣服飘动而不失整齐。

⑦翼如，《说文解字》引作"趨（yì）如"，南唐徐锴《说文解字系传》认为"翼"是"趨"的假借字，但均未释字义；朱熹注为"张拱端好，如鸟舒翼"，即张开手臂，仪态端庄如鸟展翅，李零认为此说不确，应作"小心翼翼"之"翼翼"讲，即敬慎貌。此从李说。

⑧不顾，不回头。

【译文】

国君传召（孔子），让（他）接引宾客。（孔子）神色变得恭敬庄重，步伐迅捷而不失仪态，向和（自己）站在一起的（宾客）作揖，向左右拱手。（他的）衣服前后摆动而不失整齐。小步快走时，样子恭敬而谨慎。（送）宾客走后，一定要回来（向国君）汇报："宾客们不再回头了。"

【评析】

本章是讲孔子受国君之命接待宾客时的礼仪。迎来送往是一门大学问，在中国尤其如此。

【原文】

10.3 入公门①，鞠躬如②也，如不容③。立不中门，行不履阈④。过位，色勃如也，足躩如也，其言似不足者。摄齐⑤升堂，鞠躬如也，屏气似不息者。出，降一等⑥，逞颜色⑦，怡怡如⑧也；没阶⑨，趋进，翼如也；复其位，踧踖如也。

【注释】

①公门，按周制，诸侯所居有三门，即库门、雉门、路门。至于哪一门为"公门"，前人莫衷一是。杨伯峻译为"朝廷的门"，毛子水译为"君门"，皆是泛指"公家之门"，今从杨说。

②鞠躬如，此处非指弯腰行礼，而是指微微欠身，作恭敬谨慎貌。

③如不容，好像没有容身之地，形容恭敬而略带不安之貌。

④履阈（yù），踩踏门槛。

⑤"齐"（zī）即"齐衰"之"齐"，指下衣（即"裳"cháng）的摆；"摄齐"即提着下衣摆不使其沾地。

⑥降一等，走下一级台阶。

⑦逞颜色，神情放松。

⑧怡怡如，和悦貌。

⑨没（mò）阶，走完台阶。

【译文】

走进朝廷大门时，微微欠身，好像没有容身之地似的。不站在大门的中间，走（过大门）时不踩在门槛上。经过（国君的空）座位时，神色便变得恭敬庄重，步伐迅捷而不失仪态，好像不太会说话的样子。上堂时提着下衣摆，微微欠身，屏住气像不敢呼吸似的。走出（朝堂），下了一级台阶，脸色就放松了，轻松愉快的样子；下完台阶，小步快走，恭敬而谨慎的样子；回到自己的座位上，恭敬而略带不安的样子。

【评析】

本章是讲上朝时的表现，其要义不离"恭敬谨慎"四字。

【原文】

10.4 执圭①，鞠躬如也，如不胜②。上如揖，下如授③。勃如战色④，足躩躩如有循⑤。享礼⑥，有容色⑦。私觌⑧，愉愉如⑨也。

【注释】

① 圭，古代的一种礼器，最早由新石器时代的石铲、石斧演变而来，多为上尖下平的扁片状，也有上下皆平者。真正的圭始见于商代，盛行于周，是朝觐、祭祀、会盟及代表天子行使职能时手执的礼器，根据用途和持有者的品级高低，圭的形制、尺寸也有不同。

② 如不胜（shēng），好像承担不起（它的重量）似的，此处是形容极其恭敬郑重之貌。

③ 上如揖，向上举时像在作揖（不高于作揖的高度）；下如授，拿得低时像在递东西给别人（不低于递物与人的高度）。

④ 战色，战战兢兢的样子，形容极其小心谨慎。

⑤ 躩（sù）躩，一作"缩缩"，一说训为"举足促狭"，即脚步细碎；一说训为"举前曳踵"，即迈步时脚尖上翘而脚跟不离地。以常理推之，前说较为合理。"足躩躩如有循"即迈着碎步，好像沿着（某条线路）前进一样。

⑥ 享礼，即献礼，指使者向他国君主献上礼物并当场加以展示。

⑦ 有容色，朱熹引《仪礼》注为"发气满容"，语焉不详；朱熹本人注为"和也"。结合所处语境，当指神色和悦舒畅。

⑧ 私觌（dí），私下见面。

⑨ 愉愉如，轻松愉快貌。

【译文】

（出使到外国时，见到该国国君，）拿着圭，微微欠身（以示敬意），好像拿不起来似的。向上举时像在作揖，拿得低时像递物与人。神色变得极其小心谨慎，迈着碎步，好像沿着（某条线路）前进一样。（向该国国君）献礼的时候，神色和悦舒畅。私下（和该国君臣）见面时，

（神色）轻松愉快。

【评析】

本章是讲奉命出使外国时，在不同场合的礼仪：见到外国君主时要恭敬谨慎，献礼时要舒展大方，私下与外国君臣见面则可放松一些。朱熹认为，10.2和本章都未必是讲孔子本人亲历其事，很可能只是"言其礼当如此耳"。

【原文】

10.5 君子不以绀緅①饰，红紫不以为亵服②。当暑，袗絺绤③，必表而出之④。缁衣羔裘，素衣麑裘，黄衣狐裘⑤。亵裘长，短右袂⑥。必有寝衣⑦，长一身有半。狐貉之厚以居⑧。去丧⑨，无所不佩。非帷裳，必杀之⑩。羔裘玄冠⑪不以吊。吉月⑫，必朝服而朝。

【注释】

①绀（gàn），《说文解字》注为"帛深青扬赤色"，杨伯峻译为"天青色"；緅（zōu），《说文解字》本无此字，北宋徐铉等人校订《说文解字》，增补新附字中收入，注为"帛青赤色也"，杨伯峻译为"铁灰色"。但对颜色的理解和定名，历代不同，甚至因人而异，很难统一。以色彩学原理推断，青、红相混则近于紫，故暂译为"青紫色"。饰，此处指用作衣物领子和袖子的镶边。至于为何不以此二色为饰，前人说法亦甚多：一说认为是近斋服之色，一说认为是近祭服之色（此说较为合理），总之都不是常服之色，故不取。

②亵服，古人居家时所穿便服。红紫不以为亵服，前人多认为是因红、紫均非"正色"（古人以赤、朱为"正色"，比红色沉稳，比紫色纯正），故即使是便服也不以此二色为之。但当时紫色已经逐渐流行，甚至成为国君专用服色了。

③袗(zhěn),没有里子的单衣;絺(chī),细葛布;绤(xì),粗葛布。

④表而出之,一说认为是在便服表面罩上另一件单衣,但要露出便服的一部分;另一说则认为是外出或接待宾客时在便服表面罩上一层单衣。后说更为合理。

⑤缁衣,以黑色帛制成的朝服,此处指罩在皮袍外的罩衣,下文"素衣"、"黄衣"皆同;羔裘,羊羔皮(特指紫黑色的羊羔皮)做的皮袍,"缁衣羔裘"是朝会等重要仪式时君臣同服之朝服。素衣,白布衣;麑(ní)裘,小鹿皮(尤指白鹿皮)做的皮袍,"素衣麑裘"是诸侯视朔(参见《八佾》3.17注①)时君臣同服之"皮弁(biàn)服"。黄衣,黄布衣;狐裘,狐皮(尤指赤狐或黄狐皮)做的皮袍,"黄衣狐裘",一说是年终大蜡(祭农田诸神和先祖,并与民休息的仪式)时天子及助祭之臣的服色,一说是国家有战争之事时君臣同服之"韦弁服",后一说更有道理。

⑥亵裘,古人居家时所穿的皮袍;袂(mèi),袖子;为何"短右袂",前人有各种猜测:一说认为"右"应通"又",即象形字之"手","短右袂"即把亵裘的手袖做得比礼服之袖相对短些;一说则认为将右边袖子做短是为了方便做事,未知孰是,姑取后说。

⑦寝衣,即小被子,古代大被称"衾",小被称"被"。

⑧居,此处犹"坐"。

⑨去丧,除去丧服,指丧期结束。

⑩帷裳(cháng),古代朝会、祭祀时穿的礼服,用整幅布制成,不加裁剪,多余的布做成类似百褶裙的样式,宽大如帷幔,故名。杀(shài)之,指除帷裳之外的其它服式都要加以裁剪,削减用料并将裁剪处缝合,称为"杀缝"。

⑪先秦时以黑色为吉色,而吊丧应穿白色,羔裘玄冠都是黑色,

故不以吊。

⑫ 吉月，前人大致有三说：一说训为"月朔"，即每月初一，但此说缺乏依据；一说认为"吉月"是"告月"之误，"告月"即告朔（参见《八佾》3.17 注①）之日，则与前一说类似（又有认为"告月"是每月末各诸侯国掌管历法的官员将下月初一的日期告知国君，提醒其视朔的日子，李零主此说）；另一说则认为是正月初一，即古代的元旦日，因告朔、视朔之礼到孔子之时废弛已久，必无每月此日仍按时朝见之礼，而正月初一是一年之始，当有朝会。程树德、杨伯峻主此说，较为合理。

【译文】

　　君子不用青紫色（的料子）来做领子和袖子的镶边，不用红色和紫色（的料子）来做居家时的便服。夏天的时候，穿着葛布做的单衣，外出或接待宾客时外面一定要再罩上一件单衣。黑色的罩衣（配）紫黑色的羊羔皮袍，白布罩衣（配）白鹿皮袍，黄布罩衣（配）狐皮袍。居家时所穿的皮袍比较长，（但）右边的袖子短些。（睡觉时）一定要有小被子，长度是（自脖子以下）身高的一倍半。用厚厚的狐貉皮（当垫子）坐。除去丧服之后，什么（饰品）都可以佩戴。除了朝会祭祀时穿的大礼服之外，（其它的服式）一定要裁剪缝好。不能（穿戴着）紫黑色的羊羔皮袍和黑色的礼冠去吊丧。正月初一，一定要（穿着）朝服去朝见国君。

【评析】

　　本章主要是讲君子服式、服色的注意事项和日常家居用品的讲究。

【原文】

10.6 齐①，必有明衣②，布③。齐必变食，居必迁坐④。

【注释】

①齐，此处通"斋"，斋戒，"齐必变食"之"齐"同此。
②明衣，前人大致有两说，一说解为加于衣物之外用以防尘的罩衣，取其能保持衣物鲜明之意；一说则解为浴衣，因古人斋戒前必沐浴，浴后着此衣，取其明洁之意，前人主此说者多，今从此说。
③今所谓"布"，多以棉织成，但棉花在中国内地推广种植始于宋末元初，孔子时代的"布"应是丝、麻之类织成。
④齐必变食，斋戒期间一定要改变日常的饮食，如不饮酒、不食荤等（一说认为不食荤是指不食葱蒜等带辛臭味的菜）；居必迁坐，一定要改变日常居处之所（一说认为平时闲居之所是"燕寝"，即偏厅或偏房；斋戒时所居是"正寝"，即正厅或正房）。

【译文】

斋戒（前沐浴），一定有浴衣，（以）布（制成）。斋戒（期间）一定要改变（日常的）饮食，一定要改变（日常）居处之所。

【评析】

皇侃疏、邢昺疏皆以"齐，必有明衣，布"合于上一章，又以"齐必变食，居必迁坐"合于下一章，大概是因上一章主要讲衣着，下一章主要讲饮食。但此二句皆是论斋戒期间的注意事项，故朱熹将其合为一章，更能把握其本质，今从朱氏分法。

【原文】

10.7 食不厌精，脍不厌细①。食饐而餲②，鱼馁而肉败③，不食。色恶，不食；臭④恶，不食。失饪⑤，不食。不时⑥，不食。割不正⑦，不食。不得其酱，不食。肉虽多，不使胜食气⑧。唯酒无量，不及乱。沽酒市脯，不食⑨。不撤姜食⑩，不多食。

【注释】

① 食，此处指粮食、饭。不厌，不嫌、不满足于……，此处意译为"越……越好"；精，指把谷物舂得很细；脍，指生鱼片或生肉片；细，指鱼肉切得均匀。

② 饐（yì），米饭因受潮而馊臭；餲（ài），米饭存放太久而变味。

③ 馁，指鱼腐败变质；败，指肉腐败变质。

④ 臭，通"嗅"，气味。

⑤ 失饪，孔安国注为"失生熟之节也"，即火候不对，生熟程度掌握不当。

⑥ 不时，前人有两说：一说解为"非其时物"，即不对时令（的食物），犹今所谓"反季节（食品）"；一说解为"非朝夕日中时也"，即不在饭点。两说逻辑皆可通，后说似更近常理，但《礼记·月令》详细记载了与四时对应的气味和食物，《仲尼燕居》亦记载孔子将"味失其时"视为"无礼"的表现之一，今据此取前说。

⑦ 割不正，（特指肉类）不按合理的方式切割。

⑧ 食气，一说作"食既"或"食氣"，"不使胜食气"即不让（吃下的肉）超过主食（饭）的量。

⑨ 沽酒市脯，外面买来的酒和肉干。"沽酒市脯不食"，前人一说是孔子怕不卫生，故不吃；但也有人质疑如此挑剔似不近人情（如清人翟灏《四书考异》），故认为这应该是斋戒期间的特殊情况。但斋戒期间本不当饮酒食肉（尤其不当饮酒），

何来"沽酒"一事？恐怕孔子确实是对食物卫生比较讲究。

⑩姜食，即姜或姜制成的小菜。一说认为这也是斋戒期间的讲究，因姜辛而不臭，故葱蒜皆撤而独留姜；清王夫之《四书稗疏》认为姜有提神的作用，故留以"倦则食之，以却眠也"；一说认为姜可常食，但伤气，故不可多食。后二说较为合理，皆可通。

【译文】

米饭舂得越细越好，生鱼肉片切得越均匀越好。饭受潮变臭或放得太久而变味，鱼、肉腐败变质，不吃。（食物的）颜色难看，不吃；气味难闻，不吃。（食物的）火候不对，不吃。不对时令（的食物），不吃。（肉类）不按合理的方式切割，不吃。没有（与食物相配的）酱料，不吃。肉即使再多，（也）不（吃得）超过主食的量。只有酒不限量，（只要）不至于（使心志）昏乱（即可）。外面买来的酒和肉干，不吃。（吃完饭，）不撤掉姜做的小菜，（但也）不多吃。

【评析】

本章是讲饮食的讲究。其中包含了一些当时的古礼和养生之道。

【原文】

10.8 祭于公，不宿肉①。祭肉②不出三日；出三日，不食之矣。

【注释】

①古代士大夫有助君祭祀之礼，故曰"祭于公"。天子或诸侯祭祀，于当日一早宰杀牲畜，而后举行祭典；第二天又祭，谓之"绎祭"；"绎祭"完成之后会将"胙"（zuò，祭肉）赐给助祭的诸侯或士大夫，称为"颁胙"。至此祭肉已存放近两天，故不可再继续存放至翌日。一说认为"不宿肉"是指

祭典结束后，助祭之臣将自己带来助祭的肉带回，不放到第二天，亦可通。

②祭肉，此处指除公家颁赐的胙以外的其它祭肉，包括自家祭祀或亲友馈赠的祭肉。

【译文】

参加国家的祭典，祭肉不可再存放到第二天。（其它的）祭肉不存放超过三天，超过三天就不吃了。

【评析】

祭肉也要讲究新鲜。古代保鲜技术落后，肉一般存放两三天就会变质，故要及时处理，不使浪费。

【原文】

10.9 食不语①，寝不言②。

【注释】

①②前人认为，应答他人曰"语"，主动与人说话曰"言"。

【译文】

吃饭的时候不应答别人，睡觉的时候不主动和别人说话。

【评析】

唐代有一桩著名的禅宗公案：有僧问大珠慧海禅师如何修行用功，大珠禅师答："饥来吃饭，困来即眠。"僧又问，一切人皆如此，师与之有何不同？大珠答："他吃饭时不肯吃饭，百种须索；睡时不肯睡，千般计较。"吃饭睡觉是人最基本的日常活动，虽看似微不足道，却很少有人真正做得好；治学修道是大事，但还需从专心做好每一件小事开始。能否在"小事"上"收心"与"专心",极考验一个人涵养心性的功夫,由是可知,"小事"实则不小。孔子特意强调吃饭睡觉不说话,除了"礼"的要求,或亦有此用意。

【原文】
10.10 虽疏食菜羹①,瓜祭②,必齐如③也。

【注释】
①疏食菜羹,粗粮和菜汤,指菲薄的饮食。
②瓜祭,一说是吃瓜之前以瓜蒂祭瓜;一说认为"瓜祭"是"必祭"之误,因"瓜"与"必"的篆书字形相近,"必祭"是说在饮食之前一定要分出一小部分放在食器之前,以祭最初发明熟食的先人。今取后说。
③齐如,即"斋如",像斋戒一样(恭恭敬敬)。

【译文】
即使是吃粗粮和菜汤,(也)一定要祭一祭,(而且)一定要像斋戒一样(恭恭敬敬)。

【评析】
本章是讲吃饭前的"祭食"之礼,表明了古人对饮食的感恩和敬惜。其礼今虽不存,但其精神内核值得今人记取。

【原文】
10.11 席不正①,不坐。

【注释】
①此处"席不正"之"不正",与"割不正"之"不正"一样,

都不仅指"不端正",更指方式不合理(也是不合"礼")。

【译文】

席子(摆放得)不合礼制,不坐。

【评析】

春秋时没有椅子,当时人都是席地而坐,因此坐席从质地、厚度到摆放的方位、角度等都很有讲究。《史记·孔子世家》引述此句,将其放在"割不正,不食"之下,前人赞同者颇多,认为这是《论语》流传过程中出现的错简,有一定道理。

【原文】

10.12 乡人饮酒①,杖者②出,斯出矣。

【注释】

① 乡人饮酒,即乡饮酒礼,流行于周代的一种宴饮之礼。当时诸侯国有乡学,学制三年,每三年由乡大夫(执掌一乡政务的官吏)设宴宴请学成者中的贤能之士和当地德高望重者,将贤才举荐给诸侯。
② 杖者,拄拐杖的人,指年长者。

【译文】

乡饮酒礼(结束),(一定要等)年长者(都)出来了,(自己)这才出来。

【评析】

本章是讲敬老的问题。乡饮酒礼结束后,一定要礼让长者先行。

【原文】

10.13 乡人傩①，朝服而立于阼阶②。

【注释】

①傩（nuó），又称傩舞、傩戏等，中国古代一种以乐舞形式祭神以驱除疫鬼、祈求安康的仪式。
②阼（zuò）阶，堂前的东阶，古代宾主相见，宾客自西阶上，主人站在东阶迎接。

【译文】

老家的人举行祭神驱鬼的仪式，穿着朝服站在东边的台阶上。

【评析】

本章是讲参加驱逐疫鬼的仪式时的礼仪。之所以要身着朝服站在东阶上，一说认为是"无所不用其诚敬也"；一说则认为傩戏是在乡里的宗庙举行，"阼阶"即宗庙之东阶，身着朝服站于此是为了保护先祖的亡灵不被惊扰。两说皆可参考。

【原文】

10.14 问人①于他邦，再拜而送之。

【注释】

①问人，一说认为是两国之间的遣使出访，是公事；一说认为是托人（或派人）去问候某人，须带礼物，未必是公事。此处从后说。

【译文】

(托人带礼物)到别的国家问候某人,(要向受托者)拜谢两次送行。

【评析】

本章是讲托人到国外问候别人时的礼仪。

【原文】

10.15 康子馈①药，拜而受之。曰："丘未达①，不敢尝。"

【注释】

①馈（kuì），赠送。
②未达，不了解。

【译文】

季康子送药（给孔子），（孔子）拜谢并接受。（但又）说："我不了解（此药的药性），不敢尝试。"

【评析】

本章事件应当发生在孔子患病期间。季康子赠药，当是好意；但药与食物不同，在不了解药性是否对症的情况下不可贸然尝试。然而直接拒收又太伤对方面子，因此孔子的做法是先收下，再向对方说明不敢试的原因，两全其美。

【原文】

10.16 厩①焚，子退朝，曰："伤人乎？"不问马。

【注释】

①厩，马厩，一说认为是鲁君的"公厩"，一说认为是孔子的"私厩"，从本章语境来看，当是私厩。

【译文】

（孔子家的）马厩烧了，孔子退朝回来，说："伤了人吗？"没有问马（怎么样了）。

【评析】

关于孔子"不问马"，前人有过不小的争议：郑玄认为这是孔子"重人贱畜"，朱熹也肯定说"贵人贱畜，理当如此"，但又说孔子"非不爱马，然恐伤人之意多，故未暇问"，比郑玄说更近情理；又一说认为应读为"'伤人乎不（否）'？问马。"意思是孔子先问伤了人没有，再问马；还有一说认为是孔子先问"伤人乎"，被问者回答"不"，孔子再问马；而李敖则认为此处之"不"与"松柏之后凋"的"后"相通，"不"就是"后"，"不问马"就是"后问马"。以上诸说相较，恐怕还是朱熹说较为简明且符合情理。马厩失火，孔子先问人而一时来不及问马，不等于事后就完全不关心马，而是以人为本，有轻重缓急之别，不必作过多迂曲的解读。

【原文】

10.17 君赐食①，必正席先尝之；君赐腥②，必熟而荐③之；君赐生④，必畜⑤之。侍食于君⑥，君祭，先饭。

【注释】

①食，此处指熟食，尤指熟肉。

②腥，指生肉。

③荐，供奉（祖先）。

④生，指活物。

⑤畜（xù），饲养。

⑥侍食于君，陪君上吃饭。

【译文】

　　君上赏赐熟食，一定要摆正坐席先尝一尝；君上赏赐生肉，一定要煮熟了（先）供奉（祖先）；君上赏赐活物，一定要养起来（暂时不吃）。陪君上吃饭，君上行"祭食"之礼时，（自己要）先吃饭（但不吃其他的）。

【评析】

　　本章是讲对待君上赏赐食物和陪君上吃饭时的礼仪。所谓"先饭"，前人有许多繁复的解释，此处不一一介绍，但主流的意见多认为是指在君上行"祭食"之礼时，自己要先吃饭，以示"为君尝饭"之意；待君上祭食毕，示意大家可以正式开动了，才开始吃菜。

【原文】

10.18 疾，君视之，东首①，加朝服②，拖绅③。

【注释】

① 东首，即"首东"，头朝向东面。一般到别人家做客，应该自西阶上；但国君地位特殊，不能以一般客人待之，故其到臣子家中仍自"阼阶"上，故应头朝东迎接。
② 加朝服，此处指把朝服盖在身上。
③ 绅，古代士大夫束在腰间的大带，垂下以作装饰的部分；"拖绅"即把腰带拖在外面。

【译文】

　　得了病，君上来探视，头朝向东面（迎接他），身上盖着朝服，（外面）拖着腰带。

【评析】

本章是讲对待国君亲自探病时的礼仪。患病卧床,当然不便起身或身穿朝服,但为了表示恭敬庄重,仍要把朝服腰带盖在身上。

【原文】

10.19 君命召,不俟驾①行矣。

【注释】

①俟(sì),等待;驾,给车套好马。

【译文】

国君下令召见(自己),不等给车子套好马就(先)步行(赶去)了。

【评析】

孔子主张举止从容优雅,但面对君主的召唤是例外,要迫不及待地上路。

【原文】

10.20 入太庙,每事问。

注:本章在《八佾》3.15已提及,可参看。

【原文】

10.21 朋友死,无所归①,曰:"于我殡②。"

【注释】

①无所归,没有地方可去,此处指无亲近之人负责丧事。
②殡(bìn),停棺待葬,此处泛指料理丧事。

【译文】

朋友死了,(如果他)没有亲朋好友负责丧事,(孔子)就说:"我来负责料理丧事。"

【评析】

本章是讲对待朋友之死的仗义之举。

【原文】

10.22 朋友之馈,虽车马,非祭肉,不拜。

【译文】

朋友的馈赠,即使是车马(这样贵重的东西),(只要)不是祭肉,就不下拜(答谢)。

【评析】

拜谢祭肉却不拜谢车马,在今天看来似不合情理,实际上却是表达对祭祀(广而言之是对"礼")的重视胜于对物的重视。

【原文】

10.23 寝不尸,居不容①。

【注释】

①居,坐,此处指日常的闲坐;不容,何晏《集解》引孔安国注、郑玄注、《经典释文》及唐开成石经均作"不客",前人赞同此说者多,今从之。"居不客"即坐姿不像客人一样恭敬拘谨,在椅子尚未出现的时代,古人席地而坐,最正式的坐姿应该是双膝着地,臀部坐于足跟上的跪坐;最无礼的坐姿是臀部着地,两腿岔开并伸直,即《宪问》14.43中"夷俟"之"夷",

也称"箕踞";而比较随便但又不至于无礼的坐法,据段玉裁注《说文解字》"居"字认为是类似于蹲的姿态,可供参考。

【译文】

睡觉时不像尸体一样(直挺挺地躺着),(日常)闲坐时不像客人一样(恭敬拘谨)。

【评析】

本章讲坐卧之姿,睡觉和闲坐,都是在私人空间,自当以舒适自然为主,与《述而》7.4"子之燕居"道理相同。

【原文】

10.24 见齐衰者,虽狎①,必变②。见冕者与瞽者,虽亵③,必以貌④。凶服者式⑤之,式负版者⑥。有盛馔⑦,必变色而作⑧。迅雷风烈⑨,必变。

【注释】

①狎(xiá),此处指亲密。

②变,即"变色",改变神色。

③亵,此处指经常相见。

④以貌,即以礼貌(相待)。

⑤式,通"轼",古代车前用作扶手的横木。此处指手扶横木,俯身致意。

⑥负版者,前人有三说:唐以前古注多认为指身负国家图籍(地图和户籍册)的人;清人俞樾《群经平议》怀疑"负版"为"负贩"之误,"负贩者"即背货贩卖的人;又一说认为"负版"即凶服(丧服)之最重者。今仍从古注。

⑦盛馔,丰盛的菜肴。

⑧此处之"作",不是完全站起来,而是从跪坐的姿势将上身

抬起，以示惊喜或谢意。

⑨迅雷风烈，迅疾的雷声和猛烈的大风。

【译文】

见到身穿丧服者，即使（与对方）很亲密，也要改变神色（以示同情）。见到有地位的人和盲人，即使（与对方）经常见面，也要以礼貌（相待）。（如果在车上见到）穿丧服的人和背负国家图籍的人，（一定要）手扶横木（俯身致意）。（宴席上如果）有丰盛的菜肴，一定要改变神色起身（致意）。遇到迅疾的雷声和猛烈的大风，一定要改变神色。

【评析】

本章是讲面对不同场合和不同的人应有不同的态度。值得一提的是"迅雷风烈，必变"，不是胆小，而是体现了对上天（大自然）的敬畏。这恰是迷信先进科技而为所欲为的现代人所普遍缺乏的。

【原文】

10.25 升车，必正立，执绥①。车中不内顾②，不疾言③，不亲指④。

【注释】

①绥，古人用以牵拉辅助登车的绳索。
②内顾，在（车厢）内回头张望。
③疾言，高声而急促地说话。
④亲指，亲自指指点点。

【译文】

登车时，一定要端正地站好，拉着绳子（登车）。（在）车厢中不回头张望，不高声急促地说话，自己不指指点点。

【评析】

本章是讲登车的礼仪,一切都是为了保持风度,同时不干扰驾车者。

【原文】

10.26 色斯举矣①,翔而后集②。曰:"山梁雌雉③,时哉时哉④!"子路共⑤之,三嗅而作⑥。

【注释】

①色斯举矣,(孔子的)神色变得庄重。
②翔而后集,(山梁上的群雉)飞起又(降落)聚在一起。
③山梁雌雉,山脊上的雌性野鸡。"三礼"(《周礼》《仪礼》《礼记》)均记载雉是先秦士人相见时重要的"贽"(zhì,即见面礼),当时鲁国风俗亦以雉为贵重的野味。
④时哉时哉,这是孔子夸赞雌雉为时令美味的话。
⑤共,通"拱",献礼的动作,此处指子路将雌雉作为礼物献给孔子的动作。
⑥三嗅而作,(孔子郑重地)闻了闻(子路献上的雉鸡)并起身(致意)。

【译文】

(孔子)神色庄重地(看着山脊上)飞起又(降落)聚在一起(的群雉),(夸赞)道:"山脊上的雌雉,真是时令的美味,真是时令的美味啊!"子路(听后便将雌雉烹熟作为拜师礼)献给孔子,(孔子郑重地)闻了闻(味道)并起身(致意)。

【评析】

本章堪称《论语》中争议最大也是最为难解的一章，以至于许多前代注者（如钱穆、杨伯峻等）不得不声明自己的解释只可作为一家之言而不可视为定论，朱熹甚至直言"此必有阙文，不可强为之说"，众说纷繁，不一而足。为免读者困惑，本章注释只取笔者认为较合理者录之，读者若对此问题感兴趣，可再行参考其他注家之说。从笔者目前掌握的资料来看，上海大学历史系杨雄威的《"山梁雌雉，时哉时哉"：子路从师孔子史迹考释——〈论语〉解读的一个方法论反思》（《船山学刊》2019年第1期）一文之分析最为鞭辟入里，论证也最为缜密。该文在系统爬梳历代对本章的注解并比较其得失之后，敏锐地发现前人大多忽视了《乡党》篇各章都在讲"礼"这一大背景，有意无意地将本章孤立出来理解，而未将其置于全篇的整体语境中加以考察，因此出现了许多迂曲不通或前后矛盾的解读。杨氏认为，本章描述的应是《史记·仲尼弟子列传》中所记载的"孔子设礼稍诱子路，子路后儒服委质，因门人请为弟子"一事的经过，即孔子借赞雌雉为时令美味，暗示子路自己同意收他为徒，而子路听懂了孔子的暗示，遂以雌雉作为拜师的贽礼献于孔子，孔子郑重接受的场景。而安徽池州市第三中学教师章真奇则在《〈论语〉"色斯举矣翔而后集"解疑》一文（见作者个人博客）中提出另一种相反的观点，认为本章所述之事是孔子师徒在山间行走时偶遇一群雌雉，雉见人而惊飞，孔子连忙告诫弟子不要惊扰，子路遵师命恭敬地在一旁等候，待群雉走远，孔子师徒才小心翼翼地上路。就文本考证和分析而言，杨文更为扎实而有说服力；从对生命的尊重和爱惜而言，则章文似乎更具"温度"，也更能体现圣贤的好生之德与不忍之心。因此对本章的理解，不妨持开放态度，将想象和思考的空间充分地留给读者去开拓。

师者如斯

《论语》注译评析

中国古代经典咀华丛书主编 韩兆琦

冯捷 著

下册

团结出版社

目 录

上 册

学 而	1
为 政	21
八 佾	47
里 仁	73
公冶长	97
雍 也	126
述 而	155
泰 伯	190
子 罕	210
乡 党	235

下 册

先 进 ·················· 259

颜 渊 ·················· 287

子 路 ·················· 310

宪 问 ·················· 336

卫灵公 ················· 376

季 氏 ·················· 407

阳 货 ·················· 423

微 子 ·················· 449

子 张 ·················· 466

尧 曰 ·················· 487

先 进

【原文】

11.1 子曰:"先进①于礼乐,野人②也;后进③于礼乐,君子④也。如用之,则吾从先进。"

【注释】

①③先进、后进,前人大致有三说:一说以夏商周三代以上为"先进",三代以下为"后进",认为二者的区别在于"先进"是质胜于文,"后进"是文胜于质;一说以"先进"、"后进"为仕进之先后;一说则以"先进"、"后进"为接受礼乐教育之先后。孔子曾说周代的礼乐"郁郁乎文哉!吾从周",故第一说不成立;第二说亦迂曲,应取第三说为当。

②④野人、君子,亦有两说:一说以道德和受教育水平分,以"野人"为"朴野之人",以"君子"为有学养之人;一说以地位分,如朱熹认为"野人,谓郊外之民;君子,谓贤士大夫也。"从逻辑而言,当取后说。

【译文】

孔子说:"(我的学生中)先接受了礼乐教育的,(往往是)没有官位的平民;后接受了礼乐教育的,(往往都能成为)士大夫。(但)如果(要我)选用人才,那么我主张用先接受了礼乐教育的。"

【评析】

本章争议甚多,莫衷一是。从古人的教育顺序来看,大致是由《诗》、《书》而进于礼乐,所谓"立于礼,成于乐"(见《泰伯》8.8),学至礼乐,即是学养臻于完善的标志。孔门弟子学习的进境各有不同,但其官禄与其学养程度并不成正比。孔子的意思,大概是说在选人用人方面,他宁可选择那些没有官位但学养高的学生,而不用那些虽已仕进但学养不够的学生。这与他"不患无位,患所以立;不患莫己知,求为可知也"(见《里仁》4.14)的思想也是吻合的。孔子虽积极鼓励弟子仕进,但相较于官位,他还是更重视实际的学养。

【原文】

11.2 子曰:"从我于陈、蔡①者,皆不及门②也。"

【注释】

① 陈是春秋时期的一个小国,位于今河南淮阳县境内,宋、郑两国之南,蔡国之北,都城在宛丘(今河南淮阳县东南)。蔡是当时另一个小国,初建都于上蔡(今河南上蔡县);公元前529年,迁都于新蔡(今河南新蔡县);公元前493年,又东迁都于州来,称下蔡(今安徽凤台县)。

② 及门,大致有三说:一说解为"不及仕进之门",即没有人当官,但随孔子游陈、蔡者,有子路、子贡等人,皆当过官,此说显然不成立;一说解为"无上下之交",即不及权贵之门,没有上层人脉关系,但子贡人脉颇广,且此说也是基于"厄于陈蔡"而来,亦不成立;唯朱熹认为"不及门"是指随孔子在陈蔡的学生"此时皆不在门,故孔子思之",较合情理。而自汉代始,人们将登门受业的学生称为"及门弟子",似乎也可证明"及门"与师生关系有关,与仕进等无关。

【译文】

孔子说:"(当年)跟随在陈国、蔡国时跟随我的(学生),(现在)都不在我身边了。"

【评析】

本章应是孔子晚年时的回忆。关于其背景,前人说法不一,但多从《史记》之说,认为是孔子曾被困于陈、蔡两国之间而绝粮(详见《史记·孔子世家》),只是在时间、地点上颇多争议甚至矛盾。然细考原文,孔子只说弟子"从我于陈蔡",却从未出现厄于陈蔡间的字样。学者石廷俊在《孔子陈蔡之厄辨析》一文(原载1988年第4期《驻马店师专学报》)中,通过大量史料分析,认为孔子在陈期间曾经绝粮是事实,但厄于陈蔡间实属子虚乌有的讹传。孔子的晚年回到鲁国,那些曾和他患难与共、忠心耿耿的门生们却大多不在身边,甚至是横死、早夭,他的心情是悲凉而落寞的。

【原文】

11.3 德行:颜渊、闵子骞、冉伯牛、仲弓;言语:宰我、子贡;政事:冉有、季路;文学①:子游、子夏。

【注释】

①据现有的典籍记载,中国历史上最早的"文学"概念即出自此处。但其内涵与现代的"文学"大不相同(我们今天所说的"文学"是清末民初日本借用中国的词汇从西方的"literature"翻译而来的),前代注者对此看法不一:一说认为是礼乐之道,一说认为是泛指古代的典章学术。今从后说。

【译文】

(孔门弟子之中以)德行(著称的代表有):颜渊、闵子骞、冉伯牛、仲弓；（以）口才好（著称的代表有）：宰我、子贡；（以擅长）政事（著称的代表有）：冉有、季路；（以擅长）古代的典章学术（著称的代表有）：子游、子夏。

【评析】

本章所列即所谓的"四科十哲"，我们在此前篇章的注释中已陆续介绍过。西汉王莽曾以此四事开科取士，是为"四科"；唐开元二十七年，唐玄宗定祭孔之制，孔子被封为"文宣王"，上述十人配享孔庙，是为"十哲"。关于本章是否为孔子亲口所说，前人存在争议：古本《论语》在"德行"上有"子曰"二字，朱熹也将本章与上一章合为一章，认为是孔子原话；但质疑者认为此"四科"之代表人物远不止此十人，且孔子呼弟子皆称名而不称字，而本章皆称字，应非孔子所说。实际上，本章确实未必是孔子原话，但应该是孔子平日从这四个角度对此十人褒奖较多，其门人记孔子所言而传之。"四科十哲"只是孔门弟子中表现突出的代表，而并非是说有成就者只此十人而已。然以德行为"四科"之首，且所举之人最多，确实符合孔子对学生的评判标准，可视同孔子原意。

【原文】

11.4 子曰："回也非助我者也，于吾言无所不说。"

【译文】

孔子说："颜回不是能帮助我（进步）的人，（因为他）对我的话没有不喜欢的。"

【评析】

所谓"教学相长"，就是不仅学生要从老师身上学到东西，老师也要在教学过程中从学生身上受益。孔子说颜回对自己的话都是欢喜接受，从无问难甚至质疑、反驳，因此无法使自己受到启发而进步。但他这番话是名"贬"实"褒"，心里应该是为有这么一个忠实的拥护者而暗自高兴的。

【原文】
11.5 子曰："孝哉闵子骞①！人不间于其父母昆弟②之言。"

【注释】
① 本句对闵损称字不称名，故有人认为这是孔子转述时人对闵损的评价，也有人认为本章是后人转述孔子的话。其实《论语》皆是孔子门人或后人转述孔子所言，且长辈对晚辈亦可称字，以表亲近爱惜之意，不必深究。
② 昆弟，犹"昆仲"，即兄弟。

【译文】
孔子说："闵子骞真是孝顺啊！人们对他的父母兄弟（夸赞他）的话都没有异议。"

【评析】
本书前文提到，闵损以孝行著称，西汉《韩诗外传》、唐代《艺文类聚》、北宋《太平御览》都记载了他"芦衣顺母"的事迹，后成为"二十四孝"故事之一。其大致情节如下：闵损丧母，其父又续弦生子。继母苛待闵损而厚待亲子，天寒时节，闵损所穿衣物皆继母以芦花填充而成，其亲子则身着温厚之衣。闵损为父驾车，因天寒战栗而缰绳脱手，为父发觉，大怒欲休妻。闵损却谏阻说，继母若在只有自己受寒，继母若去则所有孩子都要受苦。其父从之，继母亦感而改悔。前人对"人不间于其父母昆弟之言"一句的理解有所不同，一说认为是人们对他的父母兄弟夸赞他的话都没有异议，可见其孝名远播且名副其实;一说则认为是闵损能以自己的孝行感化父母兄弟,以至于人们对他的父母兄弟都没有非议。就逻辑而言,二说皆可通,但孔子意在赞扬闵损,前一义似更直接;且若取后一义,从语法角度而言,"不间"似当作"无间"为妥,故仍取前一说。

【原文】

11.6 南容三复白圭①,孔子以其兄之子妻之。

【注释】

①三复白圭,反复诵读"白圭"之句。白圭,出自《诗·大雅·抑》句:"白圭之玷,尚可磨也;斯言之玷,不可为也",大意为"白圭(一种白玉制的礼器)上的污点,还可以磨掉;言语中的污点,却很难抹去"。

【译文】

南容(总是)反复诵读"白圭"(的诗句),孔子便将自己哥哥的女儿嫁给他。

【评析】

所谓"一言既出,驷马难追",不仅仅是说要讲诚信,不可反悔,更是说话一出口,其影响便很难消除。"白圭"之句,主旨便是劝诫人们要谨言慎行。南容总是对这几句诗勤诵不懈,可见他是个谨小慎微之人。这大概也正是他能"邦有道,不废;邦无道,免于刑戮"的原因,孔子为侄女择婿,从细节即知其大体。

【原文】

11.7 季康子问:"弟子孰为好学?"孔子对曰:"有颜回者好学,不幸短命死矣,今也则亡。"

注：本章季康子所问，鲁哀公也问过，孔子前后的回答如出一辙，可参看《雍也》6.3。

【原文】

11.8 颜渊死，颜路①请子之车以为之椁②。子曰："才不才，亦各言其子也。鲤③也死，有棺而无椁，吾不徒行④以为之椁。以吾从大夫之后⑤，不可徒行也。"

【注释】

①颜路，曹姓，颜氏，名无繇（yóu），字季路，鲁国人。生于公元前545年，卒年不详，颜回之父，也是孔子最早的学生之一。唐开元二十七年追封"杞伯"；北宋大中祥符二年加封"曲阜侯"；元至顺元年加封"杞国公"，谥"文裕"；明嘉靖九年改称"先贤颜子"。

②椁（guǒ），本是套在棺材之外的木匣，与棺材间有一定间隙，可放陪葬品。关于颜路请车为椁，前人多认为是颜路家贫，请求孔子卖掉所乘之车为颜回置椁；但宦懋庸《论语稽》对此提出八点质疑，如当时的椁并不昂贵，颜路何至于要提出让孔子卖车的不情之请？孔子既然如此器重颜回，即使不卖车，又为何不能资助些许费用？且《礼记》记载孔子曾解下驾车的马以资助卫国管理客馆的小吏的丧事，为何对自己的儿子和爱徒却坚持不肯置椁？等等。皆颇为尖锐。宦氏认为，此处所谓"椁"，并非下葬时所用的"椁"，而是殡殓待葬时堆积木材并加以涂饰，谓之"菆（zōu）涂"；据《礼记·檀弓上》载，天子殡殓时是在"龙輴（chūn）"（绘有龙纹的灵车）上堆放"菆涂"而作"椁"形。颜路请车，是想让孔子以车作为颜回的灵车。但颜回只是士，不当有灵车，故孔子拒之。此说较合理。

③鲤，孔鲤，孔子的独子，字伯鱼。生于公元前532年，卒于前483年。其一生无太大建树，但恭谨豁达，谨遵孔子教诲。北宋崇宁元年（1102年）追封"泗水侯"。

④徒行，不乘车步行。

⑤从大夫之后，走在大夫们的行列之后，暗指曾经做过大夫。孔子曾为鲁国大司寇，但此时已去职，这么说是谦词。

【译文】

颜回死了，颜路请求孔子用他的车来当（颜回的）灵车。孔子说："（不论）是否有才能，（对于）各自（的父亲）来说他们都是儿子。孔鲤死了，（也是）有棺材而没有灵车，我不能不乘车步行而用（车子）来当他的灵车。因为我当过大夫，不能徒步行走。"

【原文】

11.9 颜渊死。子曰："噫①！天丧予！天丧予！"

【注释】

①噫（yī），感叹词，犹"唉"。

【译文】

颜渊死了。孔子（悲痛地）说："唉！老天要我的命啊！老天要我的命啊！"

【原文】

11.10 颜渊死，子哭之恸①。从者曰："子恸矣！"曰："有恸乎？非夫人②之为恸而谁为？"

【注释】

① 恸（tòng），哀痛至极。
② 夫（fú）人，犹"斯人"，这个人。

【译文】

颜渊死了，孔子哭得伤心欲绝。跟着孔子的人说："您过分悲痛了！"（孔子）说："（我真的）过分悲痛了吗？（我）不为了这个人悲痛还能为了谁（悲痛）呢？"

【原文】

11.11 颜渊死，门人欲厚葬①之。子曰："不可。"门人厚葬之。子曰："回也视予犹父也，予不得视犹子也。非我也，夫二三子也！"

【注释】

① 厚葬，有几重含义，一是陪葬品的丰厚，二是丧礼的隆重，三是遗体深埋，坟茔高大。

【译文】

颜渊死了，（孔子的）学生们想要厚葬他。孔子说："不可以。"（但）学生们（还是）厚葬了他。孔子说："颜回把我看作父亲一样，我却没能把他当作儿子一样（对待）。这不是我（的过错），是你们这些学生（的主意）！"

【评析】

颜回是孔子最心爱的学生，他的死对孔子打击极大。《论语》中多次出现孔子痛悼颜回的话，11.7～11.11都是讲颜回死后孔子的反应。很显然，孔子对颜回之死是痛不欲生的，但他依然主张依"礼"办理颜回的后事，反对厚葬，更反对越礼逾制。这也不难理解：

孔子对父母尚且主张"死，葬之以礼，祭之以礼"，凡事"不以礼节之，亦不可行也"（《为政》2.5、《学而》1.12），对儿子和学生又岂能例外？

【原文】

11.12 季路问事鬼神。子曰："未能事人，焉能事鬼？"曰："敢问死。"曰："未知生，焉知死？"

【译文】

季路问（孔子）服事鬼神（的方法）。孔子说："活人都服事不好，怎么能服事鬼神呢？"（子路又）说："（我）大胆请问'死'（是怎么回事）？"（孔子）说："'生'（的问题）都没弄明白，怎么能明白'死'（的问题）？"

【评析】

鬼神与"命"相关，神秘难测，因此孔子是"敬鬼神而远之"（《雍也》6.22）；死亡，则是人类面临的终极命题，同样难以言说，因此孔子说活都没活明白，哪里能去研究"死"的问题？这句话，既像说自己，更像说子路。相较于玄而又玄的彼岸世界，孔子更关注真切现实的此岸世界。子路提这两个问题，不排除有故意考问孔子的想法，或许还有点自鸣得意，以为给老师出了个刁钻的题目，谁知孔子四两拨千斤，让他碰了软钉子。

【原文】

11.13 闵子侍侧，訚訚如也；子路，行行如[①]也；冉有、子贡，侃侃如也。子乐[②]："若由也，不得其死然。"

【注释】

①行行如,刚强貌。

②子乐,一说认为当作"子曰",另一说则认为是孔子"乐得英才而教育之",前说文从字顺,但擅改原文,未免不妥;后说较为勉强,且在语境中逻辑不通。李零认为"子乐"有讥笑子路之意,与下句相合,较可取。

【译文】

闵损恭敬地站在孔子身旁侍候,中正平和的样子;子路(是一副)刚强的样子;冉有、子贡(则是一副)从容大方的样子。孔子笑道:"像仲由(这个样子),(恐怕将来)不得好死啊。"

【评析】

本章用三个简短的形容词,就活画出孔门四大弟子的性格肖像:闵损是大孝子,对待老师恭恭敬敬,但分寸也拿捏得恰到好处,不卑不亢;冉有和子贡,一个长于政事,一个长于言语,都是外向型人才,见多识广,因此神态大方自若;而子路却是一副刚强难犯之貌,霸气外露,所谓"刚者易折",这样的人,容易成为众矢之的,因此孔子半开玩笑地说他将来只怕不得善终。后来子路果然在卫国内乱时惨死于乱军之中,但他死得悲壮,死前还不忘系好被击断的盔缨,充分显示了作为君子的堂堂正气。据《礼记·檀弓上》记载,孔子听说子路被剁成肉酱,痛哭失声,并将饭食中的醢(hǎi,肉酱)倒掉,以示不忍直视,是为"孔子覆醢",后世以之喻指师生间的深情厚谊。可见孔子虽常常批评子路,内心却是很重视他的。不知当他得知子路死讯时,是否会为自己的一语成谶而懊悔不已?

【原文】

11.14 鲁人①为长府②,闵子骞曰:"仍旧贯③如之何?何必改作?"

子曰:"夫人不言,言必有中。"

【注释】

①鲁人,具体所指不明,从上下文来看应指当时执鲁国权柄者。
②长府,具体位置和用途不明,前人猜测可能是鲁君的一处离宫别馆或是贮藏财物之所。"为"长府,从闵损的话中可看出是改造长府之意。
③仍旧贯,依照老样子。

【译文】

鲁国人要改造长府,闵子骞说:"按照老样子(继续下去)又怎么样呢?为何一定要改造?"孔子说:"这个人不爱说话,(但凡是)说话都很中肯。"

【评析】

关于本章发生的背景,前人大致有三说:一说是鲁昭公打算改造长府,并以之为据点率军攻伐季氏,闵损知昭公实力不及季氏,故婉言劝谏。鲁昭公伐季是在昭公二十五年(公元前517年),是为"斗鸡之变",若此说可信,则本章应发生在此事件前夕;一说则认为是昭公伐季失败,被迫流亡之后,季氏为绝后患,不让以后的鲁君再有据点,欲尽量压缩长府规模,而闵损表示反对;另一说则认为是昭公出亡后,季氏怕鲁人睹物思人,怀念昭公,故改造长府,以绝鲁人之思。此三说皆是推测,各有合理处,姑存而不论。但孔子对闵损的评价,却很符合他论人的标准:话不多,但每句话都能切中要害。而沉稳内敛又能世事洞明,也确实是一个人学识修养并臻成熟的表现。

【原文】

11.15 子曰:"由之瑟①奚为于丘之门?"门人不敬子路。子曰:"由也升堂矣,未入于室②也。"

【注释】

①瑟,一种弹拨乐器,相传始于夏朝,据说最初有五十弦,后变为二十五弦或二十三弦。
②升堂、入室,"堂"是厅堂,"室"是内室,进屋要先入门,再升堂,最后入室。此处是以进屋的顺序比喻治学修身的不同境界。

【译文】

孔子说:"仲由的瑟为什么要在我这儿弹呢?"(孔子的)学生们(听后)便看不起子路。孔子(却又)说:"仲由(的学问)也算不错了,只是还不够精深罢了。"

【评析】

本章又是孔子对子路的讥刺。南宋俞文豹《吹剑录》中有一段著名的故事:苏轼曾问一位善歌的幕僚,自己的词和柳永的词相比如何?幕僚答:"柳郎中词,只合十七八女郎,执红牙板,歌'杨柳岸,晓风残月';学士词,须关西大汉,铜琵琶,铁绰板,唱'大江东去'。"在当时,这个评价并非恭维,因词本应婉转,而东坡作此豪放之声,与传统对"词"的要求正好相反。孔子之言与此异曲同工:瑟音本应雅正中和,而据《孔子家语》、《说苑》等记载,子路鼓瑟是"北鄙之声",带"杀伐之气",大概和弹《十面埋伏》差不多。在精通古乐的孔子听来,这种声音无疑太刺耳了,表明弹奏者学养不足。但当其他的学生因此而不敬子路时,孔子却又出来为子路正名,说他的学问其实已经不错了,只是离最高境界还有差距。这更加证明了在孔子对子路严厉的外表之下，其实是一颗爱护他的心。

【原文】

11.16 子贡问："师与商也孰贤？"子曰："师也过，商也不及。"曰："然则师愈与？"子曰："过犹不及。"

【译文】

子贡问（孔子）："颛孙师和卜商谁更贤能？"孔子说："颛孙师过头了，卜商又不够。"（子贡）说："那么颛孙师更好些吗？"孔子说："过头和不够一样（不好）。"

【评析】

本章中的"过"与"不及"，是泛论子张（颛孙师）和子夏（卜商）的性格和行事风格。皇侃疏说子张"性繁冗"，也就是做事太周密，明明已经做到位了还意犹未尽，非要做得过了头才罢；而子夏正相反，"性疏阔"，也就是做事不够周密，往往还没做到位就停下了。孔子主张中庸之道，也就是恰如其分，过分和不及在他看来都不算好。成语"过犹不及"，出处在此。

【原文】

11.17 季氏①富于周公②，而求也为之聚敛而附益③之。子曰："非吾徒也，小子鸣鼓而攻之可也。"

【注释】

①此处之"季氏"，当指季康子。
②此处之"周公"，前人认为可能是周公旦，也可能是泛指后世为周天子卿士的周公黑肩、周公阅等。
③附益，增加（财富）。

【译文】

季氏比周公还要富有,冉求却还为他搜刮(民财),增加他的财富。孔子说:"(他)不是我的学生,你们(指其他学生)大张旗鼓地攻击他也没问题。"

【评析】

本章之事显然发生在冉求任季康子家臣期间,即公元前484年左右。其时季康子在冉求的辅佐下,推行"田赋"制,即按田地之多少征收军赋。但孔子认为周公时定下的税赋制度并不过时,季氏此举是搜刮民脂民膏,而冉求就是帮凶,因此愤而说出这番决裂之辞。然而从历史的眼光看来,季康子作为当时鲁国的实际执政者,此举虽有搜刮百姓之嫌,但在一定程度上也有助于提高鲁国的国力,这是需要客观评价的。值得一提的是,孔子正是于这一年在冉求的努力下才得以回国的,可他并没有因为冉求的这个"人情"而给他丝毫的面子,甚至要将他逐出师门;而冉求也并未因此而怨恨孔子。他们师生间这种坦诚而纯粹的关系,实属难能可贵。

【原文】

11.18 柴①也愚,参也鲁②,师也辟③,由也喭④。

【注释】

①柴,姜姓,高氏,名柴,字子高,又字子皋、子高、季高等,齐国人。生于公元前521年,卒年不详(一说卒于前393年)。他以尊老孝亲闻名,为官清正廉明,颇有政声。卫国内乱时,他与子路中途相遇,劝子路不要返回都城,子路不听,最终被害。高柴在《论语》中仅出现两次,但发现于1994年的上博楚简,其中《子羔》、《孔子诗论》等篇被认为与高柴有直接关系。唐开元二十七年追封"共伯";北宋大中祥符二

年加封"共城侯";明嘉靖九年改称"先贤高子"。

②鲁,迟钝。

③辟(pì),一说训为"便辟(pián pì)",即善于伪装而不诚实;一说训为偏激。前说显然不太符合子张的性格,且过于苛刻,结合孔子"师也过"的评语,当取后说为妥。

④喭(yàn),一说训为刚猛,一说训为粗俗,皆不够准确,当训为"鲁莽"较为妥帖。

【译文】

高柴(失之)愚笨,曾参(失之)迟钝,颛孙师(失之)偏激,子路(失之)粗鲁。

【评析】

本章虽无"子曰"二字,但对孔门弟子直呼其名,应当是孔子原话。这是讲高柴等四人的缺点。但同是缺点,程度和性质却有不同。子张偏激,违反了孔子的中庸之道;子路鲁莽,多次受到孔子批评。反观高柴和曾参,虽然是一个愚笨,一个迟钝,但这样的人往往话少而老实,孔子本就不喜欢太机灵的人,或许在他看来,这二人反而更近于"仁",则其缺点也就尚可容忍了。苏轼曾作《洗儿》诗曰:"人皆养子望聪明,我被聪明误一生。惟愿我儿愚且鲁,无灾无难到公卿"。不知孔子对弟子作这番评价,是否也含有让他们"笨"一点、谨慎一点,以求在乱世中安身避祸之意?

【原文】

11.19 子曰:"回也其庶①乎,屡空②;赐不受命③而货殖④焉,亿⑤则屡中。"

【注释】

①庶,"庶几"的简称,本义为"差不多",此处指道德学问达到很高境界。

②空,一说训"穷",即穷困之意;一说解为"心恒虚无累",即心无挂累。从上下文对应关系来看,当取前说。

③不受命,一说解为"不受教命",即不听(孔子)教诲;一说解为"不受爵命",即不接受官方任命,不当官;另一说则解为"不能信天任命",即不安于天命,不受命运摆布。从事实来看,子贡当过官,更不会不听孔子教诲,故应以第三说为当。

④货殖(chì),经商营利。

⑤亿,通"意"或"臆",估算、猜测。

【译文】

孔子说:"颜回(的道德学问)相当好了,(可惜却)常常受穷;端木赐不安于天命而经商营利,(却)常常能猜中(行情)。"

【评析】

颜回和子贡,一个是道德模范,一个是富商巨贾。从个人感情而言,孔子当然更喜欢颜回,故感叹如此德学俱佳之人却要受穷;子贡心思活泛,不甘受命运左右,以经商而富可敌国。在当时,商人的社会地位本不高,孔子也不喜欢这种不安分的人,但社会的发展趋势却不因个人的好恶而改变,子贡以其雄厚的财力而成为各国诸侯的座上宾,与之分庭抗礼。孔子周游列国,也有赖于子贡的支持。因此本章中孔子的话很耐人寻味,他不说谁更好,但显然是在慨叹命运的不公。实际上,道德学问与经济利益难以兼得的矛盾,一直困扰着中国知识分子。近代史学大家陈寅恪先生曾有言:"我侪虽事学问,而绝不可倚学问以谋生,道德尤不济饥寒。要当于学问道德之外，另求谋生之地，经商最妙。"话中故作偏激之辞，其不平之意，殆与孔子相近。

【原文】

11.20 子张问善人之道。子曰："不践迹①，亦不入于室。"

【注释】

①践迹，踏着（前人的）脚印，类似于"述而不作"之"述"，即继承前人的学说、做法。

【译文】

子张问（孔子什么是）善人的标准。孔子说："不照抄前人的学说做法，但学养也还不够精深。"

【评析】

我们在《述而》7.26 注①中分析过，"善人"高于君子和"有恒者"，而略低于"仁人"。本章中颛孙师之问，前人一说认为他问的是如何算是善人，故"之道"二字是衍文，而孔子的意思是善人不走前人的老路，有所创见，但学养还不够精深，未入圣人之室；另一说则认为他问的是如何成为善人，孔子的意思是如果不继承前人的学说做法，也就无法入圣人之室，言下之意是必须先继承前人方能使学问精深。笔者认为，"之道"未必是"方式方法"之意，也可是"（善人的）标准"之意。两说逻辑俱可通，也各有道理，后一说较保守，或许更贴近孔子"述而不作"的主张；但前一说较开明而持中，且前后问答的对应关系更直接，也大致符合"善人"的定位，故两说并存而倾向于前说。

【原文】

11.21 子曰:"论笃①是与。君子者乎,色庄②者乎?"

【注释】

①论笃,言论真诚朴实。
②色庄,表面神色庄重实则虚伪。

【译文】

孔子说:"凡是言论真诚朴实(的人)都应该赞许。(但要看他)是(真正的)君子?还是表面庄重实则伪善的人?"

【评析】

唐以前古注常将本章与上一章合而为一,认为都是孔子论善人。但从所论内容来看,逻辑并不连贯,故朱熹将其分为两章,甚当。本章语意似明非明,尤其"论笃是与"一句,更显晦涩。朱熹认为孔子之意是:如果但凡言论诚笃之人便加以赞许,则难以分辨其人是真君子还是伪君子,即不可以言取人。杨伯峻则在此基础上稍加变通,认为孔子是说要从总体上肯定言论诚笃之人,但要分辨其人是真君子还是伪君子。李零亦赞同此说。所谓"巧言令色,鲜矣仁",孔子对伪君子确是深恶痛绝的。今从杨、李之说。

【原文】

11.22 子路问:"闻斯①行诸?"子曰:"有父兄在,如之何其闻斯行之?"冉有问:"闻斯行诸?"子曰:"闻斯行之。"公西华曰:"由也问'闻斯行诸',子曰'有父兄在';求也问'闻斯行诸',子曰'闻斯行之'。赤也惑,敢问。"子曰:"求也退②,故进之;由也兼人③,故退之。"

【注释】

①斯，则，就。

②退，此处指行事畏缩不前；下文的"退"是打压、抑制之意。

③兼人，（勇气）过人。

【译文】

子路问（孔子）："听到（某件事理）就要去做吗？"孔子说："（你）有父亲和兄弟在,怎么能听到就去做呢？"冉有问（孔子）："听到（某件事理）就要去做吗？"孔子说："听到就要去做。"公西华说："仲由问'听到就要去做吗'，您说'有父亲和兄弟在'；冉求问'听到就要去做吗'，您却说'听到就要去做'。我（对此）感到困惑，大胆请问（其中的缘故）。"孔子说："冉求做事畏缩不前，因此（我有意）鼓励他（勇于）进取；仲由（勇气）过人，因此（我有意）压一压他（的锐气）。"

【评析】

本章充分体现了孔子因材施教的教育方针：子路是个实干家，又胆气过人，只要"有闻"就付诸行动，因此孔子提醒他家中尚有父兄，行事要考虑后果；冉求做事畏缩不前，孔子便鼓励他"有闻"必行，不要迟疑。唯一可讨论的是，历史上的冉求在军事和政务上都颇有才能，曾身先士卒，以步兵长矛战术率鲁国左师击退来犯的齐国军队，得到孔子的赞许；后又协助季氏推行田赋，虽受到孔子激烈反对，但也显示出其强干的一面。此二事皆见于《左传·哀公十一年》。孔子此处说"求也退"，不知何故。

【原文】

11.23 子畏于匡，颜渊后。子曰："吾以女为死矣！"曰："子在，回何敢死！"

【译文】

孔子被拘禁在匡地，颜渊最后（才赶到）。孔子说："我以为你死了！"（颜渊）说："您还健在，我怎么敢死呢！"

【评析】

所谓"患难见真情"，孔子和颜回间的这段对话令人动容。孔子被拘禁在匡地，颜回虽与孔子失散，却没有见势不妙便逃走，而是不避艰险赶来与孔子会合。我们可以想象他们师徒相见时激动的情形，一句"子在，回何敢死"，证明了他确实是将孔子视为父亲的。如此亲如父子的师生关系，今天已经难得一见了。

【原文】

11.24 季子然[①]**问："仲由、冉求可谓大臣**[②]**与？"子曰："吾以子为异之问**[③]**，曾由与求之问。所谓大臣者，以道事君，不可则止。今由与求也，可谓具臣**[④]**矣。"曰："然则从之者与？"子曰："弑父与君，亦不从也。"**

【注释】

①季子然，身份不明，古注多认为是季氏同族子弟，《史记·仲尼弟子列传》作"季孙"，与原文略有差异。
②此处之"大臣"涵义不同于今之"大臣"，详见评析。
③异之问，问的是别人。
④具臣，何晏、朱熹皆解为"备臣数"，即只具备基本的任职资格，用以凑数的臣子。但从子路和冉求的实际能力以及孔子对他们的评价来看，"具臣"应该大体相当于"干臣"或"能臣"，即具有相当才干的臣子。

【译文】

季子然问（孔子）："仲由、冉求可以说是大臣吗？"孔子说："我以为你问的是别人，竟然问的是仲由和冉求啊。所谓大臣，是以正当合理的方式侍奉君主，（如果）行不通就（宁可）不干。现在仲由和冉求可以说是有才干的臣子了。"（季子然）说："那么（他们会一切都）听从季氏的吗？"孔子说："（如果是让他们）去杀害父亲和君上，（他们）也不会听从的。"

【评析】

本章中所谓"大臣"，并非一般意义上在朝廷任职的官员。明代学人在评价三国名将赵云时多谓其有"大臣局量"（明·钟惺《史怀》、范光宙《史评》、王士骐《诸葛忠武侯全书》等），说得具体一点，是要"明大义，断大策"（明·张溥《历代史论》），"深切著明，知天下大体"（南宋·朱黼《三国六朝五代纪年总辨》）。结合孔子所言，可知"大臣"除了要有才干，更重要的是明大道、识大体、守大节、顾大局，即"臣"之"大"者。孔子认为，子路和冉求只具备了才干和守大节（不肯弑父弑君），但未能明大道、识大体，所以只能称为"具臣"，即有实干能力的臣子，离"大臣"还有相当距离，可见"大臣"的标准之高。

【原文】

11.25 子路使子羔为费宰。子曰："贼①夫人②之子。"子路曰："有民人焉，有社稷③焉，何必读书然后为学？"子曰："是故恶夫佞者④。"

【注释】

①贼，伤害、坑害。

②夫（fú）人，犹"彼人"，那里的人。

③社稷，"太社"与"太稷"的合称，本义是土地神和谷神，后引申为国家。此处应指祭祀土地神和谷神的活动。杨伯峻认为是指土地和庄稼，即古代社会的物质基础，亦可通。姑取前说。

④佞者，油嘴滑舌的人。

【译文】

子路让子羔去当费邑的邑宰。孔子说："（这是）害了那里人们的孩子啊。"子路说："那里有（治理）百姓（的事），有（祭祀）神祇（的事可以学习），为什么一定要读书才能算是学习呢？"孔子说："所以（我）厌恶油嘴滑舌的人。"

【评析】

本章之事据前人考证，当发生在鲁定公十二年（公元前498年）孔子任鲁国大司寇兼代国相时，命子路隳（huī）三都（为削弱三桓势力而拆毁其私邑城墙）后，到孔子开始周游列国（公元前497年）前。子路为季氏家臣，大概认为隳三都后当地需有可靠的管理者，于是推荐小师弟高柴出任邑宰。但当时高柴年仅二十三四岁，头脑又不灵活（柴也愚），让这样一个学识经历都不够的笨孩子当地方官，也难怪孔子认为这是在坑害当地百姓的孩子（之所以不说百姓而说百姓之子，或许是因高柴年轻，如果一直当下去，受影响的主要是下一代）。但子路却不以为然，他认为治理费邑，既有治民之事，又有祭祀之事，既"事人"又"事鬼（神）"（杨伯峻认为子路之意是既有人民，又有土地和庄稼，具备社会物质基础即可加以治理，亦可备一义），完全可以在实践中学习，何必非要先学习书本理论不可呢？子路并不能言善辩，但这番正面顶撞的话却让孔子很不高兴，说自己最讨厌这种油嘴滑舌之徒。客观来说，孔子的反对是有道理的。作为一方长官，任何决策都身系百姓福祉，必须有足够的学识、阅历和智慧才能称职。虽然理论要到实践中检验，也可以从实践中总结，但并不代表不需要理论知识，更不代表可以懵懵懂懂地当官——这样的官，一定是糊涂官。孔子的担忧，足为后世从政者深诫。

【原文】

11.26 子路、曾皙①、冉有、公西华侍坐。子曰："以吾一日长乎尔，毋吾以也②。居③则曰'不吾知也！'如或知尔，则何以哉？"子路率尔④而对曰："千乘之国，摄⑤乎大国之间，加之以师旅⑥，因⑦之以饥馑⑧。由也为之，比⑨及三年，可使有勇，且知方⑩也。"夫子哂⑪之。"求，尔何如？"对曰："方⑫六七十如五六十，求也为之，比及三年，可使足民。如其礼乐，以俟君子。""赤，尔何如⑬？"对曰："非曰能之，愿学焉。宗庙之事⑭，如会同⑮，端章甫⑯，愿为小相⑰焉。""点，尔何如？"鼓瑟希⑱，铿尔⑲，舍瑟而作，对曰："异乎三子者之撰⑳。"子曰："何伤㉑乎？亦各言其志也。"曰："莫春㉒者，春服㉓既成，冠者㉔五六人，童子六七人，浴乎沂㉕，风乎舞雩㉖，咏㉗而归。"夫子喟然叹曰："吾与点也！"三子者出，曾皙后。曾皙曰："夫三子者之言何如？"子曰："亦各言其志也已矣。"曰："夫子何哂由也？"曰："为国以礼，其言不让，是故哂之。""唯求则非邦也与？""安见方六七十如五六十而非邦也者？""唯赤则非邦也与？""宗庙会同，非诸侯而何？赤也为之小，孰能为之大？"

【注释】

①曾皙，名点，字皙（一字子皙），曾参之父，孔子第一批学生之一。生卒年不详。唐开元二十七年追封"宿伯"；北宋大中祥符二年加封"莱芜侯"；明嘉靖九年改称"先贤曾子"。

②毋吾以也，一说训"以"为"已"（停止），认为此句意为"不要（因为）我（比你们年长）就不说话"；一说训"以"为"因"，认为是"毋以吾也"的倒装省略句，大意与前说相近。两说皆可通。

③居，犹"平居"，平时、平常。

④率尔，随便、轻率。

⑤摄，迫近、夹处。

⑥师旅，军队。

⑦因，加、继。

⑧饥馑（jǐn），饥荒。

⑨比（bì），等到。

⑩方，此处指礼义、礼法。

⑪哂（shěn），微笑，亦有讥笑义。

⑫方，古代计算土地面积的方式，指边长。

⑬如，或者。

⑭宗庙之事，一说认为指祭祀，一说认为指诸侯亲自或派人定期朝见周天子，其仪式一般在宗庙中举行，故名。

⑮会同，诸侯不定期地朝见周天子，称为"大会同"；诸侯之间相见，称为"小会同"。仪式一般在国都郊外的坛上举行。

⑯端，一种礼服；章甫，一种士大夫戴的礼冠。

⑰相，诸侯祭祀、会盟时的司仪，"小相"是谦称。

⑱希，即"声希（稀）"，声音渐弱。

⑲铿尔，拟声词，指琴声结束时的高音。

⑳撰，古注多认为通"僎"（zhuàn），完善、具备之意；李零认为通"选"（繁体"選"与"撰"形近），即选择之意，文义皆通，今从此说。

㉑何伤，犹"何妨"，有什么关系。

㉒ 莫春，即"暮春"，春季的末尾，相当于农历二三月。

㉓ 春服，春天穿的衣服。

㉔ 冠者，古代男子二十岁行加冠礼，以示成年，故"冠者"指成年人，下文"童子"指未成年的少年。

㉕ 沂（yí），水名，据考证其源出今山东邹县东北，向西流经曲阜南，与洙水汇合后南注泗水。

㉖ 风，一说训为"讽"，即歌咏；一说训为风干。前说与后文"咏"重复，当取后说。舞雩（yú），本是古代以乐舞祈雨的仪式，此处指鲁国用以祈雨的坛，据北魏郦道元《水经注》考证，其址在今曲阜南门外沂河北岸。

㉗ 咏，歌唱。

【译文】

子路、曾皙、冉有、公西华陪（孔子）坐着。孔子说："因为我比你们年纪大些，你们不要因此（就不敢说话）。（你们）平时总说'没有人了解我啊！'如果有人了解你们，（请你们出来做事），你们会怎么样？"子路轻率地说："（一个）中等大小的国家，夹在大国之间，受到（他国）军队的侵略，再加上饥荒。（如果让）我去治理，三年之后，可以使（那里的人民）有勇气，而且懂得礼法。"孔子不屑地一笑。（又问）道："冉求，你怎么样呢？"（冉有）回答："（一个）长宽各六七十里或五六十里（的小国），（如果让）我去治理，三年之后，可以使人民富足。（但）像（推行）礼乐（这样的事），还要等（真正的）君子（来做）。"（孔子又问：）"公西赤，你怎么样呢？"（公西华）答道："（我）不敢说自己很有才能，（但我）愿意（努力）学习。（像）诸侯朝见天子，或诸侯间相见，穿戴着礼冠礼帽，（我）愿意（在旁边）当一名小司仪。"（孔子又问：）"曾点，你怎么样呢？"（曾皙）鼓瑟的声音减弱，（最后）"铿"的一声（结束），放下瑟站起来，答道："（我的）选择与他们诸位不同。"孔子说："有什么关系呢？也就是谈谈各自的志向嘛。"（曾皙）说："（我愿意）在暮春时节，穿上春天的衣服，（和）五六个成年人、六七个少年（一起），到沂水里洗洗澡，到舞雩坛下吹吹风，（然后）唱着歌回来。"孔子感叹道："我赞同曾点（的想法）啊！"（子路等）三人走出来，曾皙最后走。曾皙说："（您觉得）他们三人所说的怎么样？"孔子说："也（不过是）谈谈各自的志向罢了。"（曾皙）说："您为什么笑仲由呢？"（孔子）说："治国（应该讲究）礼让，他的话一点都不谦让，所以我笑话他。"（曾皙又问）："那么冉求（所说的）就不是国家（的事）吗？"（孔子说）："怎么见得长宽各六七十里或五六十里（的小国）就算不上国家呢？"（曾皙又问）："那么公西赤（所说的）就不是国家（的事）吗？"（孔子说）："诸侯朝见天子或诸侯间的会面，不是诸侯（国的事）又是什么呢？公西赤（如果只能）当小司仪，那谁能当大（司仪）？"

【评析】

　　孔子喜欢谦虚的人。他试探学生们的志向，子路长于政事，性格也最冲动，因此毫不客气地说自己能让一个内忧外患的中等国家强盛起来，足够抗衡大国。这种高调的态度对于主张"礼让为国"的孔子来说，当然不屑一提。冉求同样长于政事，但他的调门就要低得多，只说自己能让一个小国的百姓富足，别的都非己所能，孔子对此不置可否。公西赤是外交人才，但他的态度就更加谦虚，说自己没什么才能，但愿意努力学习，顶多只能在诸侯的仪式上当个小司仪罢了。孔子起初也不加评论，但当曾点问他时，他却毫不吝惜赞美，说公西赤岂止是一个当小司仪的人才呢？但公西赤到底适合多高的职位，孔子也没有明说。令他当场表态支持的，是曾点的"志向"——看起来"胸无大志"，只是和一帮闲人游山玩水而已，可谓低调到了极点，近似于隐士的生活。孔子主张"天下有道则见，无道则隐"（《泰伯》8.13），其实这也是中国传统知识分子既矛盾又无奈的选择——他们既渴望经世治国，不能忘情于俗世，但在理想受挫时又向往归隐山林。孔子赞同曾点，除了他的低调，或许也与他对现实的失望有关。

颜 渊

【原文】

12.1 颜渊问仁。子曰:"克己复礼①为仁。一日②克己复礼,天下归仁③焉。为仁由己,而由人乎哉?"颜渊曰:"请问其目④?"子曰:"非礼⑤勿视,非礼勿听,非礼勿言,非礼勿动。"颜渊曰:"回虽不敏,请事斯语矣。"

【注释】

① 《左传·昭公十二年》载:"仲尼曰:'古也有志:"克己复礼,仁也"。信善哉!'"据此则"克己复礼"乃古语,孔子只是引用。克己,约束自己;复礼,复归于礼。
② 一日,即一旦。
③ 归仁,称许为仁(人)。
④ 目,纲目,此处指行动纲领。
⑤ 非礼,不合于礼。

【译文】

颜渊问(怎样才算是)仁。孔子说:"约束自己,复归于礼就是仁。一旦(做到)约束自己、复归于礼,天下人都会称许(你)是仁(人)。实践仁道全靠自己,(难道)还靠别人吗?"颜渊说:"请问(实践仁道的)行动纲领?"孔子说:"不合于礼的不看,不合于礼的不听,不合于礼的不说,不合于礼的不做。"颜渊说:"我虽然不聪敏,请(让我努力）按您说的去做。"

【评析】

"克己复礼"虽不是孔子的发明,却是孔子思想的核心要义之一。关于"克己",前人略有争议,以马融为代表的汉儒多将其释为"约己",即约束自己;以朱熹为代表的宋儒多将其释为"胜己私",即战胜自己的私欲。但"克己"就字面而言是克制自己,显然不仅包括克制私欲,也应包括克制一切恶念和不合于礼的想法、做法。因此两说相较,汉儒较长。"自我约束"看似简单,但一个人要使自己的言行举止时时处处皆合于礼,自觉地避免一切"非礼"之举,却绝不简单。孔子认为,这都要靠自己发自内心主动去做,而不能指望外力（他人）的约束。无独有偶,在印度文化（如印度最古老的诗集《梨俱吠陀》）和日本文化中也有与孔子所说的"四勿"（或曰"四不"）类似的"三不"（即不视、不听、不言）之提法,后来具象化为三只掩目、掩耳、掩口的猴子形象,在上述两国非常有名。这可能是亚洲各国文化间相互传播、影响和演变的证据之一。

【原文】

12.2 仲弓问仁。子曰："出门如见大宾①,使民如承大祭②。己所不欲,勿施于人。在邦③无怨,在家④无怨。"仲弓曰："雍虽不敏,请事斯语矣。"

【注释】

①大宾,即贵宾。

②大祭,重要的祭祀（仪式）。

③④在邦、在家,刘宝楠"在邦,谓仕于诸侯之邦;在家,谓仕于卿大夫家也。"杨伯峻则认为"邦"、"家"不必拘泥于"诸侯"和"卿大夫"之范畴,故译为"在工作岗位上"和"不

在工作岗位上"。但下文12.20有"在邦必闻,在家必闻"和"在邦必达,在家必达"句,显然"邦"和"家"应分指诸侯国和卿大夫的私家,应以刘说为当。

【译文】

仲弓问(怎样才算是)仁。孔子说:"出门(工作)时如同去见贵宾,役使百姓如同承担重要的祭祀(仪式)。自己不喜欢的事物,不要强加在别人身上。为国家工作时没有怨言,为卿大夫工作(也)没有怨言。"仲弓说:"我虽然不聪敏,请(让我努力)按您说的去做。"

【评析】

"出门如见大宾,使民如承大祭",说的是"敬慎";"己所不欲,勿施于人",我们在前文多次提到,说的是"恕";"在邦无怨,在家无怨",说的是"安仁"。此三事,孔子都分别谈过,本章集中提出,其实是一种内在的递进关系:行事"敬慎"很重要,但仅是对自己的基本要求,只能算说得过去;"恕"要求推己及人,比单纯的自我要求要难;而不因境遇之穷通、地位之高低影响心态,尤其在困窘时仍能毫无怨言,则只有"仁者"才能做到这种"安仁"的境界。

【原文】

12.3 司马牛①问仁。子曰:"仁者,其言也讱②。"曰:"其言也讱,斯谓之仁已乎?"子曰:"为之难,言之得无讱乎?"

【注释】

①司马牛,子姓,向氏,名耕(一名犁),字子牛,春秋末期宋国人,因其兄桓魋为宋国司马,故又称司马耕、司马牛。生年不详,卒于公元前481年。桓魋密谋弑宋景公,司马牛坚决反对;桓魋事败,司马牛交出封邑,离宋到齐。桓魋奔卫,后又奔齐,

司马牛便离齐适吴,誓不与兄共事。后赵简子、陈成子召之,皆不就,终老于鲁。唐玄开元二十七年追封"向伯";北宋大中祥符二年加封"楚丘侯",南宋咸淳三年改封"睢(suī)阳侯";明嘉靖九年改称"先贤司马子"。

②讱(rèn),言语迟钝难出口,此处用以形容言辞极其谨慎。

【译文】

司马牛问(怎样才算是)仁。孔子说:"仁人,他的言辞特别谨慎。"(司马牛)说:"言辞特别谨慎,就可以说是'仁'了吗?"孔子说:"(仁)做起来很难,言辞还能不格外谨慎吗?"

【评析】

据《史记·仲尼弟子列传》载,司马牛"多言而躁",若这个评价属实,那么孔子的话就是针对其性格有的放矢。孔子并未直接回答司马牛关于何谓"仁"的问题,只是说仁者说话极其谨慎,意即司马牛还不够格谈论"仁",要先学会管住嘴、少说话。但司马牛却没有听懂孔子的弦外之音,质疑说难道只要少说话就算是"仁"了?这本身就是一种浮躁的表现。孔子的回答含蓄而犀利:学会"闭嘴"是"为仁"的第一步,你能做到再说吧!本章也是孔子因材施教的典型案例。

【原文】

12.4 司马牛问君子。子曰:"君子不忧不惧。"曰:"不忧不惧,斯谓之君子已乎?"子曰:"内省不疚,夫何忧何惧?"

【译文】

司马牛问(怎样才算是)君子。孔子说:"君子不会忧虑也不会恐惧。"(司马牛)说:"不忧虑也不恐惧,就可以说是君子了吗?"

孔子说:"自我反省而不(感到)愧疚,(还有)什么可忧虑和恐惧的?"

【评析】

本章又是司马牛的提问,孔子依然没有正面回答,还是提出了一个作为君子的"必要不充分条件"——不忧不惧。对此孔子说得很明白:"仁者不忧,勇者不惧",这都是很不低的标准,我们已在《子罕》9.29中阐释过其内涵,兹不赘述。但司马牛依然不开窍,还是反问难道这就够了吗?孔子这次的回答更耐人寻味:只要问心无愧,便可不忧不惧。言外之意,能做到不忧不惧,起码是部分地达到了仁者和勇者的境界,君子自然不在话下。前人多认为本章的背景是桓魋作乱,司马牛作为其弟,常怀忧惧,故孔子借此开导之,可备一说。

【原文】

12.5 司马牛忧曰:"人皆有兄弟,我独亡。"子夏曰:"商闻之矣:死生有命,富贵在天。君子敬而无失,与人恭而有礼,四海之内皆兄弟也。君子何患乎无兄弟也?"

【译文】

司马牛担忧地说:"别人都有兄弟,唯独我没有。"子夏说:"我听说过(这样的话):死生都由命里(注定),富贵全在上天(安排)。君子(只要做到对事)严肃认真而没有过失,对人谦恭而有礼节,(那么)四海之内(的人)都是兄弟。君子何必担心没有兄弟呢?"

【评析】

本章明确说出了司马牛的担忧,因此前人认为其背景与上一章一样,都是起于桓魋作乱。从历史记载来看,桓魋谋反失败之后,他的四个兄弟(包括司马牛)都四散逃亡,曾经在宋国煊赫一时的家族由此分崩离析。司马牛的话很可能与此有关。而卜商对他的宽慰确实很得体：首先说死生富贵都是不可抗力决定的，非人力所能强求；随后说人力所能决定的是自己的行为，只要自己敬事敬人，则天下之人都会与之亲近，不必担心没有兄弟。这番话，既有温度，又有高度，无怪乎被后世广为传诵了。

【原文】

12.6 子张问明①。子曰："浸润之谮②，肤受之愬③，不行④焉，可谓明也已矣；浸润之谮，肤受之愬，不行焉，可谓远也已矣。"

【注释】

①明，（看事情）明白、不糊涂。
②浸润之谮（zèn），如水浸润物体一样，点滴累积起来的谗言。
③肤受之愬（sù），一说解为急迫切身，如皮肤受痛之诬告、诽谤；一说解为有"皮"而无实之诬告、诽谤。两说皆可通，似以前说更为贴切。
④不行，此处指没有影响。

【译文】

子张问（怎样才算是看事情）明白。孔子说："点滴累积起来的谗言，急迫切身的诽谤，（对你都）没有影响，就可以说是（看事情）明白了；点滴累积起来的谗言，急迫切身的诽谤，（对你都）没有影响，就可以说是（目光）高远了。"

【评析】

《国语》有云："众口铄金，积毁销骨"，说的正是流言蜚语对人的伤害之大。但谎言即使说上一万遍也不会成为真的，关键取决于听话者是否糊涂。因此孔子谆谆告诫子张，只要不轻信无端的谗言和急切的诽谤，不被其动摇、左右，始终有主见，就是明白事理的表现——不仅是明白事理，更可谓目光高远。孔子此言，确为不易之论。

【原文】

12.7 子贡问政。子曰："足食，足兵①，民信之矣②。"子贡曰："必不得已而去，于斯三者何先？"曰："去兵。"子贡曰："必不得已而去，于斯二者何先？"曰："去食。自古皆有死，民无信不立。"

【注释】

①兵，指武器、军备。
②从下文子贡说"三者"来看，"民信之"与"足食"、"足兵"应该是并列关系；若加"矣"，则"民信之"成了"足食"、"足兵"的结果，如果这样，那么后文孔子说"去兵"、"去食"之后也就谈不上"民信之"了。因此毛子水质疑"矣"字可能是衍文，不必译出，颇有道理。笔者认为，此"矣"也可能是"已"（即"而已"）或"也"之误，从尊重原文出发，仍保留原貌而不译。

【译文】

子贡问治国理政（的原则）。孔子说："使粮食充足，使军备充足，使民众信任（政府）。"子贡说："（如果）迫不得已一定要去掉（一项），在这三者中先（去掉）哪一条？"（孔子）说："（先）去掉军备。"子贡说："（如果）迫不得已一定要（再）去掉（一项），在（剩下的）二者中先（去掉）哪一条？"（孔子）说："去掉粮食。自古以来（任何人）都会死，（但如果）民众（对政府）没有信心，（政府）就站不稳了。"

【评析】

本章中孔子对子贡的回答可谓意味深长。孔子反对暴力,因此在子贡提出的极端情况下,他首先选择的是去掉军备,而后是去掉粮食,唯有信任,他认为是至死也不能丢的。此说未免迂阔:如果没有国防保障,又没有粮食果腹,生存都成问题,还让民众如何信任政府?但若单论"民无信不立"一条,却颇有道理。政府的公信力是政权存在的基石,如果得不到民众的信赖和支持,其统治必不能稳定而长久。孔子此言本是针对统治者而发,后来演变为民众也要靠信用立足于社会,则大概是源于朱熹"宁死而不失信于民,使民亦宁死而不失信于我也"的阐释。

【原文】

12.8 棘子成①曰:"君子质而已矣,何以文为?"子贡曰:"惜乎,夫子之说君子也!驷不及舌②。文犹质也,质犹文也。虎豹之鞟③犹犬羊之鞟。"

【注释】

①棘子成,卫国大夫,生平不详。
②驷不及舌,犹"一言既出,驷马难追"。
③鞟(kuò),去毛的兽皮。

【译文】

棘子成说:"君子(有好的内在)品质就够了,要(外在的)文饰干什么呢?"子贡说:"可惜啊,您关于君子的说法(不太对)。(但)一言既出,驷马难追。(内在的)品质和(外在的)文饰是同等(重要)的。去掉了毛的虎豹之皮和犬羊之皮是一样(难以区分)的。"

【评析】

关于"文"和"质"的问题,孔子在《雍也》6.18中说得很明白,他主张的是"文质彬彬,然后君子"。"文"、"质"是一体两面,不可截然分割。针对棘子成重"质"轻"文"的观点,子贡的回击是有力的:如果把毛剃掉,虎豹之皮和犬羊之皮就看不出什么区别了。同理,如果一个人只有内在美而不注意外在美,那么顶多只能算一个狂士,离君子还有相当距离。

【原文】

12.9 哀公问于有若曰:"年饥,用①不足,如之何?"有若对曰:"盍彻②乎?"曰:"二,吾犹不足,如之何其彻也?"对曰:"百姓足,君孰与③不足?百姓不足,君孰与足?"

【注释】

①用,此处指(国家的)财用(财政收入)。

②彻,即彻法,周代的一种赋税制度。关于其具体内容,历代有争议。较有说服力的观点认为:自西周始,百姓有"国"、"野"之分,周人作为征服者居于城中(即"国中"),被征服者则居于郊外(即"野鄙")。"野鄙"实行"助法",即按照井田制划分,九百亩田,八家分耕其中八百亩(私田),余下一百亩共耕(公田),其收成作为赋税上缴国家,税率为九取其一;而"国中"实行"彻法",无公田、私田之分,由百姓自耕其田,上缴部分实物作为赋税,税率为十取其一。

③孰与,此处意为"怎么会"。

【译文】

鲁哀公问有若:"一年的收成不好,国家财用不足,怎么办?"有若回答说:"何不(实行十取其一的)彻法呢?"(鲁哀公)说:

"（十取其）二，我还（觉得）不够（用），（实行十取其一的）彻法怎么行呢？"（有若）回答说："（如果）百姓（的收入）够（用）了，您怎么会不够（用）？（如果）百姓（的收入）不够（用），您怎么会够（用）？"

【评析】

"彻法"作为一种新的赋税制度，普遍施行于西周，但至鲁哀公时早已废弛。鲁国自宣公十五年（公元前594年）开始推行按亩征税的"初税亩"制度，其税率是十取其二，比原本井田制的"助法"高，而鲁哀公还嫌不够。有若却建议他恢复废之已久的"彻法"，鲁哀公自然不愿意。但有若告诉他，如果百姓能过得好，君主怎么会过不好？反之，如果百姓过不好，君主又怎么能过得好？实际是告诫统治者要与百姓休戚与共，在困难时期横征暴敛，是没有好下场的。这也是对孔子"节用而爱人"（《学而》1.5）思想的继承和阐扬。

【原文】

12.10 子张问崇德辨惑①。子曰："主忠信，徙义②，崇德也。爱之欲其生，恶之欲其死；既欲其生又欲其死，是惑也。'诚不以富，亦只以异。'③"

【注释】

①崇德，增进德行；辨惑，从后文来看，此处的"惑"主要是指受情绪影响而不理智、犯糊涂，朱熹训为"心惑"，"辨惑"即保持理智和清醒的头脑，不犯糊涂。

②徙义，按照正确的事理去做。

③本句出自《诗·小雅·我行其野》，原文"诚"作"成"，应读"诚"。这是一首怨妇诗，此二句大意为"真的不是因为（她家比我家）富，只是因为（你）变心了"。

【译文】

子张问（如何）增进德行、不犯糊涂。孔子说："（应当）以（待人）真诚和（言行）信实（这两大原则）为主，按照正确的事理去做，（就能）增进德行。爱一个人就希望他（她）活（得好）；厌恶一个人就希望他（她）死。既想让对方活又想让对方死，这就是糊涂。（就像《诗》上所说：）'诚不以富，亦只以异'。"

【评析】

人是感情的动物，但人与动物最本质的区别之一，恰恰又在于人能够以理智来控制感情。一般人容易被情绪左右，从而做出"非义"之举，这对于德行是有害的。因此孔子强调不要因为主观的好恶就对一个人产生极端的看法和想法。关于最后引用《我行其野》之句的用意，前人众说纷纭，李零认为意在以弃妇对变心丈夫的怨言，说明"爱之深恨之切"的道理；南宋蔡节《论语集说》亦认为是以弃妇的爱与恶之间的反差，说明过激的情绪对人的害处。两说相近，较可取。过激也就意味着违反了"中庸"的原则，这也是孔子一贯反对的。

【原文】

12.11 齐景公[①]问政于孔子。孔子对曰："君君[②]，臣臣，父父，子子。"公曰："善哉！信如[③]君不君、臣不臣、父不父、子不子，虽有粟[④]，吾得而食诸？"

【注释】

①齐景公，姜姓，吕氏，名杵臼，春秋时期齐国第二十六任君主。生年不详，卒于公元前490年。他既有治国图霸的雄心壮志，但又贪图享乐，因此他身边既有晏婴这样的忠能之臣，也有梁丘据这样的佞臣。景公在位时，齐国一度有中兴之象，但

随着与晋国争霸计划的破产，齐国在景公死后逐渐为田氏家族掌控，开始走向衰落。

②君君，君主有君主的样子。下文"臣臣"、"父父"、"子子"同理。

③信如，假如真的。

④粟，此处泛指粮食。

【译文】

齐景公向孔子问治国理政（的原则）。孔子说："君主要有君主的样子，臣子要有臣子的样子，父亲要有父亲的样子，儿子要有儿子的样子。"齐景公说："（说得）太好了！假如真的（出现）君主不像君主、臣子不像臣子、父亲不像父亲、儿子不像儿子（的情形），即使有粮食，我能吃得到吗？"

【评析】

我们在《学而》1.2评析中说过，宗法制是先秦时期中国社会的基础，并深刻影响了此后几千年的封建社会。其显著特征之一，便是以家庭伦理代入国家伦理，所谓"治国如治家"。"三纲"（君为臣纲，父为子纲，夫为妻纲）之中，君臣和父子关系就占了两条，可见其在古人心目中的重要性。"君君，臣臣，父父，子子"是孔子的重要思想之一，曾广受诟病和批判。固然，孔子是站在统治者的立场强调等级（阶级）地位——亦即统治秩序的森严，这在今天看来无疑已是腐朽过时的理念；但同时必须看到，孔子的这一思想在客观上也有强调身份意识，即每个人都必须做好自己分内之事，以求符合自己的身份定位的一面，这在今天依然是有积极意义的，不应一概否定。

【原文】

12.12 子曰："片言①可以折狱②者，其由也与？"子路无宿诺③。

【注释】

①片言,一说解为"一面之辞",古代将诉讼中的原被告双方称为"两造",主审官必听两造之言方能断案,"片言"即其中一方的说辞;一说解为"半言",即三言两语,形容判词简要。以常理推之,无论法官如何英明,但只凭一面之辞断案显然也大大违背司法原则,故应取后说为当。

②折狱,古本《论语》作"制狱",即"断狱",判决案件。

③宿诺,何晏注为"豫诺",即预先许诺;朱熹注为"留其诺",即拖延诺言。从"宿"字本义和子路的性格出发,当以朱注为当。

【译文】

孔子说:"(只用)三言两语就可以判决案件的,大概(只有)子路吧?"子路从不拖延(兑现)诺言。

【评析】

断案是严肃的事,事关双方当事人的合法权益,更关乎社会的公平正义,因此有些判决词为求严谨,往往长篇累牍,在遇到复杂案件时尤其如此。而子路却能用三言两语就解决问题,且判决大概还比较令人信服,不得不说是一种过人的能力。至于最后一句与前文有何逻辑关系,前人解释多显牵强或语焉不详,因其对子路称字不称名,显然非孔子原话,所以也有认为此句别是一章者。清人汪绂(fú)《四书诠义》认为:"此称子路有服人之德,非称子路有断狱之才也。……无宿诺,亦平日忠信明决之一端也。"可备一说。

【原文】

12.13 子曰:"听讼①,吾犹人也。必也使无讼乎。"

【注释】

①听讼，审理诉讼。

【译文】

孔子说："审理诉讼，我和别人差不多。一定要使（世上）没有诉讼（才好）。"

【评析】

孔子曾任鲁国大司寇，执掌律法刑狱，从本章中他的口气看来，他并不认为自己在审案方面有过人之处（甚至可能不如子路），也未必很喜欢这份工作。他所向往的是"无讼"的世界。但只要有人的地方就会有纷争，有纷争就免不了打官司，孔子也不太可能天真到认为"无讼"真的能够实现。或许他只是借此表达他"致君尧舜上，再使风俗淳"（借用李白的诗句）的理想，并重申礼乐重于刑政的治国理念而已。

【原文】

12.14 子张问政。子曰："居①之无倦，行②之以忠。"

【注释】

①居，指在位。
②行，指履行（职责）。

【译文】

子张问治国理政（的原则）。孔子说："在位时不可疲倦懈怠，履行职责要忠诚。"

【评析】

本章中颛孙师问的是治国理政的原则,孔子的回答实际说的却是为官之德。颛孙师性格勇武但偏激,所谓"师也过"、"师也辟"(《先进》11.16、11.18)。这样的人办事有冲劲,但容易三分钟热度,因此孔子告诉他要勤政不倦,忠于职守,这也是因材施教。

【原文】

12.15 子曰:"博学于文,约之以礼,亦可以弗畔矣夫。"

注:本章与《雍也》6.27重出,可参看。

【原文】

12.16 子曰:"君子成①人之美②,不成人之恶③;小人反是。"

【注释】

①成,促成、帮助。
②③美、恶,泛指好事和坏事。

【译文】

孔子说:"君子促成别人的好事,(但)不帮助别人(做)坏事;小人与此相反。"

【评析】

君子与老好人的本质区别之一,就在于前者是有原则地帮助人,该帮的帮,不该帮的坚决不帮;后者却是无原则地帮助人,什么人都帮。而小人更糟糕,是该帮的他不帮(甚至还有可能捣乱),不该帮的他却帮。因此小人也等于恶人的帮凶。

【原文】

12.17 季康子问政于孔子。孔子对曰:"政者,正①也。子帅②以正,孰敢不正?"

【注释】

①正,此处指(品行)端正。
②帅,带头、率先。

【译文】

季康子向孔子问治国理政(的原则)。孔子说:"'政'(这个字的意思)就是端正。您带头(品行)端正,谁敢不端正?"

【原文】

12.18 季康子患盗,问于孔子。孔子对曰:"苟子之不欲①,虽赏之不窃。"

【注释】

①欲,此处指贪婪。

【译文】

季康子为盗贼(太多)而感到苦恼,向孔子请教(治理的方法)。孔子回答道:"如果您不(过分)贪婪,哪怕是奖励他们去盗窃,(他们)也不干。"

【原文】

12.19 季康子问政于孔子曰:"如杀无道①以就②有道③,何如?"孔子对曰:"子为政,焉用杀?子欲善而民善矣。君子④之德风,小人⑤之德草。草上之风,必偃⑥。"

【注释】

①③无道、有道，此处泛指坏人和好人。

②就，孔安国训"成"，即成就。笔者认为当训"趋"，即"趋向于"、"接近于"更为准确。

④⑤此处的"君子"、"小人"更多着眼于身份和地位的差别，主要指的是士大夫（即"士君子"）和平民百姓。

⑥偃，倒伏。

【译文】

季康子向孔子问治国理政（的原则）说："如果杀掉坏人来（使百姓）趋向于（当）好人，怎么样？"孔子回答说："您治国理政，哪里用得着杀人呢？（只要）您（真心）想要行善道，百姓（自然）就会（跟着）行善道了。士君子的德行（就像）风，老百姓的德行（就像）草。草上的风（一吹），（草）一定会（顺着风向）倒伏。"

【评析】

12.17～12.19三章都是孔子借季康子之问对其进行敲打。孔子虽是统治阶级的代言人，但他同时也认为统治者应该是民众的榜样，事事都应该率先垂范。老百姓做得不好，必然与统治者本身的作风有关。孔子对季氏的所作所为向来不满，三番作答明显是话里有话，暗讽季氏自己行事不端，治国理政又岂能取得理想效果？当然，在讽刺中也含有劝谏之意。俗话说"上梁不正下梁歪"，正人必先正己，这是先贤留给后人的朴素而宝贵的政治教导。

【原文】

12.20 子张问："士何如斯可谓之达矣？"子曰："何哉，尔所谓达者？"子张对曰："在邦必闻①，在家必闻。"子曰："是闻也，非达也。夫达也者，质直而好义，察言而观色，虑以下人②。在邦必达，在家必达。夫闻也者，色取③仁而行违，居之不疑。在邦必闻，在家必闻。"

【注释】

①闻，此处指出名、有名气。

②虑，一说训为"志虑"，即精神、思想；一说训为"无虑"，即大都、凡事。两说皆可通，今取前说。下人，即"下于人"，谦让他人。"虑以下人"即思想上（处处）谦让他人。

③色，神色，此处为"表面上"之意；取，此处应通"趋"，即趋向、接近，引申为貌似、似乎之意。

【译文】

子张问："士人怎么样就可以称得上'达'了？"孔子说："你所说的'达'是什么意思？"子张回答道："为国家工作时有名气，为卿大夫工作时（也）有名气。"孔子说："这（只能）叫'闻'，不是'达'。所谓'达'，是本质正直而爱好真理，（善于）分析别人的话及观察别人的神色，思想上（处处）谦让他人。（这种人）为国家工作时（能够行事）通达，为卿大夫工作时（也能行事）通达。而所谓'闻'，是表面上似乎很仁德，行为却（与之）相反，（并且）以仁人自居而毫不怀疑。（这种人）为国家工作时会很有（虚）名，为卿大夫工作时（也）会很有（虚）名。"

【评析】

本章中子张所问的"达"，显然是指"飞黄腾达"，也就是利用名声而使自己得到重用。而孔子驳斥说这只不过是"闻"，即出名而已。但有名未必有实，名不副实，便是欺世盗名。孔子所推崇的"达"，是"通达"（或曰"练达"）：既保持君子正直的本色，又能在人际交往中处处考虑他人感受，推己及人，自然受人欢迎，行事无碍。所谓"已欲达而达人"(《雍也》6.30),才是真正的"达"。而那些"闻人",往往只是以博取虚名而行一己私利的伪君子而已,这是孔子所不齿的。"闻达"和"察言观色"二词皆出自本章,其涵义孔子本来说得很明白,但吊诡的是,这两个词流传后世,前者还是被人们当成了"飞黄腾达"的意思,后者则多含贬义,这大概是孔子始料未及的。

【原文】

12.21 樊迟从游于舞雩之下,曰:"敢问崇德、修慝①、辨惑。"子曰:"善哉问!先事后得②,非崇德与?攻其恶③,无攻人之恶,非修慝与?一朝之忿④,忘其身,以及其亲,非惑与?"

【注释】

①慝(tè),内心的邪念、恶念;"修慝"即消除内心的恶念。
②先事后得,与《雍也》6.22中的"先难而后获"类似,意为遇事抢先去做,到收获时则甘居人后。
③恶,错误和缺点,统称"坏处";"攻其恶"指批判自己的坏处。
④一朝之忿,一时的愤怒。

【译文】

樊迟跟随(孔子)到舞雩坛下游览。(樊迟)说:"(我)大胆请问(如何)增进德行、消除恶念、不犯糊涂。"孔子说:"问得好!遇事抢先去做,到收获时则甘居人后,不就是增进德行吗?批判自己的坏处,而不批判别人的坏处,不就是消除恶念吗?(因为)一时的愤怒,忘了自己以及亲人,不就是糊涂吗?"

【评析】

本章所说的三个问题,孔子也在其它场合讲过。"先事后得",

与"先难而后获"相近，只是后者强调了"难"和"获"，比前者境界要高一些；自我批判而不批判他人，是强调了自省精神，勤于自省的人，自然不会对他人心生恶念；不因一时之怒而忘身与亲，则再次强调了不要因过激的情绪而丧失理智，与12.10所言基本相同。

【原文】

12.22 樊迟问仁。子曰："爱人。"问知，子曰："知人。"樊迟未达①，子曰："举直错诸枉，能使枉者直。"樊迟退，见子夏，曰："乡②也吾见于夫子而问知，子曰：'举直错诸枉，能使枉者直'，何谓也？"子夏曰："富哉言乎！舜有天下，选于众，举皋陶③，不仁者远矣。汤④有天下，选于众，举伊尹⑤，不仁者远矣。"

【注释】

①未达，不解、不明白。

②乡，通"向"，刚才。

③皋陶，偃姓（一说为嬴姓），皋氏，名陶（yáo，一名繇），字庭坚，上古时期华夏部落的领导人之一，杰出的政治家、思想家。相传生于公元前2220年，卒于前2113年，历经尧、舜、禹三代，与之并称"上古四圣"。皋陶为舜所选拔，任执掌刑狱的"士师"，据说中国最早的司法体系即出于其手，他主张"法制"与"德政"并重，使天下大治，其思想深刻地影响了后世的儒家和法家。唐天宝二年（743年）被追封为"大唐德明皇帝"。

④汤，即商汤，又称成汤，子姓，名履，日名天乙，主癸之子，死后谥号"武"，故又称"汤武"，生卒年不详。其原本为商国国君，后在伊尹等贤臣辅佐下，陆续吞灭韦、顾、昆吾等小国，后与夏桀决战于鸣条，灭夏建商，经诸侯推举，成为

商朝开国天子。其在位期间，严格要求臣属，选贤任能，宽待百姓，使社会矛盾得以缓和，政治稳定，是历史上明君的代表之一。

⑤伊尹，姒姓，伊氏，名挚，有莘国（其地具体位置说法甚多，得到较多支持的是陕西合阳县说和山东曹县说）人，商朝杰出的军事家、政治家和思想家。生于公元前1649年，卒于前1550年。伊尹本是耕夫出身，成汤慧眼识才，三次礼聘其为右相，后辅佐成汤灭夏建商。商朝建立后任"尹"（相当于宰相），故世称"伊尹"。其在位期间，政通人和，百废俱兴，执政五十余年，历事成汤、外丙、仲壬、太甲、沃丁五代商王，使商朝从胜利走向繁荣。死后沃丁以天子之礼将其葬于亳都（今河南商丘市），奉祀为"商元圣"。

【译文】

樊迟问（怎样才算是）仁。孔子说："爱他人。"（樊迟又）问（怎样才算是有）智慧。孔子说："了解他人。"樊迟不太明白，孔子说："把正直的人选拔出来放在邪曲不正的人之上，能使邪曲不正之人变得正直。"樊迟出来之后，见到子夏，说："刚才我见到老师向他问（怎样才算是有）智慧，老师说：'把正直的人选拔出来放在邪曲不正的人之上，能使邪曲不正之人变得正直'，（这）是什么意思？"子夏说："（老师这）话（的涵义）太丰富了！舜拥有了天下，从众人之中挑选，把皋陶提拔出来，不仁之人就（自然）远去了。汤拥有了天下，从众人之中挑选，把伊尹提拔出来，不仁之人就（自然）远去了。"

【评析】

这是《论语》中樊迟第二次向孔子问"知（智）"（第一次是在《雍也》6.22），而孔子第一次把"仁"和"知"两大命题串并在了一起。

孔子认为，知人善用就是"知"，同时也能使不仁者自动远离，"斯仁至矣"，仁至而不仁者去，就是"爱人"。因此"仁"和"知"其实也是一体两面，密不可分。

【原文】

12.23 子贡问友。子曰："忠告而善道之，不可则止，毋自辱焉。"

【译文】

子贡问(如何对待)朋友。孔子说："真诚地劝告并好好地引导他，(如果)不行就算了，不要自取其辱。"

【评析】

对待朋友，孔子主张要仗义，但这种仗义是有原则、有底线的。给予对方真诚善意的劝导，已经尽到了作为朋友的责任，若对方不接受，就应适可而止。所谓"朋友数，斯疏矣"(《里仁》4.26)，人与人之间不仅要保持适当的距离，也要保持一定的责任边界，越界即是"过分"，"过犹不及"(《先进》11.16)。

【原文】

12.24 曾子曰："君子以文①会友，以友辅②仁。"

【注释】

①文，此处应与"文学"之"文"相近，指文章学术之类。
②辅，辅助、帮助。

【译文】

曾子说："君子以文章学术来交友，以朋友来帮助(自己培养)仁德。"

【评析】

本章是曾参论交友之道的名言。他认为应先以学问交友,这是外在修养;进而又通过向朋友学习来帮助自己培养仁德,这是内在修养。辅仁大学之名即来源于此。

子 路

【原文】

13.1 子路问政。子曰："先之，劳之。^①"请益^②，曰："无倦。"

【注释】

①先之，劳之（"劳"旧读去声"lào"），前人大致有三说：一说认为是"先导之以德，使民信之，然后劳之"，但将"先"解为"先导之以德"，添字过多；朱熹引苏轼说解为"凡民之行，以身先之，则不令而行；凡民之事，以身劳之，则虽勤不怨"，既有要求统治者率先垂范的进步意义，最终目的又归结到统治者的需要即"劳之"上来，较符合历史原貌。另有一说认为"劳"是慰劳、鼓励之意，即对百姓要率先垂范，又加以慰劳、鼓励，亦可备一义。今仍取朱、苏之说。

②请益，请求多说几句。

【译文】

子路问治国理政（的原则）。孔子说："（凡事）先给民众带头，（然后可以）役使他们。"子路请（孔子）多说几句，（孔子）说："（坚持下去）不要懈怠。"

【评析】

本章的主旨还是讲统治者应率先垂范，以身作则的问题。如注

①所说，孔子的落脚点虽然是在"劳之"，但他认为"劳之"的前提是领导要带头先干，才能使百姓心甘情愿地卖力。可见即使是封建时代，统治者也不能坐享其成。

【原文】

13.2 仲弓为季氏宰，问政。子曰："先有司①，赦小过，举贤才。"曰："焉知贤才而举之？"曰："举尔所知。尔所不知，人其舍诸？"

【注释】

①先有司，与上一章"先之"句式相同，即给（手下的）官吏带头。

【译文】

仲弓当季氏家的总管，问治国理政（的原则）。孔子说："（凡事）先给（手下的）官吏带头，赦免他们的小过错，选拔贤能的人才。"（仲弓）说："怎么知道（谁是）贤能的人才从而把他们选拔出来呢？"（孔子）说："选拔（那些）你知道的（人）。你不知道的（人），别人难道就会舍弃（他们）吗？"

【评析】

冉雍在公元前498年至前492年间（即孔子周游列国期间）接替子路当季氏家宰，本章对话很可能即发生在孔子临行之前。孔子教给冉雍的为政之道非常实用：率先垂范，给下属作榜样，可得信任；宽恕其小过错，可得拥护；选贤任能，可得助力。三个方面，分别考验领导者的实干精神、胸襟气量和识人眼光。至于选拔人才问题，孔子认为，领导者选出那些他了解的人即可，这并非任人唯亲，而是从对人才的了解程度考虑，不乏道理。即使有所遗漏，也不必担心，"天生我材必有用"，总会有人慧眼识才的。这与他在《雍也》6.6中对冉雍"虽欲勿用，山川其舍诸"的评价恰好如出一辙，不知这种"是金子总会发光"的想法,是否也隐含着他对自己的某种期许和安慰?

【原文】

13.3 子路曰:"卫君①待子而为政,子将奚②先?"子曰:"必也正名③乎!"子路曰:"有是哉,子之迂④也!奚其正⑤?"子曰:"野⑥哉由也!君子于其所不知,盖阙如也。名不正则言不顺;言不顺则事不成;事不成则礼乐不兴;礼乐不兴则刑罚不中⑦;刑罚不中则民无所措手足⑧。故君子名之必可言也,言之必可行也。君子于其言,无所苟⑨而已矣。"

【注释】

①卫君,前人多认为指卫出公。
②奚,何,什么。
③正名,辨正名分。
④迂,迂阔,不切实际。
⑤奚其正,为何要去辨正(名分)。
⑥野,孔安国训为"不达",即不通事理;朱熹训为"鄙俗",即鄙陋粗俗,较为准确。
⑦不中(zhòng),不恰当。
⑧无所措手足,手脚不知该往哪里放,即无所适从。
⑨苟,苟且,马虎敷衍。

【译文】

子路说:"卫君等待您去(帮他)治国理政,您会先(做)什么?"孔子说:"那一定是辨正(各种不正当的)名分了!"子路说:"您(竟然)迂阔到这种地步!有什么可辨正的呢?"孔子说:"仲由太鄙俗了!君子对于他不知道的事物,大体都搁置不论。名分不正当,话就说不通；话说不通，事情就办不成；事情办不成，礼乐就不能兴盛；礼乐不能兴盛，刑罚就不能恰当；刑罚不恰当，民众就无所适从。因此君子举出一个名目，一定可以说出（正当的道理）；（能够）说出（正当的道理）的，一定可以行得通。君子对于他说的话，（一定要）毫无马虎敷衍之处。"

【评析】

成语"名正言顺"即出自本章。所谓"名"，其实不仅包括名分，还包括名义、名目等。儒家非常重视"名"、"实"相应，"君君，臣臣，父父，子子"（《颜渊》12.11）说的是不仅要有"名"，还要有"实"；而本章说的则是在有"实"之前必须先"正名"。对于儒家来说，"名"并非可有可无的形式，而是"实"的前提。"名不正"就是"师出无名"，若连一个正当的理由都举不出来，又如何能服众？更遑论推行礼乐和刑政了。"正名"的实质是以德服人、以理服人。子路作为学生，公然讥笑老师的主张迂阔不切实际，认为"名"并不重要，正不正都无所谓，等于说孔子是个只会空谈的书呆子，这让老夫子情何以堪？无怪乎又受到孔子的一通痛斥了。

【原文】

13.4 樊迟请学稼①。子曰："吾不如老农。"请学为圃②。曰："吾不如老圃。"樊迟出，子曰："小人③哉樊须也！上好礼，则民莫敢不敬；上好义，则民莫敢不服；上好信，则民莫敢不用情④。夫如是，则四方之民襁负⑤其子而至矣，焉用稼？"

【注释】

①稼，此处指种庄稼。

②为圃，种菜。

③小人，毛奇龄《四书賸言》曰："古凡习稼事者皆称小人。"

可见此处之"小人"包含道德和身份的双重判断，带有蔑称的意味。

④用情，一说解为"尽忠"，一说解为"各以情实应"，即说实话。从语境分析，当取后说为妥。

⑤襁（qiáng），背婴儿用的带子。"襁负"即背负。

【译文】

樊迟请求（跟孔子）学种庄稼，孔子说："（这方面）我不如老农民。"（樊迟又）请求（跟孔子）学种菜，（孔子）说："（这方面）我不如老菜农。"樊迟退出后，孔子说："樊须真是个小人！在上位者崇尚礼，民众就不敢不恭敬；在上位者崇尚正当的义理，民众就不敢不服从；在上位者崇尚诚信，民众就不敢不诚实。（如果能）做到这样，四面八方的百姓就都会背着他们的孩子来（投奔我们）了，哪里用得着（自己）种庄稼？"

【评析】

我们说过，孔子是站在封建统治者的角度考虑问题的。虽然他承认"吾少也贱，故多能鄙事"（《子罕》9.6），但他却并不以此为荣，甚至以此为耻。无可讳言，孔子从来没有把自己当成劳动人民的一分子，而是秉持着贵族立场，打心眼里看不起他们。后世的孟子曾对当时的农家代表人物许行有过激烈的批判，其中最著名的一段话就是"有大人之事，有小人之事。……劳心者治人，劳力者治于人；治于人者食人，治人者食于人，天下之通义也。"（《孟子·滕文公上》）与孔子对樊迟的批评异曲同工。当然，孔孟的说法不能说绝对没有道理，社会分工必然也必须有所不同，但不能简单地以高下而论。如果没有那些辛勤劳作的所谓"小人"，"大人"们恐怕也是很难饿着肚子坐而论道的。

【原文】

13.5 子曰:"诵①《诗》三百,授之以政,不达;使于四方,不能专对②;虽多,亦奚以为?"

【注释】

①诵,此处有"熟读"之意。
②专对,古人奉命出使,一般是"受命不受辞",即只接受任务(所要达成的目标),而具体的临场应对则要由使者专擅其事,独当一面,凭自己的经验和智慧随机应变,此即"专对"。

【译文】

孔子说:"(一个人如果)熟读了《诗》里的三百篇,把政事交给他,(却)办不好;(受命)出使各国,(却)不能独立应对;即使(读了)很多(书),又有什么用呢?"

【评析】

孔子对学生的教育,是要他们学以致用而非纸上谈兵,与后人认为的"百无一用是书生"完全不同。在孔子看来,即便把书本背得滚瓜烂熟,如果在实践中不能独当一面,那也是毫无用处的。实践是检验真才实学的唯一标准,这一点,孔子做得比今人早得多也好得多。

【原文】

13.6 子曰:"其身正,不令而行;其身不正,虽令不从。"

【译文】

孔子说:"(统治者)自身端正,(即使)不下命令(百姓也会依正道)而行;(统治者)自身不端正,即使下了命令(百姓)也不会听从。"

【评析】

本章也是谈统治者率先垂范的重要性,可与《颜渊》12.17～12.19三章互参。我们说过,宗法制社会的显著特征是以家庭伦理代入国家伦理,"治国如治家"。在这种逻辑下,统治者就相当于家长(所谓"君父"),百姓则相当于儿女(所谓"子民"),家长如果品行端正,子女耳濡目染,自然会自觉自律;反之,家长如果自己品行不端,必然也难以得到子女的尊重和信任。应该说,孔子的这一思想虽然有些理想化和绝对化,但从总体而言还是有相当道理的。

【原文】

13.7 子曰:"鲁卫之政,兄弟也。"

【译文】

孔子说:"鲁国和卫国的政治,(就像)兄弟(一样相似)。"

【评析】

鲁国是周公之后,卫国是康叔(周文王第九子,周武王和周公之弟)之后,两国始祖是兄弟关系。而孔子说两国的政治亦如兄弟,则意味深长,因而引起前人不少争论:以包咸为代表的一派认为孔子此言是褒义,意思是夸赞当年周公和康叔间融洽的关系;以朱熹为代表的一派则认为孔子此言是贬义,是讽刺当时鲁、卫两国之政同样衰乱;清人张甄陶则主调和,认为孔子是先赞周公与康叔兄弟和睦,后又痛心于当时两国政治之衰乱。张氏之说有鉴古伤今之意,或许较为切合孔子原意。

【原文】

13.8 子谓卫公子荆①："善居室②。始有③，曰：'苟合④矣。'少有⑤，曰：'苟完⑥矣。'富有⑦，曰：'苟美⑧矣。'"

【注释】

①卫公子荆，卫献公之子，姬姓，名荆，因后来鲁哀公有子亦名荆，为区别鲁公子荆，故称"卫公子荆"。其生平不详，《左传》记载鲁襄公二十九年（公元前544年）吴公子季札出使卫国，曾称其为君子之一。
②善居室，前人解释不多，杨伯峻译为"善于居家过日子"，毛子水译为"懂得处世的道理"，二说各有所长但均欠准确，笔者意译为"懂得生活的道理"，似更贴切。
③始有，（物质上）刚刚有一点。
④苟，朱熹注为"聊且粗略之意"，即差不多。合，合用、够用。
⑤少有，即"稍有"，（物质上）拥有得稍多一点。
⑥完，完备。
⑦富有，（物质上）比较充裕。
⑧美，完美。

【译文】

孔子论及卫公子荆（时说）："（他）懂得生活的道理。（物质上）刚刚有一点，便说：'差不多够用了。'拥有得稍多一点，便说：'差不多完备了。'拥有得更充裕些，便说：'差不多完美了。'"

【评析】

"知足常乐"一语常被今人挂在嘴边，但真正能做到的人却不多。《红楼梦》中跛足道人的《好了歌》有一段唱到："世人都晓神仙好，只有金银忘不了。终朝只恨聚无多，及到多时眼闭了。"讽刺的正是世人对物质贪求无度的心态。而本章中的卫公子荆，却是一位真正的知足常乐者。虽然他身为卫国公子，却没有贪婪的物欲，对物质享受总是抱着"得过且过"的态度。这样的人，往往是精神充实、灵魂丰满的，也难怪孔子对他赞赏有加了。

【原文】

13.9 子适卫，冉有仆①。子曰："庶②矣哉！"冉有曰："既庶矣，又何加③焉？"曰："富之。"曰："既富矣，又何加焉？"曰："教之。"

【注释】

①仆，此处指驾车。

②庶，人口众多。

③加，施及，对某人做某事。

【译文】

孔子到卫国，冉有（为他）驾车。孔子说："（卫国的）人口真多啊！"冉有说："已经有这么多人口了，又该（对百姓）做些什么呢？"（孔子）说："使他们富起来。"（冉有）说："（使他们）富起来之后，又该（对他们）做些什么呢？"（孔子）说："教化他们。"

【评析】

在古代社会，人口是衡量一个国家国力的重要指标。但仅仅只是人口众多，并不代表国力强盛。《管子·牧民》有言："仓廪实而知礼节，衣食足而知荣辱"，这话其实只说对了一半。"仓廪实"和"衣食足"确实是"知礼节"和"知荣辱"的前提，让老百姓在温饱不济的情况下还能讲礼义廉耻显然是不现实的。然而民众衣食无忧之后却未必会自然而然地"知礼节"和"知荣辱"。因此孔子强调在"富之"之后，更要"教之"——物质文明和精神文明，都不可或缺。

【原文】

13.10 子曰:"苟有用我者,期月①而已可也,三年有成。"

【注释】

①期(jī)月,一整月或一整年,此处指一整年。

【译文】

孔子说:"如果有能重用我的,只要一年就可以(有一些小成绩),三年就会有(明显的)成效。"

【评析】

本章可以看作孔子自信的宣言,也可看作他对自己不得志的窘境的慨叹。孔子一生都在"待价而沽"。其实他并非没有机会,甚至也曾有过短暂的春风得意之时,但终因他"不能变心以从俗"(借用《离骚》句),还是曲高和寡,被当权者们"敬而远之"。这是孔子最大的悲哀,却也是他最可贵之处。

【原文】

13.11 子曰:"'善人为邦百年,亦可以胜残去杀矣。'①诚哉是言也!"

【注释】

①为邦,即治国;胜残,战胜、克服残暴;去杀,消除刑杀。

此二句孔安国认为是古语,孔子信服而引用。

【译文】

孔子说:"'善人(连续)治理国家一百年,也就可以克服残暴、消除刑杀了。'这话确实(有道理)啊!"

【原文】

13.12 子曰："如有王者①，必世而后仁。"

【注释】

①王者，孔安国注为"受命王者"，朱熹注为"圣人受命而兴"，意思相近，都是指接受天命而能行王道之人。

【译文】

孔子说："如果有能行王道之人（出现），（也）一定要（经过）三十年（的治理）才能使仁政（大行）。"

【评析】

13.11 和本章都是论仁政之难。"王者"在孔子的辞典里是一个接近于"圣人"的称谓，但即使是这种"天命之人"，也要至少三十年才能使仁政得以推广；等而下之的"善人"则需要百年之久才能做到，可见仁政不是一蹴而就，甚至也不是一两代人就能完成的。

【原文】

13.13 子曰："苟正其身矣，于从政乎何有？不能正其身，如正人何？"

【译文】

孔子说："如果（一个人）能端正自身（的品行），对于处理政事有什么难的呢？（如果）不能端正自身（的品行），（又）怎么能端正别人（的品行）？"

【评析】

本章仍是谈"正身"的重要。这个问题我们已分析过多次,兹不赘述。唯一需要注意的是,孔子说只要做到"正身",处理政事就轻而易举,未免过于简单化了些。因此对本章还需结合孔子对治国理政的其它论述综合来看,不可片面孤立地理解。

【原文】

13.14 冉子①退朝,子曰:"何晏②也?"对曰:"有政。"子曰:"其事也。如有政,虽不吾以③,吾其与闻④之。"

【注释】

①冉子,此处指冉求。
②晏,迟、晚。
③以,用;"不吾以"即"不吾用",不任用我。
④与(yù)闻,参与并且知道,此处泛指知道、了解。

【译文】

冉求退朝(回来),孔子说:"为什么(回来得这么)晚?"(冉求)回答:"有政务。"孔子说:"那(只)是事务。如果有政务,虽然我不被任用,(但)我大概也会知道的。"

【评析】

本章中冉求所上的"朝",前人多认为是指季氏的私朝。其时季氏把持鲁国国政,政不出公门而出卿大夫之门,故季氏私朝几乎等于公朝。但孔子却认为,季氏无论有多少或多复杂的事,都只能称为"事"而不能称为"政"——言下之意,只有鲁公之事方可称"政"。而自己虽已卸任(冉求仕季氏在公元前492年之后,但此后孔子一直在国外,直至公元前484年返鲁,故此段对话当发生在孔子晚年),

如有"政事"还是会知道的。这是对季氏藐视公室,把持朝政的讽刺。

【原文】

13.15 定公问:"一言而可以兴邦,有诸?"孔子对曰:"言不可以若是。其几也①,人之言曰:'为君难,为臣不易。'如知为君之难也,不几乎一言而兴邦乎?"曰:"一言而丧邦,有诸?"孔子对曰:"言不可以若是。其几也,人之言曰:'予无乐乎为君,唯其言而莫予违也。'如其善而莫之违也,不亦善乎?如不善而莫之违也,不几乎一言而丧邦乎?"

【注释】

①其几也,前人有将其与上一句连读为"言不可以若是其几也"者,但"几"前人多训为"近",从下文"几乎"一词的意义来看,此说当不误。如此则"其几也"当自成一句,意为"(如果举一个)与此相近(的例子)"。

【译文】

鲁定公问:"(凭)一句话就可以使国家兴盛,有这样的事吗?"孔子回答道:"话不能这么说。(如果举一个)与此相近(的例子),有人说:'当君上难,当臣子(也)不容易。'如果知道当君上的艰难,不就接近于(凭)一句话而使国家兴盛吗?"(定公)说:"(因为)一句话就使国家灭亡,有这样的事吗?"孔子回答说:"话不能这么说。(如果举一个)与此相近(的例子),有人说:'我对当君上并不感到快乐,唯有我说的话没人(敢)违抗(这一点使我快乐)。'如果他说的话是对的而没人违抗,不也很好吗?(但)如果他说的话是不对的却没人(敢)违抗,不就接近于(因为)一句话就使国家灭亡吗?"

【评析】

一言兴邦，一言丧邦，或许夸张了些。但其中的原理，却是切实关乎国家兴亡的。知道君王难为，自然就会"战战兢兢，如临深渊，如履薄冰"，小心谨慎，不敢肆意妄为，这是向有道明君迈进的开端；如果自以为权柄在手，无人敢与自己抗衡，说一不二，甚至以滥权为乐，那就是向无道昏君堕落的第一步。孔子"借题发挥"阐述的这番道理，可谓见微知著，非只针对君王，对后世从政者亦有深刻的警勉作用。

【原文】

13.16 叶公问政。子曰："近者说，远者来①。"

【注释】

①近者、远者，指境内的百姓和境外的百姓。

【译文】

叶公问治国理政（的原则）。孔子说："使境内的百姓（感到）愉悦，使境外的百姓来（投奔）。"

【评析】

治国理政，说复杂很复杂，说简单却也"简单"。本章孔子给出的方案就很简明扼要：要使自己治下的百姓感到舒适愉悦，又使远方（国外）之人慕名而来投奔。这大概也符合我们今天对"发达国家"的定义吧。

【原文】

13.17 子夏为莒父①宰，问政。子曰："无欲速，无见小利。欲速则不达，见小利则大事不成。"

【注释】

①莒父，鲁邑，在今山东莒县。

【译文】

子夏当莒父的邑宰，问治理政事（的原则）。孔子说："不要想着快速（达到目标），不要（只）看见小利益。想要快速（达到目标往往）就达不到，（只）看见小利益就（做）不成大事。"

【评析】

本章主旨是戒急功近利和鼠目寸光。这不仅是为官者之大忌，也是其最易犯、最常犯的错误。"欲速则不达"已是今人耳熟能详的成语，其适用范围也早已不限于为官者，但了解其出处和背景则更能给后代从政者以深刻的警示。

【原文】

13.18 叶公语孔子曰："吾党有直躬①者，其父攘羊②，而子证之。"孔子曰："吾党之直者异于是。父为子隐③，子为父隐，直在其中矣。"

【注释】

①直躬，孔安国和朱熹皆注为"直身而行"，即行事正直。
②攘羊，偷羊。
③隐，隐讳、隐瞒。

【译文】

叶公对孔子说："我们乡里有个行事正直的人，他的父亲偷了羊，他去（为此事）作证。"孔子说："我们乡里正正直的人与此不同。父亲为儿子隐瞒，儿子为父亲隐瞒，正直就（体现）在这里面了。"

【评析】

如果亲人犯了罪,到底应该大义灭亲还是亲亲相隐,一直是古今中外的司法实践中一个近乎悖论的难题。客观地说,于情,亲亲相隐是人之常情,无可厚非;于法,亲亲相隐当然会增加司法成本,不利于案件的侦破,相反,提倡检举有功、包庇有罪则可以减轻司法负担,震慑犯罪,但不免与人情人性有所牴牾;于理,似乎应该有所区别,对十恶不赦之人应提倡检举,对一般犯罪的包庇可酌情谅解(也确实曾有有识之士提出类似建议),但这对于法律条文的制定又是不小的考验。如何能找到最大程度兼顾情、理、法三者的方案,恐怕还需要立法者深入研究、探索。对此,法国思想家孟德斯鸠在《论法的精神》一书中的一句话对我们或许很有启发:"为保存风纪,反而破坏人性;须知人性却是风纪之源泉。"我想,在这一点上,东西方两位大哲的思想是不谋而合的。

【原文】

13.19 樊迟问仁。子曰:"居处恭,执事敬,与人忠。虽之夷狄,不可弃也。"

【译文】

樊迟问(怎样才算是)仁。孔子说:"平时(仪态表现得)端庄恭敬,对待工作认真负责,与人(交往)尽心诚意。(这几种行事准则),即使到了偏远的落后地区,(也)不能抛弃。"

【评析】

本章樊迟问仁,孔子却举出三条处世原则,故有前人认为"问仁"可能是"问行"(问行为准则)之误,与《卫灵公》15.6 的子张问行类似(北宋·杨时《杨龟山先生文集》引时人胡德辉问),可备一说。但也可能是孔子认为以樊迟的资质和修为,还不够格谈论"仁",

必须先从为人处世做起，恭、敬、忠就是"仁"的第一步，这是到哪里都不能丢的。能坚守此三者不失，方能谈到"仁"的问题。

【原文】

13.20 子贡问曰："何如斯可谓之士矣？"子曰："行己①有耻，使于四方，不辱君命，可谓士矣。"曰："敢问其次。"曰："宗族称孝焉，乡党称弟焉。"曰："敢问其次。"曰："言必信，行必果②，硁硁然小人③哉！抑④亦可以为次矣。"曰："今之从政者何如？"子曰："噫！斗筲之人⑤，何足算也！"

【注释】

① 行己，行事立身。

② 行必果，一说解为行事一定要果决，一说则解为行事一定要（做出）结果，从语境分析，应以后说为当。

③ 硁（kēng），朱熹注为"小石之坚确者"，"硁硁然"即形容小人鄙陋固执貌；此处之"小人"，朱熹注曰"言其识量之浅陋"，较为准确。

④ 抑，此处表转折，犹"但是"、"然而"。

⑤ 斗，量器，一斗可容十升；筲（shāo），一种竹制的容器，一筲可容五升。斗、筲皆是小器，故杨伯峻译"斗筲之人"为"器识（器量和见识）狭小的人"，甚精当。

【译文】

子贡问："怎么样就可以称之为'士'？"孔子说："行事立身有廉耻之心，出使到各国去，不辜负君上的使命，（就）可以称为'士'了。"（子贡）说："大胆请问次一等的（是什么样）。"（孔子）说："宗族（的人）称赞他孝顺，乡里的人称赞他敬重尊长。"（子贡）说："大胆请问（再）次一等的（是什么样）。"（孔子）说："说话一定要算数，行事一定要（做出）结果，（这是）鄙陋固执的人。但也可以说是（再）次一等的了。"（子贡）说："今天治国理政的那些人怎么样？"孔子说："唉！（这帮）器识狭小的人算得了什么！"

【评析】

言必信，行必果，今天是作为褒义使用，表示一个人守信无欺。但将其还原到孔子的语境中，却是不折不扣的贬义，而且是"小人"之行。当然这个"小人"与猥琐下作的"小人"不同，更多地是侧重于鄙陋固执，但也是绝对不值得提倡的。其实孔子此言也不难理解：假设一个人是因情势所迫而作出某种承诺，这样的承诺显然是不必信守不移的。如果连这样的话也要当真，言出必行，行必求果，就未免太荒唐可笑了。包括今天的法律，对于被胁迫而达成的协议，也是不予认可和保护的。在孔子看来，"士"（包括君子）是要守大信，讲大义，而不是死板地拘执于守小信、讲小义。像被孔子批评过的微生高（尾生高），传说他为了守约抱桥柱而死，被后人视为守信的典范。但如果要孔子来评价这种行为，恐怕只会嗤之以鼻而已。

【原文】

13.21 子曰："不得中行①而与之，必也狂狷②乎！狂者进取，狷者有所不为也。"

【注释】

①中行，此处指秉持中庸之道行事（的人）。
②狂，朱熹注为"志极高而行不掩"，结合孔子自己的解释，当指志向高远而锐意进取之人，杨伯峻译为"激进的人"，大体正确；狷（juàn），一作"獧"，包咸注为"守节无为"，朱熹注为"知（智）未及而守有余"，元陈天祥《四书辨疑》则认为"夫狷者之为人，……世俗指为孤僻古执者是也。于

可交之人，亦有所不交；可取之物，亦有所不取。"近于今所谓"狷介"，杨伯峻亦主此说，今从之。

【译文】

孔子说："（如果）不能与行事秉持中庸之道（的人）相交，一定（要选择的话，我宁可与）激进（之人）和狷介（之人）相交。激进（之人锐意）进取，狷介之人不会去做那些（违反道义的）事。"

【评析】

孔子凡事都主张中庸，但毕竟绝对的中庸很难做到，甚至可以说没有人能真正做到，包括孔子本人。相信孔子也深知这一点，因此他说，如果是在找不到这种理想的人，那么退而求其次，"狂"者和"狷"者也是可以接受的。"狂"是积极追求，"狷"是有所坚守，虽然各有偏至，但也都是值得肯定的品质。尤其是"有所不为"，在当今这个充满各种诱惑的社会，是极为难得的品格。

【原文】

13.22 子曰："南人①有言曰：'人而无恒，不可以作巫医②。'善夫！""'不恒其德，或承之羞。'③"子曰："不占而已矣④。"

【注释】

①南人，具体何指不明，前人多注为"南国之人"，即南方人；李零引上博楚简和郭店楚简《缁衣》篇记载作"宋人"，并分析宋在鲁国西南，又是商朝人后裔，热衷卜筮，有一定道理。
②巫医，上古时代科学不昌明，巫与医是二位一体的，尤其当遇到疑难杂症时，人们常会求助于占卜和祈祷，希图以此治病。随着科学的发展，至春秋时巫、医分离。李零引《缁衣》篇"巫医"作"卜筮"，认为在当时卜筮比巫医应用更广，

因此前文之"恒"即体现在坚持不懈地占卜上,可备一说。但此处仍尊重原文作"巫医"。

③此二句语出《易·恒卦》,大意是"人如果没有恒心,就会招致羞辱。"

④不占而已矣,此句语意晦涩不明,朱熹直言"其义未详";郑玄注曰"《易》所以占吉凶也。无恒之人,《易》所不占也。"杨伯峻译为"这话的意思是叫无恒心的人不必去占卜罢了。"与郑注大体相近,今从之。

【译文】

孔子说:"南方人有句话:'人如果没有恒心,连巫医都当不了。'(这话说得)太好了!""(《易·恒卦》也有句话:)'人如果没有恒心,就会招致羞辱。'"孔子说:"(这话的意思是)无恒心的人就不必去占卜了。"

【评析】

"有恒"在孔孟思想中占有重要地位,尤其后来被孟子反复提到。孔子所谓的"有恒",除了我们今天所说的"恒心"和"毅力",更包含对理想、信念坚定不移的追求和对道德节操的坚守,是一种"恒德",即恒定不变的德行。本章孔子所引的两段话,都是强调"有恒"的重要,他认为,一个人如果"无恒心(德)",那么连巫医都当不了,自然更不用说当官了;甚至非但当不了巫医,连占卜都用不着。言外之意,这种摇摆不定之人的人生是根本无法预测的。

【原文】

13.23 子曰:"君子和而不同①,小人同而不和。"

【注释】

①和、同，前人有多种解释，但大多晦涩或略显偏颇，不够准确。笔者将其译为"内在的和谐"和"表面的趋同"，似较为宽博。

【译文】

孔子说："君子（追求）内在的和谐而不是表面的趋同，小人（则追求）表面的趋同而不是内在的和谐。"

【评析】

本章也是广为人知的名句。所谓"和"，不是表面的意见统一、步调一致或绝对平等，而是基于道德大义达到的总体和谐。君子并不追求齐头并进、一团和气，但可以求同存异，在保留独立思想和意见的基础上也能容纳他人的不同意见。而小人是追求表面的趋同，处处附和他人意见，人云亦云，但往往内心却有许多小算盘和满腹牢骚，甚至可能冷不防背后捅刀子。这和君子的光明磊落、不曲言阿世形成了鲜明对比。

【原文】

13.24 子贡问曰："乡人皆好之，何如？"子曰："未可也。""乡人皆恶之，何如？"子曰："未可也。不如乡人之善者好之，其不善者恶之。"

【译文】

子贡问："（如果）乡里的人都喜欢他，（这个人）怎么样？"孔子说："还不行。"（子贡又问：）"（如果）乡里的人都厌恶他，（这个人）怎么样？"孔子说："还不行。不如乡里的好人喜欢他，坏人厌恶他。"

【评析】

以某些群体的好恶来评判一个人的好坏,显然不够科学,也不太客观。孔子的评判方法当然比子贡的好一些,有点像"敌人的敌人就是朋友",但也还是有失片面,不足为训。

【原文】

13.25 子曰:"君子易事而难说①也。说之不以道,不说也;及其使人也,器之②。小人难事而易说也。说之虽不以道,说也;及其使人也,求备焉。"

【注释】

① 说,旧注多读为"悦",即取悦、讨好;另一说则读如本字,作"言说"、"说服"解。今从旧注。
② 器之,孔安国注为"度材而任官",朱熹注与此类似,即根据其人才能而加以任用。

【译文】

孔子说:"君子容易服事而难以取悦。不以正当的方式取悦他,(他是)不会高兴的;到他用人时,会根据其人的才能而加以(具体的)任用。小人难以服事却容易取悦。即使不以正当的方式取悦他,(他也)会高兴;到他用人时,(却)求全责备。"

【评析】

从表面看来,"说(悦)"也是"事"的一种形式。在今人看来,能够取悦上级,也就等于服事好了上级;但在孔子眼中,取悦和服事完全是两回事。服事,是从公事、公心出发,不因一己的好恶定优劣;取悦,则是从私事、私心出发,完全凭个人好恶和心情行事。因此君子不会因为下级是否取悦自己而对其改变看法,该怎么用还是怎么用,不当的取悦用于君子身上可能还有反效果;而小人则相反，只要是下属取悦自己，哪怕是以不正当的方式，也欣然接受，但到了真正用人时，却又百般挑剔，求全责备。孔子此番论断极为深刻而尖锐，足为后世为官者之戒条。

【原文】

13.26 子曰："君子泰而不骄①，小人骄而不泰。"

【注释】

①泰、骄，古文中本作一词"骄泰"，即骄恣放纵之意。但此处孔子将"泰"作为褒义，"骄"作为贬义，令人费解。前人有训"泰"为"通"，即通达者，似欠妥帖；有训为"舒泰"者，仍嫌模糊；李零认为"泰"有泰然自若、自安其处之意，是自尊的表现，颇有道理。今译为"从容安泰"。

【译文】

孔子说："君子（举止）从容安泰而不傲慢，小人（举止）傲慢却不能从容安泰。"

【评析】

从容安泰、举止落落大方，体现的是一种内在的气度和修养，也是自信、自尊的表现。一个真正自信、自尊的人，不会"霸气外露"，而是温文尔雅，谦以待人。而小人因为不自信，故而处处炫耀、处处显摆，处处要压人一头，盛气凌人，其实反而显得虚张声势、浅薄可笑，在对他人的不尊重中也丢失了自尊。当然，君子气度也非一朝一夕就能养成的，自我的修养对于每个人来说，都是终身的功课。

【原文】

13.27 子曰："刚、毅、木、讷①，近仁。"

【注释】

①刚,刚正;毅,坚毅;木,质朴而不苟言笑;讷,言语迟钝,有慎言之意。

【译文】

孔子说:"刚正、坚毅、质朴而不苟言笑、出言谨慎(的人),接近于'仁'。"

【评析】

"刚"、"毅"和"木"、"讷",今天分别合成"刚毅"和"木讷"。前者是褒义词,后者是贬义词。但在孔子看来,"木"和"讷"并非贬义,因为前者与"令色"相反,后者与"巧言"相反。巧言令色,是孔子极力反对的。因此"木"、"讷"也就成了质朴忠厚的代名词。孔子认为,一个人如果能做到内在"刚毅",外在"木讷",那他就接近于"仁"了,可见他对这四种品质的推崇和重视。当然,"刚毅"自不必说,但"木讷"是否就一定好,一定要人人如此,倒是可以商榷的。

【原文】

13.28 子路问曰:"何如斯可谓之士矣?"子曰:"切切偲偲①**,怡怡如也,可谓士矣。朋友切切偲偲,兄弟怡怡。"**

【注释】

①切切偲(sī)偲,马融注为"相切责之貌也",朱熹注为"切切,教告恳恻而不扬其过;偲偲,劝勉详尽而不强其从",综上二说,即"诚恳地(互相)督促劝勉"之意。

【译文】

子路问："怎么样就可以称之为'士'？"孔子说："诚恳地（互相）督促劝勉，（彼此相处）融洽和悦，（就）可以称为'士'了。朋友（之间）诚恳地（互相）劝勉，兄弟（之间相处）融洽和悦。"

【评析】

前人分析认为，孔子本章中论"士"之言是针对子路的毛病对症下药，颇有道理。子路性情暴躁，与人相处必然存在问题。因此孔子不像对待子贡之问一样，先从如何做事教导他，而是先从如何与人相处切入，提出只要朋友之间能够相互诚恳地督促劝勉（类似于《颜渊》12.23所谓"忠告而善道之"），兄弟间又能相处和睦，就可以算是"士"了。要做到这两条，需要性情温和沉稳，这确实是子路所缺乏的。当然，从另一方面看，孔子对子路只提出这样的要求，说明子路的实干能力是没问题的，也就不用面面俱到地叮嘱了。

【原文】

13.29 子曰："善人教①民七年，亦可以即戎②矣。"

【注释】

① 教，此处除了一般的"教导"、"教化"之意外，还有"训练"之意。即所谓"教训"。
② 即戎，参战、投入战争。

【译文】

孔子说："善人教导训练民众七年，也（就）可以（让他们）投入战争了。"

【原文】

13.30 子曰："以不教民战，是谓弃之。"

【译文】

孔子说:"以未经过教导训练的民众投入战争,这叫抛弃他们。"

【评析】

13.29 和本章都是讲练兵备战,13.29 是谈善人训练民众的好处,即可以较快地见效;本章则是谈缺乏训练的坏处,即等于把民众抛到战场上白白牺牲。《左传·哀公元年》记载吴国的伍子胥在谈到越国时说:"越十年生聚,而十年教训,二十年之外,吴其为沼乎!"这里的"教训",就包含了一般所谓的教化和军事训练的"文""武"两个方面,尤重于"武"。"教训"是不容易速成的,即便是略次于"仁人"的"善人"亲自指挥,也要七年才可见效,更何况未经训练的平民百姓?孔子之意,是在强调战争的严肃和残酷,其不提胜负而提民众,也在一定程度上体现出人性的光辉。

宪 问

【原文】

14.1 宪①问耻。子曰:"邦有道,谷②;邦无道,谷,耻也。""克、伐、怨、欲③不行焉,可以为仁矣?"子曰:"可以为难矣,仁则吾不知也。"

【注释】

①宪,即原宪。
②谷,即"三年学,不至于谷"之"谷",(做官得)俸禄。
③克,好胜;伐,即"伐善"之"伐",自夸;怨,怨忿、发牢骚;欲,贪求。

【译文】

原宪问(怎样算是)耻辱。孔子说:"国家政治清明的时候,(能做官得)俸禄;国家政治昏乱的时候,(也能做官得)俸禄,(这就是)耻辱。"(原宪又问:)"不好胜、不自夸、不怨忿、不贪求,(就)可以算是'仁'了吗?"孔子说:"可以算是难得了,(至于是否算得上)仁我就不知道了。"

【评析】

本章原宪先问仁,后问耻,而孔子答问的核心,可以归结为"戒贪"。那种不论世道如何,都不妨碍他当官吃饭的人,属于"贪禄",

孔子是不齿的。而"克"是贪胜,"伐"是贪功,两者的本质都是"贪名";"怨"是想要的得不到而发牢骚,"欲"是想要的太多,两者的本质都是"贪利"。在孔子看来,不贪名利,可以算是难得,但还算不上"仁",只能说是摸到了"仁"的门槛而已。功名利禄,皆人之所欲,无可厚非;但孔子主张积极入世,鼓励弟子仕进,并不是无原则、无底线地钻营干禄。正如我们说过的,"不义而富且贵,于我如浮云"才是孔子最可贵也最难学的思想。

【原文】

14.2 子曰:"士而怀居①,不足以为士矣。"

【注释】

① 怀,即"君子怀德"之"怀",此处有贪恋之意;居,安居,此处引申为安逸(的生活)。

【译文】

孔子说:"士人如果贪恋安逸(的生活),就不配当'士'了。"

【评析】

上一章孔子谈的是戒贪名利,本章所言则是戒贪安逸。《左传·僖公二十三年》记载,晋文公重耳流亡到齐国时,齐桓公给他娶了妻室。重耳贪恋安逸的生活,舍不得回国,他的妻子告诫他:"怀与安,实败名!"后演变为成语"怀安丧志"。可见贪图安逸对一个人的理想和追求的腐蚀之剧。我们说过,中国传统的"士"并非单纯的读书人,更是肩负着相当大的社会责任。一个贪图安逸、丧失了理想追求的人,自然负不起社会责任,也就不配称"士"了。

【原文】

14.3 子曰："邦有道，危①言危行；邦无道，危行言孙②。"

【注释】

①危，前人有"厉"（严厉）、"高"（高洁）、"正"（正直）三训，李零则认为当训"直（率直）"，四说各有道理，且在一定程度上相通。此处取"直"义，更贴合语境。
②孙，通"逊"，谦顺，此处亦有婉转之意。

【译文】

孔子说："国家政治清明时，言语和行为（都可以）率直；国家政治昏乱时，行为（可以）率直，（但）言语（要）谦顺。"

【评析】

古汉语博大精深，往往一个字/词就可以囊括多重涵义。"危"的本义是"在高而惧"，并由此引申出"危险"及"正"、"直"等义。对于身处无道之邦的人来说，无论是正直严厉，还是率直高洁，恰恰都是危险的取祸之道，孔子对此是有清醒的认识的。从他自己的实践来看，若身处这种"不可为"的境地，只有两种做法，要么是"走为上"，要么是说话低调，在不同流合污的前提下明哲保身。总之是绝对不做无谓的牺牲。

【原文】

14.4 子曰："有德者必有言①，有言者不必有德。仁者必有勇，勇者不必有仁。"

【注释】

①言，前人有训为"善言"者，即"好的言论"，笔者译为"有

道理的话","有言"即能说出有道理的话。

【译文】

孔子说:"有(高尚的)德行的人一定能说出(有道理的)话,(但)能说出(有道理的)话的人不一定有(高尚的)德行。有仁德的人一定勇敢,(但)勇敢的人不一定有仁德。"

【评析】

本章是论德与言、仁与勇的关系,其实质是"表里"问题。"言"是"表","德"是"里";"勇"是"表","仁"是"里"——孔子所批判的,正是那些表里不一的人。有些人说话大义凛然,头头是道,实际上却德行卑劣;有些人平时好勇斗狠,实际上却是为了一己之私,全然不顾他人死活,真正到了紧要关头,反而可能临阵脱逃。因此孔子说"始吾于人也,听其言而信其行;今吾于人也,听其言而观其行"(《公冶长》5.10),这是告诫人们不要轻易被一个人冠冕堂皇的漂亮话和表面"气势"所迷惑。

【原文】

14.5 南宫适问于孔子曰:"羿①善射,奡②荡舟,俱不得其死然;禹、稷③躬稼而有天下。"夫子不答。南宫适出,子曰:"君子哉若人!尚德④哉若人!"

【注释】

① 羿,即后羿,相传为夏朝有穷氏部落的首领,夏启之子太康的王宫侍卫长。趁太康昏庸不理朝政之时发动政变,篡夺夏朝君主之位八年,后被家臣寒浞(zhuó)所杀。由于传说中五帝时代也有"后羿"("后羿"本作"司羿",实际上是一个家族传承式的官职),且两者皆善射,常被后人混淆。

②羿（ào），又作"浇（ào）"，寒浞之子。相传他力大无穷，能陆地行舟（一说"荡舟"是指水战冲杀）。曾率军灭掉与夏同姓的斟灌、斟鄩（xún）二国，后父子皆被禹的七世孙少康诛杀。

③稷，即后稷，周族始祖，姬姓，名弃，帝喾嫡长子。相传他儿时就喜种各种农作物，长大后更亲自教百姓耕种。被尧选拔为农师（掌管农业的官），又被舜封于邰（tái），号为"后稷"。历经尧舜禹三代，在位八十年，被后世奉为农神。

④尚德，一说认为通"上德"，即道德高尚；一说认为指崇尚道德，今取后说。

【译文】

南宫适问孔子："羿擅长射箭，奡擅长划船，（最后）都不得好死；禹和稷亲自耕种却得到了天下。"孔子没有回答。南宫适退出后，孔子说："这个人（真是个）君子啊！这个人（真是）崇尚道德啊！"

【评析】

羿善射，奡荡舟，都是崇尚勇力；禹和稷亲自耕种，是崇尚道德，率先垂范，以德治天下。前者是孔子反对的，后者是孔子推崇的。南宫适在《论语》中出现了三次，每次的言行都深合孔子之心，对这个侄女婿，孔子是很满意的。

【原文】

14.6 子曰："君子而不仁者有矣夫，未有小人而仁者也。"

【译文】

孔子说："（身为）君子却不仁的人是有的，（但）没有（身为）小人却能（做到）仁的。"

【评析】

　　我们说过,孔子所谓的"君子"与"小人"有两个层面的评判标准,一个是道德层面,一个是身份地位层面,但这两个层面的标准并非截然分开。本章所谓的"君子"、"小人"就偏重于身份地位层面,孔子的逻辑是:上流人士(即"士君子")的确有"不仁"的,但下层百姓就没有"仁"的。当然孔子所谓"仁"的标准比较高(仅次于"圣"),也与身份地位有关,并非纯粹的道德概念,一般人很难达到,甚至他认为自己也远没有达到。但以身份地位来做绝对化的划分,阶级立场的因素还是显而易见的。

【原文】

14.7 子曰:"爱之,能勿劳①乎?忠焉,能勿诲乎?"

【注释】

①劳,一说训"劝勉",杨伯峻译为"(使之)劳苦",本质相近,即孟子所谓"劳其筋骨"之"劳";一说训为"忧"。两说相较,前说较长,笔者译为"(使之)勤勉。"

【译文】

　　孔子说:"爱(一个人),能不(使之)勤勉吗?(对一个人)尽心诚意,能不教诲他吗?"

【评析】

　　上一章孔子讲了安逸丧志的问题,而本章的主旨是说如果真心爱护一个人,就应既"劳其身",使其勤勉;又"劳其心",对其有所教诲,使其听得进逆耳忠言。总之,是不应使其安逸。今天父母溺爱子女的现象屡见不鲜,已成为不容忽视的社会问题,重温孔子的教导,对于父母思考如何教育子女,尤其具有启发意义。

【原文】

14.8 子曰:"为命①,裨谌②草创之,世叔③讨论之,行人子羽④修饰之,东里子产⑤润色之。"

【注释】

①命,一说解为政命,但下文有"行人子羽","行人"是外交官,显然非泛指一般政命;一说则解为"盟会之辞"(孔安国注),杨伯峻译为"外交辞令",比较准确,今从之。
②裨谌(pí chén),郑国大夫,生平不详。以多谋著称。
③世叔,姬姓,游氏,名吉,字子大(太)叔,郑国正卿,生年不详,卒于郑献公八年(公元前506年)。郑定公六年(公元前522年)接替子产执郑国国政。其擅长外交,为政宽猛相济,《左传》评价其"美秀而文"。
④行人,官名,掌管朝觐聘问、接待诸侯及高官之礼,即外交官。子羽,姬姓,公孙氏,名挥,字子羽,郑国政治家、外交家,生卒年不详,子产执政郑国时曾辅佐其处理外交事务。据《左传》记载,子羽对各国诸侯的世系官职、爵位高低、才能优劣等了如指掌,子产常向其咨询这方面问题。
⑤东里,指当时郑国国都之东阁,子产所居之地。

【译文】

孔子说:"(郑国)撰写外交辞令,(由)裨谌起草(初稿),世叔提出意见,外交官子羽(负责)修改,(最后由)东里子产(对文辞)加以润色。"

【评析】

本章是谈郑国的外交辞令的编撰过程。从中可看出子产执政之时,并非专权独断,而是由辅政之臣各司其职,各展所长。这种带有一定民主色彩的执政方式，在当时是难能可贵的。

【原文】

14.9 或问子产。子曰："惠人①也。"问子西②。曰："彼哉③，彼哉！"问管仲。曰："人④也。夺伯氏骈邑三百⑤，饭疏食，没齿⑥无怨言。"

【注释】

①惠人，慈惠、仁爱之人。

②子西，春秋时有三个人物字"子西"：一说认为是郑国的公孙夏，郑简公在位时（相当于鲁襄公时）曾与同宗兄弟子展、子产共同主持郑国国政；一说认为是楚成王时（相当于鲁庄公至鲁闵公时）的楚国司马鬬宜申，后密谋弑楚穆王，事败被杀；一说认为是楚昭王时（与孔子同时）的楚国令尹公子申，此人在伍子胥带吴兵攻入楚国之后，辅佐楚昭王复国，立下大功，又曾两度推辞楚国王位，最终却因不听叶公劝阻，召回流亡在外、志在报仇的白公胜而惹来杀身之祸，是为"白公之乱"。前人莫衷一是，但持第一说与第三说者较多，可供参考。

③彼哉，犹言"就那个人呀"，是当时一种表示不屑的说法。

④人，一说通"仁"，一说"人"上当缺一字，后一说可能性更大。但"人"上所缺何字，已不可考；从下文孔子对管仲的评价来看，前一说也可通，为求语义通顺，姑取前说。

⑤伯氏，齐国大夫，具体生平不详；骈邑，地名，据清人阮元以其所藏的出土青铜器"伯爵彝"考证，当在今山东临朐县，当时为伯氏食邑。

⑥没齿，终身、一辈子。

【译文】

有人问子产（是个什么样的人）。孔子说："（他是个）慈惠的人。"（又）问子西（是个什么样的人）。（孔子）说："就那个人呀！就那个人呀！"（又）问管仲（是个什么样的人）。（孔子）说："（他是个）仁德的人。剥夺了伯氏在骈邑三百户的采地，（使他）吃着粗粮，（却）终身没有怨言。"

【评析】

本章是孔子评价各国执政者，重点是管仲。在《论语》中，孔子对管仲有过四次评价，有褒有贬。《八佾》3.22 的那一次是贬，说管仲"器小"且不知礼；其余三次都出现在《宪问》，且都是正面肯定。从管仲一生来看，虽然从道德上离孔子对"仁"的要求还有距离，但就其功业而言，大致是符合孔子对"仁"的定位的。仅就本章而论，管仲能够剥夺一个大夫的食邑三百户却使其终身毫无怨言，说明其确有过人之处，若非德能兼备者恐怕很难做到。

【原文】

14.10 子曰："贫而无怨难，富而无骄易。"

【译文】

孔子说："贫困却没有怨言（很）难，富贵却不骄纵（比较）容易。"

【评析】

孔子一生提倡安贫乐道，因此将颜回树为这方面的典范。《学而》1.15 中子贡问："贫而无谄，富而无骄，何如？"孔子的回答是："可也。未若贫而乐，富而好礼者也。""贫而乐"，自然无怨；而"富而无骄"还不够，还要"好礼"，则与此处认为"富而无骄易"相合。但《左传·定公十三年》卫国的史䲡（即祝鮀）却说"富而不骄者鲜"，与孔子所言相反。其实,贫与富都不是人生的"常态",但又随时可能成为"常态",如何泰然处之,不被贫富左右心态,实在是一门极考验人性和修养的功课。所谓"穷不倒志,富不癫狂",各有各的难处。

【原文】

14.11 子曰:"孟公绰①为赵、魏老②则优③,不可以为滕、薛④大夫。"

【注释】

①孟公绰,三桓之一孟氏族人,生平事迹史籍记载不多,《史记·仲尼弟子列传》说他是"孔子之所严事"(即非常敬重,事之如师)者之一。
②赵、魏皆是春秋时把持晋国军政大权的六卿之一(后韩、赵、魏三家灭掉其他三卿,瓜分晋国,是为"三家分晋"),"老"指卿大夫的家臣。
③优,有余裕。
④滕,在今山东枣庄市境内,姬姓,侯爵;薛,在今山东滕州市境内,任姓,侯爵。滕、薛都是当时的小国。

【译文】

孔子说:"孟公绰当(晋国)赵氏、魏氏的家臣是绰绰有余的,(但)不能当滕、薛(这样的小国)的大夫。"

【评析】

孟公绰的生平事迹,史籍记载不多。朱熹的评价是"公绰盖廉静寡欲而短于才者也",这基本是从孔子的评价(下一章有"公绰之不欲"语)倒推出来的。但《左传·襄公二十五年》记载,当年齐国崔杼率军进犯鲁国,鲁襄公欲求救于晋国,孟公绰却劝阻说崔杼真正的目的意在谋反而非侵略鲁国，不久必将退去，最后果然如其所料，又说明他并非无才之人。但诚如朱熹所言："滕薛国小政烦，大夫位高责重"，孟公绰之才智，或许还不足以胜任这样的国家的重臣。因此宦懋庸《论语稽》的评价是比较客观的："孔子言此，盖以人各有能有不能，国家用人，宜量其所长而用之也。……此孔子为用人者言，言不可用人而违其才，非于公绰有贬辞也。"

【原文】

14.12 子路问成人①。子曰："若臧武仲②之知、公绰之不欲、卞庄子③之勇、冉求之艺，文之以礼乐，亦可以为成人矣。"曰："今之成人者何必然？见利思义，见危授命④，久要⑤不忘平生之言，亦可以为成人矣。"

【注释】

①成人，朱熹注为"全人"，清人黄式三《论语后案》注为"全德"之人，犹言"完人"，即人格完备之人。
②臧武仲，姬姓，臧氏，名纥，又称臧孙纥；死后谥"武"，臧文仲之孙，世袭鲁国司寇，生卒年不详。其历仕鲁成公、襄公，德才兼备，不满于季氏专权。后被孟孝伯陷害，被季武子赶出鲁国，先后逃往邾国和齐国。
③卞庄子，亦称管庄子、卞严子，春秋时期鲁国卞邑大夫，以勇力著称。《韩诗外传》记载其母在世时，他为孝养老母，曾三战三败；其母死后，他又三次斩敌立功，以赎前过。《史记》也曾记载其智取二虎的故事。
④授命，献出生命。
⑤要，通"约"，"久要"即"久处约"，长久地处于穷困中。参见《里仁》4.2注①。

【译文】

子路问（怎样算是）完人。孔子说："像臧武仲那样的智慧、孟公绰那样的清心寡欲、卞庄子那样的勇敢、冉求那样的多才多艺，（如果）用礼乐来完善他们的文采，也就可以算是完人了。"（子路）说："现在的完人何必要这样呢？（只要）见到利益时就想到（是否）合理，遇到危难（敢于）献出生命，长久地处于穷困中（还能）不忘记生平的诺言，也就可以算是完人了。"

【评析】

前人对本章的第二个"曰"到底是子路所说还是孔子所说，有所争议。一说认为是孔子针对当时人的道德水平，对"完人"的标准做了调整，降低了要求；另一说认为是子路和孔子顶嘴，说对今人不必要求如此之高，只要做到"见利思义"等三条也就够了。两说皆有一定道理，笔者较倾向于后说，因为这几点都是子路能够做到的。子路是实干派，一切从现实出发，孔子的标准在他看来或许有些不切实际，因此以自己的标准提出修正。但即使是修正后的标准，在今天看来，也是不易做到的。

【原文】

14.13 子问公叔文子①于公明贾②曰："信乎，夫子不言，不笑，不取③乎？"公明贾对曰："以④告者过也。夫子时⑤然后言，人不厌其言；乐然后笑，人不厌其笑；义然后取，人不厌其取。"子曰："其然？岂其然乎？"

【注释】

①公叔文子，姬姓，名拔（一作"发"），春秋时卫国大夫，卫献公之孙，死后谥"文"。生卒年不详。《左传·襄公二十九年》记载吴公子季札出使卫国，称其为君子之一。

②公明贾，应是卫臣，生平不详。

③取，此处泛指一切拿取、获取。

④以，此处为代词，犹"此"。

⑤时，适时。

【译文】

孔子向公明贾问到公叔文子说："（听说）他老人家（几乎）不说话、不笑、不拿（任何东西），（是）真的吗？"公明贾回答："这（是）告诉（您这句话）的人的错误。他老人家是该说话时才说话，（因此）别人不讨厌他说话；高兴了才笑，（因此）别人不讨厌他笑；合理的（东西）才拿，（因此）别人不讨厌他拿。"孔子说："是这样吗？难道真是这样吗？"

【评析】

一个人如果不言、不笑、不取，显然有违常理。因此公明贾解释说这纯属误传，并说明了真相，合情合理，十分得体。该说才说、该笑才笑、该取才取，既符合礼的要求，也符合中庸的要求。而孔子的两个问句，表明他认为要做到这三点是很不容易的。

【原文】

14.14 子曰："臧武仲以防求为后于鲁①，虽曰不要②君，吾不信也。"

【注释】

①防，臧武仲的封邑，据考证在今山东费县东北，当时临近齐国国境。臧武仲以防求为后，事见《左传·襄公二十三年》，当时臧武仲逃亡到防，以献出防邑为条件，请求鲁君保存臧孙氏一脉的祭祀和官爵，鲁君立其兄臧为作继承人，臧武仲

遂献出防邑而奔齐。

②要（yāo），要挟。

【译文】

孔子说："臧武仲以（献出）防邑（为条件）要求在鲁国保存（臧孙氏的）后嗣，即使（有人）说（这）不是要挟君上，我（也是）不信的。"

【评析】

历史上的臧武仲是个聪明人。但臧孙氏虽是贵族，势力却远不如三桓。而三桓之间还有矛盾，要在这三家的夹缝中生存，诚非易事。当时臧武仲正处于这种动辄得咎的位置，而他对自己的困境也是有清醒认识的，但也无可奈何。因此他的"要君"，也是出于生存的需要给自己留的退路，无可厚非。具体的历史记载，可参考《左传·襄公二十三年》。

【原文】

14.15 子曰："晋文公①谲②而不正，齐桓公③正而不谲。"

【注释】

①晋文公，姬姓，晋氏，名重耳，晋献公之子，春秋时期晋国第二十二任国君，约生于公元前697年，卒于前628年；公元前636年至前628年在位。晋文公为公子时谦虚好学，礼贤下士。后逢骊姬之乱，被迫流亡在外十九年，公元前636年春在秦穆公支持下杀晋怀公而立。在位期间选贤任能，实行通商宽农、严明赏罚等政策，使晋国国力大增。对外联合秦、齐伐曹攻卫、救宋服郑，平定周王室"子带之乱"，受周襄王赏赐四邑。公元前632年，在著名的城濮之战中以少胜多，

大败楚军，后召集齐、宋等国于践土会盟，继齐桓公后成为春秋五霸中第二位霸主，与之并称"齐桓晋文"。

②谲（jué），诡诈，玩弄阴谋手段。

③齐桓公，姜姓，吕氏，名小白，齐僖公第三子，春秋时期齐国第十六任国君，生年不详，卒于公元前643年；公元前685～前643年在位。其兄齐襄公荒淫无道，小白在鲍叔牙保护下，逃奔莒国避难。齐襄公死后，与管仲、召忽辅佐的公子纠争先回国夺取君位，机智地瞒过管仲，抢先一步继位。后不计前嫌重用管仲为相，励精图治，推行军政、兵民合一的政治经济改革，使齐国日渐强盛。首倡"尊王攘夷"，多次与诸侯会盟，平息宋国内乱，北击山戎，南伐楚国，吞并谭、遂、鄣等小国，受到周襄王赏赐，成为春秋五霸之首。晚年贪图享乐，不听管仲良言，在管仲去世后，仍任用易牙、竖刁等佞臣。病死之后，五子争位，竟致遗体腐烂，结局凄凉。

【译文】

孔子说："晋文公（行事）诡诈而不正派，齐桓公（行事）正派而不诡诈。"

【评析】

齐桓晋文，在历史上相继称霸，也向来并称。但从二人行事的风格来看，齐桓公除晚年的昏聩之外，整体上的确要比晋文公正大一些。齐桓公称霸，是在"尊王"的前提下进行的；而晋文公称霸则明显带有"挟天子以令诸侯"的色彩。他在城濮之战大败楚军后，将周襄王召到河阳参加践土之盟，显然是借天子之威为自己称霸树立合法性，此举受到孔子批评。当然晋文公的"谲而不正"，应该也与他早年颠沛流离、受人欺侮的流亡生活有关，没有诡诈手段，且不说称霸，连生存都很困难。这也是需要客观看待的。

【原文】

14.16 子路曰:"桓公杀公子纠①,召忽②死之,管仲不死。"曰:"未仁乎?"子曰:"桓公九合③诸侯不以兵车④,管仲之力也。如其仁⑤,如其仁!"

【注释】

①公子纠,姬姓,吕氏,名纠,齐桓公异母兄。齐襄公无道,恐遭杀害,便在管仲、召忽保护下奔鲁。襄公死后,鲁国派兵护送其返齐争位。途中管仲射中公子小白带钩,小白倒地诈死,管仲以为劲敌已除,派人回鲁国报捷。公子纠行动迟缓,而小白捷足先登,是为齐桓公。桓公即位后威胁要出兵鲁国报仇,鲁国惧,遂于公元前685年处死公子纠。
②召(shào)忽,春秋时齐国人,有才智,公子纠师事之。与管仲共同保护公子纠出奔鲁国避难。公子纠争位失败后,鲁庄公在齐桓公威胁下杀死公子纠,召忽为尽臣节,自杀殉主。
③桓公与诸侯会盟,据史籍记载共十一次,故朱熹以《左传》"桓公纠合诸侯"之言认为"九"乃"纠"之假借字,另一说则认为是以"九"极言其多。今从后说。
④兵车,此处指代军队。
⑤如其仁,犹"乃其仁",正是他的仁德。

【译文】

子路说:"齐桓公杀了公子纠,召忽因此自杀,管仲(却)不去死。"(接着)说道:"(管仲恐怕)不够仁德吧?"孔子说:"齐桓公多次会盟诸侯而不用军队,(这都是)管仲的力量。(这)正是他的仁德,(这)正是他的仁德!"

【原文】

14.17 子贡曰:"管仲非仁者与?桓公杀公子纠,不能死,又相之。"子曰:"管仲相桓公,霸诸侯,一匡天下,民到于今受其赐。微①管仲,吾其被发左衽②矣。岂若匹夫匹妇之为谅③也,自经于沟渎④而莫之知也?"

【注释】

①微,(若)没有。
②被发,通"披发",披散头发;左衽(rèn),衣襟向左开。这都是当时所谓"夷狄"之人的装束。
③谅,朱熹训为"小信",即细枝末节的信用。
④自经,上吊自杀,此处泛指自杀;沟渎,沟渠。

【译文】

子贡说:"管仲(恐怕)不是仁者吧?齐桓公杀了公子纠,他没有(为主而)死,还辅佐桓公。"孔子说:"管仲辅佐桓公,称霸诸侯,一举匡扶了天下,民众至今还受他的恩惠。(若)没有管仲,我们都要(沦为)披散着头发,衣襟向左开(的夷狄之人)了。(他)怎么能像普通百姓一样死守小信,在沟渠里自杀而没人知道呢?"

【评析】

14.16和本章,都是孔子回答弟子关于管仲不殉主的问题。孔子虽然主张忠君,却并不主张愚忠。管仲不殉主,在他看来不算什么大问题,关键的是看他最后做了什么。他说管仲"如其仁",这是很高的评价,但并非是从道德层面出发,而是更多地考虑其事功。能够不以武力而使诸侯宾服,又能使天下人得到安定(哪怕是短暂的安定),这已经是莫大的"仁"。正如朱熹所言:"管仲虽未得为仁人,而其利泽及人,则有仁之功矣"。比起那些谨守小信小义而一死了之的人，谁的人生更有意义，显而易见。孔子的立场，比后世的腐儒开明得多。

【原文】

14.18 公叔文子之臣大夫僎①与文子同升诸公②。子闻之，曰："可以为'文'矣。"

【注释】

①臣大夫僎（zhuàn），一说将"臣大夫"连读，意为"家大夫"，即家臣；一说"臣"是家臣，"大夫"是指僎后来升为大夫。从下文"同升诸公"来看，当取后说。
②同升诸公，犹"同升于公朝"，即一同成为国家的大臣。

【译文】

公叔文子的家臣大夫僎与文子一同成为国家的大臣。孔子听说此事后，说："（公叔文子）可以配得上'文'（的谥号）了。"

【评析】

按《逸周书·谥法解》："道德博闻曰文，学勤好问曰文"。让自己的家臣与自己同朝为官，说明公叔文子既有的虚怀若谷的道德，更有学勤好问的宽阔胸襟，自然配得上"文"的谥号。

【原文】

14.19 子言卫灵公①之无道也，康子曰："夫如是，奚而不丧？"孔子曰："仲叔圉治②宾客，祝鮀治宗庙，王孙贾治军旅。夫如是，奚其丧？"

【注释】

①卫灵公，姬姓，名元，春秋时期卫国第二十八任国君。生于公元前540年，卒于前493年，前后在位42年。其爱好男宠，又放任夫人南子干政，后世普遍认为其荒淫无道。但卫灵公早年平定卫国内乱，手段高明；其任内卫国虽未能称霸，但国力亦不弱，《孔子家语》也曾记载孔子对他的积极评价，可见其并非完全昏庸无能之辈。

②治，管理，此处有负责某方面事务之意。

【译文】

孔子谈到卫灵公的昏乱，季康子说："既然如此，为何（卫国）却不灭亡？"孔子说："（卫国有）仲叔圉负责（接待）宾客（的事务），祝鮀负责宗庙（祭祀的事务），王孙贾管理军队（的事务）。像这样，怎么会灭亡？"

【评析】

卫灵公的历史评价一直偏于负面，其中孔子对他"无道"的论断起了很大的作用。但真实的卫灵公其实并非完全昏庸无道，他能任用如此多的贤能之人，本身就说明他有知人善任的一面；他治理下的卫国，虽然不能称霸诸侯，但总体还算是繁荣安定。孔子本人其实也受惠于卫灵公甚多：他周游列国的第一站就是卫国，前后三进三出，灵公虽不能重用之，但对其也是礼敬有加。《孔子家语》也记载了孔子向鲁哀公称赞卫灵公的话，虽然《孔子家语》后人伪托的内容甚多，未可尽信，但也可看出卫灵公并非一无是处。孔子对灵公的反感，可能更多地出于道德层面，尤其是他和南子的风流韵事，与传统的"贤君"、"明君"形象恐怕相去甚远。但对历史人物不能仅从道德层面评价，而是应该客观全面地看待，不得不说，孔子对卫灵公的评价是有失公允的。

【原文】

14.20 子曰:"其言之不怍①,则为之也难。"

【注释】

①怍(zuò),惭愧。

【译文】

孔子说:"说(大)话毫不惭愧的人,(真要)实行就难了。"

【评析】

所谓"大言不惭",说的就是喜欢夸夸其谈之辈,对自己的话往往"概不负责";因其不负责任,故而对自己言过其实、说到做不到也不以为耻。此等人,正所谓"不知其可也"。

【原文】

14.21 陈成子①弑简公②。孔子沐浴而朝,告于哀公曰:"陈恒弑其君,请讨之。"公曰:"告夫三子③。"孔子曰:"以吾从大夫之后,不敢不告也。君曰'告夫三子'者!"之④三子告,不可。孔子曰:"以吾从大夫之后,不敢不告也。"

【注释】

①陈成子,妫姓,陈氏(先祖陈完改田氏),名恒(汉代为避汉文帝刘恒讳,改称"田常"),死后谥"成",史称"田成子"或"陈成子",春秋时齐国大夫,田氏家族第八代宗主。生卒年不详。公元前485年继承其父田乞之位,随后唆使齐国大夫鲍息弑齐悼公而立齐简公。他和阚止(又名监止)分任左右相。前481年,陈成子发动政变,杀阚止和齐简公,拥立齐简公之弟姜骜为君,是为齐平公,自任太宰。此后其大

权独揽,又尽诛鲍、晏等有功贵族,为日后田氏一族篡夺齐国政权埋下了伏笔。《庄子·胠箧》称其为窃国大盗。

②简公,即齐简公,姜姓,吕氏,名壬,齐悼公之子,春秋时期齐国第二十九任国君,生年不详,公元前481年为陈成子所杀;公元前484～前481年在位。

③三子,指三桓的宗主,当时在位者应是季康子、孟懿子和叔孙武叔。

④之,去、到。

【译文】

陈成子杀了齐简公。孔子(听说后)沐浴,随后去朝见鲁哀公,对他说:"陈恒杀害了他的君上,请(您)讨伐他。"哀公说:"(你去)告诉三桓。"孔子说:"因为我当过大夫,(如此大事)不敢不报告(君上)。(但)君上(竟然)说'(你去)告诉三桓'!"(孔子又)去报告三桓,(但三桓)不同意(出兵)。孔子说:"因为我当过大夫,(如此大事)不敢不报告。"

【评析】

本章对话发生在孔子晚年返回鲁国之后。此时的孔子虽已不在朝廷任职,但仍"退而不休",操心国事。他请哀公讨伐陈成子,大概是想让鲁国借主持正义之机,恢复一点大国的气象。谁知非但哀公无心于此,三桓也不想蹚这趟浑水。孔子的失望和郁闷溢于言表,但作为一个无权无势的前官员,他也无可奈何,只能说自己已经尽到职责了。

【原文】

14.22 子路问事君。子曰:"勿欺也,而犯①之。"

【注释】

①犯,此处指犯颜直谏。

【译文】

子路问如何服事君主。孔子说:"不要欺瞒(他),但(可以)犯颜直谏。"

【评析】

犯颜直谏,历来是忠臣的典型表现。如果因犯颜直谏而死,所谓"文死谏",那更是一等一的大忠臣。然而历代封建统治者虽然都口口声声说喜欢忠臣、推崇忠臣,但真正能听得进忠言、受得了直谏的,实则寥寥无几。相反,"欺君"往往无罪,因"直谏"而倒霉的倒比比皆是。这正是人性的悲哀之处。

【原文】

14.23 子曰:"君子上达①,小人下达②。"

【注释】

①上达,一说是上达仁义,一说是上达天理,今译为"通达大道"。
②下达,皇侃疏注为"达于财利",《焦氏笔乘》注为"见其器,而不见其道",今译为"(只)认识眼前具体的东西"。

【译文】

孔子说:"君子通达大道,小人(只)知道眼前的利益。"

【评析】

所谓"形而上者谓之道,形而下者谓之器","上达",既包含仁义道德,也包含理想、信念和世间的真理,只有以超越性的眼光去看待世界和人生，才能窥见"大道"并坚守之；"下达"则是仅仅看到事物的表象，汲汲于眼前的利益而不能自拔，不能深入其本质，不能预见其未来的发展，这样的眼光和格局不仅无法"见道"，也很难成大事。君子与小人的差别，除了道德和地位，更多地体现在认识水平的差距上。

【原文】

14.24 子曰："古之学者为己①，今之学者为人②。"

【注释】

①为己，为了提升自己的学识道德。
②为人，为了做给别人看。

【译文】

孔子说："古人学习是为了提升自己的学识道德，今人学习是为了做给别人看。"

【评析】

孔子认为，古今之人在学习上最大的差别，就在于动机：古人是为了提升自己的学养，而今人是为了装门面，沽名钓誉。虽然这么说有些绝对化，但纵观今天社会上一些将学习功利化、以急功近利的态度对待教育的现象，我们不得不承认，孔子的批判是深刻而犀利的。

【原文】

14.25 蘧伯玉①使人于孔子，孔子与之坐而问焉，曰："夫子何为？"对曰："夫子欲寡其过而未能也。"使者出，子曰："使乎！使乎！②"

【注释】

①蘧（qú）伯玉，姬姓，蘧氏，名瑗（yuàn），字伯玉，春秋时期卫国大夫，约生于公元前585年，卒于公元前484年之后，死后谥"成"。历仕卫献公、殇公、灵公三朝，为政主张与孔子类似，提倡以德治国，执政者率先垂范、教化民众，体恤民生，倡导"弗治之治"（即无为而治），贤名远播。

②这是对使者的激赏之辞，犹言"好一位使者"、"真是位出色的使者"。

【译文】

蘧伯玉派使者来见孔子，孔子请他坐下并问道："他老先生（最近）在做什么？"（使者）回答："他老人家想要减少自己的过错却（还）做不到。"使者退出后，孔子说："好一位使者！好一位使者！"

【评析】

《淮南子·原道训》有言："蘧伯玉年五十，而有四十九所非"，也就是说蘧伯玉活了五十岁，却觉得自己以前的四十九年都是错的；《庄子·则阳》也有类似的话。总之，是说蘧伯玉一生都在不断反思和修正自己的思想观点，越反思就觉得错误越多。虽然可能略嫌夸张，但说明蘧伯玉是个善于自我反思、自我检讨的人，反躬自省，是一个人不断进步的动力。这样的人，不仅孔子深为敬佩，更值得我们今人学习。

【原文】

14.26 子曰："不在其位，不谋①其政。"曾子曰："君子思不出其位。"

【注释】

①谋，考虑、谋划。

【译文】

孔子说："不在那个职位上，就不考虑、谋划它的事务。"曾子说："君子思考的问题不超出自己的职位（范围）。"

【评析】

"不在其位，不谋其政"也已成为家喻户晓的成语。"不在其位"，就是"名不正"，而"名不正则言不顺，言不顺则事不成"（《论语·子路》13.3）。越职言事、越职办事即是越权，师出无名，轻则自取其辱，重则自取其祸。因此孔子的用意，是劝诫人们要谨守自己的本职工作，切勿越俎代庖。曾参的解释则更加直白。但今天常有人以此作为推卸责任甚至见危不救、作壁上观的借口，则大违孔子本意矣。

【原文】

14.27 子曰："君子耻其言而过其行。"

【译文】

孔子说："君子以所说的话超过自己的实际行动为耻。"

【评析】

14.20中孔子批判过那些大言不惭之人，本章说的就是君子千万不能当这种人。言过其行，就是言行不一、名不副实。所谓"古者言之不出，耻躬之不逮也"（《里仁》4.22），孔子推崇的是埋头做事，不逞口舌之利。

【原文】

14.28 子曰:"君子道者三,我无能焉:仁者不忧,知者不惑,勇者不惧。"子贡曰:"夫子自道①也。"

【注释】

①自道,对自己的描述。

【译文】

孔子说:"君子(应该具备)的三种品质,我(都)没达到:有仁德的人不会忧虑,有智慧的人不会迷惑,勇敢的人不会畏惧。"子贡说:"这说的正是他老人家自己(的品质)。"

【评析】

仁者不忧、知者不惑、勇者不惧,孔子在《子罕》9.29中也说过,本章中他说这是君子的三点品质,但自己却做不到,等于说自己连君子都算不上。不过子贡却不这么认为,他说这三点恰好就是孔子自己的写照。

【原文】

14.29 子贡方人①。子曰:"赐也贤乎哉?夫我则不暇。"

【注释】

①方人,一说训"方"为"比",即与人比较、攀比;一说训"方"为"谤",即讥刺、评判别人的过失。今取后说。

【译文】

子贡(喜欢)讥评别人(的过失)。孔子说:"(你端木)赐就很贤能了吗?像我就没有这种闲工夫!"

【评析】

人最容易犯的毛病之一,就是自以为是,只看见别人的过失和缺点,却看不见自己的问题。孔子提倡自我反省,因此赞赏蘧伯玉那样的人;对子贡讥评他人,孔子看不惯,于是也讥刺说他端木赐就够好了吗?反正自己是没那闲工夫。言下之意,自省还来不及,哪里还有时间去挑别人的毛病?

【原文】

14.30 子曰:"不患人之不己知,患其不能也。"

【译文】

孔子说:"不要担心别人不了解自己,(应该)担心自己没有能力。"

【评析】

《论语》中与本章类似的话孔子说过几次,如《里仁》4.14 的"不患无位,患所以立;不患莫己知,求为可知也"和《卫灵公》15.19 的"君子病无能焉,不病人之不己知也",意思都很相近,皆是强调不要抱怨别人不了解自己,而要先具备足以让自己被发现的能力。

【原文】

14.31 子曰:"不逆诈①,不亿②不信,抑亦先觉者,是贤乎!"

【注释】

①逆,逆料、预料;"逆诈"即预先设想别人诡诈。
②亿,即"亿则屡中"之"亿",估计、猜测。

【译文】

孔子说:"不预先设想(别人)诡诈,不猜测(别人)不讲诚信,但也能及早觉察(别人的意图),这(就算得上)贤明了吧!"

【评析】

明人洪应明《菜根谭》有言:"害人之心不可有,防人之心不可无,此戒疏于虑者;宁受人之欺,毋逆人之诈,此警伤于察者。二语并存,精明而浑厚矣。"可为本章绝佳注脚。而孔子所言,其实比此更加微妙:害人之心固不可有,但也不存防人之心,却又能清醒地洞察他人之意图,此所谓"极高明而道中庸"。若非有高深的智慧和极其丰富的人生阅历,是很难践行的。

【原文】

14.32 微生亩①谓孔子曰:"丘何为是栖栖②者与?无乃为佞③乎?"孔子曰:"非敢为佞也,疾固④也。"

【注释】

①微生亩,人名,具体身份不详,朱熹根据其对孔子的称呼和说话语气,推测他可能是一位年长而有德的隐士。
②栖(xī)栖,奔波劳碌的样子。
③无乃,表委婉猜测语气,犹"莫非"、"恐怕是";为佞,卖弄口才。
④疾,憎恶;固,固陋,见识短浅,此处还有顽固不通之意。

【译文】

微生亩对孔子说:"你为什么这么奔波劳碌的样子呢?莫非是(想)卖弄口才吗?"孔子说:"不是(我)敢卖弄口才,而是憎恶(有些人)见识短浅还顽固不通。"

【评析】

孔子一辈子都在不辞辛劳、苦口婆心地推销自己的理想主张,可惜是叫好不叫座,真正买账者几乎没有。面对微生亩的问题,他明确说自己之所以这么奔波劳碌,是因为实在看不惯某些人的固陋。这和孟子所说"予岂好辩哉?予不得已也"异曲同工。看不起固陋之人,却还想感化他们,这也是中国传统精英知识分子的矛盾心态之一。

【原文】

14.33 子曰:"骥①不称其力,称其德也。"

【注释】

①骥(jì),千里马。

【译文】

孔子说:"'骥'这个称呼,称赞的不是它的气力,而是它(美好的)品质。"

【评析】

中国古人善于从自然界的动植物身上人为地总结出一些优良品质,用以道德教化,如鸡就被赋予了文、武、勇、仁、信"五德"。千里马有何"德",孔子没有说明。前人注多认为是强调其驯良,即虽有能力却顺从听话。这与封建统治者对臣下的要求是一致的,孔子所言,深意或许在此。

【原文】

14.34 或曰:"以德①报怨,何如?"子曰:"何以报德?以直②报怨,以德报德。"

【注释】

①德，此处指恩惠。

②直，一说解为"至公而无私"，一说解为"当报而报，不当报而止"，李零则认为"直"通"值"，即与"怨"等价之物，"以直报怨"即"以怨报怨"。三说有相通处，但以第二说较为中肯，今译为"公平合理的方式"。

【译文】

有人说："以恩惠回报仇怨，怎么样？"孔子说："（那么）用什么来回报恩惠呢？（应该）以公平合理的方式回报仇怨，以恩惠回报恩惠。"

【评析】

今人常以为"以德报怨"是孔子的主张，其实这恰恰是孔子所反对的。又有人说这是老子（道家）的主张，其实《道德经》第七十九章有言："和大怨，必有余怨；报怨以德，安可以为善？"同样明确反对"以德报怨"。而"以直报怨"，是以公平合理的方式让"怨"得到相应的回报。所谓"公平合理"，就是不违公序良俗，不过分，更不违法，这是实现社会正义的正当手段，比"以德报怨"更有原则性。由此可以看出，孔子对原则的坚守体现在各个方面，哪怕是被视为"美德"的宽容，也是有原则的。

【原文】

14.35 子曰："莫我知也夫！"子贡曰："何为其莫知子也？"子曰："不怨天，不尤人①，下学②而上达。知我者其天乎！"

【注释】

①尤人，责怪他人。

②下学，指所学都是世间寻常的知识。

【译文】

孔子说："没有人了解我啊！"子贡说："为什么没有人了解您呢？"孔子说："（因为我）不埋怨上天，不责怪他人，所学都是世间寻常的知识，却能通达大道。了解我的大概只有上天吧！"

【评析】

成语"怨天尤人"，出处在本章。孔子虽然自诩不怨天尤人，但他对自己的不得志、不被理解还是耿耿于怀，这番话，本身就是一种无意识的"怨天尤人"。但人在困窘之中发发牢骚，实乃人之常情，无可厚非，也并不可耻。

【原文】

14.36 公伯寮①愬②子路于季孙。子服景伯③以告，曰："夫子固有惑志于公伯寮④，吾力犹能肆诸市朝⑤。"子曰："道之将行也与，命也；道之将废也与，命也。公伯寮其如命何？"

【注释】

① 公伯寮（liáo），公伯氏，名寮（《史记·仲尼弟子列传》作"僚"，又作"缭"），字子周，与子路同为季氏家臣。但《孔子家语·七十二弟子解》无其名，有人认为其并非孔子弟子，也有人认为因其行为卑鄙，后人将其从孔门弟子中除名。

② 愬（sù），通"诉"，此处为诽谤之意。

③ 子服景伯，姬姓，子服氏（"三桓"孟氏的一个分支），名何，死后谥"景"，春秋时鲁国大夫，子服氏宗主。

④ 本句前人有两种句读：何晏《集解》与《史记》皆于"惑志"下出注，断为"夫子固有惑志，于公伯寮"，意即"季氏本

就有糊涂的想法，对于公伯寮……"；朱熹则连为一句读"夫子固有惑志于公伯寮"，即"季氏本来就被公伯寮迷惑"。今从朱氏句读。

⑤肆，古代处死刑后陈尸示众；市朝，市集和朝廷，古代处死人犯后陈尸示众，大夫陈于朝，士陈于市，以示明正典刑，此处泛指众人聚集的公开场合。

【译文】

公伯寮到季氏那里诽谤子路。子服景伯把（这件事）告诉（孔子）说："（季氏）他老人家本来就被公伯寮迷惑了，（但凭）我的力量还能把他公开处决示众。"孔子说："（如果我的）理想主张将得以推行，（这是）天命；（如果我的）理想主张将不得实现，（这也是）天命。公伯寮面对天命又能怎么样呢？"

【评析】

孔子不喜谈天命，但在面对无可奈何的局面时，他却喜欢将命运交给上天去决断。子路是孔子的爱徒，也是孔子学说的有力践行者。子服景伯对孔子显然是极其敬重的，以至于别人到季氏那里说子路的坏话,他竟愿意为此出手杀人。但孔子没有接受他的"好意"，而是说自己的学说主张能否推行，全取决于上天，不是区区一个公伯寮就能妨害的。这与他在桓魋之难、被困于匡时的态度几乎如出一辙。如果公伯寮确实是孔子弟子，那么孔子此言，或许也是出于为师者对弟子的慈悲和怜悯吧。

【原文】

14.37 子曰："贤者辟世①，其次辟地②，其次辟色③，其次辟言④。"子曰："作者⑤七人矣。"

【注释】

①辟，通"避"，回避、逃避，下文同。"辟世"即回避乱世。
②辟地，回避动乱之地。
③辟色，回避（别人难看的）脸色。
④辟言，回避（别人无礼的）话。
⑤作者，犹"为者"，即有上述行为的代表人物，其人具体是谁，前人说法不一（一说"七人"当为"十人"），提到较多的有伯夷、叔齐、柳下惠等人。

【译文】

孔子说："贤明的人回避乱世，次一等的回避动乱之地，（再）次一等的回避（别人难看的）脸色，（再）次一等的回避（别人无礼的）话。"孔子（又）说："像这样做的（代表）人物有七个。"

【评析】

辟世，是当隐士，根本就不出来做事；辟地，是虽然出来做事，但"危邦不入，乱邦不居"（《泰伯》8.13），有危险的地方就不去；辟色，是危乱之地也不回避，但善于察言观色，一旦别人脸色不对，立马走人；辟言，则是非要等到别人说出难听的话，下了逐客令才走。这几种人，孔子排了序，认为当隐士是最高明的，但他自己显然做不到，甚至"辟地"他也没能完全做到——作为一个心怀远大理想和抱负的人，往往需要有"明知山有虎，偏向虎山行"的倔劲儿。

【原文】

14.38 子路宿于石门①。晨门②曰："奚自？"子路曰："自孔氏。"曰："是知其不可而为之者与？"

【注释】

①石门,地名,郑玄注为"鲁城外门"。

②晨门,指负责早晨开启城门的小吏。

【译文】

子路在石门住了一晚。(清早进城,)负责开城门的小吏问:"(你)从哪里来?"子路说:"从孔家来。"(小吏)说:"就是(那个)知道做不到却(还要)去做的人吗?"

【评析】

在"道不行"之时,是知难而退,还是知其不可而为之,似乎是千百年来困扰中国知识分子的难题之一。泛言之,这甚至也是每个人在人生的十字路口经常遇到的两难选择之一,因为这两种选项之下,都不乏成功者和失败者。但相较而言,"知其不可而为之"更悲壮感人,也更具积极色彩。孔子一生,被理解和接纳的时刻少得可怜,但他始终没有放弃自己的理想和追求,这也是他"匹夫不可夺志"的精神体现。这个守门小吏,可谓孔子的知音。

【原文】

14.39 子击磬①于卫,有荷蒉②而过孔氏之门者,曰:"有心哉,击磬乎!"既而曰:"鄙③哉,硁硁④乎!莫己知也,斯己而已矣⑤。深则厉,浅则揭⑥。"子曰:"果⑦哉!末之难⑧矣。"

【注释】

①磬(qìng),一种以石或玉制成的曲尺形敲击乐器,单个使用谓之"特磬",成组使用谓之"编磬"。孔子曾向鲁国的乐官师襄子学习音乐,师襄子即擅长击磬。

②荷(hè),背负;蒉(kuì),草编的筐,一般用于装土。

③鄙，鄙俗。

④硁硁，此处用以形容磬声。

⑤斯已而已矣，一说"斯已"当作"斯己"，全句意为"就（只能）算了"；一说全句意为"就（只能）相信自己罢了"。从下文引用的两句诗来看，前说逻辑更通，故取之。

⑥此二句亦见于《诗·邶风·匏（páo）有苦叶》，大意为"（水）深就穿着衣裳涉水而过，（水）浅就提起衣裳涉水而过。"荷蒉者是否读过《诗》不得而知，这很可能是当时流行的民谣。

⑦果，果决。

⑧末，通"蔑"，完全没有（办法）；难，辩难、辩论。

【译文】

孔子（有一次）在卫国敲磬，有个人背着草筐从他门前经过，说："（这）敲磬（的声音里）有心事啊！"接着（又）说："（这声音）硁硁的，（太）鄙俗了！（如果）没有人了解自己，就（只能）算了。（水）深就穿着衣裳涉水而过，（水）浅就提起衣裳涉水而过。"孔子说："（这人的态度）太果决了！（这就）完全没法和他辩论了。"

【评析】

上一章中鲁国的守门小吏说孔子是"知其不可而为之"，本章中的荷蒉者则是主张"知难而退"。他讥讽孔子一不被理解，就心事重重，甚至在磬声里都能听得出来，这说明他也是个世外高人。但他却主张顺其自然，能行则行，不可则止，就像涉水过河，水浅当然可以撩起衣服趟过去，一旦水深，撩起衣服也无济于事，只能穿着衣服过去，全身湿透也没办法。这和孔子的主张形成鲜明对立。孔子知道彼此都无法说服对方，就只能"沉默是金"了。

【原文】

14.40 子张曰:"《书》云:'高宗谅阴,三年不言。'①何谓也?"子曰:"何必高宗?古之人皆然。君薨,百官总己以听于冢宰三年②。"

【注释】

①此二句见《书·无逸》,高宗指殷高宗武丁,子姓,名昭,商朝第二十二任君主;谅阴,又作"谅闇(ān)"、"梁闇"等,孝子守丧期间居住的屋棚,又称"凶庐"。全句大意为"(殷)高宗(守丧期间)住在凶庐里,三年不说话"。
②总己,前人注为"总摄己职",犹"统一";冢宰,又称太宰,六卿之首,虽位在三公之下,但实权相当于宰相。

【译文】

子张说"《书》上说:'(殷)高宗(守丧期间)住在凶庐里,三年不说话。'(这是)什么意思?"孔子说:"岂止是(殷)高宗?古代的人都是这样。君主去世,三年内大小官员统一听从宰相命令。"

【评析】

本章中孔子所言是否可信,值得商榷。且不说先君去世,新君守孝三年不说话是否可能;仅不理政事、一切政务都听命于宰相这一点,就难以实行。试想若宰相有异心,新君如何保住位子?孔子好古,难免将古代理想化,像这种书本上的记载,只能当传说听听,恐怕不能当真。

【原文】

14.41 子曰:"上好礼,则民易使也。"

【译文】

孔子说:"在上位者崇尚礼,民众就容易役使了。"

【评析】

我们说过,孔子是站在封建统治者的立场考虑问题的。礼乐是维持统治秩序的工具,孔子倡导"礼",落脚点是在"使民",目的是让统治者省心省事。当然,这是时代的局限,不应苛求,但要正确看待。

【原文】

14.42 子路问君子。子曰:"修己①以②敬。"曰:"如斯而已乎?"曰:"修己以安人③。"曰:"如斯而已乎?"曰:"修己以安百姓。修己以安百姓,尧舜其犹病诸!"

【注释】

①修己,即修身,提升自己的学问道德。
②以,而、并且。
③此处之"人"乃狭义用法,特指士大夫以上阶层之人,参见《学而》1.5 注④。

【译文】

子路问(怎样才算是)君子。孔子说:"提升自己的学问道德,并且对待工作认真负责。"(子路)说:"只是这样(就够了)吗?"(孔子)说:"提升自己的学问道德,并且使士君子(感到)安乐。"(子路)说:"只是这样(就够了)吗?"(孔子)说:"提升自己的学问道德,并且使百姓(感到)安乐。使百姓(感到)安乐,尧舜在这一点上(恐怕)还担心(做不到)呢!"

【评析】

"敬"，是做好本职工作，局限于自身；"安人"，是使上层人士都感到安乐，范围扩大了一些；"安百姓"，是使天下之人都感到安乐，范围最广。儒家倡导修身、齐家、治国、平天下，范围正与此相同，层层扩展。"安百姓"即是《雍也》6.30中子贡所说的"博施于民而能济众"，对于这一点，孔子认为即使是尧舜这样的圣君也未必能完全做到。

【原文】

14.43 原壤夷俟①。子曰："幼而不孙弟②，长而无述③焉，老而不死，是为贼！"以杖叩其胫④。

【注释】

①原壤，鲁人，具体身份不明，前人注其为孔子旧相识；夷，大腿着地，张开两膝坐着，这是当时所谓"夷俗"，乃无礼之举；俟，等待。
②孙弟，通"逊悌"。
③无述，无可称述（之处），即毫无成就。

【译文】

原壤岔开腿坐着等候孔子。孔子（见他这个样子）说："小的时候不（懂得）谦逊和尊敬长上，长大了毫无成就，一把年纪还不死，这就是祸害！"（说完）用拐杖敲他的小腿。

【评析】

原壤是孔子的故交，据《礼记·檀弓下》记载，其母死，孔子还曾帮他清洗棺椁。就是这样一位老熟人，居然以粗鄙无礼的姿态等着孔子，也无怪乎孔子"君子动口又动手"，想必是气愤已极。

关于"老而不死是为贼",还有一段趣事:1927年康有为过七十大寿,章太炎与之不和,故意送上一副对联:"国之将亡必有,老而不死是为",上联出自《礼记·中庸》,原句是"国家将亡必有妖孽",隐去"妖孽"二字;下联即出自本章,隐去"贼"字,两句末尾正好是"有为"二字,言下之意,是骂康有为乃国贼妖孽。在场的梁启超见状,随口将对联增补为"国之将亡必有忠烈,老而不死是为人瑞",博得满堂喝彩。章、梁二位大师的才思敏捷,令人叹为观止,这是题外话了。

【原文】

14.44 阙党①童子将命②。或问之曰:"益③者与?"子曰:"吾见其居于位也,见其与先生④并行也。非求益者也,欲速成者也。"

【注释】

①阙党,地名,又称阙里,据前人考证是孔子在鲁国所居之地。
②将命,前人注为"传宾主之言",即在宾主之间传话。
③益,进步、上进。
④先生,此处指长辈、长者。

【译文】

阙乡的一个少年在宾主之间传话。有人问孔子说:"(这是个追求)上进的人吗?"孔子说:"我见他(大模大样地)坐在位子上,(又)见他和长者并肩行走。(可见这)不是个追求上进的人,(而是个)急于求成的人。"

【评析】

本章中的阙党童子,表面上看是个有才能的年轻人,但举止轻浮,高调无礼,正是孔子痛斥的"幼而不孙弟"之人。李零总结为"躁进"而非"上进",非常准确。十年树木,百年树人,"速成人"与"速生林"一样,很难有真正成材的。

卫灵公

【原文】

15.1 卫灵公问陈①于孔子。孔子对曰:"俎豆之事②,则尝闻之矣;军旅之事,未之学也。"明日遂行。

【注释】

①陈,通"阵",排兵布阵。
②俎(zǔ),古代祭祀或宴饮时用以盛放肉类的器物;"俎豆之事"犹"笾豆之事",指代礼仪方面的问题。

【译文】

卫灵公问孔子排兵布阵(的方法)。孔子回答:"礼仪方面的问题,(我)曾经听说过;军队方面的问题,(我)没有学习过。"第二天就(离开卫国)走了。

【评析】

孔子曾任鲁国大司寇,对于军事不可能一无所知,但他推崇的是以礼乐道德治国;卫灵公问军事方面的问题,显然是推崇以武力治国,这与孔子的理念大相径庭,于是他第二天就离开了卫国。正应了他自己的话:"道不同,不相为谋"(15.40)。

【原文】

15.2 在陈绝粮，从者病①，莫能兴②。子路愠见曰："君子亦有穷乎？"子曰："君子固③穷，小人穷斯滥④矣。"

【注释】

①病，此处指因饥饿而病倒。
②兴，起身。
③固，一说训为"固然"，一说训为"固守"，后说更为妥帖，今译为"坚持操守"。
④滥，胡作非为。

【译文】

（孔子）在陈国断了粮，跟随的人都饿病了，爬不起来。子路气恼地来见（孔子）说："君子也有穷困（至此的时候）吗？"孔子说："君子（即使身处）穷困（之中也会）坚持（操守），小人（如果身处）穷困（之中）就会胡作非为了。"

【评析】

孔子曾对"无恒"之人痛加批判，并说这种人能干出什么事来根本无法预料，"不占而已矣"（《子路》13.22）。本章所说的"小人"，正是这种类型，一旦遭遇困境，就会无所不为；而君子恰恰相反，即使困窘已极，也会坚持操守，"有所不为"。子路因困生怨，本也可以理解，但孔子以此言点醒他：身为君子就要安贫乐道，对任何境遇都要泰然处之，否则一遇逆境便信念动摇，就是堕落的开始。

【原文】

15.3 子曰："赐也，女以予为多学而识之①者与？"对曰："然，非与？"曰："非也，予一以贯之。"

【注释】

①识之,即"默而识之"之"识之",记住。

【译文】

孔子说:"赐啊,你以为我是学得很多而且(能把这些学问都)记住的人吗?"(子贡)说:"是的,(难道)不是(这样)吗?"(孔子)说:"不是的,我(是)用一个(基本道理)贯穿这些学问的。"

【评析】

多学而识之,即博闻强识。孔子不但不承认自己是"生而知之"的圣人,甚至也不认为自己学问广博且记忆力过人。或许他是有意淡化人们对自己这方面的印象——他不想让自己成为"特例",从而使人们觉得他提倡的"道"很难学。"一以贯之",《论语》中孔子提到了两次(另一次是在《里仁》4.15对曾参所说),但都没有说明这个"道"和"一"指什么,曾参解释说"夫子之道,忠恕而已矣"。如果曾参的理解不错,那么孔子两次引而不发,大概一是为了让弟子自行领悟本门学说的核心思想,二是为了强调学问并非只要学了、记住了就可以,而是还要时时处处以"忠恕"二字为纲领践行之。学以致用、知行合一,是孔子教育思想的精髓。

【原文】

15.4 子曰:"由,知德者鲜矣。"

【译文】

孔子说:"由,(真正)懂得道德的人太少了。"

【评析】

本章乍看平平无奇,实则颇值得玩味。孔子为何对子路发此感叹,不得而知;但表面上的道德,不懂的人并不多,孔子显然不可能认为大多数人都不懂道德。然而什么是道德的真义,能够理解透彻的恐怕"不多也",能够身体力行、言行一致的就更是少之又少了。孔子曾说"人而不仁,如礼何?人而不仁,如乐何?"(《八佾》3.3)礼、乐都是道德的外在形式,但如果没有像"仁"这样的道德内核,光有形式的外衣和表面的鼓吹,是毫无意义的。孔子感慨的,应该是对道德流于形式的肤浅理解和"光说不练"的"伪提倡"。他曾自信地说"德不孤,必有邻"(《里仁》4.25),但在现实中,他大概还是感到深深的孤独的。

【原文】

15.5 子曰:"无为而治者其舜也与!夫何为哉?恭己正南面①而已矣。"

【注释】

①恭己,使自己恭敬严肃;正南面,此处指正坐于君位之上。

【译文】

孔子说:"(表面上)不做什么而能(使天下)大治的大概就是舜了吧!(他日常)所做的是什么呢?(不过是)让自己恭敬严肃地正坐于君位之上罢了。"

【评析】

"无为而治"一词的正式出处在本章,但后世却普遍认为这是道家思想。的确,在道家经典《道德经》中,"无为"出现过多次,且多与道家的治国理念有关,如:"是以圣人处无为之事,行不言之教"(第二章);"无为而无不为。取天下常以无事,及其有事,不足以取天下"(第四十八章);"为者败之,执者失之。是以圣人无为，故无败；无执，故无失"（第六十四章），等等。所谓"无为"并非无所作为，而是因应自然和社会的规律，不以人力强求，顺势而为——表面上似乎并没有做什么，却能达到"无不为"，也就是天下大治的效果。在这一点上，儒家和道家是有明显的相通之处的。但另一方面，正如朱熹所说，孔子盛赞舜是基于其"得人以任众职，故尤不见其有为之迹也"。也就是说，舜"无为而治"的前提是知人善任，依靠贤才治国；同时"恭己"（率先垂范），而后方能"正南面"。实际上是先有为而后无为，与道家"绝圣弃智"、完全顺其自然的"无为"还是有所区别。限于篇幅，我们无法对此详细展开讨论，但本章对于研究儒家和道家思想的异同与相互影响很有启发意义。

【原文】

15.6 子张问行①。子曰："言忠信，行笃敬②，虽蛮貊之邦③行矣；言不忠信，行不笃敬，虽州里④行乎哉？立⑤则见其参⑥于前也；在舆⑦则见其倚于衡⑧也，夫然后行。"子张书诸绅⑨。

【注释】

①行，此处指通行无碍。
②笃敬，忠厚诚敬。
③古代称南方各少数民族为"蛮"，东北方各少数民族为"狄"，与"夷狄"一样属于当时的蔑称，"蛮貊之邦"即泛指落后不开化的地区。
④古代以两千五百家为"州"，二十五家为"里"，"州里"泛指本乡、本土。
⑤立，此处指站立于平地，与后文"在舆"相对。
⑥参，一说认为通"垒"（lěi），即堆垒之意；一说训为"森森然"，即如树木茂密直立貌。两说殊途同归，今译为"树立"。

⑦舆，本义为车厢，后指代车。"在舆"即在车上。

⑧衡，车辕前端架在牲口脖子上的横木，一般用于小车。"倚于衡"即浮现于车衡上。

⑨绅，即"拖绅"之"绅"，古代士大夫的腰带垂下以作装饰的部分。

【译文】

子张问（如何才能到处）通行（无碍）。孔子说："说话真诚信实，行事忠厚诚敬，即使是（去）落后不开化的地区（也能）通行（无碍）；说话不真诚信实，行事不忠厚诚敬，即使是（在）本乡（地界上难道就能）通行（无碍）吗？站（在平地上时仿佛）就看见（'言忠信，行笃敬'）这几个字树立在眼前；在车上时（仿佛）就看见这几个字浮现在车衡上，（能做到）这样（时刻不忘）才能（到处）通行（无碍）。"子张（赶紧）把这几个字写在腰带垂下的部分上。

【评析】

孔子对子张的评价是"过"和"辟"（《先进》11.16、11.18），都是性情急躁之人易犯的毛病。这种人行事容易轻率鲁莽，所以孔子要他牢牢记住"言忠信，行笃敬"六字，前者是戒轻率，后者是戒鲁莽，都是因材施教。子张将老师的话奉为圭臬，赶忙记下来，一时找不到合适的载体，竟直接记在了腰带上。从这一细节也可看出他的确是个急性子。

【原文】

15.7 子曰："直哉史鱼①！邦有道如矢②，邦无道如矢。君子哉蘧伯玉！邦有道则仕，邦无道则可卷而怀之③。"

【注释】

①史鱼，卫国大夫，名鰌（qiū），字子鱼，"史"是官名，一说即祝鮀，但前人多认为是两人。
②矢，箭。此处是以箭之直来比喻史鱼之"直"。
③卷而怀之，包咸注为"谓不与时政，柔顺不忤于人"，朱熹则注为"卷，收也；怀，藏也"，两说均有韬光养晦之意，今以此译之。

【译文】

孔子说："史鱼真是率直啊！国家政治清明时像箭一样（直），国家政治昏乱时（也）像箭一样（直）。蘧伯玉真是个君子啊！国家政治清明时就出来做官，国家政治昏乱时就韬光养晦（隐藏自己）。"

【评析】

《韩诗外传》和《大戴礼记》都曾记载史鱼对卫灵公进行"尸谏"的事迹：史鱼临终前嘱咐其子，自己不能劝灵公重用蘧伯玉而黜退弥子瑕，"是不能正君者"，故"死不当治丧正堂，殡我于室足矣"。灵公亲来吊丧，惊问其故，其子据实以告，灵公幡然悔悟，立即重用蘧伯玉而罢黜弥子瑕，故孔子赞赏其率直如箭。虽然如此，孔子还是更欣赏能审时度势的"识时务者"，他对蘧伯玉的赞赏与对他对南宫适、宁武子的赞赏类似，都是推许其在国家有道时能发挥才干，国家无道时足以自保的灵活姿态。但作为一个理想主义者，他本人可能更近于史鱼；对于蘧伯玉等人，他未免有些"心向往之"却"实不能至"。

【原文】

15.8 子曰："可与言而不与之言，失人①；不可与言而与之言，失言②。知者不失人亦不失言。"

【注释】

①失人，前人多认为是错失人才之意，但此处之"人"未必仅指人才，笔者译为"错失值得交往的人"，似较宽博。
②失言，出言不当，说了不该说的话。

【译文】

孔子说："可以和（对方）谈话却不和他谈话，（这是）错失（值得交往的）人；不可以和（对方）谈话却和他谈话，是出言不当。有智慧的人既不会错失（值得交往的）人，也不会出言不当。"

【评析】

说话是一门高深的社交艺术。有时候说话者不一定有问题，话本身也不一定错误，但在不恰当的时间地点向不合适的人说了不该说的话，或者该说的话却没有说，就是"失人"或"失人"，都是"不智"。而智者正是懂得"察言而观色"（《颜渊》12.20），对说话的对象、时机、场合、内容都能够精准把握的人。

【原文】

15.9 子曰："志士①仁人，无求生以害仁，有杀身以成仁。"

【注释】

①志士，即"志于道"之士人。

【译文】

孔子说："有志于（追求）大道的士人和仁人，没有为求生存而损害仁的，（只）有牺牲生命来成全仁的。"

【评析】

本章也是千古传诵的名言,自古以来,不知多少志士仁人吟诵着它为理想而献身。但贪生怕死是人的本能,原也无可厚非,因此"杀身"不是无谓的牺牲,更不是轻松的儿戏,而是当"生存"与"理想"、"道义"发生根本性且不可调和的矛盾时作出的艰难抉择。只有心怀理想和大义之人才能克服这种本能,使自己的生命因一死而升华,这也正是其所以成其为"志士仁人"的关键所在。

【原文】

15.10 子贡问为仁。子曰:"工欲善其事,必先利其器。居是邦也,事其大夫之贤者,友其士之仁者。"

【译文】

子贡问(如何)践行仁(道)。孔子说:"工匠想要做好他的工作,一定要先打磨好他的工具。居住在一个国家,(要恭敬地)服事那些大夫中的贤能者,(并)和士人中的有仁德者交朋友。"

【评析】

本章是谈人脉的重要性。"仁道"其实也是"人道",而"人道"的核心之一就是"人脉";"仁道"难行,因此更需要"人脉"的辅助,就像工匠要做好一件作品必须借助得力的工具。但孔子所说的人脉,不是为了一己之私而拉拉扯扯、攀附权贵,而是"以友辅仁",向贤能之人学习,提升自己的学养和能力,以便更好地实践仁道。当然,在与益友的交往过程中会有现实的帮助,但这只是"附加效应",并非孔子关注的重点。

【原文】

15.11 颜渊问为邦①。子曰:"行夏之时②,乘殷之辂③,服周之冕④,

乐则《韶》、《舞》⑤。放郑声⑥，远佞人；郑声淫⑦，佞人殆⑧。"

【注释】

①为邦，即治国。
②时，时令，也指代历法。夏朝以今农历一月（所谓"建寅之月"）为正月，基本与自然界的四季相吻合，后世多沿用之，因其方便农业生产，故"农历"基本就是指夏历。
③辂（lù），一作"路"，一种大车。古注多认为殷商时的辂是木制，质朴无华。
④周之冕，即周代的礼冠。周人尚礼，故礼冠华美且符合礼制。
⑤舞，此处通"武"，即《大武》，见《八佾》3.25注②。
⑥放，本义为放逐，此处有摒弃、清除之意。郑声，指当时流行于郑国一带的民间乐曲，类似于今之通俗音乐，相近的还有宋、卫、齐的民间音乐
⑦淫，一说认为是指郑国的民间乐曲多涉及男欢女爱，以古代的礼教思想而言属于"淫奔"之乐；一说认为"淫"与《八佾》3.20中孔子评价《关雎》"乐而不淫"一样，主要着眼于"度"，即不过分。此处应该二者兼有，故译为"淫逸"（纵欲放荡）。
⑧殆，危险。此处指对别人来说有危险。

【译文】

颜渊问（如何）治国。孔子说："实行夏朝的历法，乘坐商朝的车子，戴周朝的礼冠，音乐则采用《韶》和《武》。摒弃郑国的音乐，远离谄佞之人；（因为）郑国的音乐淫逸，（而）谄佞之人危险。"

【评析】

本章颜回问治国之道，孔子答问的核心基本还是围绕礼乐道德展开："行夏之时"是顺应天时；"乘殷之辂"是尚俭；"服周之冕"

是尚礼；提倡《韶》、《武》，摒弃郑声，是强调音乐的教化功能，提倡以雅乐代俗乐，以正人心；远离谄佞之人，则是"亲贤臣，远小人"之意，体现了以德治国的思想。虽然"郑声淫"等提法已经过时，礼乐道德也未必能够解决所有的政治问题，但其主旨"崇德尚礼"对于治国理政还是很有参考价值的。

【原文】

15.12 子曰："人无远虑，必有近忧。"

【译文】

孔子说："（一个）人没有长远的考虑，一定会有眼前的忧患。"

【评析】

本章也是人们耳熟能详的成语，但其微妙之处在于省略了前后句之间的关联词。如果我们加上关联词，则可以有两种不同角度的理解：一是"人即使没有长远的考虑，也一定会有眼前的忧患"，这是说忧患之于人生的常态性；一是"人如果没有长远的考虑，就一定会有眼前的忧患"，这是说未雨绸缪、防患于未然的必要性。但无论哪个角度，都令人警醒。

【原文】

15.13 子曰："已矣乎！吾未见好德如好色者也。"

【译文】

孔子说："算了吧！我还从未见过爱好美德和爱好美色一样的人呢。"

【评析】

本章也见于《子罕》9.18，只不过多了一个感叹词"已矣乎"，表示彻底绝望之意（杨伯峻译为"完了吧"，实则更为贴切）。据《史记·孔子世家》记载，孔子是在居卫期间乘坐"次乘"（仅次于国君的第二辆车）陪同卫灵公与南子出行时，见其招摇过市而发此感叹。如果事实确如《史记》所言，卫灵公此举或许是为了借尊崇孔子以显示他是一位礼贤下士的明君，而孔子之叹则可能是出于被利用的羞恼。但抛开对史实的猜测，仅就孔子之言而论："好色"是人类的本能，儒家也承认"饮食男女，人之大欲存焉"（《礼记·礼运》）；而"好德"则是要"克己复礼"，从某种角度可以说是"反本能"的。卜商曾提出"贤贤易色"（《学而》1.7），与"好德如好色"本质相同，出发点是高尚的，但真正能做到的人恐怕是凤毛麟角。

【原文】

15.14 子曰："臧文仲其窃位①者与！知柳下惠②之贤而不与立③也。"

【注释】

①窃位，指才德不配位，窃居高位却不做实事。

②柳下惠，姬姓，展氏，名获，字禽（一说字季），一说"柳下"是其食邑名，但具体位置不详；一说其家植柳树，故以"柳下"为号，"惠"是私谥（非官方颁授的谥号）。鲁国人，生卒年不详（一说生于公元前720年，卒于前621年）。臧文仲任鲁国司寇时，其任士师，为官清正，坚守原则，故得罪权贵，被三次罢黜（一说三次是泛指多次），但他毫无怨言，随遇而安，被尊为"和圣"。鲁僖公二十六年（公元前634年），齐国攻鲁，他遣使至齐，劝说齐国退兵，受到僖公赞许。后世流传其"坐怀不乱"的故事，视之为正人君子的代表。

③不与立，一说指不与之并立于朝；一说"立"通"位"，"不与立"即不给予其相称的官位。两说俱通，今从后说。

【译文】

孔子说："臧文仲大概是个窃居高位（却不做实事）的人吧！明知道柳下惠贤能却不给他（相称的）官位。"

【评析】

历史上的臧文仲其实还算比较贤能正直，尤其他主张维护鲁国公室权威，与孔子的立场一致。但孔子却对臧文仲印象不佳，本章是对他的又一次批判。所谓"窃位"，即类似于"尸位素餐"，占着职位却不管事之意。孔子之所以有此论，大概是因为柳下惠作为臧文仲的直系下属（"士师"隶属于司寇管辖），臧氏对其才德应该是完全了解的，而且也完全有权力提拔他（臧文仲是臧孙氏家族中唯一担任过鲁国执政的大夫），却只给了柳下惠一个小官；而柳下惠在臧文仲执政期间因得罪权贵三次被黜，臧文仲也没有替他说话。然而《左传·文公二年》和《国语·鲁语》记载臧文仲曾遣人祭祀一只名叫"爰居"的海鸟（据说形似凤凰），柳下惠谏阻，臧氏坦诚地承认了自己的错误，说明他对柳下惠是尊重的，其未能重用柳下惠，未必是嫉贤妒能。孔子生活的年代后于臧文仲百年左右，对于当年的历史和政治环境不能尽知，因此对其得失的评判有所偏差，也可以理解。

【原文】

15.15 子曰："躬自厚①而薄责于人，则远怨矣。"

【注释】

①此处"厚"字下本亦当有"责"字，因下文有"薄责"，故

此处省略。

【译文】

孔子说:"多责备自己而少责备别人,就可以远离怨恨了。"

【评析】

本章主旨,就是严于律己,宽以待人。凡事多检点自己,少挑别人毛病,自然不招人恨。

【原文】

15.16 子曰:"不曰'如之何、如之何'者,吾末如之何也已矣。"

【译文】

孔子说:"(遇事)不(多)问问'怎么办'、'怎么办'的人,我(也)完全拿他没办法。"

【评析】

本章的主旨,大概是强调思虑缜密的重要性。所谓"曰'如之何、如之何'",不是说遇事六神无主、束手无策,而是说要多想想怎么去做、怎么做才周全,不要一时冲动、意气用事。既要敢应事、能干事,又要懂得"慎行"。对于那种不动脑子就率意行事的莽汉,孔子是不屑一顾的。

【原文】

15.17 子曰:"群居终日,言不及义,好行小慧①,难矣哉②!"

【注释】

①小慧,小聪明。

②难矣哉，义近于上一章之"吾末如之何而已矣"，也是表达无可奈何之意。

【译文】

孔子说："一群人整天待在一起，（却）没有一句话谈到正经的事理，（只）喜欢卖弄小聪明，（这种人）很难（拿他有什么办法）。"

【评析】

成语"言不及义"，出处在本章。一帮人在一起相处一天，却只是闲聊神侃，没有一句正经话，还喜欢耍小聪明、斗嘴皮子。在孔子看来，这种人只是在虚耗自己和别人的人生，显然无可救药。

【原文】

15.18 子曰："君子义以为质，礼以行之，孙以出之，信以成之。君子哉！"

【译文】

孔子说："君子以道义为（内在的）本质，依礼节践行它，以谦逊（的态度表现）出来，以诚信来完成它。（这才是真正的）君子啊！"

【评析】

孔子提倡"文质彬彬，然后君子"（《雍也》6.18），"义"就是"质"，"礼"、"逊"、"信"就是"文"，但同时也昭示着内在的"质"，"文"与"质"对于君子而言，本就是一个硬币的两面，密不可分。

【原文】

15.19 子曰："君子病无能焉，不病人之不己知也。"

【译文】

孔子说:"君子(应该)担心自己没有能力,不要担心别人不了解自己。"

【评析】

本章基本是《宪问》14.30 的翻版,读者可参看。

【原文】

15.20 子曰:"君子疾①没世②而名不称③焉。"

【注释】

①疾,犹"病",担心、担忧。
②没(mò)世,即"死"的委婉说法,亦引申为终身、一辈子之意。
③名不称,一说指名声不称显,犹"名不闻",即没有名气;一说指(死后)名声不被人称道,即没有好名声;一说则认为"称"应读"chèn",即名不副实。今取第一说。

【译文】

孔子说:"君子担心的是到死还没有名声。"

【评析】

如注③所言,对本章可以有三种理解,但这三种理解并不矛盾,甚至还有内在的逻辑联系:孔子很看重"名",他曾明确提出"四十、五十而无闻焉,斯亦不足畏也已"(《子罕》9.23),也就是要争取尽早出名;生前出名还不行,还要在死后留个好名声;死后留名也还不够,还要名副其实、表里如一。如果以这个标准来评判,孔子即便不是圣人,也是当之无愧的"君子"。

【原文】

15.21 子曰:"君子求①诸己,小人求诸人。"

【注释】

①求,一说训为"责",即与"薄责于人"之"责"同;一说解为"求助"。两说有相通处,今译为"寻找原因",似较为宽博。

【译文】

孔子说:"君子(凡事)从自己(身上)寻找原因,小人(凡事)从别人(身上)寻找原因。"

【评析】

自省精神,是孔子思想的精华之一。从《里仁》4.14到15.15、15.19和本章,都在强调自我检讨和反思自身的重要性。所谓"求人不如求己",其实是一语双关,既是说苛求别人不如严格要求自己,也是说求助于人不如求助于己。如何求助于己?最好的方法无过于凡事先从自身找原因。

【原文】

15.22 子曰:"君子矜①而不争,群②而不党。"

【注释】

①矜,矜庄,严肃庄敬。
②群,合群,与他人相处融洽。

【译文】

孔子说:"君子严肃庄敬却不(与人)争执,合群却不拉帮结派。"

【评析】

"矜"是与人保持适当距离,但又不发生争执和矛盾;"群"是能与人和谐相处,但又不拉帮结派、党同伐异,这就是所谓"中行"。君子的言行,要符合中庸之道。

【原文】

15.23 子曰:"君子不以言举人,不以人废言。"

【译文】

孔子说:"君子不因为(一个人的)话(说得好)就推举他,也不因为(一个)人(有问题)就舍弃(他说得有道理的)话。"

【评析】

对于本章,包咸注曰:"有言者不必有德,故不可以言举人";王肃注曰:"不可以无德而废善言",二注皆简要精当地阐明了"人"与"言"的关系。表里如一、言行(人)一致当然是为人处世的理想状态,但历史上、现实中"言""人"相背的现象比比皆是,不胜枚举,因此既不应因为话说得好听就全面肯定一个人,也不应因为人有问题就全盘否定他的话——"听其言而观其行"(《公冶长》5.10),惟"理"是从,才是全面、客观地评价"人"和"言"的态度。

【原文】

15.24 子贡问曰:"有一言而可以终身行之者乎?"子曰:"其恕乎!己所不欲,勿施于人。"

【译文】

子贡问:"有一句可以终身奉行的吗?"孔子说:"那大概就是'恕'了吧!自己不喜欢的事物,不要强加在别人身上。"

【评析】

"恕"道我们已讲过多次，指的是将心比心、推己及人，这既是对他人的基本尊重，也是获得他人尊重的基础。"己所不欲，勿施于人"，孔子对冉雍也说过，可见他确实非常重视这一点。"恕"是孔子的核心思想之一，因此曾参说"夫子之道，忠恕而已矣"。

【原文】

15.25 子曰："吾之于人也，谁毁谁誉①？如有所誉者，其有所试②矣。斯民③也，三代④之所以直道⑤而行也。"

【注释】

①此处之毁、誉，指对人无端、缺乏根据的诋毁或赞誉。
②试，考察。
③斯民，这样的人，即前文"有所誉者"。
④三代，指夏商周三代。
⑤直道，前人注为"无所阿私"或"无私曲"，即正直无私的处事方式。

【译文】

孔子说："我对于别人，（何曾无端地）诋毁过谁、赞誉过谁？如果（我对某人）有所赞誉，那（一定）是（我）考察过的。（正是）靠这种人，（夏商周）三代才能行事正直无私。"

【评析】

孔子说自己对人的批评或赞誉都是言必有据，尤其是赞誉，更是要亲自考察过，此所谓"不虚美，不隐恶"，也是"听其言而观其行"。但他所赞誉的具体是什么人，没有明说。不过作为一个复古主义者，他理想中的"三代"就是靠这种人才得以直道而行，大概他所赞誉的也应该是正直无私之人吧。

【原文】

15.26 子曰："吾犹及史之阙文①也。有马者借人乘之②，今亡矣夫！"

【注释】

①史之阙文，史书上存疑而搁置不论之处。

②关于本句与前一句有何逻辑联系，前人众说纷纭，有认为是衍文者，也有认为本句与前一句所说是两件事者；而较能说得通的一种观点认为，孔子是说前代史官在编纂史书时，往往将不明白的地方保留原貌、存而不论，以待后人继续研究和填补空白，就像自己有马却不会调教，故借给别人去骑一样。今从此说。

【译文】

孔子说："我还（能接触）到史书上存疑不论之处。（就像）有马的人（自己不会调教，于是）借给别人去骑一样，（可惜这种精神）现在没有了！"

【评析】

孔子认为对知识要"多闻阙疑"（《为政》2.18），主张"君子于其所不知，盖阙如也"（《子路》13.3）。总之，对待自己不懂的学问，要慎之又慎，不要随意篡改或妄下结论，以免误导后人。这种严谨的治学态度，不仅当时罕见，更是我们今天所稀缺的。

【原文】

15.27 子曰："巧言乱德，小不忍则乱大谋①。"

【注释】

①大谋，全局、大计划，泛指大事。

【译文】

孔子说："花言巧语（会）败坏道德，小（事）不忍耐就会败坏大事。"

【评析】

孔子一向反感巧言令色之人，此处一如既往地对其提出批判。"巧言"看起来是小节，却会败坏道德这个"大节"；正如小事不忍耐，就会打乱全局，败坏大事。杨伯峻说此处的"'小不忍'不仅包括不忍小忿怒，也包括不忍小仁小恩，……也包括吝财不忍舍，以及见小利而贪"，非常全面精当。

【原文】

15.28 子曰："众恶之，必察焉；众好之，必察焉。"

【译文】

孔子说："大家都厌恶他，一定要考察（他是否真的那么坏）；大家都喜欢他，（也）一定要考察（他是否真的那么好）。"

【评析】

本章还是讲识人之道，主张对一个人要全面考察，反对偏听偏信和以他人的好恶为评判依据。其主旨与《公冶长》5.10、《子路》13.24 及 15.23 皆有相近、相通处，可互参。

【原文】

15.29 子曰："人能弘道，非道弘人。"

【译文】

孔子说:"人能够弘扬大道,(而)不是(借)大道来弘扬自己(的名气)。"

【评析】

本章争议甚多,焦点在于如何解释"弘"。前人多将"弘"解释为"廓(扩)大",但人"扩大"道尚可理解,道"扩大"人却还是晦涩难懂。笔者认为,"弘"当解释为"弘扬",人能够、也应当弘扬道,但道却不该成为弘扬人的工具。所谓"弘扬人",是指弘扬人的名气进而达到飞黄腾达的目的。历代披着道学先生的外衣作不食人间烟火之态,实则满心功名利禄,把"道"抛诸脑后者大有人在,孔子之言正中此辈要害。

【原文】

15.30 子曰:"过而不改,是谓过矣。"

【译文】

孔子说:"(有)过错却不改正,这就叫(真正的)过错了。"

【评析】

人非圣贤,孰能无过?其实即便是圣贤,也难免犯错。孔子对犯错之人很宽容,但不能容忍文过饰非之举,因此他说"过则勿惮改"(《学而》1.8)、"君子之过也,如日月之食焉:过也,人皆见之;更也,人皆仰之"(《子张》19.21),都是强调改过的重要性。犯错不要紧,只要勇于承认并积极改正,教训就能变为成长的经验;如果逃避掩饰,不肯改正,那就是真正的错上加错、一错到底。

【原文】

15.31 子曰:"吾尝终日不食、终夜不寝,以思,无益。不如学也。"

【译文】

孔子说:"我曾经整天不吃饭、整夜不睡觉,来思考(问题),没有益处。(还)不如(脚踏实地地)学习。"

【评析】

"学"与"思"的关系,孔子说得很明白:"学而不思则罔,思而不学则殆"(《为政》2.15)。本章讲的正是"思而不学则殆"的问题:与其一味废寝忘食、绞尽脑汁地空想,还不如脚踏实地地学习有所收获。

【原文】

15.32 子曰:"君子谋①道不谋食。耕也,馁②在其中矣;学也,禄在其中矣。君子忧道不忧贫。"

【注释】

①谋,谋求,此处有"用心力于……"之意。
②馁,此处指饥饿。

【译文】

孔子说:"君子用心力于(追求)大道而不是衣食。(亲自)耕种,在这过程中(往往不免)挨饿;(努力)学习,在这过程中(自然能得)俸禄。君子担心(的是求)道(不得)而不是穷困。"

【评析】

本章中孔子一方面提倡"君子谋道不谋食"、"忧道不忧贫",

另一方面却又宣扬学习的好处是"禄在其中",乍看之下似乎有些矛盾,其实不然。孔子虽重视"道",但他也绝不主张饿着肚子求道。"安贫"或"不忧贫"只是在万不得已的境遇下的一种自我心态调整,而非提倡"越穷越光荣"。孔子理想中的君子的状态,是通过不断地学习和自我提升,自然而然地获得官禄,毫无衣食之忧,只要专心于求道即可。可惜,现实往往与理想存在巨大落差,他最喜欢的学生如颜回、原宪等,才德俱佳,却还是"馁在其中",一辈子都穷困潦倒,不免令人唏嘘。

【原文】

15.33 子曰:"知①及之,仁不能守之,虽得之,必失之;知及之,仁能守之,不庄以莅②之,则民不敬;知及之,仁能守之,庄以莅之,动之③不以礼,未善也。"

【注释】

①知,通"智",才智。
②莅,犹"临之以庄则敬"之"临",对待。
③动之,一说为动员、役使民众;一说"之"为语助词无义,"动之"即举动、行事。今从后说。

【译文】

孔子说:"才智足以配得上,仁德(却)不能守住,即使得到了,(也)一定会失去;才智足以配得上,仁德(也)能守住,(却)不以庄重的态度对待(民众),民众就不会恭敬;才智足以配得上,仁德(也)能守住,(又能)以庄重的态度对待(民众),(但)不依礼行事,(也还)不够好。"

【评析】

本章主旨应是讲治国治民之道,其中十一个"之"字,究竟何指,孔子并未说明。一说全都指民众,杨伯峻则认为"似是小则指卿大夫士的禄位,大则指天下国家"。笔者认为,杨说大体不错,唯"庄以莅之"的"之"当指民众,而"动之"的"之"当是虚词。孔子提醒统治者,自己的地位不是永固的,只有才、德足以配位,且态度庄重、行事合礼,才能得到民众的拥护;四者缺一,都会影响统治的稳定。

【原文】

15.34 子曰:"君子不可小知①而可大受②也,小人不可大受而可小知也。"

【注释】

①知,此处指通过某件事来了解,犹"考验"。
②受,接受(任务)。

【译文】

孔子说:"君子不能(通过)小事来考验,但可以接受重大的任务;小人不能接受重大的任务,却可以(通过)小事来考验。"

【评析】

君子与小人的区别之一,就在于前者深沉,后者肤浅。君子深藏不露,仅凭一两件小事未必就能看出其真实的才德,但紧要关头临危受命,却非君子不可;小人则相反,其浅薄无知一眼便可看穿,自然不堪委以重任。这是讲识人、用人之法。

【原文】

15.35 子曰:"民之于仁也,甚于水火。水火,吾见蹈①而死者矣,未见蹈仁而死者也。"

【注释】

①蹈,投入,引申为"实行"、"践行"之意。

【译文】

孔子说:"民众对于'仁'(的躲避),超过对于水火(的躲避)。我见过投入水火而死的人,(却)从未见过践行仁(道)而死的人。"

【评析】

对于"民之于仁也,甚于水火"一句,历来有两种截然相反的解读:马融、朱熹和杨伯峻等人都认为,水火都是生活的必需品,此句是说民众对于"仁"的需求超过对于水火的需求;联系下文,意思是水火有时还会杀人,算是有利有弊,而践行仁道却是绝对安全,有百利而无一害。皇侃疏引王弼注和李零等则认为,水火能杀人,故此句是说民众对于"仁"就像对待水火,避之犹恐不及;而下文是感叹像践行仁道这样有百利而无一害的事,竟然无人肯做。笔者认为,后说可能更近于孔子的思想。孔子对于普通民众的觉悟向来不看好,显然不可能认为他们都特别渴求"仁";相反,仁道难行,多数人避而远之倒更近于常理。只是孔子自己也说过,"志士仁人"往往需要"杀身以成仁",可见践行仁道并非如他所说绝对安全,甚至很可能有性命之忧。要求升斗小民都来献身于"仁",未免有些不切实际。

【原文】

15.36 子曰:"当仁不让于师。"

【译文】

孔子说:"遇到(涉及)仁(的事情时,即使是面对)老师也不谦让。"

【评析】

对于本章,也可以从两个角度理解:一是遇到应当践行仁道的事情时,要抢先去做,即使面对老师也不必谦让,这与"见义勇为"相近;一是遇到违背仁道的事情时,即使对方是老师也要据理力争,毫不退让,这与亚里士多德的名言"吾爱吾师,吾更爱真理"相近,两者都是见"仁"勇为。成语"当仁不让"即演化自此。

【原文】

15.37 子曰:"君子贞①而不谅②。"

【注释】

①贞,古注多训为"正",即正直、守正之意;杨伯峻、李零皆解为"守大信",与下文之"谅"相对,今从此说。
②谅,即"岂若匹夫匹妇之为谅也"之"谅",指小信。

【译文】

孔子说:"君子守大信而不(守)小信。"

【评析】

孔子对"言必信,行必果"之人的评价是"硁硁然小人哉"(《子路》13.20),反对"若匹夫匹妇之为谅也"(《宪问》14.17)。因此君子必然是守大信而不拘小信,重大节而不重小节的。

【原文】

15.38 子曰:"事君,敬其事而后其食①。"

【注释】

①食,此处指俸禄。

【译文】

孔子说:"服事君主,(要先)认真对待工作而把俸禄(的问题)放在后面。"

【评析】

"后其食"并不是说"食"不重要,更不是不要"食",而是说自己要先付出努力、做出成绩,再来谈"食"的问题。道理与"先难而后获"(《雍也》6.22)相近。

【原文】

15.39 子曰:"有教无类。"

【译文】

孔子说:"(对于)教育(来说)没有(身份的)差别。"

【评析】

"有教无类"是孔子最著名的教育观,常被后人引用。对此一般有两种角度的理解:一是教育面前人人平等,不应以高低贵贱贤愚分类;一是人本来有"类",但通过教育可以消除这种差别。然而若仔细推敲,这两种理解都有问题:首先,孔子对学生并不是绝对一视同仁、毫无差别,他自己就曾说过"中人以上,可以语上也;中人以下,不可以语上也"(《雍也》6.21)、"举一隅不以三隅反,则不复也"(《述而》7.8),学生的个性、资质等等千差万别,怎么可能不分类别?其次,由于存在这样的差别,又怎么可能仅仅通过教育(哪怕是"因材施教")就让他们齐头并进、完全消弭差距呢?因此,孔子的真意恐怕就是他自己说的"自行束脩以上,吾未尝无诲焉"(《述而》7.7),仅限于给每个学生一个平等接受教育的机会,而后就是"师父领进门,修行在个人"了。学生原本是什么人,老师管不了;日后成为什么人,还是主要取决于自己,老师能给予的影响也是"外因通过内因起作用",因人而异的。

【原文】
15.40 子曰:"道①不同,不相为谋②。"

【注释】
①道,此处指看待事物的角度、方式等等,类似于今所谓"理念"或"三观"。
②谋,谋划。

【译文】
孔子说:"(根本的)理念不同,(就)不在一起谋划(事情)。"

【评析】
所谓"人以群分",实际是人以理念分或人以三观(世界观、人生观、价值观)分。相同、相近的根本理念和三观,是人与人和谐相处、顺畅沟通乃至密切合作的基础。如果没有这两者,是很难将不同的人凝聚到一起的。正如15.1中孔子离卫,正是因其与卫灵公在治国理念上的巨大差异;即便卫灵公表面上给予孔子再多的礼遇,也无法让孔子感受到任何吸引力,只能与之分道扬镳。

【原文】
15.41 子曰："辞达①而已矣。"

【注释】
①达，即"达意"，指（言辞）清楚、明白。

【译文】
孔子说："言辞（只要说得）清楚明白就行了。"

【评析】
孔子崇尚言辞质朴。辞不达意固然不行，但词藻雕琢浮华则属于"文胜质"，更是孔子所反对的。

【原文】
15.42 师冕①见，及阶，子曰："阶也。"及席，子曰："席也。"皆坐，子告之曰："某在斯，某在斯。"师冕出，子张问曰："与师言之道与？"子曰："然，固相②师之道也。"

【注释】
①师冕，师是乐师，古代常以盲人充任；"冕"为其名，具体身份不详。
②相（xiàng），辅助、帮助。

【译文】
乐师冕来见（孔子），走到台阶（前），孔子说："（这是）台阶。"走到坐席（旁），孔子说："（这是）坐席。"（宾主）都坐定了，孔子告诉他："某人在这里，某人在这里。"乐师冕走后，子张问："（这是）与（盲人）乐师说话的方式吗？"孔子说："是的,（这）本来（就是）帮助（盲人）乐师（应有的）方式。"

【评析】

孔子对待残疾人，尤其是盲人，非但没有歧视，还特别有礼貌。《子罕》9.10、《乡党》10.24 都曾提到孔子向盲人致礼，本章中他对师冕细心周到的招待可谓体贴入微，其中浓浓的人情味令人感动，也值得今人学习。

季 氏

【原文】

16.1 季氏①将伐颛臾②，冉有、季路见于孔子，曰："季氏将有事于颛臾。"孔子曰："求！无乃尔是过与？夫颛臾，昔者先王以为东蒙主，且在邦域之中矣，是社稷之臣也。何以伐为？"冉有曰："夫子欲之，吾二臣者皆不欲也。"孔子曰："求，周任有言曰：'陈力就列，不能者止。'③危而不持，颠而不扶，则将焉用彼相矣？且尔言过矣，虎兕出于柙④，龟玉毁于椟⑤中，是谁之过与？"冉有曰："今夫颛臾固而近于费，今不取，后世必为子孙忧。"孔子曰："求！君子疾夫舍曰欲之而必为之辞⑥。丘也闻，有国有家者⑦，不患寡而患不均，不患贫而患不安⑧。盖均无贫，和无寡，安无倾⑨。夫如是，故远人不服，则修文德以来之⑩；既来之，则安之。今由与求也相夫子，远人不服而不能来也，邦分崩离析而不能守也，而谋动干戈于邦内。吾恐季孙之忧不在颛臾，而在萧墙之内⑪也！"

【注释】

①此处之"季氏"及下文之"夫子"，皆指季康子。

②颛臾，风姓古国，相传由东夷部落首领太皞（hào）建立。西周初年，周成王封其为"颛臾王"，负责祭祀蒙山（在鲁国东部，今山东蒙阴县南，故称"东蒙"），因此下文称之为"东蒙主"；春秋初期成为鲁国附庸，后被楚国吞灭。

③周任，马融、朱熹皆注为"古之良史"，即古代杰出的史官，

但所处时代、生平不明。"陈力就列，不能则止"，"陈力"，展示能力；"就列"，就任官职，二句大意为"（如果）有能力（就可以）担任官职，（如果）能力不足就别干了。"

④兕（sì），古书上记载的一种类似犀牛的独角异兽，一说即雌性犀牛；"虎兕"泛指猛兽。柙（xiá），关兽类的木笼。

⑤龟，即占卜用的龟甲；"龟玉"指代珍宝。椟（dú），木匣。

⑥疾，讨厌、憎恶；夫（fú），语助词，无义；舍（shě）曰，不说；欲之，想要（什么）；必为之辞，一定要找个借口。"君子疾夫舍曰欲之而必为之辞"大意为"君子最讨厌的就是不说想要什么而一定要找个借口"。

⑦有国有家者，指诸侯或大夫。

⑧"不患寡而患不均，不患贫而患不安"二句，一说认为"寡"和"贫"应对调，以与下文"均无贫,和无寡"对应,今从此说。寡，一说指社会财富少，一说指国家人口少；不均，一说指施政举措不公平，一说指社会财富分配不均。今均取后说。

⑨倾，倾危。

⑩文德，指礼乐教化；来之，即"使之来（归服）"。

⑪萧墙，古代宫室内作为屏障的矮墙，类似照壁，故以"萧墙之内"喻指朝廷内部，此处应指鲁君（哀公）。

【译文】

季氏准备讨伐颛臾。冉有、季路去见孔子，说："季氏准备对颛臾动手。"孔子说："求！这岂不是你的过错吗？颛臾，先代（周）王让它负责祭祀蒙山，而且（它的版图）也在鲁国境内，是国家的臣属。为什么要去讨伐它呢？"冉有说："（是）季氏想这么做，我们两个做臣子的都不想（这么干）。"孔子说："求,周任说过：'（如果）有能力（就可以）担任官职，（如果）能力不足就别干了。'（如果你的主人）有危险却不去扶持,（将要）摔倒却不去搀扶,那还要（你们）这些（人）辅佐干什么？而且你的话错了，猛兽从笼子里逃出来，珍宝在匣子里被毁掉，是谁的过错呢？"冉有说："现在颛臾（城池）坚固而且靠近费邑，现在（如果）不攻取（它），将来一定会成为子孙的忧患。"孔子说："求！君子讨厌的就是（那种）不说（自己真正）想要什么而一定要找个借口（的虚伪态度）。我听说，（无论）诸侯还是大夫，不担心（国家）贫穷而（只）担心（社会财富分配）不均，不担心（国家）人口少而（只）担心（国内）不安定。（这）大概（是因为社会财富分配）均衡就不会有贫困，（社会）和谐就不会（感觉）人口少，（社会）安定就不会倾危。（正因为）如此（担心这些问题），所以远方的人不肯归服，就修明礼乐教化使他们（主动）来（归服）；他们归服之后，就要使他们安定下来。现在仲由和你辅佐季氏，远方的人不肯归服却不能使他们（主动）来（归服），国家四分五裂却不能守护，反而想要在国内动武。我恐怕季孙氏的忧患，不在颛臾，而在朝廷之中吧！"

【评析】

本章是《论语》中少有的完整叙述了一个历史事件的章节，因长期被选入高中语文教材而为人熟知。颛臾是鲁国的附庸，不用讨伐也在鲁国版图之内；而季氏竟然还想对之动武，虽则名义上是因为颛臾靠近其私邑费邑，怕有后患，但实则一是想进一步扩充自己的势力，二是怕鲁君想蔎除自己，颛臾与之里应外合、两方夹击。因此孔子一语道破"季孙之忧不在颛臾，而在萧墙之内"。他表面虽是在训斥冉求和子路，但实际上却是句句都在抨击季氏：冉求和子路虽有才能，不过是家臣；季氏作为掌权者，不专心于治国理政、修明礼乐、怀柔远人，却把心思放在搞内斗、为自己找退路上，不仅是本末倒置，更是野心昭彰，主张维护公室权威的孔子对此自然是坚决反对的。著名的成语"既来之，则安之"即出自本章，但今天已演变成随遇而安、遇事则当的意思，与孔子原意有较大差别。

【原文】

16.2 孔子曰："天下有道，则礼乐征伐自天子出①；天下无道，则礼乐征伐自诸侯出。自诸侯出，盖十世②希不失③矣；自大夫出，五世希不失矣；陪臣④执国命，三世希不失矣。天下有道，则政不在大夫；天下有道，则庶人不议。"

【注释】

①礼乐征伐自天子出，即制作礼乐和出兵征讨的权力都掌握在天子手中，泛指国家大事皆由天子决断。
②古人以三十年为一世，但此处之"世"更侧重于统治者（天子、诸侯或卿大夫）的代际交替，故译为"代"更贴切。
③希，通"稀"，少有；不失，此处指不丢失政权。
④陪臣，此处指卿大夫的家臣。古代诸侯为天子之臣，卿大夫为诸侯之臣，卿大夫又有家臣，卿大夫之于天子、家臣之于诸侯都是"臣下之臣"，故称"陪臣"。

【译文】

孔子说："天下政治清明，（制作）礼乐和出兵征讨（的权力）就掌握在天子手中；天下政治昏乱,（制作）礼乐和出兵征讨（的权力）就掌握在诸侯手中。(这些权力)掌握在诸侯手中,大概十代（之后就）很少有不丢失（政权的）了；掌握在大夫手中，五代（之后就）很少有不丢失（政权的）了；家臣执掌国家政权，三代（之后就）很少有不丢失（政权的）了。天下政治清明，政权就不会掌握在大夫手里；天下政治清明，普通百姓就不会有非议。"

【评析】

孔子主张尊王，也就是维护周天子权威，其次是维护国君（鲁君)权威,至于大夫和家臣,都是绝对意义上的"臣",是没有资格染指国政的。但春秋时以下犯上甚至以下弑上的现象都是家常便饭,孔子对此痛心疾首。所谓"十世"、"五世"、"三世"之说,前人列举了许多具体的历史事例加以佐证,此处不一一详述。孔子此言,是试图以历史事实说明这种不合法、不合礼得来的权力是长久不了的。但历史是胜利者书写的,政权的更迭,往往都很难以"合法"或"合礼"来衡量和推敲;政权的维系,更不取决于其得来是否"合法"或"合礼",而取决于其是否能得人心。需要特别指出的是,所谓"天下有道,则庶人不议",并非不让老百姓议论朝政,而是如朱熹所说:"上无失政,则下无私议,非箝其口使不敢言也"。这或许也间接地证明了前面的观点:决定政权之获得与维系的,不是是否"合法"与"合礼",而是是否"失政",是否能得到民众的支持。

【原文】

16.3 孔子曰:"禄之去公室五世矣①,政逮于大夫四世矣②,故夫三桓之子孙微矣。"

【注释】

① 禄,此处指掌控爵禄的权力,泛指国家政权;公室,此处指鲁国国君。禄之去公室五世,郑玄注结合《左传》记载,认为孔子是在鲁定公初年说的这番话,从鲁文公死后,鲁庄公次子东门襄仲拥立鲁宣公而自掌朝政算起,历经宣、成、襄、昭、定五代,鲁国权柄均不在鲁君手中。

② 政,此处指发布政令的权力,亦指国家政权;逮,及。政逮于大夫四世,即发布政令的权力落于大夫之手已历四代,郑玄注认为自东门襄仲之后(因其为公族,故不算在大夫之列),鲁国朝政落入以季氏为首的三桓手中,至孔子说这番话时季氏历经季文子、武子、平子、桓子四代家主。

【译文】

孔子说:"国家政权脱离鲁君的控制已经五代了,政权落入大夫的手里已经四代了,因此三桓的子孙(也已开始)衰微了。"

【评析】

本章的主导思想与上一章如出一辙,前人多将两章联系起来解读。所谓"三桓之子孙微矣",是当时孔子所作的一种推测,如果从历史事实来看,大体不差;但三桓衰微的原因是否是孔子所认为的"名不正则言不顺",仍值得商榷。

【原文】

16.4 孔子曰:"益者三友,损者三友:友①直、友谅②、友多闻,益矣;友便辟③、友善柔④、友便佞⑤,损矣。"

【注释】

①友,此处及下文皆为动词"交友"之意。
②谅,诚信。
③便辟(一般读为 pián bì,一说读为 biàn pì),一说认为是善于谄媚逢迎,朱熹认为是表面威严而内心不正,即道貌岸然、善于伪装,今从朱说。
④善柔,表面柔顺以取悦于人,实则口是心非。
⑤便(pián)佞,巧言善辩却缺乏真才实学。

【译文】

孔子说:"有益的朋友有三种,有害的朋友(也)有三种:朋友正直、朋友诚信、朋友见闻广博,(这就)有益了;朋友道貌岸然、善于伪装、朋友表面柔顺却口是心非、朋友巧言善辩却缺乏真才实学，(这就)有害了。"

【评析】

关于"便辟"、"善柔"和"便佞"的具体内涵，历代虽略有争议，但总结起来不外乎"巧言令色"四字，孔子对此等"损友"(此词正来源于此)是深恶痛绝的。在他看来，朋友应该能帮助自己匡正得失、增长见闻，而不是故意处处顺着自己说话，甚至笑里藏刀、当面一套背后一套。本章是孔子对交友之道的经典论述。

【原文】

16.5 孔子曰："益者三乐，损者三乐：乐节礼乐①、乐道人之善②、乐多贤友，益矣；乐骄乐③、乐佚游④、乐晏乐⑤，损矣。"

【注释】

①节礼乐，用礼乐节制自己的身心和行为。
②道人之善，一说认为指称道、宣扬别人的优点；一说认为"道"通"导"，"之"为"趋向"之意，即引导他人向善。两说相较，后说境界较高，故取之。
③骄乐，骄纵享乐。
④佚游，游荡无度。
⑤晏乐(lè)，通"宴乐"，宴饮作乐。

【译文】

孔子说："有益的快乐有三种，有害的快乐(也)有三种：以用礼乐节制自己的身心和行为为乐，以引导他人向善为乐，以多交贤能的朋友为乐，(这就)有益了；以骄纵享乐为乐，以游荡无度为乐，以宴饮作乐为乐，(这就)有害了。"

【评析】

快乐是人人都想追求的，但并非所有的快乐都是有益的。孔子认为，只有以礼乐为准则加以节制，且既有利于自己的学养提升又有利于引导他人向善的快乐才是有益的，那些放纵无度、骄奢淫逸的快乐都是低级而有害的。这一说法，对于当今身处物质社会和消费主义浪潮中的人来说，不啻为金玉良言。

【原文】

16.6 孔子曰："侍于君子有三愆①：言未及之②而言谓之躁，言及之而不言谓之隐③，未见颜色而言谓之瞽。"

【注释】

①愆（qiān），罪过、过失。
②及之，轮到自己。
③隐，（有所）隐瞒。

【译文】

孔子说："侍奉君子有三种过失：还没轮到自己说话而（抢着）说话叫做急躁，轮到自己说话却不说话叫做（有所）隐瞒，不看（君子的）脸色而说话叫做眼瞎。"

【评析】

这里所说的"君子"，当是兼身份与道德而言之。对于有身份又有道德的上层人士而言，与之交往、陪侍左右，自然也要讲究相应的礼仪和规矩。其实不仅是对于君子，与任何人交往，说话都是一门艺术。说话的对象、场合、内容、方式，都要具体问题具体对待，不可一概而论，这是考验一个人是否成熟、稳重、老练的标准之一。

本章可与《卫灵公》15.8 互参。

【原文】

16.7 孔子曰:"君子有三戒:少之时,血气未定,戒之在色;及其壮也,血气方刚,戒之在斗;及其老也,血气既衰,戒之在得①。"

【注释】

①得,此处指贪得无厌。

【译文】

孔子说:"君子有三种(需要)禁戒(的事):少年时,血气还不安定,(要)戒好色;到了壮年,血气正旺盛,(要)戒争斗;到了老年,血气已经衰弱,(要)戒贪得无厌。"

【评析】

所谓"酒、色、财、气",皆是基于人类动物性的本能而生,如果没有自警、自觉、自律的功夫,很容易样样俱全。其实无论是贪财好色还是好勇斗狠,并非只有君子或哪个年龄段的人才需要禁戒,而是任何人时时刻刻都要警惕勿犯。孔子虽然表面像是在谈养生,实则是在谈"克己复礼"的修身之道。

【原文】

16.8 孔子曰:"君子有三畏①:畏天命,畏大人②,畏圣人之言。小人不知天命而不畏也,狎③大人,侮④圣人之言。"

【注释】

①畏,敬畏。

②大人，此处指地位尊崇之人。

③狎，此处有轻慢之意。

④侮，轻侮，轻视污蔑。

【译文】

孔子说："君子有三种敬畏（的人和事）：敬畏天命，敬畏地位尊崇之人，敬畏圣人说的话。小人不明白天命因而不知敬畏，轻慢地位尊崇之人，轻侮圣人说的话。"

【评析】

人生在世，应当有所敬畏，否则便容易无所顾忌、肆意妄为。孔子所说的"畏天命"，是对难言难测之领域（既包括天地鬼神，也包括未来）的敬畏；"畏大人"，是对现实的敬畏（地位尊崇者掌控现实社会的命脉）；"畏圣人之言"，是对先贤（即过去）的敬畏。君子三畏，其实就是对过去、现在和未来都要心存敬畏。君子时刻记得"敬畏"二字，故行事有原则、有底线；小人"无知者无畏"，除了自己，谁都不放在眼里，故敢于无所不为。由敬畏而生的底线思维，是君子与小人的又一重大区别。

【原文】

16.9 孔子曰："生而知之者上也，学而知之者次也；困而学之，又其次也。困而不学，民斯为下矣。"

【译文】

孔子说："生来就知道的人是（最）上等的，学习而后才知道的人是次一等的；（遇到）困惑才学习（的人），又次一等。（遇到）困惑还不肯学习，普通老百姓就是（这种最）下等（的人）了。"

【评析】

我们说过，"生而知之"是孔子定义的"圣人"特质之一，而孔子明确说过"我非生而知之者，好古，敏以求之者也"（《述而》7.20），等于否认自己是第一等的"圣人"，只是次一等的凡人。但凡人也分三六九等，孔子属于好学、勤学的主动学习者，等而下之的是遇到问题才学习以及遇到问题还不肯学习的人——前者或许是指子路那样的人，而后者就是普通老百姓，也就是所谓的"下愚"。站在孔子的精英贵族立场来看，自己虽然算不上圣人，但与一般民众还是不可同日而语的。总的来说，本章所言既不乏客观性和精辟之处，也不乏封建思想的糟粕，这是需要辩证看待的。

【原文】

16.10 孔子曰："君子有九思①：视思明，听思聪②，色思温，貌思恭，言思忠，事思敬，疑思问，忿思难③，见得思义。"

【注释】

①思，考虑。
②聪，本义为听觉灵敏，此处指听得明白。
③难（nàn），后果、后患。

【译文】

孔子说："君子有九种（需要）考虑（的事）：看（的时候要）考虑（是否）看得清楚，听（的时候要）考虑（是否）听得明白，神色（要）考虑（是否）温和，容貌（要）考虑（是否）恭敬，说话（要）考虑（是否）真诚，做事（要）考虑（是否）认真负责，（有了）疑难（要）考虑（向别人）请教，愤怒（的时候要）考虑后果，见到（可以）获得（的好处要）考虑（是否）合理。"

【评析】

所谓"九思",就是时时处处都要观照自身、严于律己,对每个细节都要考虑周全。在孔子看来,君子不同于一般人,但这种"不同"并非单纯来源于身份地位的差异,更不意味着道德上的特权;相反,君子要受到更多礼法的约束,接受社会更多更严苛的审视,因此对自己由内到外、从神色容貌到言行举止都要严格要求。元代著名画家柯九思之名,即取此义。

【原文】

16.11 孔子曰:"见善如不及,见不善如探汤①,吾见其人矣,吾闻其语矣。隐居以求其志,行义以达其道,吾闻其语矣,未见其人也。"

【注释】

①探汤,把手伸进沸水里。

【译文】

孔子说:"见到善像(追求某个目标一样,唯恐)追不上,见到不善像把手伸进沸水里(一样,避之唯恐不及),我见过这样的人,我(也)听过这样的话。隐居起来以求(坚守)自己的志行,依义理行事以贯彻自己的主张,我听过这样的话,(但)没见过这样的人。"

【评析】

趋善避恶,孔子认为这比较容易做到;但在天下无道之时,既能够隐居起来而不因世俗移其志,又能尽一切合理的可能推行自己主张的,孔子表示只听过别人嘴上说说,却没见过能够实行的,可见其难。就当时而言,即便是孔子本人,也很难在隐居求志和行义达道间找到平衡点——时代逼着他在这两者间做出选择,而他不愿妥协和委曲求全,于是走了第三条路:当一个为理想而奔走呼号、颠沛流离的行者。

【原文】

16.12 齐景公有马千驷①,死之日,民无德而称焉;伯夷、叔齐饿于首阳之下,民到于今称之。其斯之谓与?

【注释】

①驷,同驾一辆车的四匹马,千驷即四千匹马。

【译文】

齐景公有四千匹马,到死的时候,民众不觉得他有什么值得称颂的德行;伯夷、叔齐饿死在首阳山下,民众直到今天还在称颂他们。大概说的就是这个意思吧?

【评析】

本章无"子曰"二字,"其斯之谓与"一句与前文语义衔接不畅,显得突兀,前人有认为应将其与上一章合为一章者,大意是齐景公属于"见善如不及,见不善如探汤"(主此说者认为"探汤"是虽然害怕却仍不免尝试)之人,摇摆于善恶之间;而伯夷叔齐属于"隐居以求其志,行义以达其道"之人,品格无可挑剔、难得一见。但无论如何,本章的主旨还是比较明晰的,即一个人的"身后名"并不取决于其身份和财富,而是取决于其德行。同样是"无德(得)而称"(一说认为"德"通"得"),吴太伯是行大善而不留行迹,民众心知其德却没有合适的言辞来称颂他(《泰伯》8.1);而对于齐景公,民众是真的找不到任何值得称颂的德行。两相比较,高下立判。

【原文】

16.13 陈亢问于伯鱼曰："子亦有异闻①乎？"对曰："未也。尝独立，鲤趋而过庭，曰：'学《诗》乎？'对曰：'未也。''不学《诗》，无以言。'鲤退而学《诗》。他日，又独立，鲤趋而过庭，曰：'学礼乎？'对曰：'未也。''不学礼，无以立。'鲤退而学礼。闻斯二者。"陈亢退而喜曰："问一得三，闻《诗》，闻礼，又闻君子之远其子也。"

【注释】

①异闻，此处指特别的传授或教诲。

【译文】

陈亢问伯鱼说："您也（从夫子那里）得到过特别的教诲吗？"（伯鱼）回答："没有。（我父亲）曾经一个人站着，我迈着小碎步（恭敬地）走过庭中，（我父亲）说：'（你）学过《诗》了吗？'（我）回答：'没有。'（我父亲说：）'不学《诗》就不懂得如何与人交谈。'我退下后（便开始努力）学《诗》。另一天，（我父亲）又一个人站着，我迈着小碎步（恭敬地）走过庭中，（我父亲）说：'（你）学过礼了吗？'（我）回答：'没有。'（我父亲说：）'不学礼就无法立身。'我退下后（便开始努力）学礼。（我只从父亲那里）听说过这两件事。"陈亢退出后高兴地说："（没想到我）问一件事（却）得知了三件事。得知了《诗》（的重要），得知了礼（的重要），又得知了君子（有意）疏远他的儿子。"

【评析】

中国人讲究传承，尤其学有所长、术业有成之人，往往总想把自己的"绝活"传给子孙,希望子承父业,因此形成了许多学派、门派、流派,但也因此造成了许多门户之见。陈亢对孔鲤之问,正是基于这种思维,认为作为父亲的孔子一定会给自己的儿子"开小灶",多教给他一些特别的学问。然而,孔鲤坦言父亲对自己并无偏私,他从孔子处受业的过程也和其他孔门弟子一样,循序渐进,甚至比颜回、子贡之所学还不如(可能是因天资的原因)。而陈亢听后说这是孔子有意疏远自己的儿子,可见其还是以小人之心度君子之腹。其实孔子是真正做到了"有教无类"的——哪怕是亲儿子,也没有额外"加课"的特殊待遇。教育面前,一视同仁,不分厚薄彼此,这才是一个真正的教师应有的素养和操守。

【原文】

16.14 邦君①之妻,君称之曰夫人,夫人自称曰小童;邦人称之曰君夫人,称诸异邦曰寡小君②;异邦人称之亦曰君夫人。

【注释】

①邦君,即国君。

②称诸异邦曰寡小君,前人有两说,一说是国人对外国人称呼本国国君的夫人为"寡小君"(皇侃等主此说);另一说则认为是国君夫人在外国人面前自称"寡小君"(《礼记·曲礼》等主此说)。从上下文逻辑和古代称谓习惯来看,本国人在外国人面前一般称呼本国国君为"寡君",称呼君夫人为"寡小君"合情合理,君夫人断无自称"寡小君"之理,故取前说为当。

【译文】

国君的妻子,国君称呼她"夫人",她(对国君)自称"小童";

国人称呼她"君夫人",在外国(人面前)称呼她"寡小君";外国人也称呼她"君夫人"。

【评析】

本章是讲国君之妻在不同对象面前和不同场合下的五种称呼。

阳 货

【原文】

17.1 阳货①欲见孔子，孔子不见，归孔子豚②。孔子时其亡也而往拜之③，遇诸涂④。谓孔子曰："来，予与尔言。"曰："怀其宝而迷其邦⑤，可谓仁乎？"曰："不可。""好从事而亟失时⑥，可谓知乎？"曰："不可。""日月逝矣，岁不我与！"孔子曰："诺，吾将仕矣。"

【注释】

①阳货，以孔安国、邢昺等为代表的主流观点认为即季氏家臣阳虎，姬姓，阳氏，名虎，字货，生卒年不详。季桓子在位时通过控制季氏而把持鲁国朝政，后因图谋杀掉三桓的嫡子、改立其庶子为家主而受到三桓反攻，兵败逃往齐国，请求齐景公出兵伐鲁，受到齐国大夫鲍国谏阻。景公纳谏，拘押并流放阳虎。其又借机逃往晋国，归附赵简子，在赵简子高超手段驾驭下，不敢有非分之想，转而尽力辅佐赵氏，使其几近称霸。但《史记》则将阳货和阳虎分作两人，东汉赵岐注《孟子》时说阳虎是季氏家臣，而阳货是鲁国大夫。为求稳妥，今仍从主流说法。

②归，通"馈"，赠送。豚，小猪。

③孔子时其亡也而往拜之，一说是孔子当时不在家，而阳货故意在此时去拜见他；一说"时"通"伺"或"待"，认为是孔子趁阳货不在家时去拜谢他。历代注家多主后说，今从之。

④涂，通"途"，道路。

⑤怀其宝，此处是将本领、才能比喻为珍宝，"怀其宝"即身怀才能；迷其邦，听任国家混乱。

⑥好（hào）从事，想要做官；亟（qì）失时，屡次错失时机。

【译文】

阳货想见孔子，孔子不见（他），（他便）送给孔子一头小猪。孔子趁（阳货）不在家时去拜谢他，在半路上遇见了他。（阳货）对孔子说："来，我和你谈谈。"（接着）说道："身怀才能却听任国家混乱（而不为国家效力），可以说是'仁'吗？"（孔子不答，他便自己）说道："不可以。"（阳货又说：）"想要做官却屡次错失时机，可以说是明智吗？"（孔子又不吭声，他又）说道："不可以。"（接着又说：）"时光飞逝，岁月不等人啊！"孔子说："好，我准备出来做官了。"

【评析】

阳虎（从主流观点阳货即阳虎的角度来说）据说与孔子长得很像且年龄相近，但他二人可谓宿敌。据《史记·孔子世家》记载，孔子丧母后不久，季氏设宴招待士人，孔子腰里缠着白布去参加，却遭到阳货呵斥说季氏招待的是士，不敢招待你。这对少年孔子无疑是莫大的羞辱。《世家》又说"子畏于匡"正是因为二人长相相似，孔子替阳虎背了黑锅（参见《子罕》9.5）。如果这些事件都属实，那么二人关系之恶劣可想而知。而后来阳虎一系列的所作所为，又让他成为孔子眼中典型的乱臣贼子。本章之对话应该发生在公元前505年阳虎拘押季桓子之后不久。以阳虎之野心，他知道欲成大事必须有贤才辅佐的道理，虽与孔子不和，但还是想招揽孔子。孔子对其深恶痛绝，自然不想见他，但对方既然送了礼物，按礼应该回拜，所以孔子趁阳货不在家时去拜谢他，没想到半路上还是撞上了这个老冤家。阳虎以训示的口吻自说自话地向孔子灌输了一大通"识时务者为俊杰"的道理,暗示其出山相助自己。孔子不便发作,只好敷衍他说自己会出来做官的,但实际上他俩才是真正的"道不同,不相为谋"。

【原文】
17.2 子曰:"性①相近也,习②相远也。"

【注释】
①性,此处指人的本性、天性。
②习,指后天受不同教育、社会环境等影响而获得的习性。

【译文】
孔子说:"(人的)天性是相近的,(但后天受不同教育、社会环境等影响而获得的)习性(却)相差很远。"

【评析】
孔子是所谓"性习论"者。与片面强调后天因素对人的影响的"习染论"者(孟子、墨子大致属此)不同,孔子既看到了先天因素的作用(因此他说"性相近"而不是"性相同",也不是"性无善无不善"),也看到了后天因素——包括人的出身、所处环境、所受教育等等——对人的思想、行为方式的影响。"性习论"的贡献,在于它指出了一个人最终形成的思想行为方式是在相近(但存在一定差异)的天性基础之上,经由后天的熏习而综合形成的,没有偏废于一端。现代科学研究也表明,一个人的气质、禀赋、性格等等与先天和后天的因素都有关系,孔子的观点是客观公正的。

【原文】

17.3 子曰："唯上知与下愚不移①。"

【注释】

①移，改变。

【译文】

孔子说："只有上等的智者和下等的愚人是无法改变的。"

【评析】

"上知"，即所谓"生而知之者"，孔子认为连自己都达不到这种人的境界，所以根本不用教育，自然就是非圣即贤；"下愚"，即所谓"困而不学"者，无可救药，教也教不好。本章虽然将二者对举，但重点恐怕还是批判"下愚"——此辈之"愚"，并非完全由于先天因素，更由于自身的不思上进。与此二者相对的，就是所谓"中人"（《雍也》6.21），也就是"学而知之者"和"困而学之"者。孔子此言的另一层涵义，也在于警勉学生要好学进取，切勿堕落为"下愚"之人。

【原文】

17.4 子之武城①，闻弦歌之声。夫子莞尔②而笑，曰："割鸡焉用牛刀？"子游对曰："昔者偃也闻诸夫子曰：'君子③学道④则爱人，小人⑤学道则易使也。'"子曰："二三子，偃之言是也！前言戏之耳。"

【注释】

①武城，春秋时鲁国邑名，在今山东平邑县魏庄乡武城村。
②莞（wǎn）尔，微笑貌。
③⑤此处之"君子"、"小人"，当是以身份地位论，指在上位

者和普通百姓。

④学道，此处指接受礼乐教化。

【译文】

孔子来到武城，听到弹琴唱歌的声音。孔子微笑着说："杀鸡何必用牛刀呢？"子游回答说："过去我曾经听您说过：'在上位者接受（礼乐）教化就会对人（有）仁爱（之心），普通百姓接受（礼乐）教化就容易役使。'"孔子说："诸位，言偃的话是对的！（我）刚才说的话是开玩笑而已。"

【评析】

本章对话当发生在言偃任武城宰期间。武城是小邑，孔子虽提倡礼乐教化，却认为治理这样的地方根本用不着这一套，言偃是小题大作了。但言偃却用孔子自己的话作了含蓄的反驳，说老师明明说过，君子接受了礼乐教化就会有仁爱之心，普通百姓接受了教化就会听话，容易治理。孔子只好承认言偃是对的，并说自己只是在开玩笑，其实，"割鸡焉用牛刀"才是孔子的真心话。

【原文】

17.5 公山弗扰①**以费畔**②**，召，子欲往。子路不说，曰："末之也已**③**，何必公山氏之之也**④**？"子曰："夫召我者而岂徒哉**⑤**？如有用我者，吾其为东周**⑥**乎！"**

【注释】

①公山弗扰，姬姓，公山氏，名不狃（niǔ）（一作弗扰、不扰），字子泄，春秋时鲁国季孙氏家臣，生卒年不详。原本深得季桓子信任，鲁定公五年（公元前505年）被委任为费宰，后于鲁定公八年（公元前502年）与阳虎合谋拘禁季桓子，被

季桓子用计逃脱。阳虎兵败后其仍以邑宰身份占据费邑，意图不轨。后孔子升任鲁国大司寇，主持隳三都，公山弗扰以费邑为据点起兵反叛，被孔子率军击退，后逃往齐国。

②畔，通"叛"，反叛、叛乱。

③末之也已，"末"通"蔑"，没有；之，去、往；已，停止、作罢。整句意为"没有（地方）去就算了"。

④何必公山氏之之也，即"何必之公山氏也"的倒装，第一个"之"是倒装句的结构助词，第二个"之"是"去、往"之意。整句意为"何必到公山氏那里去呢？"

⑤岂徒哉，即"岂徒然哉"，难道是没有用处的吗？

⑥为东周，何晏、朱熹皆注为"兴周道于东方"，即复兴文（王）武（王）周公之道于东方（当时鲁国位于周王室所在地成周之东）。今从此说。

【译文】

公山弗扰占据费邑（图谋）反叛，叫（孔子）去，孔子准备去。子路不高兴，说："没有地方去就算了，何必去公山氏那里呢？"孔子说："（他这次）让我去难道是没有用处的吗？如果有能任用我的，我将使文（王）、武（王）、周公之道复兴于东方！"

【评析】

公山弗扰召孔子一事，未见《左传》等史籍记载，《史记·孔子世家》将其定于鲁定公九年，即公元前501年，后人对此多有怀疑。但抛开真伪之争，我们可以从中看出孔子也有灵活的一面。在他看来，只要能让自己有施展抱负的机会，哪怕是所谓的"乱臣贼子"，也未必没有谈判或回旋的余地；甚至认为在经过自己的感化后，还可能使对方弃恶向善。当然，这也是他一厢情愿的理想化设计，事实上，乱臣贼子也和"上知"、"下愚"一样，是难以感化的。

【原文】

17.6 子张问仁于孔子。孔子曰:"能行五者于天下为仁矣。""请问之。"曰:"恭、宽、信、敏、惠。恭则不侮,宽则得众,信则人任焉,敏则有功,惠则足以使人。"

【译文】

子张问孔子(怎样才算是)仁。孔子说:"能处处做到五件事(就可以算)是仁了。"(子张说:)"请问是哪五件事?"(孔子)说:"(态度)恭敬、(待人)宽厚、(说话)诚信、(做事)勤敏、(对民众)慈惠。(态度)恭敬就不会遭受侮辱,(待人)宽厚就能得到众人(拥护),(说话)诚信别人就会信任(你),(做事)勤敏就会有功绩,(对民众)慈惠就能役使他们。"

【评析】

子张的性格偏激急躁,因此后人认为孔子所说的五条,都是针对子张的不足而言;另一说则认为所谓"能行五者于天下",指的是"君相之事",即能行此五事,则堪为君主或宰相。此二说其实并不矛盾:孔子所说的"仁",小到修身,大到治国平天下,皆可适用。恭、宽、信、敏、惠五者,正涵盖了这些范围,故无论身份阶级如何,此五事皆堪称立身行事之轨则。

【原文】

17.7 佛肸①召,子欲往。子路曰:"昔者由也闻诸夫子曰:'亲于其身为不善者,君子不入也。'佛肸以中牟②畔,子之往也,如之何③?"子曰:"然,有是言也。不曰坚乎,磨而不磷④;不曰白乎,涅而不缁⑤。吾岂匏瓜⑥也哉?焉能系而不食?"

【注释】

①佛肸（bì xī，一作"茀肸"、"佛肸"），春秋时晋国执政赵简子的家臣，任中牟邑宰。赵简子攻晋国另外两大权臣范氏和中行氏，佛肸以中牟为据点反叛赵氏。史籍对这一事件未见详细记载，此据《史记·孔子世家》说。

②中牟（móu），晋国邑名，为赵简子封邑，在今河南鹤壁市西，非今郑州市下辖的中牟（mù）县。

③如之何，此处有"怎么行"或"怎么说得过去"之意。

④不曰，一说是孔子自己说过这两句话，犹"我不是说过……"之意；一说犹"俗话不是说……"之意，今姑译为"不是说……"。磷（lìn），薄。

⑤涅，一种可制黑色染料的矾石，此处为动词"染黑"之意。缁，黑色。

⑥匏瓜，即葫芦，既可食用，也可作容器或剖而作瓢等。

【译文】

佛肸叫（孔子）去，孔子准备去。子路说："过去我曾经听您说过：'亲手做坏事的人，君子不（到他那里）去。'佛肸以中牟（为据点）反叛，您去（他那里）怎么行呢？"孔子说："是的，（我）说过这话。（但）不是说（最）坚硬（的东西），（怎么）磨也不会变薄吗？不是说（最）洁白（的东西），（怎么染）也不会变黑吗？我难道是葫芦吗？怎么能挂起来而不（用来）吃呢？"

【评析】

本章的发生背景，与17.5非常相似，都是一个所谓"乱臣贼子"召孔子出仕，而孔子心动。子路两次表示反对，说明他只看到了孔子坚守原则的一面，却未认识到孔子灵活变通的一面。孔子一生主张积极入世，却极少有机会施展抱负，因此面对一个有可能让自己大显身手的机会,不可能不动容。他说自己不能像一个葫芦,被人高高挂起,只能看不能吃。但他也让子路尽管放心:自己即使出仕,也一定不会受周遭环境的影响,必能洁身自好、坚守原则。孔门弟子中,能"逼"得老师两次起誓"保证"(另一次是孔子见南子时)的,大概也只有刚直的子路了。

【原文】

17.8 子曰:"由也,女闻六言六蔽①矣乎?"对曰:"未也。""居②,吾语女。好仁不好学,其蔽也愚;好知不好学,其蔽也荡③;好信不好学,其蔽也贼④;好直不好学,其蔽也绞⑤;好勇不好学,其蔽也乱;好刚不好学,其蔽也狂。"

【注释】

① 六言,指下文所说的"仁"、"知"、"信"、"直"、"勇"、"刚"六种美德;蔽,通"弊",弊病。
② 居,坐。
③ 荡,朱熹注为"穷高极广而无所止",即知识散漫,缺乏系统性。
④ 贼,戕害,此处指被人利用、反害自身。
⑤ 绞,即"直而无礼则绞"之"绞",(言辞)激切。

【译文】

孔子说:"仲由,你听说过六种美德(和与之相关的)六种弊病吗?"(子路)回答:"没有。"(孔子说:)"坐下,我告诉你。喜欢仁德(却)不喜欢学习,其弊病是愚昧无知;喜欢智慧(却)不喜欢学习,其弊病是知识散漫无系统;喜欢诚信(却)不喜欢学习,其弊病是(容易)被人利用而害了自己;喜欢直率(却)不喜欢学习,其弊病是(容易言辞)激切;喜欢勇力而不喜欢学习,其弊病是(容易)犯上作乱;喜欢刚强却不喜欢学习,其弊病是(容易)狂妄自大。"

【评析】

从本章我们可以看出，孔子并非一个绝对的性善论者——他既看到了人性之"善"，同时又看到了这种"善"的脆弱和潜在的缺陷。因此他说"性相近也，习相远也"，而后天之"习"的很大一部分正取决于所"学"。"六言"本身虽是美德，但若不以"学"制之，同样可能隐含各种弊病。"学"代表知识和理性，换言之，即便是"善"（美德）也应以知识和理性为基础，唯有通过不断地学习提高认识水平，修正自己的言行，方能使之不至于产生偏颇乃至走向极端。

【原文】

17.9 子曰："小子何莫学夫《诗》？《诗》可以兴①，可以观②，可以群③，可以怨④。迩⑤之事父，远之事君，多识于鸟兽草木之名。"

【注释】

①兴，指通过联想或想象兴发人的情感。
②观，指观察社会风俗之盛衰得失和作者的思想感情。
③群，此处指通过沟通、交流而使人际关系和谐。
④怨，此处指讥刺时弊。
⑤迩，近。

【译文】

孔子："学生们，为什么不学《诗》呢？《诗》可以（通过联想或想象）兴发人的情感，可以观察社会风俗之盛衰得失和作者的思想感情，可以（通过沟通、交流而）使人际关系和谐，可以讥刺时弊。近（可以）侍奉父母，远（可以）服事君上，多认识（各种）鸟兽草木的名字。"

【评析】

"兴观群怨"说是孔子"诗教"思想中对文学社会作用的集中论述。北大张少康教授所著《中国文学理论批评发展史》对此有专节评析:"孔子对文学作品的美学作用、认识作用、教育作用等乃至知识学习方面,都作了充分肯定。他的'兴观群怨'说对后来的诗学理论产生了极为深远的影响。'兴',是就文学作品的审美作用而言的……'观',是就文学作品的认识作用而言的……'群',是就文学作品的团结作用而言的……'怨',是就文学作品的干预现实、批评社会的作用而言的。……孔子对'兴观群怨'是分开来论述的,但只是指其各个不同侧面而已。实际上,'兴观群怨'是不可分割地统一于一个艺术形象之中的。"同时,上到治国(事君),下至齐家(事父),《诗》都能给人以启示和指导,甚至还可以将其当作科普读物(多识于鸟兽草木之名)——依孔子所言,《诗》几乎像是一部无所不包的大百科全书和"人生指南"。今天看来,这未免过分夸大了《诗》的功能,但在先秦时期,《诗》对于士(尤其是儒家的士)来说确实是构筑其知识系统和技能结构的重要基石之一。孔子将《诗》抬高到如此地位,大概正旨在强调其作为治学入门之径、进阶之基的认识论意义。

【原文】

17.10 子谓伯鱼曰:"女为《周南》、《召南》①矣乎?人而不为《周南》、《召南》,其犹正墙面而立也与!"

【注释】

①为,此处有学习、研究之意;《诗》以十五国风开篇,而《周南》、《召南》又是十五国风之开篇,并称"二南",共收录诗歌二十五首。

【译文】

孔子对伯鱼说:"你研究过《周南》、《召南》了吗?一个人不研究《周南》、《召南》,就像正对着墙壁站着吧!"

【评析】

理解本章的难点在于"二南"。历代关于"二南"之"南"究竟是指一种音乐风格还是一个地理概念,若是后者又指涉的是哪些地区,一直莫衷一是。其中受到较多认可的一派观点认为"二南"是当时主要流行于周公、召公分治的南方地区尤其是楚地的歌谣,与楚文化密切相关,大致相当于"楚风"(《诗》国风各篇均称"某风",唯"二南"例外);也有人认为"南"是楚地巫傩祭祀仪式的乐曲,最初是乐器名。孔子何以如此推重"二南",也是后人争议的一个焦点。一说认为"二南皆言夫妇之道,为王化之始"(《论语正义》),"此章即夫子告伯鱼善处夫妇之意"(清·刘逢禄《论语述何》);皇侃疏则认为"二南"是《诗》之开篇,孔子是以"二南"为代表指代《诗》,问是否研究过"二南",大致相当于问是否学过《诗》,以此教导伯鱼要重视对《诗》的学习和研究;朱熹则认为"二南""所言皆修身齐家之事",若不认真研究,则如"正墙面而立,言即其至近之地,而一物无所见,一步不可行"。诸说均有合理之处,相较之下,皇、朱二说明白晓畅,近情近理,皆可取。

【原文】

17.11 子曰:"礼云礼云,玉帛①云乎哉?乐云乐云,钟鼓②云乎哉?"

【注释】

①玉帛,玉器和丝织品,是古代礼仪往来的重要用品。

②钟鼓，古代礼仪场合奏乐常用的两种敲击乐器。

【译文】

孔子说："礼啊礼啊，（难道仅仅）说的是玉器和丝织品（之类的礼品）吗？乐啊乐啊，（难道仅仅）说的是钟和鼓（之类的乐器）吗？"

【评析】

孔子推崇礼乐，但并不仅是推崇其形式，而是更重其实质。玉帛钟鼓固然要有，但这只是载"道"之"器"，此所谓"尔爱其羊，我爱其礼"（《八佾》3.17）。而"爱礼"的本质，实是"重道"。这一点，孔子在《八佾》3.3、3.4 等章都有类似的表述，可参看。

【原文】

17.12 子曰："色厉而内荏①，譬诸小人，其犹穿窬②之盗也与？"

【注释】

①色厉而内荏（rěn），外表强硬严厉而内心怯弱，今简化为成语"色厉内荏"。
②穿，挖穿墙壁；窬（yú），翻墙。

【译文】

孔子说："外表强硬严厉而内心怯弱，用小人来打比方（的话），大概就像挖洞翻墙的小偷吧？"

【评析】

所谓"君子坦荡荡，小人长戚戚"（《述而》7.37），那些用假装强大来掩饰内心不安和怯懦的人,多半都是心里有鬼(比如小偷)。这大概就是俗话说的"癞蛤蟆垫桌腿——死撑"。

【原文】

17.13 子曰:"乡愿①,德之贼也。"

【注释】

①乡愿,《孟子》作"乡原",指貌似忠信,实则毫无原则、左右讨好甚至同流合污的老好人。

【译文】

孔子说:"没有原则的老好人,是道德的祸害。"

【评析】

今人在谈论人际关系之道时,多引孔子的"和为贵"(《学而》1.12)和孟子的"与人为善"(《孟子·公孙丑上》)为据,但这实则是一种有意无意的断章取义或曲解。"和"当然是好的,但孔子明言"小大由之,有所不行:知和而和,不以礼节之,亦不可行也";而"与人为善"之本义实是襄助他人之善行,成就他人之美德,皆非某些人想当然的"与人相处一团和气",更非左右讨好的老好人。孔子主张的是"君子和而不同"(《子路》13.23),孟子对"乡原"的痛批更是入木三分:"同乎流俗,合乎污世;居之似忠信,行之似廉洁;众皆悦之,自以为是,而不可与入尧舜之道,故曰德之贼也"。在孔、孟眼中,此辈为博取众人好感便丧失原则、到处和稀泥,无形中与恶人恶行同流合污,实与伪君子毫无二致。

【原文】

17.14 子曰:"道听而涂说①,德之弃②也。"

【注释】

①道听而途说，"涂"通"途"，路上听来的传闻，随即就在路上散播出去，今简化为成语"道听途说"。

②德之弃，皇侃疏注为"有德者所弃也，亦自弃其德也。"为求译文简明，姑译为"有德者不做（的事）。"

【译文】

孔子说："路上听来的传闻，随即就在路上散播出去，（这）是有德者不做（的事）。"

【评析】

道听途说，是流言、谣言的开端。荀子说"流言止于智者"（《荀子·大略》），孔子则说流言止于有德者。前者是说智者不会信谣，后者是说有德者不会造谣、传谣。

【原文】

17.15 子曰："鄙夫可与事君也与哉？其未得之也，患得之①；既得之，患失之。苟患失之，无所不至②矣。"

【注释】

①患得之，南宋学者沈作喆《寓简》引苏轼说认为当作"患不得之"，逻辑较通；但此处不添字亦无妨，可作省略句理解，即"担心（能否）得到"。至于"得之"的对象，前人有认为是官位者，有认为是富贵者，本书译为"功名利禄"，似较宽博。

②无所不至，犹"无所不为"，什么都干得出来。

【译文】

孔子说:"见识浅陋的人可以和他(共同)服事君上吗?他没有得到(功名利禄)时,(总是)担心(能否)得到;得到之后,(又总是)担心失去。如果(总是)担心失去(功名利禄),(那就)什么都干得出来了。"

【评析】

成语"患得患失",出处在本章。功名利禄,是人之所欲,本无可厚非,即便是圣贤也未必能够免俗。但一个人若过分看重个人利益得失,时时处处都以之为考量,则行事不仅束手缚脚,更难免畏缩不前;不仅是目光短浅的鄙夫,更是唯利是图的小人。此辈非但难与共事,也难与相交,孔子对此看得很透彻。

【原文】

17.16 子曰:"古者民有三疾①,今也或是之亡②也。古之狂也肆③,今之狂也荡④;古之矜⑤也廉⑥,今之矜也忿戾⑦;古之愚也直,今之愚也诈而已矣。"

【注释】

①疾,此处指毛病、缺点。
②今也或是之亡也,即"今也是或亡之也","亡"通"无",没有。整句意为"今天(的人连)这(样的三种毛病)或许都没有"。
③肆,包咸注为"极意敢言",但此意与下文的"直"近似;朱熹注为"不拘小节",简明顺畅,较可取。
④荡,放荡。
⑤矜,矜持。
⑥廉,一说解为"自检敛也",即自律;一说解为"廉隅",即有棱角。今从后说。

⑦忿戾，乖戾易怒。

【译文】

孔子说："古代的人有三种毛病，今天（的人连）这（样的三种毛病）或许都没有。古人的狂放，（不过是）不拘小节（罢了），今人狂放则（流于）放荡；古人的矜持，（不过是太）有棱角（罢了），今人矜持（起来）却乖戾易怒；古人的愚笨（往往还不失）直率，今人愚笨（却只剩）诡诈而已了。"

【评析】

本章主旨还是崇古讽今。孔子倡中庸，"狂"和"矜"虽然不合中庸之道，但若仅限于"肆"和"廉"的程度，毕竟还相去不远；"荡"和"忿戾"则是过分放纵自己的言行,属于明显的"失度"。"愚"当然也不是好事，但若"直"，还不失为一个真率憨厚之人，即今所谓"愚直"之人；但若又愚蠢又诡诈，则是俗谓"傻坏"者，简直一无可取。在孔子看来，古人即使有毛病，也比今人好得多。

【原文】

17.17 子曰："巧言令色，鲜矣仁。"

注：本章与《学而》1.3重出，可参看。

【原文】

17.18 子曰："恶紫之夺朱①也，恶郑声之乱雅乐②也，恶利口之覆邦家③者。"

【注释】

①恶（wù），憎恶；紫之夺朱，紫色夺去了朱色（大红色）的地位，

古代以朱为"正色",紫色被认为非"正色",但到了春秋时紫色已逐渐流行,据说鲁桓公和齐桓公就喜欢穿紫衣。参见《乡党》10.5注②。

②郑声之乱雅乐,孔子认为"郑声淫"(参见《卫灵公》15.11注⑦),故郑国的音乐会破坏雅乐的地位。

③利口,伶牙俐齿、能说会道;覆邦家,颠覆国家。

【译文】

孔子说:"(我)憎恶紫色夺去了朱色(作为正色的地位),憎恶郑国的音乐破坏了雅乐(的地位),憎恶能说会道而颠覆国家的人。"

【评析】

孟子在批判"乡原"时,将"紫"、"郑声"、"利口"等与之并列,并说孔子将这些都斥为"似而非者",即表面上与"正道"相似或相近,实质上却与之背道而驰的事物或行为。这些东西一多,就会惑乱人心,因此他提出"君子反经而已矣"(《孟子·尽心下》)。所谓"反经",即"反(返)常",亦即回归"常道",也就是"大道"、"正道",这些都是相对于变易不定的"时风"、潮流而言的。反对趋时,主张"守正斥邪"、"拨乱反正",是孔孟复古主义思想的特征之一,固然有其相对保守的一面,但也有坚守永恒价值和信仰的积极意义,对此需要辩证看待。

【原文】

17.19 子曰:"予欲无言。"子贡曰:"子如不言,则小子何述①焉?"子曰:"天何言哉?四时②行焉,百物生焉,天何言哉?"

【注释】

①述,传述。

②四时，四季。

【译文】

孔子说："我想不（再）说话了。"子贡说："您如果不说，那（我们这些）学生传述什么呢？"孔子说："天说了什么呢？四季（自然）运行，各种生物（自然）生长，天说了什么呢？"

【评析】

孔子说这番话的具体背景已不可考。前人注本章者，多认为孔子此言是在暗示子贡，自己一生思想的精髓犹如天道运行，所谓"圣人一动一静，莫非妙道"，"不待言而可见"（朱熹《四书集注》），让子贡不要耽于"言语"之小道，而要进于"德行"之大道。这种正统的"微言大义"式阐释法当然也可备一格。但更现实的一种可能是：孔子对目睹的时局失望透顶，礼崩乐坏已成事实，大势不可挽回，自己的学说到底还能否传之久远，形成多大的影响，他心中也没有底。所以何不仿效上天，"无声胜有声"？《道德经》第二章有云："圣人处无为之事，行不言之教"，孔子这番话，隐隐透出某种道家思想的味道。

当然，"予欲无言"的潜台词，或许正是"予不能无言"。中国的传统知识分子，往往总是在对现实近乎绝望时想要"无言"，却又终因"位卑未敢忘忧国"而不能"无言"。这种明知"说了也白说"但"白说还要说"的心态，其实并不可笑，相反，正是它构成了传统文人那种以天下为己任的家国情怀和从不置身事外的责任感与担当。这也是我们必须从孔子的"消极"中读出的积极一面。

【原文】

17.20 孺悲①欲见孔子，孔子辞以疾。将命者②出户，取瑟而歌，使之闻之。

【注释】

① 孺悲，具体身份不详，前人或以为鲁人，《礼记·杂记》说鲁哀公派他去向孔子学习士丧礼，《仪礼·士丧礼》由此形成文字流传下来。

② 将命者，传话的人。

【译文】

孺悲想见孔子，孔子以（自己得）病（为由）推辞了。传话的人（刚）出门，（孔子就）取出瑟（边弹边）唱歌，（故意）使他听到。

【评析】

关于孺悲的具体身份，后人众说纷纭，现已不可考。但显然，此人很不受孔子待见，以至于很少主动得罪人的老夫子，一面托病不见，一面又像恶作剧似地又弹又唱，让他知道自己是有意不见他。想象当时情景，令人忍俊不禁。

【原文】

17.21 宰我问："三年之丧，期已久矣！君子三年不为礼，礼必坏；三年不为乐，乐必崩。旧谷既没，新谷既升①，钻燧改火②，期③可已矣。"子曰："食夫稻，衣夫锦，于女安乎？"曰："安。""女安则为之！夫君子之居丧，食旨不甘④，闻乐不乐，居处不安，故不为也。今女安，则为之！"宰我出，子曰："予之不仁也！子生三年，然后免于父母之怀。夫三年之丧，天下之通丧也。予也有三年之爱于其父母乎？"

【注释】

① 旧谷既没，新谷既升，旧的谷子已经吃完，新的谷子已经收获，借此指代一年时间的轮回。

② 钻燧改火，钻，钻木取火；燧，以燧石点火；改火，马融引《逸

周书·月令》、《礼记·月令》都记载了古代用以点火的木材，四季各不相同，故以取火之木的改替轮换指代一年的轮回。
③此处之"期（jī）"即"期月而已可也"之"期"，指一年的时间。
④食旨不甘，旨，美食；"食旨不甘"即吃了美食也不觉得美味。

【译文】

宰我说："（父母逝世后）三年的丧期太久了！君子三年不习礼，礼一定会废弃；三年不奏乐，音乐一定会荒废。旧的谷子已经吃完了，新的谷子（也）已收获了，点火的木材已经换过一轮了，一年（的丧期也就）可以了。"孔子说："吃着稻米，穿着锦衣，对你来说（感到）心安吗？"（宰我）说："心安。"（孔子说：）"你心安那就这么做吧！君子守丧（期间），（即使）吃到美食（也）不觉得美味，（即使）听到音乐（也）不觉得快乐，（平日的）生活（也时常感到）不安，因此不这么做。现在你（感觉）心安，那就这么做吧！"宰我退出之后，孔子说："宰予太不仁了！（一个）孩子生下来三年，才能脱离父母的怀抱。三年的丧期，是天下通行的丧期。宰予（难道没）有从他的父母那里得到三年的疼爱吗？"

【评析】

我们多次提到"礼崩乐坏"，但这个词最初却出自宰予这个最不受孔子待见的学生之口，他以此为由来反对孔子为父母守丧三年的主张。而孔子认为三年丧期是对父母在幼年时期抚育自己的辛劳最起码也是最后的报答，礼乐虽重，也大不过人性、人情，除非是宰予没有受过父母的抚育之恩，否则他就是无情无义之人。两人的观点针锋相对且互不相让。在他们师生这次正面"冲突"中，虽然丧期的具体长短可以讨论，但就事理而言，老师显然更占理一些。

【原文】

17.22 子曰:"饱食终日,无所用心,难矣哉!不有博弈①者乎?为之犹贤乎已②。"

【注释】

①博,六博,又作"陆博",一种流行于春秋至秦汉时期的棋类游戏;弈,指围棋。博、弈都是古人的休闲游戏。
②贤乎,胜于、比……好;已,一说通"矣",语气词;一说训为"止",即什么都不做,今取后说。"贤乎已"即"比什么都不做好"之意。

【译文】

孔子说:"一天到晚吃饱了饭(却)一点不用心思,(这种人)很难(拿他有什么办法)。不是有玩六博和下围棋的人吗?(哪怕)做这些还比什么都不做好。"

【评析】

脑子是用来思考,而不是用来当摆设的。孔子认为,那种整天吃饱了饭却一点都不动脑子的人,就和"群居终日,言不及义"(《卫灵公》15.17)的人一样,都是虚耗生命,无可救药,只能叹一句"难矣哉"。本章最早将"博"、"弈"并称,后世有"Game Theory",中文即翻译为"博弈论",是重要的经济学分支学科和分析工具之一,此是题外话。

【原文】

17.23 子路曰:"君子尚勇乎?"子曰:"君子义以为上。君子有勇而无义为乱,小人有勇而无义为盗。"

【译文】

子路说:"君子崇尚勇力吗?"孔子说:"君子崇尚的是道义。君子(如果)勇力却不讲道义(就容易)犯上作乱,小人(如果)勇力却不讲道义(就容易)当盗贼。"

【评析】

本章中孔子所说的"君子"、"小人",主要是以身份地位而论。他没有直接否定勇力,但认为如果只崇尚勇力却不讲道义,那么无论是有身份地位的人还是普通小民,都会成为社会不稳定因素。子路好勇,多次受到孔子批评,此处是在告诫他要时刻以道义为自己的行动纲领,切勿本末倒置。

【原文】

17.24 子贡曰:"君子亦有恶乎?"子曰:"有恶。恶称人之恶者,恶居下流而讪上者①,恶勇而无礼者,恶果敢而窒②者。"曰:"赐也亦有恶乎?"③"恶徼④以为知者,恶不孙以为勇者,恶讦⑤以为直者。"

【注释】

① 居下流(一说认为"流"字是衍文),指居于下位;讪(shàn),诽谤。
② 窒,一说解为窒塞不通,一说解为狠戾,今取后说。
③ "赐也亦有恶乎"一句,一说认为是子贡自问,下句是其自答;一说认为此句是孔子问,下句是子贡答。从逻辑而言,当取后说为当。
④ 徼,孔安国注、皇侃疏皆注为抄袭之意,朱熹注为伺察之意,今从前说。
⑤ 讦(jié),当面揭发别人的短处和隐私。

【译文】

子贡说:"君子也有憎恶(的人或事)吗?"孔子说:"有憎恶(的人或事)。憎恶宣扬别人坏处的人,憎恶居于下位却诽谤上位者的人,憎恶勇敢却不知礼的人,憎恶(行事)果敢却狠戾的人。"(孔子反问)说:"你也有憎恶(的人或事)吗?"(子贡回答:)"(我)憎恶以抄袭(别人的观点)为聪明的人,憎恶以不谦顺为勇敢的人,以当面揭发别人的短处和隐私为率直的人。"

【评析】

孔子反对做人太有锋芒,但更反对无是非观念的老好人。他曾说:"唯仁者能好人,能恶人"(《里仁》4.3),本章说的就是他和子贡的"仁者之恶"。当然,任何人的好恶都不可避免或多或少地带有某些个人色彩,圣贤仁人也不例外。但从中至少可以看出,他们师生都是好恶分明、是非分明之人。

【原文】

17.25 子曰:"唯女子与小人为难养①也,近之则不逊②,远之则怨。"

【注释】

①难养,难以相处。
②不逊,此处有"无礼"之意。

【译文】

孔子说:"只有女人和小人是难以相处的,亲近他们就会无礼,远离他们就会有怨言。"

【评析】

　　本章大概是孔子最受诟病的言论（没有"之一"），曾被长期视为孔子歧视女性的"罪证"。于是有许多尊孔派便绞尽脑汁为之辩解：一说"女子"通"汝子"，即"你们这些小子"，认为是孔子骂学生的话；一说"小人"是指小孩，此说更加荒诞不经。其实，在封建时代，女性遭受歧视确是事实，毋庸讳言。但问题是这种一竹竿打翻一船人的话，莫说是孔子，只要是稍有理智和良知者在一般情况下都不可能这么说，否则岂不是连自己的母亲等等也一并骂进去了吗？毛子水有一说，认为此处的"女子"、"小人"可能是指婢妾仆隶之类。若此说不误，或可由此引出一种合理推测：孔子也许是在受了什么人（比如某位女性）的气之后才说的这番话，属于一时激愤之言，大可不必当真。当然，就字面而言，错误明显，无可争辩；而将其作为"圣人"的金科玉律记载下来传诸后世，倒是对先贤的变相抹黑。

【原文】

　　17.26 子曰："年四十而见恶①焉，其终也已。"

【注释】

　　①见恶，被憎恶。

【译文】

　　孔子说："（一个人到了）四十岁却（还）被人憎恶，他这一生也就完了。"

【评析】

　　孔子喜欢在年龄问题上说一些绝对化的断语，比如"四十、五十而无闻焉，斯亦不足畏也已"(《子罕》9.23)，本章又是一例，读者大可不必将其奉为不刊之论。何况，一个人是否招人恨，与年龄并无多少关联，岂可以此为据来预判其一生？孔子自己也说过，判断一个人的好坏"不如乡人之善者好之，其不善者恶之"(《子路》13.24)。笔者认为，孔子在本章中的话或许与他"四十而不惑"(《为政》2.4)的人生体验有关，大概他认为一个人到了四十岁就应该活明白了，而一个明白人自然不该再招人恨，但这无疑带有浓厚的主观色彩。从孔子个人的经历来看，他四十岁后也还受很多人恨，却并不妨碍他名垂千古。

微 子

【原文】

18.1 微子①去之，箕子②为之奴，比干③谏而死。孔子曰："殷有三仁焉。"

【注释】

①微子，子姓，宋氏，名启，后世称微子、微子启、宋微子，商王帝乙长子、商纣王帝辛之兄，生卒年不详。纣王暴虐，他曾苦谏不听，见商朝已不可为，遂逃离；后武王灭商，微子持商朝宗庙礼器至武王军营肉袒请罪，武王赦之，并封其于商朝旧都，令奉商祀，建立宋国，是为宋国开国国君。

②箕（jī）子，子姓，箕氏，名胥余，商王文丁之子，帝乙之弟，商纣王叔父，曾官至太师，生卒年不详。他同样曾屡谏纣王而不见纳，遂披发佯狂，纣王以为其果真疯癫，乃将其囚禁并贬为奴隶。商亡后，箕子隐居于箕山，周武王亲自登门求教，并请箕子出山，箕子不愿归顺周朝，遂婉拒，但传说其将夏禹留下的《洪范九畴》（九条治国根本大法）授于武王，史称"箕子明夷"。箕子怕武王再来召请，便率一班商朝遗民从今胶州湾一带渡海至朝鲜，与当地原住民融合而建立"箕子朝鲜"，后接受周朝分封为"箕氏侯国"（一说箕子是先受武王分封于朝鲜，后觐见周天子而献《洪范九畴》）。

③比干，子姓，比氏，名干，商王文丁之子，帝乙之弟，商纣王叔父，曾官少师，为两朝重臣，生卒年不详。纣王酷虐，穷兵黩武，他以死相谏，被剖心而亡，后世将其视为千古忠臣楷模。武王灭商后，于长林寻访得比干遗孤，遂以地命氏，赐姓"林"，又封比干为国神，故比干为林姓始祖，此后历代多有封赠。

【译文】

（商纣王暴虐无道，于是）微子离开了他，箕子当了他的奴隶，比干（因为）进谏而死。孔子说："殷商（末年）有三位仁人。"

【评析】

微子、箕子和比干是商朝末年的三位宗室重臣，也是诤臣，他们都因不肯与纣王和佞臣们同流合污而选择了直言进谏。但在纣王拒纳之后，他们又走了不同的道路：微子见事不可为，"走为上"，避免了无谓的牺牲；箕子忍辱负重，佯狂为奴，既不为暴君殉葬，也尽到了人臣之忠；而最悲壮也最有气节的是比干，他选择了成为殉道者——同样是"非暴力不合作"，却同中有异，正好是"左中右"三条路线。孔子对其都给予了高度评价，许之以"仁"，故后人又称三子为"殷末三仁"。这再次说明，在对"忠"和"节"的理解上，孔子比后世的许多卫道士都要开明得多，那种将个人命运与统治者无条件捆绑在一起的"愚忠"决非他所提倡的。这与他对不肯为公子纠"殉节"的管仲的评价，也是完全一致的（《宪问》14.16、14.17）。

【原文】

18.2 柳下惠为士师①，三黜。人曰："子未可以去乎？"曰："直道而事人，焉往而不三黜？枉道②而事人，何必去父母之邦③？"

【注释】

①士师，古代掌管禁令和刑狱诉讼的官，《周礼·秋官·士师》载："士师之职，掌国之五禁之法。"
②枉道，与"直道"相对，指邪曲偏私的处事方式。
③父母之邦，即祖国。

【译文】

柳下惠当士师，三次被罢黜。有人（对他）说："您不可以离开（鲁国）吗？"（柳下惠）说："（如果）以正直无私的处事方式待人，到哪里不会被多次罢黜呢？（如果）以邪曲偏私的处事方式待人，（又）何必离开祖国呢？"

【评析】

柳下惠遭三黜之事，我们已在《卫灵公》15.14注②中提及，此处不再赘述。柳下惠的意思是，如果自己不肯放弃原则而坚持以直道事人（这里的"事人"主要是指事奉上级，当然也包括和同僚相处），恐怕到哪里都是要碰钉子的；反之，如果自己不讲原则，曲意迎人，则不必背井离乡也能照样吃香。这让人不禁想起鲁迅《哀范君三章》中的诗句："世味秋荼苦，人间直道穷"，正人君子却遭遇"劣币驱逐良币"而到处碰壁的尴尬与悲哀，竟古今同一，岂不令人喟叹！面对如此情形，前贤的选择也不尽相同：柳下惠选择了坚守，而孔子选择了出走——周游列国。从这一点反观上一章，"三仁"之中，他或许相对比较欣赏微子的选择吧？

【原文】

18.3 景公①待②孔子曰："若季氏，则吾不能。"以季、孟之间待之③。曰："吾老矣，不能用也。"孔子行。

【注释】

①景公，指齐景公。

②待，此处既有接待、款待之意，亦有给予待遇之意，故译为"对待"似更妥。

③以季、孟之间待之，此句前人多认为亦是齐景公所说，但从上下文的衔接来看，此句似应为客观描述，非景公言语，故本书不将其纳入上文引号内。季，即上文"季氏"，指鲁国季氏；"孟"即孟氏。所谓"季、孟之间"，一说是季氏任鲁国上卿，孟氏任鲁国下卿，是以官职高低论；实际上三桓都曾任鲁国上卿，而季氏权势最大，故此处齐景公所言应是以待遇（尤其是实际权力）而论。

【译文】

齐景公（提到）对待孔子（的方式时）说："（如果要我）像（鲁君对待）季孙氏（一样对待孔子），那我做不到。"（于是）以（介于）季孙氏和孟孙氏之间（的待遇）对待孔子。（又）说道："我老了，不能用（孔子）了。"孔子便离开了（齐国）。

【评析】

齐景公其人，在《颜渊》12.11、《季氏》16.12 中已出现过，可以看出，孔子对他基本是持负面评价的。但客观地说，他不算个昏君，只是他总想"江山"与"美人"兼得，既要争霸，又不愿放弃享乐,这在当时那种弱肉强食的丛林法则社会显然是不切实际的。因此,他在当时的诸侯国君中,只能算"中人之资"。本章发生的背景,大概在鲁昭公二十七年、齐景公三十三年,即公元前515年左右,孔子跟随因"斗鸡之变"出逃的鲁昭公流亡在齐,后在齐国权臣高昭子处得遇齐景公,受到其赏识。但孔子时年不过三十多岁,在鲁国地位也不高,老谋深算的齐景公不可能真的重用他,所谓"问政于孔子",大概只是礼节性的,"他真想听的,是鲁昭公流亡朝廷里面的一些具体动向"(李硕:《孔子大历史——初民、贵族与寡头们的早期华夏》,P77,上海人民出版社,2019年版)。所谓"以季、孟之间待之",更是客气而已,不太可能真有这么高的待遇。故《史记》等书说当时景公有意将尼溪一带的田地封给孔子,基本不可信。至于"吾老矣,不能用也",更是说给孔子听的借口而已。孔子对此心知肚明,既然得不到重视,何苦如匏瓜一般被人"系而不食"呢?还是"走为上"吧。

【原文】

18.4 齐人归女乐①,季桓子②受之,三日不朝。孔子行。

【注释】

①女乐(yuè),古代的歌舞伎。
②季桓子,姬姓,季氏,名斯,"三桓"之一季氏家族的第五代宗主,谥号"桓"。生年不详,卒于公元前492年。公元前505年,季平子去世,季孙斯继任为新一代家主,其家臣阳虎趁其年幼,将其囚禁,从而代替其执政鲁国长达三年。阳虎之乱平定后,季孙斯任用孔子帮助三桓打击当权的家臣。公元前498年,孔子指挥隳三都,初期季桓子曾在家宰子路

的游说下对其表示支持，但后来很快醒悟到这是意在摧毁三桓根基，于是借机排挤孔子，孔子遂开始周游列国。

【译文】

齐国人赠送歌舞伎（给鲁定公），季桓子接受了，（君臣）三天不上朝。孔子便离开了（鲁国）。

【评析】

据前人考证，本章事件当发生在鲁定公十二年，即公元前498年冬。当时齐人赠鲁定公歌舞伎，实意在惑乱其心志。季桓子受其赠，不但于礼为僭越，且君臣沉湎其间，无心于政事。而此前因孔子隳三都又得罪了三桓，故是年鲁国郊祭的祭肉，三桓有意未按例遣人送给孔子。孔子眼见鲁国君臣无所作为，季氏也显然已不想再留用自己，遂愤然离去，从此开启了向列国国君"推销"自己学说和政治主张的"寻梦之旅"。

【原文】

18.5 楚狂接舆①歌而过孔子曰："凤兮凤兮，何德之衰②？往者不可谏③，来者犹可追④。已而已而⑤，今之从政者殆⑥而！"孔子下，欲与之言，趋而辟之，不得与之言。

【注释】

①接舆，楚昭王时著名的隐士，因对时世不满，佯狂避世，故称楚狂。西晋皇甫谧《高士传》说其姓陆名通，字接舆，所言无据，恐不足信。

②德，此处指命运。"何德之衰"犹言"命运为何如此不济"、"为

何这么倒霉"。

③谏，阻止，此处有弥补、挽回之意。
④追，字面意义是"赶得上"，此处有争取、获得之意。
⑤已而已而，犹言"算了吧，算了吧"。
⑥殆，危险，此处指自身身处险境。

【译文】

楚国的狂人接舆唱着歌路过孔子（的车边）："凤鸟啊凤鸟，（你的）命运为何如此不济？过去的无法挽回，未来的还可以争取。算了吧，算了吧，现在从政的人（实在是）危险哪！"孔子下车想和他说话，（他却）快步躲开了，（孔子）没和他说上话。

【评析】

本章中接舆的这首歌，后世化用或以之为典故的作品，从最著名的唐代李白《庐山谣寄卢侍御虚舟》："我本楚狂人，凤歌笑孔丘"，到南宋辛弃疾《水调歌头·壬子三山被召陈端仁给事饮饯席上作》："何人为我楚舞，听我楚狂声"，陆游《初夏喜事》："茹芝却粒虽无术，散发犹当效楚狂"，明代王阳明《观傀儡次韵》："本来面目还谁识，且向樽前学楚狂"，皆一时佳句，不胜枚举。可见，在历代文人的心目中，这位狂士实是一位可敬的世外高人。其歌词的意思也很明白，就是劝告孔子，即便你是凤鸟，遇上如此乱世，也是回天无力、自顾不暇。过去的事，错就错了，也无法挽回，但未来的事尚可争取——这个"争取"不是争取获得什么，或积极地去干什么，恰恰相反，是"争取"不干什么，不再像过去那样积极，从而得以自保。而孔子在受到这番讽刺之后，非但没有生气，还想下车与之交谈，却碰了个软钉子。当时他心里到底有何想法，是想与接舆讨论自己的理想主张，还是辩论从政的对错，抑或是想向接舆讨教，今人已无从考证。但这首"狂歌"却成为对历代从政者的警语，一直流传至今，为人熟知。

【原文】

18.6 长沮、桀溺①耦而耕②，孔子过之，使子路问津③焉。长沮曰："夫执舆④者为谁？"子路曰："为孔丘。"曰："是鲁孔丘与？"曰："是也。"曰："是知津矣。"问于桀溺，桀溺曰："子为谁？"曰："为仲由。"曰："是鲁孔丘之徒与？"对曰："然。"曰："滔滔者⑤天下皆是也，而谁以易之⑥？且而与其从辟人之士也，岂若从辟世之士？"耰⑦而不辍。子路行以告，夫子怃然⑧曰："鸟兽不可与同群，吾非斯人之徒⑨与而谁与？天下有道，丘不与易也。"

【注释】

① 长沮（jù）、桀溺，皆当时楚国之隐者，南宋金履祥《论语集注考证》认为此非真名而是代称，"长"是指身材高大，"桀"是指身材健壮，"沮"、"溺"都是水田泥淖之意，"长沮"、"桀溺"相当于说在水田里耕作的一个高个子和一个壮汉。今从此说。

② 耦（ǒu）而耕，两人并肩以耜（sì，古代跟犁上的铧相似的部件）耕地。

③ 津，渡口。后世"问津"一词即出于此。

④ 执舆，执辔驾车。

⑤ 滔滔者，何晏注为"周流之貌"，朱熹注为"流而不反之意"，大意是指当时的乱局如水周流，到哪里都差不多。

⑥ 而谁以易之，一说"而"通"尔"，即"尔等"，你们，下文"且而"之"而"同此；以，通"与"；易，变易、变革。"而谁

以易之"即"尔与谁易之",你们和谁去改变它呢。

⑦耰(yōu),一种农具,形似锄头,用以击碎土块、平整土地。此处指用耰为种子覆土,平整土地。

⑧怃(wǔ)然,一说训"怃"为"定","怃然"即安定不动貌;一说释为怅然失意貌。此处当从后说。

⑨斯人之徒,指世间人、大众。

【译文】

长沮、桀溺并肩耕作,孔子路过那里,让子路(向他们)请问渡口的所在。高个子说:"驾车的是谁?"子路说:"是孔丘。"(长沮)说:"是鲁国的孔丘吗?"(子路)说:"是的。"(长沮)说:"那(他一定)知道渡口(在哪里)了。"(子路又)向桀溺请问,桀溺说:"你是谁?"(子路)说:"(我)是仲由。"(桀溺)说:"是鲁国孔丘的徒弟吗?"(子路)说:"是的。"(桀溺)说:"天下的乱局到处都一样,你们和谁去改变它呢?况且你们与其跟随躲避(坏)人的人,何如跟随躲避(乱)世的人呢?"(边说边)不停地为种子覆土,平整土地。子路回去报告(孔子),孔子惆怅而失望地说:"(我们既然)不能与鸟兽一起生活,(那么)我不和世人共处又和谁共处呢?(如果)天下政治清明,我就不用和(谁)一起去改变它了。"

【评析】

本章中长沮、桀溺的话,主旨与上一章中接舆的歌相似,都是对社会极度失望之余,劝孔子及时归隐。所不同者,接舆狂歌着眼在自保,而长沮、桀溺所言着眼在时局之不可为。显然,这戳中了孔子的痛点。但他是个知其不可而为之,百折不回的人,虽然偶尔也会有灰心沮丧和发牢骚的时刻,甚至也萌生过归隐的念头("乘桴浮于海"），然而这不过是一瞬间的情绪低迷，却不会根本改变其志向，因为"匹夫不可夺志也"。所以在听了长、桀二人的话后，孔子虽心情复杂，却还是选择了"入世"——他终究无法忘情于人世，尽管这个社会对他并不友好，但他还是宁可与俗世众生共患难而舍弃悠游林下的闲适隐逸。这种以天下为己任的使命感，正是传统儒家知识分子留给后世的宝贵精神遗产之一。

【原文】

18.7 子路从①而后，遇丈人②，以杖荷蓧③。子路问曰："子见夫子乎？"丈人曰："四体不勤，五谷不分，孰为夫子？④"植⑤其杖而芸⑥，子路拱而立。止子路宿，杀鸡为黍⑦而食⑧之，见其二子焉。明日，子路行以告，子曰："隐者也。"使子路反见之，至则行矣。子路曰："不仕无义。长幼之节不可废也，君臣之义如之何其废之？欲洁其身而乱大伦。君子之仕也，行其义也；道之不行，已知之矣。"

【注释】

①从，通"纵"或"踪"，此处有"追踪"、"跟踪"之意。

②丈人，此处指老人。

③荷（hè），担负；蓧（diào），一种除草用的竹编农具。

④"四体不勤，五谷不分，孰为夫子"一句之所指，历代有分歧：一说认为是丈人自况，说自己（如果）不勤劳（就会）缺乏生活常识，因此没工夫管子路的老师是谁；一说认为是在批评孔子，说他不配当老师；一说则认为是在批评子路，说自己不认识他的老师是谁。三说相较，第一说过于迂曲，第二说又不符合事实，故取第三说为当。四体，即四肢；五谷，五种谷物，一说为稻、黍、稷、麦、菽（shū）；一说为麻、黍、

稷、麦、菽，泛指各种粮食。

⑤植，一说为倚靠、手扶之意；一说通"置"，放置。今取后说。

⑥芸，通"耘"，除草。

⑦为黍，做饭。

⑧食（sì），请……吃饭。

【译文】

子路追着（孔子）走，落在后面，遇到一位老人，用拐杖挑着除草用的工具。子路问道："（请问）您见过我的老师吗？"老人说："（看你）四肢不勤快，五谷分不清（的样子），（我怎么知道）谁是你的老师？"（边说边）放下拐杖除草，子路拱着手恭敬地站在一旁。（于是老人便）留子路在家住下，杀鸡做饭请他吃，（又）让他的两个儿子出来相见。第二天，子路赶上（了孔子）并报告（了这件事），孔子说："（这是位）隐者。"让子路回去看看他，（子路）到的时候他却已经走了。子路说："不出来做官是不对的。长幼之间的礼节是不能废弃的，君臣之间的大义怎么能废弃呢？（这位老者只）想洁身自好却（反而）破坏了大的伦理关系。君子出来做官，（是）做自己应该做的事；（至于自己的）主张行不通，（是早就）已经知道的了。"

【评析】

本章和前两章一样，都是孔子师徒遇隐者而与之对话，只是本章的主角是子路，荷蓧丈人也没有劝诫他，反而是语带讥刺。"四体不勤，五谷不分"，已成为嘲讽那些缺乏常识的懒汉的经典成语。前人注此句，多认为老者是以此批评子路不该跟着孔子四处流浪，当一个空想家，而应该踏踏实实从事生产活动。但这又岂是一心想要经世济民的孔子师徒所想要的呢？因此子路虽当面恭敬，背后却对老者做了严厉的批判，其主旨与孔子的思想很相近，即出仕是君子的天职所在，义不容辞，哪怕明知自己的理想、主张难以推行，也要知其不可而为之。这一次，我们没有看到孔子的意见，但想必他对此也是赞成的吧。

【原文】

18.8 逸民①：伯夷、叔齐、虞仲②、夷逸③、朱张④、柳下惠、少连⑤。子曰："不降其志，不辱其身，伯夷、叔齐与！"谓："柳下惠、少连降志辱身矣，言中伦⑥，行中虑⑦，其斯而已矣。"谓："虞仲、夷逸隐居放言⑧，身中清⑨，废中权⑩。我则异于是，无可无不可。"

【注释】

①逸民，隐逸不仕之民，也包括前朝遗民。

②虞仲，古有二人，一是指周太王古公亶父次子仲雍，二是指仲雍之曾孙，周武王灭商后寻访吴太伯和仲雍后裔，访得仲雍之长曾孙周章和次曾孙仲二人，周章已承祀太伯，为吴国第五任国君，乃封仲于成周之北的故夏都之地，建立虞国，是为虞仲，承祀仲雍。此处之"虞仲"当指后者。

③夷逸，见于战国时黄老学派著作《尸子》一书，生平不详，或以为"夷逸"应属上文，是说虞仲隐逸于蛮夷之地。此处仍将其视为人名。

④朱张，《经典释文》引王弼注曰："朱张字子弓，荀卿以比孔子"，《论语集注考证》认为"朱张"可能即周章，但此二说皆无确凿证据，未知孰是。又有人认为"朱张"应作"侜（zhōu）张"，当属下文，乃佯狂之意，是指柳下惠、少连佯狂避世，

此说亦存疑。

⑤少连，见于《礼记·杂记下》，文中孔子说他是"东夷之子"，"善居丧"，南宋人林同有《夷狄之孝》诗十首，其中《东夷大连少连》即据此而作。

⑥言中（zhòng）伦，言语合乎伦理。

⑦行中虑，行为经过考虑。

⑧放言，古注多认为是废置不言世务，杨伯峻则认为是放肆直言，从上下文来看，当从古注为妥。

⑨身中清，立身清白。

⑩废中权，弃官不做合乎权变。

【译文】

（从古至今）的隐逸不仕之人和遗民有：伯夷、叔齐、虞仲、夷逸、朱张、柳下惠、少连。孔子说："不降低自己的志向，不辱没自己的身份，（说的大概就是）伯夷、叔齐吧！"又说："柳下惠、少连降低了自己的志向，折辱了自己的身份，（但）言语合乎伦理，行为经过考虑，也就是如此罢了。"又说："虞仲、夷逸隐居起来，不问世务，立身清白，弃官不做合乎权变。我却和他们不同，没有（绝对）可以（做的），（也）没有（绝对）不可以（做的）。"

【评析】

本章是孔子对古往今来的几位著名逸民的点评。他认为伯夷叔齐的人格最为高尚，多次予以极高评价；次一等的，是柳下惠和少连，虽然不像伯夷叔齐那般骨气铮铮，但能够在乱世中保持言行"不逾矩"，也算可以；虞仲、夷逸是以隐居不问世事来自保，孔子显然认为其更次一等，因此未作评价。唯一未被提及的是朱张，原因不明，前人多有猜测，兹不赘述。孔子又拿自己和这些人相比，说自己是"无可无不可"——现在这句话常被人拿来当作不置可否、和稀泥的口头禅，其实是一种歪曲和误解——也就是不拘成法，相机行事。这与他"君子之于天下也，无适也，无莫也，义之与比"（《里仁》4.10）的主张是完全一致的。

【原文】

18.9 太师挚①适齐，亚饭干②适楚，三饭缭③适蔡，四饭缺④适秦，鼓方叔⑤入于河⑥，播鼗武⑦入于汉⑧，少师阳⑨、击磬襄⑩入于海。

【注释】

①太师挚，即《泰伯》8.15中的"师挚"，可参看该章注①。

②③④亚饭干、三饭缭、四饭缺，皆当时鲁国乐师，所谓"饭"，指天子每日四餐，诸侯每日三餐，每饭必以乐师奏乐助兴，"干"、"缭"、"缺"乃其名，生平皆不详。

⑤鼓方叔，司鼓的名为"方叔"的鲁国乐师，生平不详。

⑥⑧河、汉、海，前人有认为分别是指黄河（或河内）、汉水（或汉中）和海上的岛屿者，但程树德认为这很可能是泛指水边海边而非确指某地。今从程说。

⑦播，摇动；鼗（táo），即拨浪鼓。"播鼗武"即摇拨浪鼓的名为"武"的鲁国乐官，生平不详。

⑨"少师"乃"太师"之佐官，"少师阳"即名为"阳"的鲁国少师，生平不详。

⑩击磬襄，《孔子家语·辨乐解》记载孔子曾向师襄子学琴，其自称"以击磬为官"，当即此人。

【译文】

（鲁国的）太师挚逃到了齐国，二饭乐师干逃到了楚国，三饭乐师缭逃到了蔡国，四饭乐师缺逃到了秦国，司鼓的乐师方叔逃到了河边，摇拨浪鼓的乐师武逃到了江边，少师阳、击磬的乐师襄逃到了海边。

【评析】

《论语》中多处谈到"礼崩"，本章讲的是"乐坏"。《论语集说》认为当时"鲁政益微，三家僭妄，郑声既炽，女乐方张，先王遗音厌弃不省矣。自太师而下皆不得其职，故相率而逃之。"鲁国雅乐已绝，乐师无用武之地，只能或逃到其他国家，或隐居于水滨海边。此说颇可参考。

【原文】

18.10 周公①谓鲁公②曰："君子③不施④其亲，不使大臣怨乎不以⑤，故旧⑥无大故⑦则不弃也，无求备于一人。"

【注释】

①周公，即姬旦，参见《述而》7.5 注①。
②鲁公，指伯禽，周公旦长子，姬姓，名禽，又尊称"禽父"，鲁国第一任国君，生卒年不详。周朝建立后，周公旦受封鲁国，但因其在镐京辅政周成王，故遣伯禽代为受封。伯禽在位四十六年，期间平定徐戎叛乱，以礼治国，兢兢业业，为鲁国日后的发展奠定了良好基础，使其成为周王朝疆域内的东方重要大国。但其父周公认为其政令过繁，对其评价并不高。

③君子，此处指居于君位之人。

④施，通"弛"，疏慢、怠慢。

⑤不以，不被信任和委用。

⑥故旧，此处指旧臣子、老部下。

⑦大故，大的过错。

【译文】

周公对伯禽说："为君之人，不疏慢他的亲族，不让大臣抱怨自己不被信任和委用，老臣旧部没有大的过错就不弃用（他们）。不要对一个人求全责备。"

【评析】

前人如清代顾炎武《日知录》引时人孙宝侗说认为本章是伯禽受封于鲁时，周公代表周朝向他颁发的"命辞"（即政治交代和嘱咐）。从内容上看，是教导伯禽作为国君的用人原则。

【原文】

18.11 周有八士①：伯达、伯适、仲突、仲忽、叔夜、叔夏、季随、季騧②。

【注释】

① "士"在中国古代的涵义非常复杂，在《论语》中随具体语境变化，其内涵和范畴也不尽相同。由于下文罗列的八人其具体身份和生平已不可考，故只能译为"著名人物"。

② 騧（guā），本义为黑嘴的黄马。此八士应为周初人物，但究竟为何人，前人意见不一，详见评析。

【译文】

周朝（初年）有八位著名人物：伯达、伯适、仲突、仲忽、叔夜、叔夏、季随、季騧。

【评析】

关于本章罗列的八个人，何晏、朱熹认为他们是一母所生的八个兄弟，甚至有人根据"伯仲叔季"的排行认为这是四对双胞胎，颇有些不可思议。而《汉书·古今人表》认为此八人乃周初时人，《逸周书》的《和寤》、《武寤》也都提到了所谓"尹氏八士"（协助周武王灭商的尹氏家族八位功臣）。清华大学李学勤教授的《新见琸簋与"周有八士"》一文（《中原文化研究》2017年第一期）论及新出土的周代青铜器"琸簋（zhǎn guǐ）"铭文，中有"惟王八士，听用祀肜（róng）"一句，说明"八士"应该是真实存在的历史人物，但其具体身份已无确凿证据可考。历代注家虽各有说法，然皆属推测，故不如阙疑，存而不论。本章提出"周有八士"，可能是为了与篇首的"殷有三仁"相呼应：殷虽有三仁，但或逃或死，殷也难逃覆灭命运；而周有八士，则预示周朝当兴，天命所归。一兴一替，理之常也。

子 张

【原文】

19.1 子张曰:"士见危致命①,见得思义,祭思敬,丧思哀,其可已矣。"

【注释】

①见危致命,遇到危难(敢于)献出生命。

【译文】

子张说:"士人(能够)遇到危难(敢于)献出生命,见到(可以)获得(的好处)考虑(是否)合理,祭祀时考虑(是否足够)恭敬,遇到丧事考虑(是否足够)哀伤,这(就算)可以了。"

【评析】

本章子张提出的士之"四思"(包括见危致命),孔子和子路也在不同场合讲过:"见危致命",即子路在《宪问》14.12 中说的"见危授命",是说士要有"勇";见得思义,孔子在《季氏》16.10 中说过,子路在《宪问》14.12 中也说"见利思义",是说士要讲"义";祭思敬、丧思哀,孔子在《八佾》3.12、3.26 中都表达过相同的意思,是说士要重"礼"。这是子张所理解的对"士"的三条基本要求。

【原文】

19.2 子张曰:"执德不弘①,信道不笃②,焉能为有?焉能为亡?③"

【注释】

①执德不弘,有德行却不能增进。
②信道不笃,信仰大道却不坚定。
③亡,通"无",没有。"焉能"二句,皇侃疏注为"世无此人不足为轻,有此人不足为重",犹今俗语说"有他不多,没他不少",前人注多相似,今贴近字面译为"有(他)又如何?没有(他)又如何?"

【译文】

子张说:"(虽)有德行却不能增进,信仰大道却不坚定,(这种人)有(他)如何?没有(他又)如何?"

【评析】

曾参说过:"士不可以不弘毅,任重而道远"(《泰伯》8.7)。执德不弘,是只满足于德行上一定程度的小成而止步不前,不思进益;信道不笃,是信仰动摇,意志不坚,像这样的人,显然既难以担当大任,也行而不远,因此子张认为此辈无足轻重。钱穆《四书释义》解本章曰:"信道笃,斯吾德亦日弘。若有执而不弘,有信而不笃,则不大,不足当天地间大补益之事,不足为天地间大关系之人。有此一人不为重,无之亦不为轻。较之一无信守者,相去亦无几。"可谓精当。

【原文】

19.3 子夏之门人问交①于子张。子张曰:"子夏云何②?"对曰:"子夏曰:'可者与之,其不可者拒之。'"子张曰:"异乎吾所闻。君子尊贤而容众③,嘉善而矜不能④。我之大贤与,于人何所不容?我之不贤与,人将拒我,如之何其拒人也?"

【注释】

①交,此处指交友之道。
②云何,说了什么。
③容众,包容一般的人。
④嘉,嘉勉、鼓励;矜,怜悯、同情。"嘉善而矜不能"即嘉勉德才兼备之人而同情德薄才疏之人。

【译文】

子夏的学生向子张请教交友之道。子张说:"(对这个问题)子夏说了什么?"(学生)回答:"子夏说:'可以(交往)的就和他(交往),那些不可(交往)的就拒绝他。'"子张说:"(这)和我听到的不同。君子尊重贤人,也能包容一般的人;嘉勉德才兼备之人,又同情德薄才疏之人。我(如果)特别贤能,对什么人不能包容呢?我(如果)不够贤能,别人将拒绝我,我怎么能拒绝别人呢?"

【评析】

本章从字面上不难理解,但对其思想倾向却历来有不同看法:有的认为这是子张和子夏各自从自身的性格出发所提出的交友观,各有道理,但皆不如孔子的思想完满,"宽则得众而遇滥,偏则寡合而身孤,明各出二子之偏性,亦未能兼宏夫子度也。"(皇侃疏引西晋乐肇语)多数人认为二人观点有异,是因为所论的对象和角度不同,没有高低之分,如皇侃疏引郑玄曰:"子夏所云,伦党之交也;子张所云,尊卑之交也"。朱熹则提出:"子夏之言迫狭,子张讥之是也。但其所言亦有过高之弊,盖大贤虽无所不容,然大故亦所当绝,不贤固不可以拒人,然损友亦所当远,学者不可不察",显然认为二子所言都有明显弊病，子张之论略胜于子夏。本章虽未出现孔子语，但从子张"吾所闻"一语可以推断，他二人的观点皆非原创，而是"闻诸夫子"。对于这两个学生，孔子的评价是："师也过，商也不及"（《先进》11.16）子夏（卜商）性疏阔，故孔子让他要峻急一些，学会拒绝；子张（颛孙师）性偏激，故孔子让他要柔和一些，学会宽容。这是孔子因材施教的一则生动案例。因此，程树德的观点较为中肯："二子论交之说，均出于夫子，不宜有所轩轾，各因其性之所近而师之可也。大抵狷介者宜于子夏，高明者宜于子张，其言均百世之师也。"

【原文】

19.4 子夏曰："虽小道①必有可观②者焉，致远恐泥③，是以君子不为也。"

【注释】

① 小道，与"大道"相对，其涵义也较复杂且模糊，前人对此亦有不同理解：一说认为"小道"即"异端"；一说认为是"农圃医卜之属"的小技艺；一说则认为是除儒家之外的"诸子书"。但大体而言，此处所指应该是除了礼乐政教之外的学问或技艺，故不作阐释性翻译。
② 可观，可取之处。
③ 泥（nì），阻滞、难行。

【译文】

子夏说："即使是小道也一定有可取之处，（但）恐怕很难走得远，因此君子不从事（这些事）。"

【评析】

理解本章的重点在"小道"。如注①所说,其内涵复杂,外延也不十分清晰,前人所说,各有道理,但皆难以对其作出全面而精准的概括。陈天祥《四书辨疑》认为,"小道"是指"如今之所传诸子百家功利之说……取其近效,固亦有可观者,期欲致远,则泥而不通。虽有暂成,不久而坏,是故君子恶而不为也。"也就是说,"小道"属于比较具体、形而下的、功利性和目的性较强的学问或技艺,这些学问在一时一地或许有其实用价值,故"有可观",但不具有放之四海而皆准的普适性,也缺乏传之久远的恒定价值,这就难免沦为"器"而只有"小用"。作为君子,应该追求更高远的"大道",所谓"君子不器"(《为政》2.12),才是"大用"。子夏此说,也是继承了孔子的思想。

【原文】

19.5 子夏曰:"日知其所亡①,月无忘其所能,可谓好学也已矣。"

【注释】

①亡,通"无",此处指不知道、缺乏(的知识)。

【译文】

子夏说:"每天都能了解一些自己不知道的知识,每个月都能不忘记已经学会的知识,(就)可以说是好学了。"

【评析】

孔子曾说:"温故而知新,可以为师矣"(《为政》2.11)。我们在分析该章时曾指出,"知新"并非简单的"学习新知识",而是要有新的体悟和发现,这是对为师者的要求。反观本章,子夏说的"月无忘其所能",基本与孔子所说的"温故"相同,但"日知其所亡",

却恰是指"学习新知识",因此做到这两点,只能说是"好学"——换言之,这是当学生的标准。

【原文】
19.6 子夏曰:"博学而笃志①,切问而近思②,仁在其中矣。"

【注释】
①笃志,坚定志向。
②切问,一说解为"急问",即对自己不明白的事急切地发问;一说解为"以切己之事问于人",即向人请教之事是与自己的所学和能力密切相关的,相当于"近问";一说则解为恳切发问。三说皆有一定道理,但似以第三说略胜一筹。近思,思考自己力所能及之事。

【译文】
子夏说:"广博地学习(各种知识),坚定(自己的)志向,恳切地向人请教问题,思考自己力所能及之事,'仁'就在其中了。"

【评析】
本章子夏所言,概括起来就是好学、立志、勤问、多思。当然,并不是说做到了此四点就达到了"仁"的境界,但这毕竟是迈向"仁"的第一步,因此说"仁在其中"。

【原文】
19.7 子夏曰:"百工①居肆②以成其事,君子学以致其道。"

【注释】
①百工,各行各业的工匠。

②肆，作坊、工坊。

【译文】

子夏说："各行各业的工匠在作坊里完成他们的工作，君子通过学习来实现道。"

【评析】

子夏这两句话，字面上平易，含义却非常微妙。前人对此大致有两种理解，古注多认为子夏是以百工来比喻君子，即认为二者性质相近；李零则认为此处是将二者进行对比，认为二者性质相反。从逻辑而言，古注恐怕更合理。其主旨大概是，工匠们在作坊中做活，心无旁骛，又能"观千剑而后识器"，自然成事；君子求道，亦如百工居肆，须由学入手，专心致志，开阔眼界，深化学养，方能有成。此义与上一章"博学而笃志"基本相同。

【原文】

19.8 子夏曰："小人之过也，必文①。"

【注释】

①文，掩饰，文饰。

【译文】

子夏说："小人犯了过错，一定会（百般）掩饰。"

【评析】

文过饰非，不仅是虚伪，也是不敢面对自己的过错的懦夫之举。可以想见，其人日后必定还会再犯，此为君子所不齿。本章可与下文 19.21 子贡之言互参。

【原文】

19.9 子夏曰:"君子有三变①:望之俨然②,即之也温③,听其言也厉④。"

【注释】

①变,变化,此处指(给人)不同的印象。
②俨然,此处指庄严而令人敬畏的样子。
③即,接近、靠近;温,温和可亲。
④厉,严正不苟。

【译文】

子夏说:"君子会(给人)三种不同的印象:(远远)望去庄严而令人敬畏,接近他时(又感觉)温和可亲,听他说话严正不苟。"

【评析】

君子三变,后世常被学生用来赞美老师,如近代大儒方东美的学生便如是回忆他们的恩师。而孔门弟子对孔子的印象也是"温而厉,威而不猛,恭而安"(《述而》7.38),与子夏所言极为吻合,因此程颐认为本章正是子夏赞叹孔子的话,很有可能。

【原文】

19.10 子夏曰:"君子信①而后劳其民,未信,则以为厉己②也;信而后谏,未信,则以为谤己也。"

【注释】

①信,此处指得到信任。
②厉己,虐待自己。

【译文】

子夏说:"君子(在得到)信任后才役使民众,(如果)没有(得到)信任(就役使民众),(民众)就会认为是在虐待自己;(在得到君上的)信任后才进谏,(如果)没有(得到)信任(就进谏),(君上)就会认为是在毁谤自己。"

【评析】

孔子曾说"民无信不立"(《颜渊》12.7),是谈民众对政府之信任的重要性,本章则是从君子的个人角度出发,谈"人无信不立"。古罗马历史学家塔西佗在其《塔西佗历史》中说:"一旦皇帝成了人们憎恨的对象,他做的好事和坏事就同样会引起人们对他的厌恶",这一现象后来被中国学者潘知常总结为"塔西佗陷阱",指当政府部门或某一组织失去公信力时,无论所说是真是假,所行是善是恶,都会被认为是说假话、做恶事的社会现象。其实,无论对于政府还是个人,道理都是一样的。信任,是人际交往、有效沟通乃至整个社会运行的重要基础,若缺乏信任,再正确的言行都可能被认为是错误的。绝大多数的误会,也往往源于不信任。故子路问政,孔子教之以"先之,劳之"(《子路》13.1),正是取信于人之道。

【原文】

19.11 子夏曰:"大德①不逾闲②,小德③出入可也。"

【注释】

①③大德、小德,朱熹注"犹言大节小节",简明准确。

②闲,此处指法度、规矩,"不逾闲"即不逾越界限、不出格。

【译文】

子夏说:"(一个人的)大节不逾越界限,小节(略有些)出入是可以的。"

【评析】

孔子曾说:"言必信,行必果,硁硁然小人哉!"(《子路》13.20)对那些拘执于细节之人不屑一顾。人无完人,评骘人物,只要其大节不亏,则不必对小节苛求过甚。本章子夏强调重大节轻小节,正与孔子思想一致。

【原文】

19.12 子游曰:"子夏之门人小子,当洒扫应对进退①则可矣,抑末也。本之则无,如之何?"子夏闻之,曰:"噫,言游②过矣!君子之道,孰先传焉?孰后倦焉③?譬诸草木,区以别矣。君子之道焉可诬④也?有始有卒⑤者,其惟圣人乎!"

【注释】

①洒扫,洒水扫地;应对,接待客人时的对答;进退,接待客人时的举止。

②言游,即指子游(言偃)。

③孰后倦焉,主要说法有二:一说是"(不知学生)谁先疲倦",所以要先教以小道;一说犹"孰后教焉",即"哪些内容先教授"。相较而言,后说较为明白晓畅,以此推论,则"倦"亦可能是"传"之误。

④诬,诬妄,以不实之词骗人。

⑤有始有卒,即有始有终,此处指始终完美如一的教学方法。

【译文】

子游说:"子夏的学生,承担打扫和接待宾客的工作还可以,但(这些)是细枝末节(的小事)。根本的道理却没有(学),怎么行呢？"子夏听说后说："哎，言子游（的话）错了！君子的学问和道理，哪些先传授，哪些后传授？用草木来比喻，是要分门别类的。君子的学问和道理怎么能（让人以为是）虚妄不实的呢？（能够做到）始终如一（的完美教学）的，大概只有圣人吧！"

【评析】

本章是子游和子夏两位"言语"科高材生的一次"交锋"。此时二人都已是老师，但教学思想却不同：子游认为应教给学生的是大道，而不是打扫卫生接待宾客这样的"小道"；子夏却认为，教学应该循序渐进，教学内容要区分先后，由易到难，由浅入深，同时还要因材施教。他还不忘"谦虚"一把，说大概只有圣人能做到完美无缺的教学，言下之意，是自己的能力只能做到这样，但子游也未必能做得更好。应该说，他们的观点各有道理，主要还是角度的不同，更要看面对的教学对象是什么样的资质，不可一概而论，也要"区以别矣"。

【原文】

19.13 子夏曰："仕而优①则学，学而优则仕。"

【注释】

①优，余裕、有余力。

【译文】

子夏说："为官而有余力就要学习，学习而有余力就（出来）当官。"

【评析】

本章常常被后人曲解：将"仕而优则学"忽略，又将"学而优则仕"

理解成"学业优秀便可当官"。这其实是完全错误的，因为一个优等生未必就是一个好官员。"优"乃是指"行有余力"，子夏的意思是为官不忘学习，学习也不忘为官，前者是追求不断进步，后者是追求学以致用。

【原文】
19.14 子游曰："丧致乎哀而止。"

【译文】
子游说："丧事充分地表达了悲哀之情就可以了。"

【评析】
这里的"丧"，一说为"丧礼"，一说为"居丧"，两者有微妙差别，故统译为"丧事"。孔子主张"丧，与其易也，宁戚"，又赞扬《关雎》"哀而不伤"（《八佾》3.4、3.20）。也就是说，对于丧事，不可不哀，不哀则不诚；亦不可过哀，过哀则自伤。子游所说，正符合孔子的中庸之道。

【原文】
19.15 子游曰："吾友张也为难能也，然而未仁。"

【译文】
子游说："我的朋友子张算是难能可贵了，但还没有（达到）仁（的境界）。"

【评析】
孔子对"仁"有过多种阐释和定义，总的来说，要求极高，仅次于"圣"，能达到者寥寥无几，甚至他认为自己也达不到。而他对子张的评价是太过和偏激,这样的人,"未仁"当然是正常的。本章子游对子张的评价,其实已经颇高,并无贬低之意。

【原文】

19.16 曾子曰:"堂堂①乎张也,难与并为仁矣。"

【注释】

①堂堂,一说为"容貌之盛",即相貌堂堂;一说是"夸大不亲切",即端着架子,令人难以接近。此处恐两义兼有,故译为"仪容伟岸庄严"。

【译文】

曾子说:"子张仪容伟岸庄严,(别人)难以和他一起践行仁道。"

【评析】

本章中曾参对子张的评价仅有两字"堂堂",从字面上看,似乎确实是说他仪表不凡,但显然"仪表"与"仁"之间并无逻辑关系。如果说曾参非要把二者扯上关系,岂不反而成了"以貌取人"?而且一个相貌堂堂之人反而会"害仁",这种逻辑更说不通。因此,晚清经学家王闿运在《论语训》一书中提出,曾参向来是"口不谈人过",故此言并非贬低子张,相反是盛赞子张"仁不可及"。此说有一定道理,但又对子张有过于溢美之嫌。李零则认为此言是褒贬皆有,"堂堂"本是褒义,但过分了就让人感觉拿着股劲儿,难以接近。笔者认为,这可能是曾参一语双关,对子张提出的一种含蓄的批评,李零之说颇可取。

【原文】

19.17 曾子曰:"吾闻诸夫子,人未有自致①者也,必也亲丧乎!"

【注释】

①自致，充分表达自己的感情。

【译文】

曾子说："我从孔夫子那里听说，（一般情况下）人没有能充分表达自己的感情的，（如果有）一定是在双亲的丧事时吧！"

【评析】

古人讲究情感内敛，含蓄不外溢，尤其不能失态，因此除了个别"狂人"之外，一般都要时时控制自己的情绪。但唯独在至亲，尤其是父母之丧时应当尽哀——不仅要"诚"，而且要"至诚"。

【原文】

19.18 曾子曰："吾闻诸夫子，孟庄子①之孝也，其他可能②也；其不改父之臣与父之政，是难能也。"

【注释】

①孟庄子，姬姓，孟氏，名速，又称仲孙速，鲁国"三桓"之一孟氏家族的第六代宗主，谥号"庄"。生年不详，卒于公元前550年。
②可能，容易做到。

【译文】

曾子说："我从孔夫子那里听说，孟庄子的孝，其他的（还）容易做到；他不改换他父亲的旧臣，不改变他父亲的为政举措，这是难能可贵的。"

【评析】

孔子说"三年无改于父之道,可谓孝矣"(《学而》1.11)。曾参此处是忠实转述孔子的思想。

【原文】

19.19 孟氏①**使阳肤**②**为士师,问于曾子。曾子曰:"上失其道,民散**③**久矣。如得其情**④**,则哀矜而勿喜!"**

【注释】

①孟氏,此处指孟敬子。
②阳肤,旧注认为是曾参门下的七位弟子之一,生平不详。
③民散,古注一解为民心涣散,一解为民众犯罪离散,但从上下文语境来看,似当解为"民众散漫无法纪"更合适。
④情,此处指罪行、罪状。

【译文】

孟敬子让阳肤当士师,(阳肤)向曾子请教。曾子说:"(如今)居上位者施政昏庸,民众散漫无法纪很久了。如果(你审案时)问出了(犯人的)罪状,就(应该)哀悯同情他们而不要(感到)高兴。"

【评析】

正如医生不应以病人盈门而感到欣喜,而应以"但愿世间人无病,何惜架上药生尘"为怀一样,法律也不应以惩罚为目的。因此民众犯罪,首先应从统治者身上找原因,执法者也不应因审出犯罪事实就沾沾自喜,而应该在"怒其不争"之前,先"哀其不幸"。曾参此言,真正体现了孔子的仁恕之道。

【原文】

19.20 子贡曰:"纣①之不善,不如是之甚也。是以君子恶居下流②,天下之恶皆归焉。"

【注释】

①子姓,名受(一作受德),日名(夏商时以生日当天的天干为序起的名字)帝辛,世称"纣"、"商纣王"、"殷纣王",商朝末代君主。夏商周断代工程推定其在位时间约为公元前1075年~前1046年。帝辛继位后,在内营建朝歌、横征暴敛,推行严刑峻法,对外发动对东夷诸部落的战争。种种举措引发了整个社会阶层自上而下的矛盾激化,使商王朝的国本被严重动摇和削弱。此时,周武王乘势率领诸部落联军伐纣,在牧野之战中一举击溃商军,纣王自焚而亡,商朝覆灭。②下流,此处指卑下的地位,引申为受人鄙视的位置。

【译文】

子贡说:"纣王的坏,并不像(传说中的)这么严重。因此君子厌恶处于受人鄙视的位置,(一旦处于这种位置)天下的恶名劣迹都会归到他身上。"

【评析】

纣王是中国历史上暴君的代表,与夏末的桀并称"桀纣",关于他发明"酒池肉林"和"炮烙之刑"的荒淫残暴故事几乎妇孺皆知。然而今天的史学界对这些传说的真实性提出了质疑,且认为真实的纣王也并非一无是处的昏君,他的为政举措,也有厉行改革、开疆拓土的积极因素,只不过这些举措最终都因不得人心而失败了,类似的例子还有隋炀帝等。子贡的话从侧面佐证了今人的观点是有道理的,也是比较接近历史本来面目的。但纣王的臭名昭著,正是因为陷入了前文提到的"塔西佗陷阱":一个人——尤其是君主———旦失去公信力,成为万众鄙视的人,就难以逃避被彻底污名化的命运,做什么都是错的。这种现象本身虽不尽合理,但对于提醒人们珍惜信誉,立信、守信,却颇具正面意义。

【原文】

19.21 子贡曰:"君子之过也,如日月之食焉:过也,人皆见之;更也,人皆仰之。"

【译文】

子贡说:"君子的过失就像日食和月食:犯了过错,人人都能看到;改正了(过错),大家都仰望他。"

【评析】

君子与小人的本质差别之一,不在于是否犯错,而在于犯了错之后如何对待。小人虚伪懦弱,惯于文过饰非,为自己开脱;而君子诚实勇敢,勇于改正,敢作敢当,虽错亦光明磊落,故能不失人望,此所谓"君子坦荡荡"。本章与《颜渊》12.8子夏所言,互为补充。

【原文】

19.22 卫公孙朝①问于子贡曰:"仲尼焉学?"子贡曰:"文武之道②未坠于地③,在人。贤者识其大者,不贤者识其小者,莫不有文武之道焉。夫子焉不学?而亦何常师④之有?"

【注释】

①史书上有明确记载的"公孙朝"有鲁国的大夫和楚国的武城尹,此处"卫公孙朝"应当是另一人,但具体生平不详,马融注为卫大夫。

②文武之道，指周文王、武王的遗风余教。
③坠于地，此处指失落、失传。
④常师，固定的老师。

【译文】

卫国的公孙朝问子贡："仲尼（的学问）是从哪里学来的？"子贡说："周文王、武王的遗风余教并未失落，仍有人传承。贤能之的人懂得其中的大道理，不贤之人懂得其中的小道理，文王、武王的遗风余教无处不有。孔夫子从哪里不能学习？而又何必要有固定的老师呢？"

【评析】

中国人重师承，每每以师承名家为荣，但子贡却说孔子没有固定的老师。真理到处都有，就看你能否发现，孔子善于发现真理，他是"三人行必有我师"，随处都能学习，故此少了门户之见、宗派之别。后人据此将本章子贡之言和19.11子夏之言概括为一副对联："古人所重在大节，君子于学无常师"。这对于我们反思现代教育模式中的利弊得失很有启发意义。

【原文】

19.23 叔孙武叔①语大夫于朝曰："子贡贤于仲尼。"子服景伯以告子贡，子贡曰："譬之宫墙②，赐之墙也及肩，窥见室家之好；夫子③之墙数仞④，不得其门而入，不见宗庙之美、百官之富⑤。得其门者或寡矣，夫子之云不亦宜乎？"

【注释】

①叔孙武叔，姬姓，叔氏，名州仇，鲁国"三桓"之一叔氏家
　族的第八代宗主，谥号"武"，故又称"叔孙武叔"，仇视孔子。

②宫墙，此处指围墙，非特指王宫之墙。

③夫子，此处指孔子，下文之"夫子"指叔孙武叔。

④仞，古代长度单位，按周制，八尺为一仞。

⑤官，此处应通"馆"，"百官"亦是屋舍之意；富，多。

【译文】

叔孙武叔在朝廷上对大夫们说："子贡比仲尼贤能。"子服景伯把（这件事）告诉了子贡，子贡说："用围墙来作比喻，我的墙（只）到肩部（这么高），（很容易）看到（里面）房屋的漂亮；孔夫子的墙有几十尺高，（若）找不到门进去，（就）看不到（里面）宗庙的精美和屋舍的众多。找得到门（进去）的人或许不多吧，（所以）叔孙武叔这番话不也是正常的吗？"

【原文】

19.24 叔孙武叔毁仲尼，子贡曰："无以为也①，仲尼不可毁也。他人之贤者，丘陵也，犹可逾也；仲尼，日月也，无得而逾焉。人虽欲自绝②，其何伤于日月乎？多③见其不知量也。"

【注释】

①无以为也，一说是阻止之意，犹"不要这么做"；一说是"这么做没用"之意。两说皆可通，但从上下文语境来看，似以后说更为妥帖。

②自绝，自我了断。

③多，此处犹"只"（只是）、"适"（恰恰）。

【译文】

叔孙武叔毁谤孔子，子贡说："这么做没用，仲尼是不能毁谤的。其他的贤者（就像）是丘陵，还可以超越；仲尼（就像）是日月，无法超越。一个人即使想要自我了断，对于日月又有什么伤害呢？只是看出他不自量力罢了。"

【原文】

19.25 陈子禽谓子贡曰："子为恭①也，仲尼岂贤于子乎？"子贡曰："君子一言以为知②，一言以为不知，言不可不慎也。夫子之不可及也，犹天之不可阶而升③也。夫子之得邦家④者，所谓立之斯立⑤，道之斯行⑥，绥之斯来⑦，动之斯和⑧。其生也荣，其死也哀，如之何其可及也？"

【注释】

①恭，此处有客气、谦虚之意。
②知，通"知"，聪明；下文"不知"有无知之意。
③阶而升，通过阶梯走上去。
④得邦家，指得以成为诸侯或卿大夫。
⑤立，即"己欲立而立人"之"立"；之，指百姓，下文三个"之"同此。"立之斯立"即让百姓安身立命，(他们)就能安身立命。
⑥道，通"导"，引导。"道之斯行"即引导百姓，(他们)就会(按照他的指示)去做。
⑦绥，安抚，使……安定。"绥之斯来"即安抚百姓，(他们)就会来(归附)。
⑧动，动员、役使；和，此处有团结协作之意。"动之斯和"即役使百姓，(他们)就能团结协作。

【译文】

陈子禽对子贡说："您（大概）是谦虚吧？孔子难道比您更贤能吗？"子贡说："君子（可以）通过一句话（显出他）是聪明的，（也可以）通过一句话（显出他）是无知的。孔夫子的（高）不可及，就像天不能通过阶梯走上去一样。他老人家（若）能得以成为诸侯或卿大夫，让百姓安身立命，（他们）就能安身立命；引导百姓，（他们）就会（按照他的指示）去做；安抚百姓，（他们）就会来（归附）；役使百姓，（他们）就能团结协作。他生前受到人们尊敬，死后（令人感到）哀痛，（其他人）怎么能赶得上他呢？"

【评析】

19.23、19.24和本章，都是其他人在孔子去世后贬低孔子，抬高子贡。其中叔孙武叔明显是别有用心，陈亢则可能是想讨好子贡。但无论如何，子贡都严肃拒绝了这种给自己戴高帽的行为，并且坚定地捍卫了孔子的声望和地位。当然，他也给孔子戴了很多他老人家未必同意的高帽，将他抬到了高不可攀的位置。李零认为，将孔子"圣化"，是子贡这帮学生自己想当圣人，所以必须先让老师当圣人。笔者对此不太同意。因为叔孙武叔和陈亢都已经把子贡抬得比孔子更高，其时孔子已死，子贡若想欺师灭祖，只要默认即可，完全不必说话。但他不惜溢美之词也要坚定地维护老师，结合他为孔子守孝六年之举（据《史记·孔子世家》），我们完全有理由相信，他对孔子的崇敬是发自内心的。有这样的学生，作为老师，孔子应该感到欣慰。

尧 曰

【原文】

20.1 尧曰:"咨①!尔舜,天之历数②在尔躬,允执其中③。四海困穷,天禄④永终。"舜亦以命⑤禹。

曰⑥:"予小子履,敢用玄牡⑦,敢昭告于皇皇后帝⑧:有罪不敢赦,帝臣不蔽⑨,简⑩在帝心。朕躬有罪,无以万方⑪;万方有罪,罪在朕躬。"

周有大赉⑫,善人是富⑬。"虽有周亲⑭,不如仁人。百姓有过,在予一人。"

谨权量⑮,审法度⑯,修废官⑰,四方之政行焉。兴灭国⑱,继绝世⑲,举逸民,天下之民归心焉。所重:民、食、丧、祭。宽则得众,信则民任焉,敏则有功,公则说⑳。

【注释】

①咨,嗟叹词,犹"啧啧",此处表赞许之意。

②历数,古人认为帝位交替,应于天象运行之序,犹如历法,故称帝王继位之次第为"历数"。

③允,真诚、诚笃;执,执守。"允执其中"即真诚地执守中正之道。

④天禄,天赐的福禄。

⑤命，古代帝王以仪仗、器物、爵位（包括君位）等赐给臣下或继承人时的诏辞，内容包括祝福、告诫或政治嘱托等。

⑥曰，此处前人根据下文"予小子履"推断，前当脱"汤"字，即商汤。

⑦玄牡，黑色的公牛。

⑧皇皇，盛大貌；后，君（主）。"皇皇后帝"即"伟大的天帝"。

⑨蔽，掩饰、隐瞒。

⑩简，邢昺疏引郑玄注训为"简阅"，即考察、察看，引申为清楚、明白之意。

⑪无以万方，不要因此（怪罪）天下（百姓）。

⑫赉（lài），赐予，"大赉"即"大赐"，此处指大封诸侯。

⑬善人是富，使善人都富起来。

⑭周亲，与周族有亲缘关系的人。

⑮权，秤砣，指代重量；量，斗斛之类容器，指代容量。"谨权量"即严谨地制定度量衡。

⑯法度，一说为法律（典章）制度，一说为礼乐制度，一说仍是度量衡，似当以前二说兼而有之为当。今译"审法度"为"审定礼乐典章"。

⑰修废官，修复废弛的官制。

⑱兴灭国，兴复已经覆灭的国家。

⑲继绝世，接续已经断绝的（家族）世系。

⑳说，通"悦"。"公则说"即（行事）公正就（能使百姓）心悦诚服。

【译文】

尧说:"啧啧!你这位(名叫)舜(的继承者)啊,上天安排的帝位即将轮到你身上了,(希望你)真诚地执守中正之道(当一位明君)。(万一)四海(陷入)困穷(的境地),上天赐给(你)的福禄也就终止了。"舜也以(这番话)嘱咐禹。

(汤)说:"我小人履,谨以黑色的公牛(作为祭品),坦诚地告知伟大的天帝:有罪(之人我)不敢(擅自)赦免,您的臣民(的善恶行迹我也)不敢隐瞒,(因为这些)您都一清二楚。我(如果)有罪,(请您)不要因此(怪罪)天下(百姓);(如果)天下(百姓)有罪,(请您将这些)罪过都归于我一人。"

周朝大封诸侯,使善人们都富起来。"即使是与周族有亲缘关系之人,也不如仁人。(如果)天下(百姓)有罪,都由我一人(承担罪责)。"

严谨地制定度量衡,(认真)审定礼乐典章,修复废弛的官制,四方的政令就能(顺利)施行了。兴覆已经覆灭的国家,接续已经断绝的(家族)世系,选拔那些隐逸的人才,天下的百姓(就会)诚心归附了。重视的事有:百姓、粮食、丧礼、祭祀。宽厚就能得到民众(拥戴),有信用民众就会信任(他),(做事)勤敏就会有功绩,(行事)公正就(能使百姓)心悦诚服。

【评析】

本章在《论语》中非常特殊,其内容比较零碎芜杂,可分为四节:前三节"尧曰"、"(汤)曰"、"周有大赉"是抄录古本《尚书》,其中许多内容今已亡佚,前人也有认为其中脱漏甚多而难以解读者。

历代学者对其原始出处和真伪也存在极多争议，为免读者困惑，此处不作版本学上的条分缕析。仅就其内容而言，主要是讲为君者要以天下为己任，勇于担责，敢于罪己。最后一节没有"子曰"，但很可能是孔子的一些具体为政主张的语录，讲的是治国治民的一些要义。整体而言，本章虽是站在统治阶层的角度说话，但其强调了执政者的责任，同时也突出了民众的地位和民心所向的重要性，在相当程度上体现了"民本"思想的特征，这是值得肯定的。

【原文】

20.2 子张问于孔子曰："何如斯可以从政矣？"子曰："尊①五美，屏②四恶，斯可以从政矣。"子张曰："何谓五美？"子曰："君子惠而不费③，劳而不怨，欲而不贪，泰而不骄，威而不猛。"子张曰："何谓惠而不费？"子曰："因④民之所利而利之，斯不亦惠而不费乎？择可劳而劳之，又谁怨？欲仁而得仁，又焉贪？君子无众寡，无小大，无敢慢，斯不亦泰而不骄乎？君子正其衣冠，尊其瞻视⑤，俨然人望而畏之，斯不亦威而不猛乎？"子张曰："何谓四恶？"子曰："不教而杀谓之虐；不戒视成⑥谓之暴；慢令致期⑦谓之贼；犹之与人也，出纳⑧之吝谓之有司⑨。"

【注释】

①尊，通"遵"，遵行。

②屏，屏除。

③惠而不费，施惠于民却不破费。

④因，顺应。

⑤尊其瞻视，目光严肃端正。

⑥不戒视成，前人有多种注解和译法，此处不一一列举，其中皇侃疏曰："不先戒勖，而急卒就责目前，视之取成"，今据其意译为"（事先）不明确申诫就将民众的某些行为视为触犯法律（而加以惩处）"。

⑦慢令致期，平时对民众执行法令的情况疏于监督，却要求民众限期完成。

⑧出纳，拿出（财物）。

⑨有司，本意是指主管某方面职事的官吏，此处是以之比喻那种像管事的官吏一样小气、悭吝、不痛快的办事方式。

【译文】

子张问孔子说："怎样就可以从政了呢？"孔子说："遵行'五美'，屏除'四恶'，就可以从政了。"子张说："什么叫'五美'？"孔子说："君子施惠于民却不破费，役使（民众）却（能让他们）没有怨言，有欲望而不贪婪，（举止）从容安泰而不傲慢，有威仪却不咄咄逼人。"子张说："什么叫施惠于民却不破费？"孔子说："顺应民众能得到利益之事而使之得利，这不也（就）是施惠于民却不破费吗？选择合适的（时机、情形和对象）去役使他们，又有谁会有怨言呢？想要仁而得到仁，又哪里（能算是）贪婪？君子无论（对方人数）多少，（势力）大小，都不敢怠慢，这不也（就）是（举止）从容安泰而不傲慢吗？君子衣冠整齐，目光严肃端正，（仪容）端庄令人看上去就心生敬畏，这不也（就）是有威仪却不咄咄逼人吗？"子张说："什么叫'四恶'？"孔子说："不经教育便加以诛杀叫做酷虐；（事先）

不明确申诫就将民众的某些行为视为触犯法律（而加以惩处）叫做残暴；平时对民众执行法令的情况疏于监督，却要求民众限期完成叫做戕害；同样是要给人（东西），出手却悭吝而不痛快，叫做小气。"

【评析】

较之"礼乐"和"仁"，"尊五美屏四恶"是孔子为政思想中相对具体的层级。"五美"，是五条正确的原则，既包括了"欲而不贪"（欲仁得仁）这种比较形而上的辩证思想，也包括"惠而不费"这样的政治经济学原理和"劳而不怨"这样的管理学原理，还包括了"泰而不骄"、"威而不猛"这些孔子不止一次强调过的个人修身原则。四恶，是四条恶政，前三条是讲政令不明却苛责百姓的危害，末一条是告诫从政者行事不可小气。本章是孔子对自己的执政理念的一次详细阐述和集中传授，不仅对研究儒家和中国传统政治思想具有重要价值，对今人从中汲取政治智慧以解决当代的某些社会问题也有一定的参考意义。

【原文】

20.3 孔子曰："不知命，无以为君子也；不知礼，无以立也；不知言，无以知人也。"

【译文】

孔子说："不知道天命，便无法成为君子；不懂礼，便无法立身；不懂得辨别和分析别人的言语，便无法（真正）了解别人。"

【评析】

　　孔子说自己"五十而知天命","知命",其实就是"知己"——知道自己应该干什么、不应该干什么和能干成什么;知礼,其实是知社会,知道自己应该如何在社会上安身立命,类似的话,孔子曾经用以告诫儿子孔鲤("不学礼,无以立",见《季氏》16.13);知言,则是"知人",洞察人心,知"黑"而守"白",以求穷则独善其身,达则兼济天下。纵观整部《论语》,一万六千言,所论大体不出此三者范畴。作为全书终章,本章可谓曲终奏雅,意味深长。